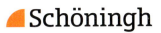

O-Ton 2

Arbeitsbuch
für den **Musikunterricht**
Jahrgangsstufen 7 bis 10

Herausgegeben von	Bernd Clausen
	Norbert Schläbitz
Erarbeitet von	Michael Ahlers
	Bernd Clausen
	Stefanie Dermann
	Burkhard F. Fabian
	Georg Harbig
	Robert Lang
	Adrian Niegot
	Marco Ringel
	Anja Rosenbrock
	Norbert Schläbitz
	Ulrike Schwanse

© 2012 Bildungshaus Schulbuchverlage
Westermann Schroedel Diesterweg Schöningh Winklers GmbH
Braunschweig, Paderborn, Darmstadt

www.schoeningh-schulbuch.de
Schöningh Verlag, Jühenplatz 1–3, 33098 Paderborn

Das Werk und seine Teile sind urheberrechtlich geschützt.
Jede Nutzung in anderen als den gesetzlich zugelassenen Fällen bedarf der
vorherigen schriftlichen Einwilligung des Verlages.
Hinweis zu § 52a UrhG: Weder das Werk noch seine Teile dürfen ohne eine
solche Einwilligung gescannt und in ein Netzwerk gestellt werden.
Das gilt auch für Intranets von Schulen und sonstigen Bildungseinrichtungen.

Auf verschiedenen Seiten dieses Buches befinden sich Verweise (Links) auf
Internet-Adressen. Haftungshinweis: Trotz sorgfältiger inhaltlicher Kontrolle wird
die Haftung für die Inhalte der externen Seiten ausgeschlossen. Für den Inhalt
dieser externen Seiten sind ausschließlich deren Betreiber verantwortlich. Sollten
Sie dabei auf kostenpflichtige, illegale oder anstößige Inhalte treffen, so bedauern
wir dies ausdrücklich und bitten Sie, uns umgehend per E-Mail davon in Kenntnis
zu setzen, damit beim Nachdruck der Verweis gelöscht wird.

Druck 5 4 3 2 / Jahr 2017 16 15 14
Die letzte Zahl bezeichnet das Jahr dieses Druckes.

Umschlaggestaltung: Nora Krull, Bielefeld
Fotos: picture-alliance/photononstop (U1 l.), © Elena Milevska-Fotolia.com (U1 r.),
picture alliance/dpa (U4 l.), Paul Beinssen/Lonely Planet Images (U4 r.)
Illustrationen: ILLUSTRAETER, Essen
Notensatz: Schickhaus Notentypographie GbR, Wiesbaden
Druck und Bindung: westermann druck GmbH, Braunschweig

ISBN 978-3-14-018046-7

Inhaltsverzeichnis

Mensch, Musik und Stimme   12

Stimme und Körper   14
Sprechen und Singen: Wie Klänge und Laute entstehen   16
Stimmbruch   20
O-Ton: Mit der Stimme arbeiten   22
Bobby McFerrin: Nur mit der Stimme!   25
Nur mit euren Stimmen!   29
Mit Urlauten zur Musik?   30

Mensch, Musik und Instrumente   34

Geräusche und Töne   36
Die Sinusschwingung   38
O-Ton: Ein sehr großes Klangvolumen   39
Werkzeugkasten: Notizen machen und auswerten   41
O-Ton: Die Streicher sind wie ein Teppich   42
Instrumente mit Charakter   45
Digital und analog   47
O-Ton: Heutzutage sind Effekte sehr wichtig   53

In Form bringen   56

Was ist Form in der Musik?   58
Prinzipien der Formbildung   63
O-Ton: Musik in Form bringen   64
Prinzip 1: Wiederholung   66
Prinzip 2: Variation   69
Prinzip 3: Kontrast und Wiederkehr   73
Prinzip 4: Reihung   80

Darstellende Musik: Mensch und Maschine 82

Die Fabrik 84
Züge in Bewegung 88
Auch andere Räder rollen 96
Chip Chip Musik 98

Lasst uns noch ein bisschen tanzen 100

Einer für alles: Der Discofox 102
Schön und elegant: Der langsame Walzer 104
Mit Feuer und Leidenschaft: Die Salsa 105

Alles Theater? 108

Dein ist mein ganzes Herz 110
Willst du mit mir gehen? 112
Leonore und Florestan 113
Werkzeugkasten: Ein Referat halten 115
Konstanze und Belmonte 118
Werkzeugkasten: Methoden der szenischen Interpretation 123
Tevje und Golde 125
Carmen ... José oder Escamillo? 127
Christine ... Raoul oder das Phantom? 132
Tristan und Isolde 137

Filmmusik 140

Der Komponist John Williams 142
Werkzeugkasten: Musik beschreiben nach Parametern 144
Die Wirkung musikalischer Parameter 147
Techniken der Filmmusik 149
Musikfilme, Filmmusicals und Tanzfilme 154
Musik in der Werbung 156

Is It Jazz? 158

Sound und Groove 160
Kommunikation und individueller Code 173
Jan Garbarek – Is It Jazz? 175
Entwicklung des Jazz 176

Musik und Politik 180

Identifikation 182
Manipulation 186
Kritik 189
O-Ton: Der Zuhörer soll seine eigenen Gedanken entwickeln können 192

Musik und Gender — 194

Billy Elliot – ein Tanzfilm 196
Männer, Frauen und Instrumente 197
O-Ton: … für Komponistinnen war es noch viel schwieriger 199
Androgynität – was ist denn das? 201
Karen Carpenter und Kim Gordon 203
Fanny Hensel 207
Werkzeugkasten: Partituren lesen 212

Musikindustrie — 214

O-Ton: Plattenfirmen sind immer auf Talentsuche 216
Die Tonträgerindustrie und ihre Geschichte 218
Wie eine Tonträgerfirma Künstler vermarktet 221
Madonna: Eine lange Karriere 224

Musik in Raum und Zeit — 226

Musik anderswo — 228

Korea: Ein Instrument auf Reisen 229
Musiken wandern 231
Bali: Kecak und Gamelan 232
Musik von anderswo – ganz nah? 235
Die Goldenen Zwanziger 237

Populäre Musik   240

Rockmusik   241
Popmusik-Wurzeln: Die Welt in Plattenkiste und Sampler   250
Typisch deutsch?   260
Stars, Idole und Fans   265
Werkzeugkasten: Eine Podiumsdiskussion führen   268
To the Other Side   269
O-Ton: Musik, aber auch die Drogen triggern   272
Musik – Tanz – Trance: Techno   273
Cut, Copy, Paste: Musik und Recht   275
O-Ton: Ein richtig kompliziertes Patchwork von übereinander getürmten Zitaten   279
Livemusik und Bootlegs   281
Musikproduktion: Von der Idee ins Radio und ins Internet   282
Werkzeugkasten: Geräusche, Sprache und Gesang: Achtung Aufnahme!   286

Neue Musik   290

Musik ohne Rückhalt. Die Freiheit des Interpreten   291
O-Ton: Ich bin da ein bisschen aus dem Rahmen gefallen   295
Emanzipation des Rhythmus. Jenseits der Hörgewohnheiten   298
Emanzipation der Dauer: „… beliebig viel Zeit und Raum"   302
Emanzipation der Dissonanz. Bis das Ohr die Hemmungen überwunden hat   306
Emanzipation des Geräuschs. Neue Klangfarben   309
O-Ton: Ich versuche, etwas Neues herzustellen   310
Emanzipation der Zeichen   315
Das Ende der Geschichte?   317

Vorformen des Jazz   318

Ein Vermengungsprozess   319
How Blue is the Blues?   320
Cakewalk und Ragtime   323

Musiker und Mäzene — 326

Musik und Kirche 327
Werkzeugkasten: Mit Buchtexten arbeiten 332
Von der Schwierigkeit, Klangeindrücke aufzuschreiben 334
Die Entwicklung der Notenschrift 335
O-Ton: Gesetzte Noten können schneller erfasst werden 335
Werkzeugkasten: Orientierung im Notentext 340

Musik und die Mächtigen der Zeit — 342

Spurensuche in Leipzig: Johann Sebastian Bach 343
O-Ton: Bach und die Leipziger 343
Vom Tanzsaal in den Konzertsaal: die Suite 344
Johann Sebastian Bach: Johannes-Passion 347
Werkzeugkasten: Der freie Vortrag 353
Henry Purcell: Trumpet Tune 354

Alle Welt blickt nach Wien — 356

Drei Wiener Komponisten 357
Mozart – Mythos und Realität 361
Beethovens Sinfonie Nr. 5 362

Sehnsucht und Wahn — 366

Das Thema Sehnsucht in der Malerei 367
Franz Schubert 369
Clara und Robert Schumann 373
Schneller, höher, weiter: Virtuosen 374
Richard Wagner 375
Transformation von Musik 378
Werkzeugkasten: Musik beschreiben mit Adjektiven 380

Aufbrüche — 382

Ein Vergleich zwischen Malerei und Musik 383
Farben in der Musik 384
Werkzeugkasten: Notenschreiben für Fortgeschrittene 387

Musiklehre 388

Tonschritte 390
Musik notiert 397
Tonarten – Tonleitern 406
Rhythmus 410
Von Ton zu Ton 417
Mehrstimmigkeit 421
Werkzeugkasten: Quintenzirkel 430

Liederanhang 432

Liederverzeichnis 471

Musikstückeverzeichnis 471

Personenregister 472

Sachregister 473

Bildquellen 476

Textquellen 477

Die wichtigsten Gitarrenakkorde 480

Vorwort

Liebe Schülerinnen, liebe Schüler,

vor euch liegt „O-Ton", euer neues Musikbuch. Es wird euch für die nächsten vier Jahre durch den Musikunterricht begleiten.
Das Buch informiert euch nicht nur über die vielfältigen Formen von Musik, sondern hilft, Musik aus vielen Blickwinkeln besser zu verstehen. Schließlich soll es euch immer wieder anregen, selbst Musik zu machen, allein oder mit Freunden: mit Instrumenten aus eurem Musikraum, mit selbst gebauten Instrumenten oder indem ihr gemeinsam singt.

Wir haben **Interviews** zu verschiedenen Themen mit vielen Menschen geführt, die mit Musik zu tun haben. Damit erklären wir euch auf spannende und verständliche Weise viele musikalische Zusammenhänge und lassen die Musikwelt lebendig werden. Wenn ihr also dieses Symbol seht, sind wir für euch mit jemandem im Gespräch gewesen.

Mit diesem Symbol ermuntern wir euch, **selbst Musik zu machen**. Und zwar auf unterschiedlichste Art und Weise, mal mit Musikinstrumenten, mal ohne; angeregt durch Geschichten, interessante Fakten oder Bilder. Eurer Kreativität sind keine Grenzen gesetzt.

Mit den roten **Werkzeugkästen** bekommt ihr wichtige Hilfsmittel und Tipps an die Hand, wie ihr Aufgaben lösen könnt.

In den grünen **Infoboxen** findet ihr Erklärungen und Erläuterungen zu vielen Fachbegriffen aus der Musik.

> **Infobox**
> Ein **Aufzug** ist ein in sich geschlossener Teil einer Oper (vgl. Akt).

Bei diesen Kästen heißt es: Nun werdet selbst aktiv. Mit gezielten **Recherchen** im Internet, im CD- und Bücherregal zu Hause oder in der Bibliothek könnt ihr euch eigenständig auf die Suche nach weiteren Materialien und Informationen machen.

Mit diesem Symbol verweisen wir auf Filme, die im Handel zu erwerben sind. Es kommt vor allem im Kapitel „Filmmusik" vor. Für die entsprechenden Aufgaben sollte der Film zur Verfügung stehen.

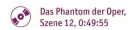
Das Phantom der Oper, Szene 12, 0:49:55

Oft findet ihr an den Aufgaben **blaue Sternchen**. Hier könnt ihr eine Aufgabe auswählen. Mit einem Sternchen fangt ihr an. Wenn ihr Zeit habt, löst ihr die Zusatzaufgabe mit zwei Sternchen. Wenn ihr knifflige Aufgaben mögt, erarbeitet ihr alleine oder in der Gruppe die Aufträge mit den drei Sternchen.

★
★★
★★★

Viele **Lieder** zum gemeinsamen Singen sind über das ganze Buch verteilt. Zusätzlich haben wir am Ende des Buches weitere Lieder nach verschiedenen Themen zusammengestellt, die euch durch das Jahr begleiten können.

Im **Register** findet ihr in alphabetischer Reihenfolge wichtige Namen und Begriffe mit den entsprechenden Seitenzahlen aus dem Buch. So könnt ihr euch schneller orientieren.

Zu diesem Buch gehört das „Medienpaket O-Ton 2" (Best.-Nr. 062505-0). Es enthält zahlreiche Hör- und Musikbeispiele, auf die mit diesem Symbol verwiesen wird. Diese Aufgaben können nur bearbeitet werden, wenn die Musikbeispiele zur Verfügung stehen.

🎧 **CD 1 / 15**

Die Herausgeber, Autorinnen und Autoren wünschen viel Spaß und einen spannenden Musikunterricht mit „O-Ton"!

Nena

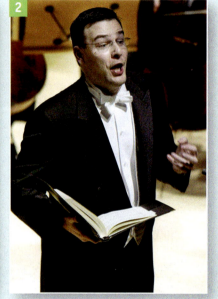
Andreas Scholl

Heintje

Rosenstolz

Sting

Mensch, Musik und Stimme

Adoro

1. Ihr hört drei Musikstücke, jedes in zwei verschiedenen Interpretationen. Ordnet die Bilder den Hörbeispielen zu und begründet eure Zuordnung.

   CD 1 / 01 – 06

2. Hört die beiden Interpretationen des gleichen Musikstückes jeweils im direkten Vergleich an. Beschreibt die Unterschiede, die sich durch die Stimmen der Interpreten ergeben (▶ **Werkzeugkasten: Musik beschreiben mit Adjektiven, S. 380 f.**).

3. Recherchiert im Internet, von wem die Musikstücke „Der Mond ist aufgegangen", „Can She Excuse My Wrongs" und „Ich bin ich (Wir sind wir)" komponiert wurden.

   | Der Mond ist aufgegangen |
   | Suchen ○ Im Web |

Stimme und Körper

Meistens machen wir uns kaum Gedanken darüber, was wir genau tun müssen, um zu sprechen. Wir tun es einfach. Dabei ist die Stimme ein vielfältiges Instrument, bei dem eine ganze Reihe von Abläufen ineinanderwirken und dafür sorgen, dass wir selbst komplizierte Sprach- und Melodiefolgen problemlos umsetzen können. Doch wie funktioniert unsere Stimme? Dieser Frage könnt ihr in diesem Kapitel mithilfe von eigenen Experimenten, Abbildungen und Textmaterial auf den Grund gehen.

1. Atmet in sechs kleinen Portionen hörbar auf „f" ein und im Anschluss daran in sechs kleinen Portionen auf „tsch" aus. Wiederholt den Vorgang mehrfach. Legt währenddessen beide Hände zunächst auf den Bauch und dann an beide Körperseiten.

2. Legt anschließend eine Hand locker auf euren Kehlkopf. Sprecht, summt, singt und ruft.

3. Sprecht auch, ohne die Zähne auseinanderzunehmen.

4. Sprecht und haltet euch dabei die Nase zu.

5. Nehmt einen Korken und steckt diesen zwischen eure Zähne. Stellt euch zu zweit voreinander auf, sodass ihr euch anschauen könnt, und unterhaltet euch über ein selbst gewähltes Thema (z. B. über Musik, Freunde).

6. Sprecht und singt den Anfang eines euch bekannten Liedes. Haltet dabei eure Finger auf die Wangenknochen, an die Nase, den Kopf und auf euren Brustkorb.

   Beantwortet ausgehend von diesen Übungen folgende Fragen:
   a) Wie lässt sich das Ein- und Ausatmen erspüren?
   b) Was ist für verständliches Sprechen unverzichtbar?
   c) Wo sind Schwingungen spürbar?
   d) Welche Gemeinsamkeiten/Unterschiede bestehen zwischen Sprechen und Singen?
   e) Welche Aussagen lassen sich aufgrund dieser Beobachtungen zur Funktionsweise der Stimme machen?

7. Die folgende Abbildung zeigt Bestandteile des Körpers, die für die Funktion unserer Stimme wichtig sind. Schaut sie euch genau an und versucht, die untenstehenden Begriffe zuzuordnen.

   Lunge – Zwerchfell – Luftröhre – Kehlkopf mit Stimmlippen – Rachen – Mundhöhle mit Zunge und Gebiss – Nasenhöhle – Stirnhöhle

   Stellt erste Vermutungen über die Funktionsweise der Stimme an.

> **Infobox**
>
> Anstatt von **Stimmlippen** ist häufig auch von **Stimmbändern** die Rede. Beide Begriffe bezeichnen jedoch dasselbe.

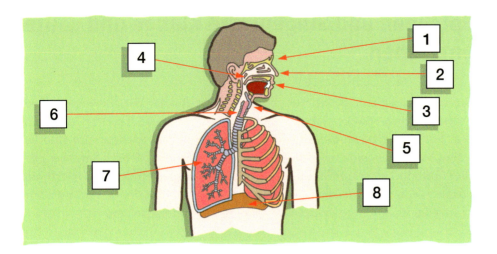

Der Sprechapparat

Wenn wir sprechen oder singen, sendet das Gehirn aufeinander abgestimmte Signale an unsere Atmungsorgane (Lunge und Zwerchfell) und an den sogenannten „Sprechapparat". Dieser setzt sich zusammen aus dem Kehlkopf, dem Rachen und der Stirn- und Nasenhöhle. Der **Kehlkopf** stellt den oberen Abschluss der Luftröhre dar, er liegt vorne im Hals und ist besonders bei Männern oft deutlich als **Adamsapfel** zu erkennen. Im Kehlkopf sind die beiden **Stimmlippen** gespannt, deren Stellung durch **Muskeln**, Knorpel und Gelenke verändert werden kann.

8 Nehmt ein Gummiband und spannt dieses zwischen Daumen und Zeigefinger unterschiedlich an. Bringt es zum Schwingen und beschreibt, wie sich die Tonhöhe durch die Spannung verändert.

9 Nehmt zwei DIN-A 4-Blätter und haltet sie an der schmalen Seite so, dass die Flächen nebeneinanderliegen. Pustet in den so entstandenen Spalt und beschreibt, was mit den beiden Blättern passiert.

Um Töne zu erzeugen, versetzt der aus der Lunge strömende Luftdruck die geöffneten Stimmlippen in Schwingungen. An der Lücke zwischen den Stimmlippen entsteht ein Unterdruck. Durch diese Muskelbewegung verschließen sich die elastischen Stimmlippen gleich wieder. Es wird neuer Druck aufgebaut und der Vorgang wiederholt sich. Dadurch zerhacken die Stimmlippen die ankommende Luft in kleine Scheiben. Eine Schallwelle entsteht. Je entspannter die Stimmlippen sind, desto langsamer „zerhacken" sie die Luft. Durch die geringen Schwingungen wird der Ton tiefer. Sind die Stimmlippen angespannter, zerkleinern sie die Luft schneller. Durch die hohe Anzahl von Schwingungen wird der Ton höher.

Entspannte Stimmlippen

Angespannte Stimmlippen

Sprechen und Singen: Wie Klänge und Laute entstehen

Die Tonhöhe ist eine Sache – der Klang ist eine andere. Wir alle wissen: Zwei unterschiedliche Sänger klingen anders, selbst wenn sie dasselbe Stück singen. Stimmlippen, Atemtechnik sowie der Mund- und Rachenraum sind bei jedem Menschen ganz individuell ausgeprägt. Derselbe Mensch kann bei gleicher Tonhöhe ganz unterschiedliche Klänge erzeugen. Nehmen wir z. B. die Vokale a, e, i, o, u. Wir können sie bei gleicher Tonhöhe singen und trotzdem kann jeder Zuhörer die Vokale klar voneinander unterscheiden.

1 Schaut euch die links abgebildeten Mund- und Lippenstellungen an und versucht (mithilfe der rechten Abbildung), eindeutige Vokale (a, e, i, u) zuzuordnen. Welcher Vokal fehlt?

2 Sucht euch einen Partner und sprecht einander nicht nur Vokale, sondern auch andere Laute vor:
– klingende Konsonanten wie l, m, n, w
– explosive Konsonanten wie b, d, g, k, p, t
– zischende Konsonanten wie f, s, sch, z
– Konsonantenverbindungen wie ptk – pf

Achtet dabei genau auf eure Mund-, Zungen-, Lippen- und Gebissstellung.

3 Beantwortet ausgehend von diesen Übungen folgende Fragen:
– Woran lassen sich die Vokale/Konsonanten erkennen?
– Welche Laute werden auf ähnliche Art und Weise gebildet?
– Wo gibt es extreme Unterschiede?

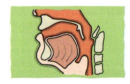

Mund- und Rachenraum beim „a"

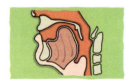

Mund- und Rachenraum beim „u"

Über den Stimmlippen bilden Mund, Rachen, Zähne und Zunge einen Schalltrichter. Je nachdem, wie dieser geformt wird, werden verschiedene Frequenzen des Stimmlippentones gedämpft oder hervorgehoben und es entstehen unterschiedliche Laute. Bei einem „a" sieht der Mund- und Rachenraum also anders aus als bei einem „u". Darüber hinaus wird der Klang der Stimme durch die Hohlräume der Stirn- und Nasenhöhle und des Brustraumes verstärkt. Hier entstehen sogenannte Resonanzräume. Form und Größe dieser Resonanzräume verändern sich beim Heranwachsen des Menschen, lassen sich aber auch durch das Anspannen und Entspannen von Muskeln gezielt beeinflussen.

Sing mal wieder!

CD 1 / 07

Musik und Text: Daniel Dickopf
Arrangement: Edzard Hüneke

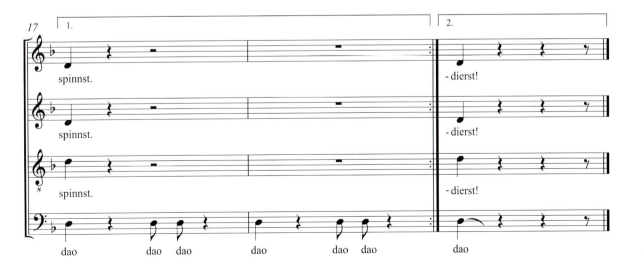

Strophe 2
Wer nicht schön singen kann – na, der singt halt laut,
denn die Hauptsache ist, dass man sich was traut.
Nur mit Scheuklappen rumtappen? Was soll das denn bringen?
Mach' dich einfach locker und fang an zu singen!
Wer singt, bei dem kann man ohne Sorgen pennen,
weil böse Menschen eben keine guten Lieder kennen.
Das Singen, das öffnet dir Tor und Tür.
Und manche Leute kriegen sogar Geld dafür …

Refrain 2
Sing!
Sing mal wieder –
Rock, Punk, Soul oder Weihnachtslieder!
Sing (Sing mit),
Singen ist gesund!
Sperr die Ohren auf und benutz deinen Mund.
Sing!
Sing, wenn du gewinnst!
Sing, wenn alle Leute denken, dass du spinnst.
Sing (Sing mit)!
Auch wenn du verlierst,
Sing deinen Frust weg, bevor du explodierst.

Outro
Sing im Stadion, sing im Friseursalon, sing in der Warteschlange, sing trotz
   Zahnarztzange!
Sing im Abendrot, sind auf'm Segelboot, sing, wenn du spontan verreist,
   sing, außer wenn du Dieter Bohlen heißt!
Sing, wenn du bei 'ner Taufe bist, sing, wenn die Taufe schon gelaufen ist,
   sing zur Beförderung, sing auch bei 'ner Beerdigung!

© Edition WISE GUYS, Köln

Stimmbruch

Bekannte Knabenchöre wie die Wiener Sängerknaben oder die Regensburger Domspatzen haben eines gemeinsam: Die Stimmen dieser Chöre sind nicht älter als 14 Jahre und bestehen ausschließlich aus den Stimmlagen Alt und Sopran. Diese besonders hohen Lagen können Jungen jedoch nur bis zum gen jedoch nur bis zum Beginn der Pubertät singen, denn dann verändert sich ihre Stimme. Das hängt mit dem Geschlechtshormon Testosteron zusammen. Dieses verursacht ein Wachsen der Stimmlippen. Dadurch sinkt die Stimme bis zu einer Oktave ab. Zugleich wird sie etwas rauer und brüchig, weil die Stimmlippen ungleichmäßig wachsen. Eine Stimmlippe ist dadurch kurzzeitig länger als die andere, sodass manchmal nur kurze Teile derselben schwingen oder sie sehr stark angespannt werden. Es entstehen hohe Töne und Kiekser, die der Sprechende nicht beeinflussen kann. Die Karriere im Knabenchor ist damit vorerst beendet.

Nach dem Stimmbruch entwickeln sich jedoch etwa ein Drittel aller Knabenstimmen zum Tenor und zwei Drittel zu Bariton und Bass. Mit ihrem tieferen Klang lassen sich diese Stimmen nun wieder ideal in einen Chor und das hier vorhandene breite Stimmspektrum einfügen. Auch einer Solokarriere steht nach entsprechender Ausbildung nichts mehr im Weg, wie das vorliegende Beispiel aus dem Bereich des Belcanto zeigt.

Bei Mädchen sinkt die Stimme ebenfalls durch das Wachstum der Stimmlippen. Da dieses jedoch nicht so stark ist wie bei den Jungen, sinkt die Stimme nur um 2 bis 3 Töne. Die höchste Stimmlage der Frauen im Chor nennt man Sopran, die mittlere Mezzosopran und die tiefe Alt.

🎧 CD 1 / 09

Stimmlagen und Stimmumfang

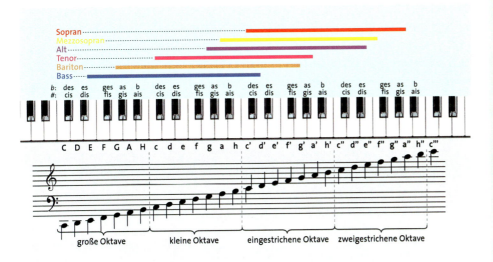

Infobox

Belcanto (ital: schöner Gesang): eine erst im 19. Jahrhundert entstandene Bezeichnung für Gesangskunst, die aus dem italienischen Musikgeschmack seit dem 16. Jahrhundert im Umkreis der Oper entstand (vgl. Seite 112 ff.). Der reich verzierte Sologesang gibt den Sängern Gelegenheit zu zeigen, wie virtuos sie ihre Stimme gebrauchen können.

❶ Lest noch einmal den Text zum Thema „Stimmbruch" und erklärt unter Zuhilfenahme des vorangegangenen Textes, was hinter der Veränderung der Stimme steckt.

❷ Studiert das Lied der „Wise Guys" gemeinsam ein. Vielleicht fällt euch ja zusätzlich eine interessante Choreografie ein.

Mit der Stimme arbeiten

Die Stimme des Menschen ist so einzigartig wie sein Fingerabdruck. Wie jedes menschliche Verhalten ist sie aber auch veränderlich. Bei Banken wird die Stimme zunehmend als Erkennungsmerkmal genutzt. Aber auch der Polizei ist es z. B. möglich, anhand von Tonbandaufzeichnungen einen Täter zu überführen.

Herr Dr. Köster, Sie sind von Beruf Sprecher-Erkenner und analysieren Sprachaufzeichnungen beim Bundeskriminalamt. Was zeichnet dieses Berufsbild aus?
Als Sprecher-Erkenner arbeitet man fast täglich in einem als Sprachlabor ausgestatteten Büro. Dort werden die Untersuchungen der Sprachproben aus verschiedenen Kriminalfällen durchgeführt und die Ergebnisse schriftlich in Gutachten formuliert. Man sitzt also die meiste Zeit vor Lautsprechern oder trägt Kopfhörer und hört sich hochkonzentriert die Sprachproben, oft in kleinste Abschnitte zerlegt und in vielen Wiederholungen, an. Zusätzlich werden mithilfe von speziellen Analyse-Computern bestimmte Eigenschaften und Merkmale im Sprachsignal gemessen. Alles wird genau protokolliert und anschließend von mir als Stimmexperten bewertet.
Als Sprecher-Erkenner ist man auch in der Forschung tätig, d. h., wir führen Experimente durch, aus denen wir mehr über die Eigenschaften der Stimme und Sprache lernen, wie sich die Stimme unter verschiedenen Bedingungen verändern kann und wie wir die menschliche Stimme wahrnehmen.

Und wieso arbeiten Sie als Sprachanalytiker ausgerechnet beim Bundeskriminalamt?
In meinem Studium der Phonetik – der Wissenschaft, die sich mit Stimme und Sprache beschäftigt – habe ich unter anderem Seminare zum Thema Sprecher-Erkennung besucht. Da der damalige Gastdozent gleichzeitig den Fachbereich „Sprecher-Erkennung und Tonträgeranalyse" am Bundeskriminalamt geleitet hat, wurde ich auf diese berufliche Möglichkeit beim BKA aufmerksam. Ich war, weil ich mich schon seit meiner späten Kindheit für Stimmen und das Sprechen – vor allem für Dialekte – interessiert habe, Feuer und Flamme für diesen kriminaltechnischen Beruf. Von dem Moment an bin ich auf jede mögliche Tagung gefahren und habe mich wissenschaftlich mit den entsprechenden Fachgebieten der Phonetik beschäftigt. Nach Abschluss meiner Doktorarbeit habe ich mich dann auf eine freie Stelle beim BKA beworben und bin so mit Ende Zwanzig zum Bundeskriminalamt gekommen.

Welche Stimmeigenschaften lassen sich analysieren?
Zu viele, um sie hier alle zu beschreiben. Die Sprecher-Erkennung orientiert sich an einer mehrere Seiten langen Merkmalsliste, in der alle theoretisch analysierbaren Eigenschaften der Stimme aufgeführt sind. Man kann grundsätzlich unterscheiden in Merkmale der Stimmbildung, Merkmale der Aussprache und Merkmale der Sprechweise. Die Stimme wird ja zunächst mithilfe der schwingenden Stimmlippen im Kehlkopf produziert; hier ist für uns z. B. die Häufigkeit der Schwingungen, also die Stimmlage interessant. Oder die Quali-

tät der Stimme, z. B. ob sie regelmäßig ist, rau, heiser, gepresst oder weich. Jeder Mensch besitzt darüber hinaus eine bestimmte Aussprache, bei der man genau feststellen kann, wie er einzelne Sprachlaute und Lautverbindungen produziert. Schließlich analysieren wir noch Eigenschaften des Sprechvorgangs, die sich im zeitlichen Verlauf einer Äußerung zeigen, wie z. B. die Sprechgeschwindigkeit, die Sprachmelodie oder bestimmte Betonungsmuster.

Können Sie ein Beispiel dafür geben, wie Sie anhand einer Stimmanalyse einen Täter überführen konnten?
Meistens vergleichen wir einen unbekannten Anrufer mit der Stimme einer namentlich bekannten Person, also dem Tatverdächtigen. Mithilfe des „Stimmenvergleichs" können wir dann sagen, ob es sich um ein- und denselben Sprecher handelt. Bei der „Stimmenanalyse" liegt lediglich die Aufzeichnung einer anonymen Stimme vor und es wird ein sog. Stimmenprofil angefertigt, d. h., wir versuchen, möglichst viele Eigenschaften eines Sprechers zu erkennen, um den Täter ausfindig zu machen. Mit den Angaben über das Alter eines Sprechers, seine genaue dialektale Herkunft, sein Bildungsniveau usw. konnten wir die Ermittlungsbeamten schon in konkreten Fällen z. B. von Erpressung, Entführung, Bedrohungen oder Kindesmissbrauch auf die richtige Spur führen.

Und wie sieht das aus, wenn der Täter seine Stimme verstellt oder mithilfe von modernster Computertechnologie verfremdet?
Natürlich versuchen Täter gelegentlich, ihre Stimme zu verstellen oder zu verfremden. Aber das Problem ist ja zunächst einmal, dass man verständlich bleiben muss und eine zu starke Verstellung damit ausscheidet. Andererseits ist eine Verstellung sehr schwierig, weil der Täter sein gewohntes Stimm- und Sprechverhalten verändern muss – und das klappt meist gar nicht oder nur teilweise. Oft fällt der Täter in sein gewohntes Sprachverhalten zurück, sodass der Stimmen-Experte erkennen kann, ob ein Verstellungsversuch vorlag und wie der Sprecher normalerweise redet.
Die Verfremdung einer Stimme mithilfe der Computertechnik ist meistens recht schwierig, denn man muss Sprachaufzeichnungen vorbereiten und kann nicht einfach mit einer technisch verfremdeten Stimme auf seinen Gesprächspartner reagieren. In fast allen Kriminalfällen muss man sich aber in einem nicht kontrollierbaren Dialog unterhalten, weswegen eine Computerverfremdung nur sehr selten vorkommt. Wenn doch, so haben die Sprecher-Erkenner natürlich auch Computerverfahren, um die technischen Veränderungen rückgängig zu machen und in etwa die Originalstimme zu erkennen.

Was halten Sie davon, dass immer mehr Firmen und Banken die Stimme für ihre Sicherungssysteme nutzen wollen?
Das Problem ist ja, dass sich die menschliche Stimme verändern kann, d. h., das stimmliche und sprachliche Verhalten reagiert auf unterschiedliche Situa-

tionen. Die menschliche Stimme und das menschliche Sprechen kann darauf reagieren, ob man müde oder ausgeschlafen ist, ob man krank oder gesund ist, ob man Stress hat oder entspannt ist, ob man aufgeregt oder ruhig ist, ob man laut schreien muss oder sich ganz ruhig unterhalten kann, ob man am Telefon spricht oder von Angesicht zu Angesicht. Man verändert sein Sprachverhalten auch je nachdem, mit wem man sich unterhält.

Das menschliche Gehirn kann sich bei genügender Aufmerksamkeit auf den Sprecher konzentrieren und ihn unabhängig von der Gesprächssituation erkennen. Ein Computer, wie er z. B. in Sicherungssystemen einsetzbar wäre, kann das nicht. Auch Störgeräusche im Hintergrund können bei der Stimm-Erkennung durch ein Computersystem Fehler verursachen.

Vielen Dank für das Interview!

3 Beschreibt mit eigenen Worten das Berufsbild des Sprachanalytikers.

4 Erklärt anhand des Interviews, inwiefern die menschliche Stimme so viele individuelle Merkmale besitzt, dass sie sogar bei der Überführung von Straftätern genutzt werden kann.

5 Verfasst einen Brief an Herrn Dr. Köster, in dem ihr weitere Fragen formuliert, die ihr ihm gerne stellen würdet.

6 Sprecht die Verse des folgenden Gedichts einzeln nacheinander:

> Joachim Ringelnatz (1883–1934)
> **Der Briefmark**
>
> Ein männlicher Briefmark erlebte
> Was Schönes, bevor er klebte.
> Er war von einer Prinzessin beleckt.
> Da war die Liebe in ihm erweckt
>
> 5 Er wollte sie wiederküssen,
> Da hat er verreisen müssen.
> So liebte er sie vergebens.
> Das ist die Tragik des Lebens!"

Lasst euch dabei von eurem Lehrer (z. B. mithilfe eines Computers) aufnehmen. Hört euch das Ergebnis in veränderter Reihenfolge an und versucht herauszufinden, wem welche Stimme gehört.
- In welchen Fällen ist es euch leicht- bzw. schwergefallen?
- Woran könnte das liegen?
- Wie habt ihr die Aufnahme eurer eigenen Stimme empfunden?

Übrigens:
Die Wahrnehmung der eigenen, live gesprochenen Stimme kann sich deutlich von der aufgezeichneten Stimme unterscheiden. Das hängt damit zusammen, dass der Sprecher aufgrund des Knochenschalls eine andere Frequenz hört als sein Zuhörer.

Bobby McFerrin: Nur mit der Stimme!

> „Eight tracks were used, each dubbed on top of the other with Bobby's voice.
> There are no instrumentalists, percussion instruments, or singers other than Bobby."

Diese Beschreibung der Entstehung seines Liedes „Don't Worry, Be Happy" findet ihr auf der Homepage des US-amerikanischen Musikers Bobby McFerrin (*1950). Besonders bekannt ist er für seine äußerst wandlungsfähige Stimme, mit der er Instrumente imitiert. „Don't Worry, Be Happy" aus dem Jahr 1988 war sein größter kommerzieller Erfolg und nutzt seine Fähigkeiten des Gesangs und der Vocal-Percussion.

1 Lest den englischen Text laut vor.
  a) Übersetzt den Text. Nehmt dabei euer Englisch-Wörterbuch zu Hilfe.
  b) Welche der englischen Wörter haben mit dem Thema Musik zu tun?
  c) Beschreibt die Entstehung und die Besonderheit des Liedes mit eigenen Worten.

2 Hört euch den Anfang von „Don't Worry, Be Happy" an.
  a) Welche Instrumente hört ihr?
  b) Könnt ihr heraushören, wie die Instrumente in den oben genannten acht Tracks mit der Stimme imitiert werden sollen?
  Probiert es und fertigt eine Tabelle an:

Nr.	soll klingen wie:	erzeugt durch:
1	E-Bass	tiefes „dum dum"
2	?	?
3		

26 Mensch, Musik und Stimme

3 Auf der folgenden Seite findet ihr eine Partitur der ersten acht Takte von „Don't Worry, Be Happy".
   a) Beschreibt die Partitur (▶ **Werkzeugkasten: Partituren lesen, S. 212 f.**)
   b) Hört den Anfang erneut und probiert, die Partitur zur Musik mitzulesen.
   c) Könnt ihr die von euch herausgehörten Instrumente wiederfinden?
   d) Übt in Kleingruppen je eine der Stimmen ein.
   e) Singt gemeinsam das Intro.
   f) Begleitet die Aufnahme von „Don't Worry, Be Happy", indem ihr die acht Takte durchgehend wiederholt. Eine Stimme muss dabei auch pausieren. Welche?

Don't Worry, Be Happy (Rhythmus)

Musik: Bobby McFerrin

© 1988 by Prob Noblem Music, D/A/CH/ehem. Ostblockst./ehem. Jugoslawien: Musik Edition Discoton GmbH, Berlin

Don't Worry, Be Happy

Musik und Text: Bobby McFerrin

© 1988 by Prob Noblem Music, D/A/CH/ehem. Ostblockst./ehem. Jugoslawien: Musik Edition Discoton GmbH, Berlin

28 Mensch, Musik und Stimme

Auf Bobby McFerrins Homepage findet ihr unter der Rubrik „Sing and play with Bobby" auch eine Animation, die euch den Aufbau des Liedes aus den einzelnen „vocal parts" verdeutlicht.

4 Startet die Animation des Liedes.
   a) Hört euch den Ausschnitt mit allen Stimmen an (→ play all).
   b) Hört euch der Reihe nach die einzelnen Stimmen alleine an (beschrieben unter → how to play).
   c) Kombiniert die Stimmen neu und mischt eure eigene Version des Liedes. Stellt sie der Klasse vor.
   d) Experimentiert mit euren Stimmen und probiert eigene *vocal parts* aus, die zum Lied passen.
   e) Im englischen Text ist von acht Tracks die Rede, in der Animation findet ihr aber nur sieben *vocal parts*.
   Hört nochmals ganz genau hin und findet heraus, in welchem Teil sich mehr als eine Stimme versteckt.

5 Seht euch im Internet Musikvideos der Gruppe „Naturally 7" an.
   a) Beschreibt Gemeinsamkeiten und Unterschiede zur Musik von Bobby McFerrin.
   b) Benennt die Instrumente, die hier imitiert werden.
   c) Experimentiert mit euren Stimmen und versucht, die Instrumente selbst zu imitieren.
   d) Recherchiert weiter über „Naturally 7" und erstellt einen Steckbrief der Gruppe.

Nur mit euren Stimmen!

1 Lest den Text von „Don't Worry, Be Happy" und klärt unbekannte Wörter. Beschreibt die Grundaussage des Liedes mit eigenen Worten.

Don't Worry, Be Happy

Here's a little song I wrote
You might want to sing it note for note
Don't worry, be happy
In every life we have some trouble
But when you worry you make it double
Don't worry, be happy
Ain't got no place to lay your head,
Somebody came and took your bed
Don't worry, be happy

The landlord say your rent is late,
He may have to litigate
Don't worry, be happy
Ain't got not cash, ain't got no style,
Ain't got no gal to make you smile
Don't worry, be happy
Cause when you worry your face will frown
And that will bring everybody down
Don't worry, be happy

Worterklärungen:
landlord – Vermieter, rent – Miete, litigate – einen Prozess führen, verklagen, gal – Mädel, Mädchen

© 1988 by Prob Noblem Music, D/A/CH/ehem. Ostblockst./ehem. Jugoslawien: Musik Edition Discoton GmbH, Berlin

2 Nennt die Missgeschicke und Widrigkeiten des Lebens, die McFerrin in den Strophen besingt.

3 Erfindet in Gruppen zur Melodie von „Dont Worry, Be Happy" euren eigenen „Gute-Laune-Song".
   a) Textet das Lied bezogen auf euer Leben neu. Was macht euch das Leben schwer? Sammelt Situationen in eurem Heft.
   b) Überlegt euch einen kurzen deutschen Text für den Refrain. Der Refrain soll aufmuntern und Mut machen.
   c) In den Strophen schildert ihr das, was das Leben manchmal erschwert. Überlegt euch zwei bis drei Strophen.
   d) Verteilt Rollen in der Gruppe. Orientiert euch am Aufbau von „Don't Worry, Be Happy": zwei Gruppenmitglieder sollen gemeinsam die Melodie singen, die Übrigen singen Teile der Begleitung bzw. Vocal-Percussion.

4 ★   Stellt euren Song der Klasse vor.
  ★★   Nehmt euren Song mit dem Audio Editor auf und stellt ihn der Klasse vor (▶ **Werkzeugkasten: Achtung Aufnahme, S. 286 f.**).
  ★★★ Nehmt die einzelnen Stimmen eures Songs als getrennte Spuren im Audio-Recorder auf, mischt den Song und stellt ihn der Klasse vor (▶ **Werkzeugkasten: Achtung Aufnahme, S. 286 f.**).

Mit Urlauten zur Musik?

Kurt Schwitters: Die Sonate in Urlauten

dritter teil:

scherzo
(die themen sind karakteristisch verschieden vorzutragen)

Lanke trr gll *(munter)*
  pe pe pe pe pe
    Ooka ooka ooka ooka
	(M)	III
		8

Lanke trr gll
  pii pii pii pii pii
    Züüka züüka züüka züüka
		III
		9

Lanke trr gll
  Rrmmp
  Rrnnf
		III
		4

Lanke trr gll
  Ziiuu lenn trll?
  Lümpff tümpff trll
		III
		3
		10

Lanke trr gll Rrumpff tilff too		III 4

Lanke trr gll
  Ziiuu lenn trll?
  Lümpff tümpff trll
		III
		3
		10

Lanke trr gll
  Pe pe pe pe pe
    Ooka ooka ooka ooka
		III
		8

Lanke trr gll
  Pii pii pii pii pii
    Züüka züüka züüka züüka
		III
		9

Lanke trr gll
  Rrmmp
  Rrnnf
		III
		4

Lanke trr gll		.

trio *(äußerst langsam vorzutragen.)*

Ziiuuu iiuu
  ziiuu aauu
    ziiuu iiuu
      ziiuu Aaa
	(N)	3

Ziiuu iiuu
  ziiuu aauu
    ziiuu iiuu
      ziiuu Ooo
		3

Ziiuu iiuu
  ziiuu aauu
    ziiuu iiuu
		3

scherzo

Lanke trr gll *(munter)*
  pe pe pe pe pe
    Ooka ooka ooka ooka
	(O)	III
		8

Lanke trr gll
  Pii pii pii pii pii
    Züüka züüka züüka züüka
		III
		9

Lanke trr gll
  Rrmmp
  Rrnnf
		III
		4

Lanke trr gll
  Ziiuu lenn trll?
  Lümpff tümpff trll
		3
		10

Lanke trr gll Rrumpff tilff too		II 4

Lanke trr gll
  Ziiuu lenn trll?
  Lümpff tümpff trll
		III
		3
		10

---

1 Bildet Kleingruppen. Übt, das „Scherzo" aus der „Sonate in Urlauten" in verteilten Rollen zu lesen. (▶ **Vgl. auch S. 77 im Kapitel In Form bringen**)

Infobox

Kurt Schwitters (1887–1948) war ein deutscher Künstler, „Maler, Dichter und Rezitator, Mal-Musiker, Wort-Maler und Sprech-Dichter" (Kurt Kreiler). Seine Werke werden der künstlerischen Bewegung des Dadaismus zugerechnet.

2 Tragt eure Interpretation der ganzen Klasse vor. Arbeitet die Gemeinsamkeiten und die Unterschiede in den Interpretationen heraus.

Lanke trr gll
  pe pe pe pe pe
    Ooka ooka ooka ooka
	III
	8

Lanke trr gll
  Pii pii pii pii pii
    Züüka züüka züüka züüka
	III
	9

Lanke trr gll
  Rrmmp
  Rrnnf
	III
	4

Lanke trr gll	III

vierter teil:

presto
(der vierte Teil ist streng taktmäßig, außer den in der durcharbeitung eingeschobenen rezitationen)

3 Hört euch zwei Hörbeispiele mit verschiedenen Interpretationen des „Scherzos" an. Vergleicht sie mit euren Interpretationen.   CD 1 / 11, 12

4 Erläutert, was mit „Urlauten" gemeint ist.

5 Weist sie im „Scherzo" nach und schreibt sie in einer Tabelle in eurem Heft auf.

6 Verwendet die Urlaute, um eure eigene Version zu schreiben.
   a) Benutzt als Rahmen die ersten und letzten Zeilen von Schwitters' „Scherzo".
   b) Füllt den Zwischenraum, indem ihr die Urlaute neu kombiniert und wiederholt.
   c) Ergänzt eure Komposition um musikalische Vortragsangaben.
      (▶ Werkzeugkasten: Musik beschreiben nach Parametern, S. 144 ff.)
   d) Tragt euer Stück der Klasse vor.

Was ist die Ursonate?

Die „Sonate in Urlauten", kurz auch als „Ursonate" bezeichnet, wurde 1925 von Kurt Schwitters das erste Mal bei einem Vortragsabend in kleinerem Kreise aufgeführt. Nach anfänglicher Verwirrung brach das Publikum in schallendes Gelächter aus, was Schwitters jedoch nicht im Geringsten störte. „Er schaltete nur seine trainierte und enorme Stimme auf Lautstärke zehn um, die den Wirbelsturm im Publikum übertönte, sodass er fast zu einer Begleitmusik seiner Ursonate wurde." Zur Ursonate und der Frage, um was es sich dabei eigentlich handelt, haben sich viele Künstler geäußert:

„Das hängt davon ab, wie man Musik definiert. Begreift man Musik schlicht als organisierten Klang, dann gibt es keinen Grund, die Ursonate als Musikstück abzulehnen."
(Thomas Grötz, *1965, deutscher bildender Künstler und Autor)

„Gleichviel – auf jeden Fall ein großes, nach musikalischen Prinzipien komponiertes Lautgedicht". (Ernst Jandl, 1925–2000, österreichischer Dichter und Schriftsteller)

„Ein übergreifendes Kunstwerk […]. Ein durchgearbeitetes Modell der Verschränkung von Literatur und Musik." (Helmut Heißenbüttel, 1921–1996, deutscher Schriftsteller)

„Ihr besonderer Reiz besteht in der primitiven Verbindung von Sprachlaut und musikalischen Elementen." (Gerhard Rühm, *1930, österreichischer Schriftsteller und Komponist)

„Sagen wir doch einfach: Sie ist ein Soundobjekt."
(Michael Lentz, *1964, deutscher Lautpoet und Musiker)

7 Musik oder nicht? Erörtert und begründet mithilfe der Zitate, anhand des „Scherzos" von Schwitters und eurer Komposition, inwiefern man dabei von Musik sprechen kann.

Dada oder was?

„Und dann war da plötzlich das neue Wort: Dada. Niemand weiß so recht, woher es kam; es war plötzlich ganz einfach da. Der eine will es sich, einer momentanen Eingebung folgend, am 18. April 1916 in sein Tagebuch notiert haben, andere stolperten in einem französischen Wörterbuch darüber, auch soll es aus Schwabing eingeschleppt worden sein, wo es bereits 1914 in einem Gemeinschaftsgedicht aufgetaucht war, in dem es heißt: *Was denkst du dir denn dadabei'n des morgens um halb fünfe? – Er sagte nichts mehr dadarauf.* Wieder andere behaupten, das Wort sei Anfang Februar, nachmittags gegen 6, im Terrassencafé aufgetaucht; da habe man's halt mitgenommen. Wie auch immer – klar ist nur, was es bedeutet: nichts. Dada ist der Sinn im Chaos. Kunst gegen den Krieg. Protest gegen die Tollheit der Welt, gegen das Schlachtfest der Völker, gegen die Ohnmacht des Geistes. Mit anderen Worten: Dada ist Dada. […]

[Hugo Ball gründet in der Schweiz] im Februar 1916 mit einer Handvoll Emigranten verschiedener Nationalität das Kabarett *Voltaire*. Auf der Bühne und im Publikum ist die Hölle los. Den Protestlärm der Zuschauer überschreiend, antworten die Dadaisten mit Liebesseufzern, Rülpsern und Grunzen, mit Muhs und Miaus. Hugo Ball lässt sich, eingezwängt in ein blau glänzendes Röhrenkleid aus Pappe, auf das Podium tragen und nimmt vor den Notenständern Aufstellung. Dann deklamiert der sprachlos gewordene Dichter, liturgisch lamentierend, seine Verse ohne Worte:

gadji beri bimba
glandridi lauli lonni cadori
gadjama bim beri glassala
glandridi glassala tuffm i zimbrabin
blassa galassasa tuffi i zimbrabim …

Was da im Februar 1916 in Zürich ausgerufen wurde, das Ende der Kunst, die Antikunst, die Unkunst, war das verzweifelte Nein gegen das Etablierte, die Institution, gegen all die Bürger, die *vorwärts in die Vergangenheit* blicken."
(Volker Kühn)

Hugo Ball

KARAWANE

jolifanto bambla ô falli bambla
grossiga m'pfa habla horem
égiga goramen
higo bloiko russula huju
hollaka hollala
anlogo bung
blago bung
blago bung
bosso fataka
ü üü ü
schampa wulla wussa ólobo
hej tatta gôrem
eschige zunbada
wulubu ssubudu uluw ssubudu
tumba ba- umf
kusagauma
ba - umf

8 Klärt unbekannte Wörter. Fasst zusammen, was man diesem Text nach unter Dada versteht.

Mit Urlauten zur Musik? **33**

9 Benennt und recherchiert aktuelle Beispiele, die auch als Dada bezeichnet werden könnten.

Lautgedichte, Jandl
Suchen ⊙ Im Web

Hugo Ball: Karawane

10 Betrachtet das Bild und beschreibt es.

11 Setzt das Bild als musikalische Partitur in Kleingruppen um. Führt die Ergebnisse vor und vergleicht sie.

12 Entwickelt eine eigene grafische Notation für eine Aufführung der Karawane.
  a) Erprobt eure Notation und führt das Ergebnis auf.
  b) Vergleicht die grafischen Notationen in Bezug auf die Festlegung musikalischer Parameter (▶ Werkzeugkasten, S. 144 ff.).

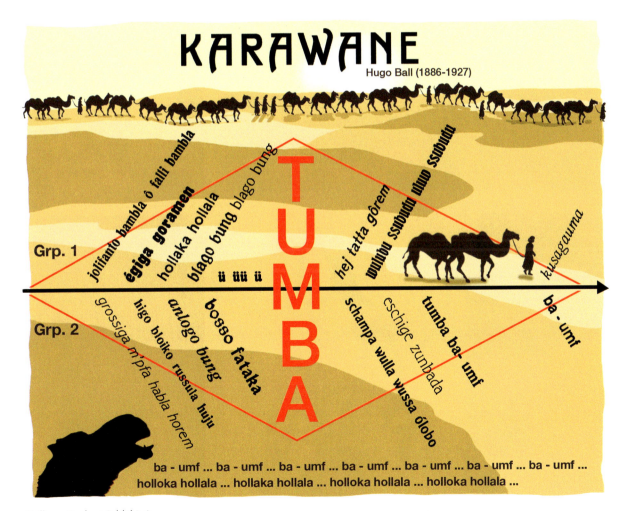

(Collage: Norbert Schläbitz)

Mensch, Musik und Instrumente

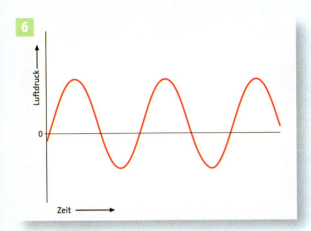

1. Das Thema Musikinstrumente ist euch sicherlich schon im Musikunterricht oder in der Freizeit begegnet. Tauscht euer Vorwissen aus. Verwendet dazu ausschließlich diese Auftaktseiten.
    a) Seht euch die Collage auf dieser Seite an und überlegt in Einzelarbeit, zu welchen Bildern euch etwas einfällt.
    b) Besprecht euch mit eurem Nachbarn.
    c) Wählt einen Themenbereich, zu dem ihr der Klasse einiges mitteilen könnt. Euer kleiner Vortrag muss etwas mit einem Bild aus der Collage zu tun haben (▶ **Werkzeugkasten: Ein Referat halten, S. 115 f.**).
    d) Übt euren Vortrag mit einem Partner. Wechselt euch beim Vortrag ab und sprecht insgesamt nicht länger als zwei Minuten.
    e) Protokolliert die Aussagen der Vortragenden mithilfe der Tabelle:

Das wusste ich schon	Darüber möchte ich mehr erfahren
?	?

Geräusche und Töne

Damit wir etwas hören, müssen bestimmte Bedingungen erfüllt sein. Zuallererst muss es eine Geräuschquelle geben. Das könnte beispielsweise ein Instrument, eure Stimme oder ein beliebiger Gegenstand sein. Von dort aus wird das umliegende Medium in Schwingungen versetzt. Da die meisten Geräuschquellen von Luft umgeben sind und Luft gasförmig ist, können wir Schallwellen meist nicht sehen. Auf einer Wasseroberfläche ist das jedoch möglich. Wirft man einen Stein ins Wasser, dann breiten sich vom Eintauchpunkt kreisförmige Wellen aus. Genauso verhält es sich mit dem Schall. Die Geschwindigkeit, mit der sich Schallwellen bewegen, hängt von der Umgebungstemperatur und dem transportierenden Medium ab. In der Luft bewegen sie sich mit einer Geschwindigkeit von 343 Meter pro Sekunde. Im Wasser legen die Schallwellen mehr als 1400 Meter pro Sekunde zurück und Stahl leitet die Wellen mit einer Geschwindigkeit von rund 5 900 Metern pro Sekunde weiter.

Alle Hörwahrnehmungen lassen sich in die Kategorien Ton und Geräusch gliedern.

Schallerzeugung und Schallausbreitung

Wenn Teilchen der Luft oder einer Materie (Stein, Wasser) einen Impuls erhalten, der sie aus ihrer Ruhelage lenkt, gibt dieses Teilchen den Impuls an die benachbarten Teilchen weiter und schwingt zurück. Pflanzt sich dieser Impuls bis an das menschliche Ohr fort, empfindet man **Schall**.
- Ein *einzelner Impuls* wird als **Knall** oder **Knack** wahrgenommen.
- Eine *unregelmäßige Schwingung* hört man als **Geräusch**.
- Bei einer periodischen *Folge von Schwingungsimpulsen* entsteht eine **Schallwelle**: Man hört einen **Klang** (periodische Schwingung) oder einen **Ton** (sinusförmige Schwingung).

Schallwellen sind periodische Luftdruckveränderungen, die sich kugelförmig um die Schallquelle herum ausbreiten.

Ton, Klang und Geräusch

Wenn eine Folge gleichmäßiger Luftdruckimpulse in Form einer Schallwelle an das Ohr gelangt, registriert das Gehirn eine bestimmbare Tonhöhe. Wenn nur ein einziger Impuls oder eine Folge ungleichmäßiger Impulse beim Ohr ankommt, entsteht der Eindruck eines Geräusches mit unbestimmter Tonhöhe. Was die Musiker als **Ton**, die Akustiker als **Klang** bezeichnen, ist in Wirklichkeit eine komplexe Zusammensetzung unterschiedlicher Frequenzen. Die **Klangfarbe** ist die Eigenschaft des Klanges, die dem Hörer eine Unterscheidung zwischen den Musikinstrumenten ermöglicht. Sie ergibt sich aus der Überlagerung der Grundfrequenz mit höheren Frequenzen (**harmonische Obertöne**) in ganzzahligem Verhältnis zur Grundfrequenz.

Jeder **Klang** hat einige hervortretende Frequenzen in seinem Spektrum, die seine spezifische Farbe ausmachen. Man nennt sie **Formanten**.

1. Lest den Text mithilfe des ▶ Werkzeugkastens: Mit Buchtexten arbeiten, S. 332.

2. Entscheidet, ob die folgenden Aussagen richtig oder falsch sind, und erläutert, warum.

a) „Im Weltall gibt es keine Geräusche."

b) „Unter Wasser nehmen wir Töne anders wahr als im Luftraum."

c) „Ein Orchester ist im Konzertsaal besser zu hören als im Freien".

d) „Wenn ihr in eurem Zimmer Musik hört, nimmt die Lautstärke in den anderen Räumen des Hauses ab, sobald ihr die Tür schließt."

e) „Mit Ohrstopfen kann man sich vor lauten Geräuschen schützen."

f) „Manchmal ist ein Flugzeug zu sehen, bevor man es hört."

3. Beschreibt und interpretiert die Abbildung.

4. a) Stellt Geräusche zusammen, die ihr ausschließlich mit euren Händen erzeugen könnt. Übertragt dazu die folgende Tabelle ins Heft.

Geräusch	So wird es erzeugt	Klangeigenschaft
?	?	?

b) Entwickelt ein Stück mit diesen Handgeräuschen.

Die Sinusschwingung

Man könnte die Sinusschwingung auch als den Ursprung aller Töne bezeichnen. Da es in der Natur keine reinen Sinusschwingungen gibt, können sie nur künstlich erzeugt werden. Sie definiert sich durch zwei Parameter: einmal durch die Anzahl der Schwingungen in der Sekunde; je mehr Schwingungen desto höher der Ton; zum anderen durch die Amplitude, also die Schwingungsweite. Dieser Wert bestimmt die Lautstärke. Beide Parameter lassen sich in der Grafik 1 ablesen. Am oberen Rand (x-Achse) verläuft die Zeitleiste in Sekunden. Die Schwingungsweite lässt sich auf der y-Achse ablesen.

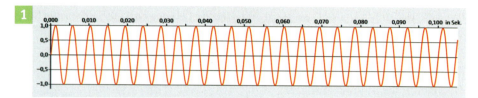

CD 1 / 13

1 Hört euch die in Abbildung 1 dargestellte Sinusschwingung an. Sie hat 220 Schwingungen in der Sekunde. Das entspricht dem Ton a. Vergleicht die Klangfarbe mit der eines Instruments.

2 ★ Untersucht die Sinusschwingungen der Abbildung 2 und beschreibt deren Tonhöhe im Vergleich zu Abbildung 1.
★★ Informiert euch über das Verhältnis zwischen Schwingungszahl und Tonhöhe und bestimmt den Ton des in Abbildung 2 dargestellten Tons.

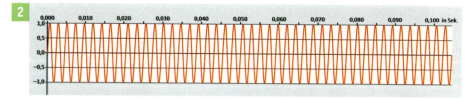

CD 1 / 14 – 17

3 Ordnet den Hörbeispielen die passenden Grafiken zu.

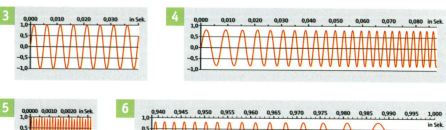

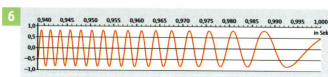

Ein sehr großes Klangvolumen

🎧 CD 1 / 18

Peter Kasper ist Kontrabassist im Philharmonischen Orchester der Stadt Trier.

Peter, wie sieht dein Arbeitstag aus?
Generell habe ich einen freien Tag. Das ist der Montag. Ansonsten habe ich normalerweise jeden Morgen Proben. Auch abends sind manchmal Proben. Hinzu kommen die Vorstellungen, die meist am Wochenende sind. So habe ich im Durchschnitt ein bis drei Vorstellungen am Wochenende. Doch jede Woche sieht etwas anders aus.

Wenn man von Geigen spricht, denkt man immer an diese unglaublich teuren und wohl sehr guten Violinen des Geigenbauers Stradivarius, deren heute gehandelten Preise im Millionenbereich liegen. Gibt es bei Kontrabässen auch Vergleichbares?
Dass es Kontrabässe im Millionenbereich gibt, habe ich noch nicht gehört. Aber es gibt sehr hochwertige und alte Instrumente, die richtig teuer sind. Doch ein gutes Instrument kann man schon für einige tausend Euro erwerben.

Sind diese alten teuren Instrumente denn auch so viel besser als die anderen?
Ja, eindeutig. Die alten Instrumente haben vor allem ein sehr großes Klangvolumen. Beim Instrumentenbau kommt es darauf an, dass man altes, gut abgelagertes Holz verwendet. Zudem liegt das Geheimnis jedes Geigenbauers im auf das Holz aufgetragenen Lack. Die alten Geigenbauer verwendeten einen besonderen Lack, den heute niemand mehr nachmachen kann. Das ist das Qualitätsgeheimnis, auch bei Stradivarius.

Welche Musikrichtung spielst du am liebsten?
Ich spiele eigentlich alle Arten von Musik gerne. Mein Herz schlägt beispielsweise auch für die Rockmusik, die sehr gradlinig ist. Aber als Kontrabassist ist man Ensemble-Musiker, und je mehr Musikerinnen und Musiker zusammen spielen, desto mehr Spaß macht es mir.

Vielen Dank für das Interview!

Infobox

Ein **Ensemble** bezeichnet eine Gruppe von mehreren Musikern.

Der Begriff **Bass** bestimmt in der Musik immer die tiefste Stimme in einem Musikstück. Instrumente, die sehr tiefe Töne produzieren können, und die tiefste Gesangslage werden ebenfalls als **Bass** bezeichnet.

Unisono (*ital.*: Einklang): mehrere Stimmen spielen oder singen im Einklang oder im Oktavabstand.

① Wodurch zeichnet sich die Qualität eines Streichinstruments aus?

② Im Hörbeispiel wird dargestellt, wie der Kontrabass eingesetzt wird.
   a) Welche Aussage trifft Peter Kasper über den Stellenwert der Bassinstrumente in der Musik?
   b) In welchen Musikstilen wird der Kontrabass eingesetzt?

🎧 CD 1 / 19

c) Fertigt eine Tabelle an, in der ihr die Musikstücke ordnet, die Peter Kasper anspielt. Richtet euch dabei nach der Vorlage.

Titel (wenn genannt)?	Musikstil	Informationen zum Titel	Mein persönlicher Klangeindruck
?	?	?	?

CD 1 / 19 **3** Hört euch einen Ausschnitt aus dem Interview mit Peter Kasper an. Ihr hört die Antwort zur ersten Frage. Der abgedruckte Text eines Interviews ist meist etwas verändert. Beschreibt die Unterschiede zwischen dem Original und der abgedruckten Ausführung (▶ **Werkzeugkasten: Notizen machen und auswerten, S. 41 f.**).

CD 1 / 20 **4** Im Hörbeispiel stellt Peter Kasper die unterschiedlichen Spielweisen des Kontrabasses dar. Beschreibt sie jeweils mit einem kurzen Text. Darin muss enthalten sein, wie der Ton erzeugt wird und wie dieser klingt.

Rock Around the Clock

Musik und Text: Max C. Freedman und Jimmy de Knight

Die Sinusschwingung **41**

2. When the clock strikes two, and three and four,
if the band slows down we'll yell for more.
We're gonna …

3. When the chimes ring five and six and seven,
we'll be rockin' up in the seventh heaven.
We're gonna …

4. When it's eight, nine, ten, eleven, too,
I'll be going strong and so will you.
We're gonna …

5. When the clock strikes twelve, we'll cool off then,
start a rockin' 'round the clock again.
We're gonna …

© Myers-Music Inc., Edition Kassner & Co. Musikverlag, Inzlingen

5 Peter Kasper spielt im Hörbeispiel die Begleitung zum Titel „Rock Around the Clock". Singt den Titel zur Bass-Begleitung.   CD 1 / 21

Werkzeugkasten

Notizen machen und auswerten

Notizen sind kurze Texte, die man als Gedächtnisstütze anfertigt. Mit ihrer Hilfe kann man sich später an wichtige Informationen erinnern oder man kann sie zu einem ausführlichen Text ausarbeiten.
Häufig ist man gezwungen, Notizen zu machen, weil die nötige Zeit zur Anfertigung eines umfassenderen Textes fehlt. Dies tritt vor allem dann ein, wenn die Inhalte eines Vortrags, Hördokumentes oder eines Films erfasst werden sollen.

1. Zeit ist ein wichtiger Faktor beim Erstellen von Notizen. Bereitet euren Arbeitsplatz so vor, dass ihr sofort mit dem Schreiben loslegen könnt. Legt euch dazu ein Blatt oder Heft zurecht und kontrolliert eure Schreibgeräte.

2. Falls ihr Vorinformationen habt, solltet ihr diese schon vorab auf das Blatt schreiben. Das Datum und eine Überschrift gehören auf jeden Fall dazu. Aus der Überschrift muss ersichtlich sein, dass es sich beim Folgenden um Notizen handelt.

3. Zieht als letzten Vorbereitungsschritt einen senkrechten Strich auf euer Blatt. Auf dem Blatt sollten danach zwei große Felder sein, von denen das linke ca. 1/3 und das rechte ca. 2/3 der Seite beansprucht.

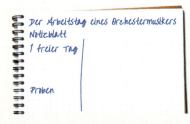

4. Füllt beim Anfertigen der Notizen nur die linke Spalte aus. Schreibt dazu die wichtigsten Stichworte oder Passagen untereinander in das Feld. Lasst dazwischen genügend Platz, um später gegebenenfalls etwas zu ergänzen.

5. Lest ein weiteres Mal eure Notizen durch und ergänzt gegebenenfalls. Natürlich könnt ihr auch unwichtige Passagen nachträglich streichen.

6. Ergänzt die Stichwörter der linken Spalte durch Informationen aus eurer Erinnerung. Schreibt diese in die rechte Spalte. Zieht, nachdem ihr einen Aspekt abgehandelt habt, einen waagerechten Strich von der linken zur rechten Blattseite, um eure Notizen zu strukturieren (siehe Abb.).

CD 1 / 22

O-TON

Die Streicher sind wie ein Teppich

Valtteri Rauhalammi ist Erster Kapellmeister des Philharmonischen Orchesters der Stadt Trier.

Wie bereitet man sich als Dirigent auf eine Orchesterprobe vor?
Zum größten Teil bereitet man sich am Arbeitstisch vor. Man liest die Partituren und spielt sie am Klavier, damit man sich die Klänge besser vorstellen kann. Weiterhin probiert man beispielsweise verschiedene Tempi aus. Natürlich befasst man sich bei sehr schwierigen Stücken auch mit der Schlagtechnik. Man übt dann die Bewegungen vor dem Spiegel. Aber wie gesagt, zu 90 Prozent geschieht die Vorbereitung am Schreibtisch.

Als Dirigent stehen Sie vor einem Orchester und haben alle Instrumente im Auge. Gibt es eine Instrumentengruppe, auf die Sie während des Dirigierens besonders achten?
Nein, das kann ich nicht sagen. Bei manchen Stücken ist es wichtig, dass man eine sehr gute Verbindung zu den Schlagwerken hat, weil es die markantesten Klänge produziert. Daran kann man sich am ehesten orientieren. Ich versuche jedoch, mit jedem zu kommunizieren.

Ein Thema unseres Musikbuches sind die verschiedenen Instrumentengruppen. Würden Sie als Dirigent versuchen, jede Instrumentengruppe mit einem Satz zu charakterisieren?
Man könnte kategorisierend sagen, dass die Hörner das Pedal des Orchesters sind. Sie sind in der Lage, mit langen Tönen schöne Verbindungen zwischen verschiedenen Stimmgruppen zu produzieren. Die Trompeten und Posaunen können den letzten Glanz in eine laute Passage bringen. Die Holzbläser hingegen sprechen die menschliche Stimme am ehesten. Sie können phrasieren, wie es ein Sänger tut. Hinzu kommt, dass man mit Flöten oder Klarinetten große

dynamische Unterschiede produzieren kann. Die Streicher sind die Stimmgruppe, die vom Klang her am flexibelsten ist. Das Ohr wird nicht müde, Streichinstrumente zu hören. Bei lauteren Bläsern oder dem Schlagwerk tritt diese Ermüdung eher ein. Die Streicher sind der Teppich unter dem Orchester.

Herr Rauhalammi, Sie stammen aus Finnland, haben in Wien studiert und arbeiten jetzt in Deutschland. Ist dieser internationale Lebensweg typisch für einen Dirigenten?
Ich denke schon. Meine Mitstudenten kamen aus vielen unterschiedlichen Ländern. Sehr viele von uns haben den Weg gewählt, in Deutschland erst einmal ein Solorepetitor zu werden und dann zum Kapellmeister oder später zu Chefpositionen aufzusteigen.

Das Philharmonische Orchester Trier probt für ein Konzert mit dem Thema Filmmusik

Wie wird man Dirigent und welche Fähigkeiten muss man dazu mitbringen?
Man ist an erster Stelle ein Musiker. Dirigenten sind Menschen, denen es Spaß macht, eine Gruppe zu leiten. Ihre Berufung besteht weniger darin, selbst zu spielen, sondern eher darin, die anderen zu animieren, ihre eigenen Ideen zu realisieren. Der erfolgreiche berufliche Werdegang hängt auch mit sehr viel Glück und den jeweiligen Lehrern zusammen. Es ist eine Summe von vielen Sachen.

Viele Hobbydirigenten halten sich genau an das Grundschlagmuster. Das findet man beispielsweise auch in unserem Schulbuch (▶ S. 416). Professionelle Dirigenten tun das jedoch oft nicht, warum?
Die effektivste Art, mit dem Orchester zu kommunizieren geht über die Gestik oder die Augen. Mit der Sprache kann man natürlich auch viel erreichen. Doch es wird mit der Zeit mühsam. Ich versuche, beim Dirigieren möglichst viel zu zeigen, damit ich möglichst wenig reden muss.

Welche Musik hören Sie zu Hause?
Zu Hause höre ich eigentlich relativ wenig Musik. Wenn ich zu Hause bin, findet meine Musik am Schreibtisch, also in meinem Kopf, statt. Ich versuche es zu vermeiden, die Stücke anzuhören, die ich gerade selber studiere. Natürlich höre ich auch Musik zu meinem eigenen Vergnügen. Da bevorzuge ich Opern. Mir ist die menschliche Stimme überaus wichtig. Mit einer tollen Opernaufnahme kann ich sehr viel Spaß haben.

Herr Rauhalammi, Sie sagten, dass Sie geschriebene Musik hören können. Das ist für viele Menschen nicht zu verstehen. Wie ist es möglich, Musik zu hören, obwohl man sie nicht als Klang wahrnimmt.
Das ist schwierig, aber eine wichtige Fähigkeit für einen Dirigenten. Wenn man ein Stück vorbereitet, muss man ein Klangbild davon haben. Man kann nicht alles am Klavier spielen. Diese Fähigkeit hat sicherlich mit Erfahrung zu

Infobox

Ein **Solorepetitor** oder **Korrepetitor** studiert zusammen mit den Musikern eines Theaters Stücke ein, die auf dem Spielplan stehen. Dazu ersetzt er zu Übungszwecken das Orchester durch das Klavier.

Orchesterpedal: Der Begriff ist vom rechten, dem sogenannten Forte-Pedal des Klaviers abgeleitet. Wird dieses niedergedrückt, klingen die angeschlagenen Tasten weiter, ohne abgedämpft zu werden.

tun. Man muss viele gute Konzerte gehört haben, um Material zu haben und zu wissen, wie bestimmte Klänge funktionieren könnten. Das Hören einzelner Stimmen ist auch eine Übungssache. Man trainiert das an der Hochschule. Es ist ein langer Prozess und man kann immer besser werden.

Was würden Sie den Schülerinnen und Schülern raten, die auch Musiker werden wollen?

Die sollten es einfach machen. Musik ist für mich mein schönstes Hobby und ich bin sehr glücklich darüber, dass es auch mein Beruf ist. Man muss jedoch einsehen, dass nicht jeder Berufsmusiker werden kann. Von denjenigen beispielsweise, die an der Hochschule anfangen, Dirigieren zu studieren, wird der größte Teil nicht im Beruf tätig sein. Das muss aber nicht schlimm sein. Musik ist trotzdem für die Menschen da.

Herr Rauhalammi, vielen Dank für das Interview!

1 Im Interview charakterisiert Valtteri Rauhalammi die verschiedenen Instrumentengruppen des Orchesters. Klärt erst unbekannte Begriffe und verarbeitet seine Äußerungen danach in einer Tabelle. Richtet euch dabei nach der Vorlage.

Instrumentengruppe	Charakterisierung von Valtteri Rauhalammi	Meine eigene Charakterisierung
?	?	?

2 Hört euch einen weiteren Ausschnitt des Interviews an. Darin beschreibt Valtteri Rauhalammi die Mittel, mit denen ein Dirigent das Orchester lenkt (▸ Werkzeugkasten: Notizen machen und auswerten, S. 41 f.).
★ Schreibt diese Mittel stichpunktartig auf.
★★ Fertigt eine Mindmap zu diesem Thema an.

3 Zwischen die verschiedenen Teilfragen des Interviews sind Ausschnitte aus der vorangegangenen Orchesterprobe eingefügt. Es ist zu hören, wie Herr Rauhalammi dem Orchester Spielanweisungen gibt.
a) Welche Orchesterinstrumente nennt Herr Rauhalammi namentlich?
b) Sammelt die Fremdwörter, die Herr Rauhalammi während der Probe verwendet.
c) Erklärt diese Fremdwörter. Hilfen findet ihr in diesem Buch.
d) In der Probe gibt Valtteri Rauhalammi verschiedene Spielanweisungen an sein Orchester. Wählt ein Lied aus diesem Buch aus und ...
★ ... wendet eine dieser Spielanweisungen an, indem ihr das Lied entsprechend vortragt.
★★ ... wendet eine dieser Spielanweisungen an, indem ihr das Lied entsprechend vortragt. Stellt diesem eine gegenteilige Interpretation gegenüber.

Instrumente mit Charakter

Der Begriff Klangcharakter (oder auch Timbre) ist schwer zu erfassen. Der Charakter von Musik ist am ehesten mit den Charakteren und Stimmungen der Menschen zu vergleichen. Das Klangempfinden ist jedoch immer subjektiv, da Höreindrücke von Personen unterschiedlich wahrgenommen werden können. Auf einem Instrument kann man durch bestimmte Techniken verschiedene Timbres erzeugen.
Diese können sich unterscheiden, obwohl die Töne in gleicher Höhe und in der gleichen Lautstärke erklingen.

1 Stellt euch vor, ihr müsstet jemandem, der sehr viel jünger ist als ihr, etwas erklären.
   a) Bereitet euch darauf vor, ihm den Begriff Klangcharakter anschaulich zu erklären.
   b) Erklärt euch abwechselnd gegenseitig den Begriff. Der Zuhörer schlüpft dabei in die Rolle des Jüngeren.
      ★   Rückfragen sind nicht erlaubt.
      ★★ Kritische Rückfragen sind erwünscht.

2 Beschreibt Musik mithilfe von Polaritätsprofilen.
   a) Übertragt die beiden unten dargestellten Polaritätsprofile in euer Heft.
   b) Untersucht sie und definiert, was ein Polaritätsprofil ist. Wie werden sie benutzt?
   c) Beschreibt den Klangcharakter des Hörbeispiels mithilfe der Polaritätsprofile (▶ Werkzeugkasten: Musik beschreiben mit Adjektiven, S. 380 f.).

 CD 1 / 23

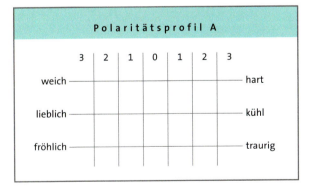 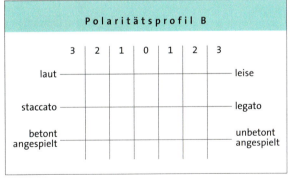

   d) ★   Beschreibt den Klangcharakter des Hörbeispiels mithilfe der Polaritätsprofile.
      ★★ Vergleicht den Klangcharakter des Hörbeispiels 1/24 mit dem von Hörbeispiel 1/23.

   CD 1 / 24

   e) Übertragt eure Polaritätsprofile auf eine Folie und stellt sie der Klasse vor. Wenn ihr die gleichen Maße verwendet, könnt ihr auch mehrere Folien übereinanderlegen und diese so noch besser vergleichen.

f) Beschreibt den Unterschied zwischen den Polaritätsprofilen A und B.
g) Erweitert eure beiden Polaritätsprofile. Der ▶ **Werkzeugkasten: Musik beschreiben mit Adjektiven (Seite 380f.)** gibt euch Anregungen.

 ... was sich der Komponist dabei gedacht hat

Petar Entchev, wer legt den musikalischen Ausdruck fest, der auf Ihrem Instrument erklingen soll?
Erst mal ich, dann der Dirigent, mit dem wir arbeiten. Einiges ist auch in der Partitur vorgeschrieben, sodass man in einem gewissen Rahmen steckt. So kann man erahnen, was sich der Komponist dabei gedacht hat.

Auszug aus einem Interview mit Petar Entchev, 2010

CD 1 / 25

3 Hört euch das Interview mit Petar Entchev an. Er hat während einer Orchesterprobe die Hörbeispiele 1/23 und 1/24 eingespielt.
Beantwortet die folgenden Fragen:
a) Stellt eine Beziehung zwischen der Filmmusik und der Handlung des Films her (▶ **Kapitel Filmmusik, S. 140 ff.**).
b) Aus welchem Grund verwendet der Komponist die Violine für die Solopassagen?
c) Beschreibt die Techniken, mit denen ein Violinist auf einer Geige verschiedene Klangcharaktere erzeugen kann.
d) Wer bestimmt bei einem Konzert den Klangcharakter?

Der Film „Schindlers Liste" handelt von einer wahren Begebenheit. Im Zweiten Weltkrieg bewahrte der Unternehmer Oskar Schindler über 1 200 Juden vor dem Konzentrationslager.
(▶ **Kapitel Filmmusik, S. 143**)

Digital und analog

Analoge und digitale Kommunikation

In der Kommunikation unterscheiden wir zwischen analoger und digitaler Kommunikation. Analoge Kommunikation ist mehrdeutig: Es „sei daran erinnert, dass es Tränen des Schmerzes und Tränen der Freude gibt, dass die geballte Faust Drohung oder Selbstbeherrschung bedeuten, ein Lächeln Sympathie oder Verachtung ausdrücken, Zurückhaltung als Takt oder Gleichgültigkeit ausgelegt werden kann. [...] Analogiekommunikationen enthalten keine Hinweise darauf, welche von zwei widersprüchlichen Bedeutungen gemeint ist." (Paul Watzlawick/Janet H. Beavin/Don D. Jackson).

1. Entscheidet euch: Handelt es sich hier um Tränen der Freude oder der Trauer aufgrund eines gewonnenen oder verlorenen Spiels?
2. Ist eine eindeutige Bestimmung überhaupt möglich?
3. Sammelt weitere missverständliche oder mehrdeutige Ausdrucksformen und beschreibt sie nach dem Vorbild des Textes oben.

Auch bei einem Bild oder einem Foto sind meistens mehrere Deutungen möglich.

4. Handelt es sich bei dem Bild um einen Sonnenaufgang oder um einen Sonnenuntergang?

Analoge Kommunikation arbeitet also immer nur mit ungefähren Größen oder Angaben. Sie zeigt allerdings – und das ist wichtig – immer eine enge Beziehung an, eine Ähnlichkeit (Analogie) zu einem Vorbild.
In der digitalen Kommunikation ist das anders. Die Sprache beispielsweise hat teilweise digitale Eigenschaften: „Das Mädchen weint vor Freude und der Junge weint, weil er traurig ist", ist eine genauso eindeutige Bestimmung wie „Das ist ein Sonnenaufgang". Zwischen dem Wort und der benannten Empfindung, dem Phänomen oder dem Objekt besteht jedoch eine völlig willkürliche Beziehung. Das „Wort Tisch [hat] nichts besonders Tischähnliches" (Gregory Bateson/Don D. Jackson). Schließlich könnten wir ja auch table (englisch, französisch), tavolo (italienisch), mensam (lateinisch), pöytä (finnisch) oder auch ganz anders sagen. Einen zwingenden Grund, etwas so und nicht anders zu benennen, gibt es nicht.

Analoge und digitale Musikinstrumente

Ganz ähnlich verhält es sich mit elektronischen Musikinstrumenten. Sie lassen sich je nach Art der Signalverarbeitung in analoge und digitale Instrumente unterscheiden. Bei der Signalverarbeitung analoger Synthesizer beispielsweise gibt es nur ungefähre Größen, bei digitalen nur eindeutige. Man kann sich das in etwa so vorstellen wie bei Uhren, die mit einem analogen Ziffernblatt oder einer digitalen Zeitanzeige versehen sind. So genau wie bei der digitalen Zeitanzeige lässt sich die Zeit von einer Uhr mit Ziffernblatt und Uhrzeiger nie ablesen.

Die digitale Signalverarbeitung arbeitet ausschließlich mit den Zahlen 0 und 1. Wie in der digitalen Kommunikation gibt es daher auch in der digitalen Musik keine (inhaltliche) Beziehung zwischen Zahl und (Bild-, Text- oder Klang-)Ereignis. Mithilfe von Zahlen lässt sich alles programmieren: Bild, Text und Ton; Voraussetzung hierfür ist ein Programm, das Zahlen in die jeweils eine oder andere Richtung kalkuliert. Auch ein solches Programm besteht nur aus Zahlen und sonst nichts. Mit digitalen Musikinstrumenten kann man vielfältige Klänge und Geräusche errechnen oder man kann Sample-Geräte zum Aufzeichnen von Klängen und Geräuschen programmieren u.v.m.

CD 1 / 26, 27

5 Hört euch die folgenden Klangbeispiele an und entscheidet, ob sie von einem digitalen Synthesizer entstammen oder von einem analogen.

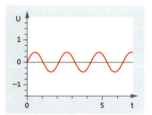

Bei analogen Synthesizern wird ein vorhandenes Signal (ein von dem Synthesizer erzeugtes komplexes Frequenzspektrum) gefiltert. Es werden also Frequenzen weggenommen, um unterschiedliche Klänge zu erzeugen. Daher wird dieses Klangerzeugungsprinzip auch die „subtraktive Synthese" genannt.

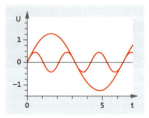

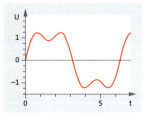

Mono/Poly der Firma Korg. Analoger Synthesizer aus dem Jahre 1981

DX7 der Firma Yamaha. Erster kostengünstiger programmierbarer digitaler Synthesizer aus dem Jahre 1983

Bei einem digitalen Synthesizer ist es genau umgekehrt. Er baut aus einzelnen Sinusschwingungen durch Überlagerung allmählich einen komplexen Klang auf.

6 Hört die unterschiedlichen Klangbeispiele und weist sie einem der beiden Synthesizer zu (Korg Mono/Poly oder Yamaha DX7).  CD 1 / 28 – 35

7 Beschreibt die Klänge und benennt die Klangunterschiede.

Synthesizer

Als Synthesizer werden Musikinstrumente bezeichnet, die mit elektronischen oder digitalen Mitteln beliebige Geräusch-, Klang- oder Tonstrukturen erzeugen oder zugeführte Klänge verarbeiten können. Obwohl sie mit unterschiedlichen Techniken arbeiten, sind die meisten Synthesizer in Modulen, also „modular", aufgebaut. Die einzelnen Module können theoretisch in beliebiger Reihenfolge miteinander verschaltet werden und beeinflussen den Klang auf jeweils eigene Weise. Die Grundmodule vieler Synthesizer beinhalten:

Modul	Funktion	Das können wir imitieren
Oszillator	periodische Klangerzeugung	Tonerzeugung durch unsere Stimmen
Rauschgenerator/ Noise Generator	aperiodische Klangerzeugung	Geräuscherzeugung mit Stimmen auf den Lauten „sch", „ch" oder „ww"
Ring-Modulator	Klangerzeugung durch Mischung zweier Klangquellen	Pfeifen und gleichzeitiges Brummen mit der Stimme (aufteilen!)
Verstärker/ Amplifier	Klangfarbenverarbeitung (Lautstärke)	lauter und leiser werden in der Ton- oder Geräuscherzeugung
Filter	Klangfarbenverarbeitung (Klangfarbe)	Mundhöhle langsam öffnen oder schließen, Mundhöhle enger oder weiter stellen

8 Führt ein „Synthesizer-Experiment" durch:
  a) Unterteilt die Klasse in einzelne Module.
  b) Eine Schülerin bzw. ein Schüler kann die einzelnen Module an- und ausschalten und die Lautstärke kontrollieren.
  c) Innerhalb der Module sollen vorher keine Absprachen getroffen werden. Die Klänge sollen im besten Fall miteinander „verschmelzen".
  d) Nehmt eure Klangexperimente auf (▶ **Werkzeugkasten: Achtung Aufnahme, S. 286 f.**).
  e) Diskutiert die Ergebnisse: Habt ihr „Neue Musik" gemacht? (▶ **Kapitel Neue Musik, S. 290 ff.**)

Ein weiteres, sehr wichtiges Element von Synthesizern sind sogenannte Hüllkurven-Generatoren. Als Hüll- oder ADSR-Kurve bezeichnet man die Lautstärkekurve von dem Beginn bis zum Verklingen eines Tones. Jede Instrumentenart hat charakteristische Hüllkurven. Während eine Konzertgitarren-Saite schnell anklingt, aber auch sehr schnell wieder abklingt, sieht die Hüllkurve eines Klaviers anders aus:

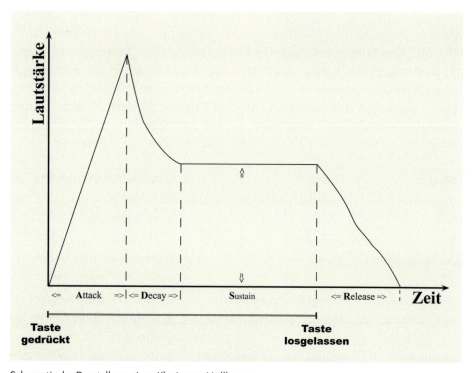

Schematische Darstellung einer Klavierton-Hüllkurve

9 a) Zeichnet die ADSR-Kurven einer Konzertgitarre und einer Geige in euer Heft.
b) Vergleicht eure Ergebnisse.
c) Erklärt Unterschiede der ADSR-Kurve anhand der Bauart und Spielweise der Instrumente.

Virtuelle Instrumente
Als virtuelle Instrumente bezeichnet man die Nachbildungen von Instrumenten, Geräten oder Programmen in Form von Software für Computer. Sie können als eigenständige Programme laufen oder als Erweiterungen (engl. Plug-Ins) von Sequenzer-Programmen. Audio- oder MIDI-Signale werden in virtuelle Instrumente gesendet, um dann als bearbeitete oder neu erzeugte Klänge wieder ausgegeben zu werden. In aktuellen Musikproduktionen wird häufig mit virtuellen Instrumenten gearbeitet. Die gängigsten Instrumente sind dabei Schlagzeuge oder Drum-Computer, Klaviere und Synthesizer, Gitarren- und Bassverstärker sowie Sampler.

Digital und analog **51**

Virtueller Gitarrenverstärker

Virtueller Sampler

10 Erklärt mögliche Vorteile und Nachteile von virtuellen Instrumenten.

11 Identifiziert die Hörbeispiele als Aufnahmen „echter" oder virtueller Instrumente.

🎧 CD 1 / 36

12 Erarbeitet eine kurze Präsentation der virtuellen Instrumente, die ihr bereits auf eurem Computer oder Smartphone benutzt.

13 Recherchiert, ob es auch bereits virtuelle Sängerinnen oder Sänger gibt.

| virtuelle Sänger |
| Suchen ◦ Im Web |

Drum-Computer

Drum-Computer wurden in den 1980er-Jahren populär. Während sie heute vermehrt mit digitalisierten Klängen natürlicher Schlagzeuge arbeiten, werden in vielen musikalischen Genres wie dem Hip-Hop oder der elektronischen Tanzmusik weiterhin die älteren, künstlicher klingenden Klänge eingesetzt. Die Programmierung der „Beats" geschieht in Step- oder Pattern-Sequenzern nach dem folgenden Prinzip:

Roland TR808: Ein beliebter Drum-Computer

1. Klangauswahl: Bass Drum

2. Aktivieren der Zählzeiten, auf denen der Bass Drum-Klang gespielt werden soll, per An-/Aus-Schalter.

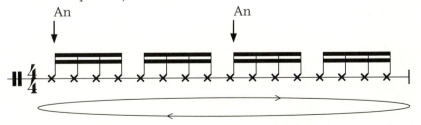

3. Nachdem alle Klänge innerhalb eines Taktes platziert wurden, können die Klänge verändert oder der fertige Beat gespeichert werden.

Infobox

Step-Sequenzer:
Kann mit kurzen Mustern von maximal 8 bis 64 Tönen nacheinander programmiert werden.

Pattern-Sequenzer:
Kann mehrere der erstellten Muster (= Patterns) nacheinander abspielen.

14 „Übersetzt" die folgenden Rhythmen für die Step-Eingabe in einen Drum-Computer.

Sampler

Mithilfe von Samplern können Klänge und Geräusche digitalisiert, bearbeitet und abgespielt werden. Zu Beginn gab es diese Geräte nur als sehr teure Hardware. Heute findet sich kostenlose Software für alle gängigen Computersysteme. In einigen Bereichen wie dem Hip-Hop behaupten sich aber weiterhin Systeme wie „die MPC", weil sie eine transportable Mischung aus Sampler und Pattern-Sequenzer beinhalten.

In der Bearbeitung der Klänge unterscheidet man zwischen Klängen, die durch das Drücken einer Taste einmalig wiedergegeben werden sollen, und Klängen, die sich in Schleifen (engl. loops) so lange wiederholen, bis die Taste wieder losgelassen wird.

Die grundlegenden Arbeitsschritte in einem Sampler lauten:

Sampler-/Sequenzer-Kombination Akai MPC 2000

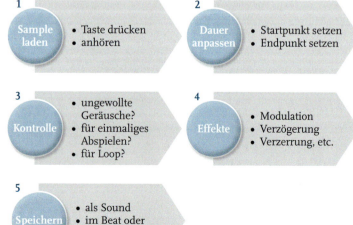

15. Öffnet eine Audio-Datei in eurem Audio-Programm.
    a) Beschneidet die Datei auf einen Bereich, der einmalig abgespielt werden kann.
    b) Beschneidet die Datei auf einen Bereich, der in einem Loop abgespielt werden kann.
    c) Diskutiert die unterschiedlichen Herangehensweisen und Schwierigkeiten.
    d) Benennt die Unterschiede zwischen einem Sampler und einem reinen Audio-Programm.

Heutzutage sind Effekte sehr wichtig

Unsere Schulbuchleser sind im Schnitt zwischen 12 und 18 Jahren alt. Was hast du in diesem Alter getan?
Ich bin in Spanien geboren und aufgewachsen, in Burgos. Meine Eltern sind zwar Deutsche, doch sie sind erst wieder
5 Mitte der 1980er-Jahre mit mir nach Deutschland gezogen. Zu der Zeit habe ich beispielsweise Fußball gespielt. Die Gitarre war jedoch schon mein Hobby. Ich habe mit sechs Jahren mit dem Spielen begonnen und hatte nur ein Jahr Unterricht. Ich habe jedoch zur damaligen Zeit jeden Tag Gitarre
10 gespielt. Und ich habe es aus Spaß und Eigenmotivation gemacht, nicht weil ich dazu angeleitet wurde.

Du hast in Köln beim Musical „We Will Rock You" in über 800 Vorstellungen Gitarre gespielt. Wie kam es dazu?
Ich spielte zu dieser Zeit – das war 2004 – in vier Bands und
15 hatte rund 80 Gitarrenschüler. Mein Leben verlief also in festen Bahnen. Durch einen Freund erfuhr ich vom Casting in Köln. Ich fuhr hin, um mich mit anderen Gitarristen zu vergleichen. Dort spielten viele Hundert Gitarristen. Ich trat danach am gleichen Abend noch mit einer meiner Bands auf. Während ich auf der Bühne stand, rief das Management der Musical-Produktion an. Brian May
20 – der Gitarrist von Queen – wolle mich unbedingt dabeihaben.

Du hast als Gitarrensupervisor für die Produktionen in Zürich und Toronto gearbeitet. Worin bestand dort deine Aufgabe?
Die Produktion des Musicals „We Will Rock You" expandierte weltweit und die Jungs von Queen konnten die verschiedenen Castings nicht mehr alleine
25 durchführen. Ich wurde von Brian May gebeten, die Gitarristen mit auszuwählen und die Produktion bis zur Premiere zu begleiten.

Wie ist heute dein Verhältnis zu den Musikern der Band Queen?
Immer noch sehr freundschaftlich. Ich habe vor zwei Wochen erst Brian in Berlin getroffen. Da war die Premiere einer weiteren Produktion von „We Will
30 Rock You".

Frank Rohles mit einer goldenen Schallplatte für die Musik zum Queen-Musical

Was ist der Unterschied zwischen einer Konzertgitarre und der E-Gitarre?
Die Konzertgitarre ist die Basis des Ganzen. Sie hat einen Klangkörper. Damit wird der Klang verstärkt, ohne dass man dazu ein besonderes Gerät benötigt. Sie klingt sehr rein, natürlich und transparent. Die E-Gitarre hat keinen Resonanzraum. Sie benötigt deswegen einen Verstärker.

Wie wichtig sind Effekte für die E-Gitarre?
Heutzutage sind Effekte sehr wichtig. Man entwickelte die E-Gitarre ursprünglich, um die Lautstärke der Gitarre zu vergrößern. Im Zuge dieser technischen Entwicklung sind die meisten Effekte einfach passiert. Man hat sie nicht erfunden, sondern erfahren und dann später intensiviert. Das, was man heute als Verzerrer bezeichnet, entstand dadurch, dass man die damaligen Röhrenverstärker zu laut aufdrehte. Durch diese Übersteuerung entsteht dieser Effekt.

Auf welches zukünftige Projekt freust du dich am meisten?
Da gibt es einiges. Ich bin mit meiner eigenen Band „Roxxbusters" derzeit unterwegs. Ansonsten erfreue ich mich an allem, was musikalische Tätigkeit bedeutet, sei es Unterrichten oder Gastauftritte bei verschiedenen Bands.

Vielen Dank für das Interview!

1 Frank Rohles stellt in einem Hörbeispiel verschiedene Effekte vor. Sammelt die Informationen in nachfolgender Tabelle. Zwischen den einzelnen Interviewabschnitten ist Frank Rohles mit einem Gitarrensolo zu hören.

Name des Effektes	Informationen zum Effekt	persönlicher Klangeindruck
?	?	?

2 In diesem Hörbeispiel stellt Frank Rohles den Delay-Effekt vor.
 a) Beschreibt, wie dieser Effekt funktioniert.
 b) Beschreibt den Klang der drei Hörbeispiele zum Delay. (▶ Werkzeugkasten, S. 380 f.)

3 Welche Effekte kennt ihr aus eurer musikalischen Praxis? Vielleicht könnt ihr sie auf einem Instrument der Klasse vorstellen?

CD 1 / 39

4 Hört euch einen weiteren Ausschnitt aus dem Interview mit Frank Rohles an. Darin erfahrt ihr etwas über den Arbeitstag eines Musikers, der für eine Musical-Produktion spielt.
 ★ Sammelt die wichtigsten Informationen.
 ★★ Beschreibt die unterschiedlichen Phasen einer Musical-Produktion.

We Are the Champions

Musik und Text: Freddie Mercury

© by Queen Music Ltd., D/A/CH/Osteuropäische Länder: EMI Music Publishing Germany GmbH, Hamburg

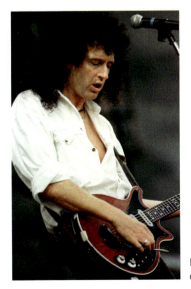

Brian May, Gitarrist der Band Queen

5 Singt den Titel „We Are the Champions" der Band Queen.

6 Im Hörbeispiel spielt Frank Rohles eine Begleitung zum Song „We Are the Champions". Singt den Titel zur Begleitung.

CD 1 / 40

1

AUGUST

KW	MO	DI	MI	DO	FR	SA	SO
31		1	2	3	4	5
32	6	7	8	9	10	11	12
33	13	14	15	16	17	18	19
34	20	21	22	23	24	25	26
35	27	28	29	30	31

SEPTEMBER

KW	MO	DI	MI	DO	FR	SA	SO
35						1	2
36	3	4	5	6	7	8	9
37	10	11	12	13	14	15	16
38	17	18	19	20	21	22	23
39	24	25	26	27	28	29	30

OKTOBER

KW	MO	DI	MI	DO	FR	SA	SO
40	1	2	3	4	5	6	7
41	8	9	10	11	12	13	14
42	15	16	17	18	19	20	21
43	22	23	24	25	26	27	28
44	29	30	31

2

In Form bringen

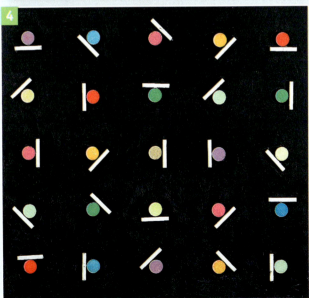

1. Ordnet den Abbildungen 1 bis 4 folgende Prinzipien zu:
   – Wiederholung
   – Variation
   – Kontrast
   – Reihung

2. Diskutiert über mögliche doppelte Zuordnungen.

3. Tauscht euch darüber aus, wo die vier Prinzipien auch im Zusammenhang mit Musik vorkommen könnten.

Was ist Form in der Musik?

Abb. 1

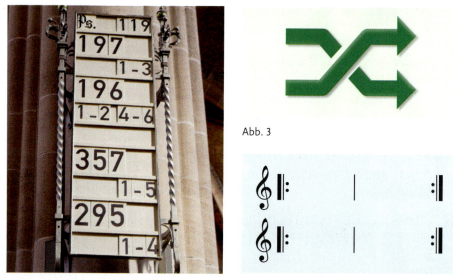

Abb. 2

Abb. 3

Abb. 4

Abb. 5

1 Welche Informationen zur Musik sind den Bildern jeweils zu entnehmen?

> „Allgemein sagt man: Ein Stück hat Form, wenn es dem musikalischen Gefühl angemessen gebaut ist, keinen Takt zu viel, keinen Takt zu wenig enthält, überall das rechte Gleichgewicht, die rechte Rundung aufweist."
> (Hugo Leichtentritt, Musikalische Formenlehre, Leipzig 1911)

2 a) Überprüft das Hörbeispiel in Bezug auf die folgenden Kriterien, die Leichtentritt mit seiner Vorstellung von „Form" gemeint haben könnte, und begründet eure Entscheidung (s. Tabelle).
b) Fasst am Ende zusammen, ob die Musik für euch „das rechte Gleichgewicht, die rechte Rundung" aufweist.

Kriterium	Gefällt mir	Gefällt mir nicht
Länge der Musik insgesamt	?	?
Länge der einzelnen Teile (z. B. Einleitung, Gesangsteil, instrumentales Solo)	?	?
Anzahl der Wiederholungen einzelner Abschnitte	?	?
Wahl der Zeitpunkte, an denen eine Veränderung oder etwas ganz Neues kommt	?	?
Art des Anfangs und des Schlusses	?	?
	Ja	**Nein**
Gesamturteil: Die Musik hat „die rechte Rundung, das rechte Gleichgewicht".	?	?

3 Stellt gemäß den Kriterien der Tabelle eurer Klasse zwei eigene Musikbeispiele vor: eines, das aus eurer Sicht formal „die rechte Rundung, das rechte Gleichgewicht" hat, und eines, das dieses nicht hat. Begründet eure Auffassungen.

4 Leichtentritt konnte 1911 noch nicht wissen, dass nach Veröffentlichung seines Buches zahlreiche Werke geschrieben wurden, die absichtlich den Hörern die gewohnte „Rundung" von Musik verweigerten. Findet ein Beispiel hierfür im Kapitel ▶ **Neue Musik (S. 290 ff.)** in diesem Buch.

Im Besonderen wird unter musikalischer Form die kompositorische Gestaltung in Orientierung an einen bestimmten Formtyp wie Lied, Rondo, Sonate usw. verstanden, der vom Hörer wiedererkannt werden kann.
Allerdings hat sich eine Theorie der musikalischen Form in der Musikgeschichte fast immer erst nachträglich herausgebildet. Daher muss dem Missverständnis vorgebeugt werden, dass Komponisten mit ihren Werken nur Formschemata nachgeeifert hätten. Zwar haben sie ihre Kompositionen in der Regel mit Blick auf gängige musikalische Abläufe angelegt, doch gaben sie dabei flexiblen Formen ein neues, eigenes Gepräge. Bisweilen haben sie sogar vorsätzlich gegen das bis dahin Übliche verstoßen, um ihre Hörer zu überraschen. Beim Erkennen von Form geht es also nicht nur um die Überprüfung eines Schemas, sondern um das kompositorische Spiel mit Hörerwartungen.

5 Vollzieht die Entstehung einer Theorie der Formen nach, indem ihr Situationen nennt, in denen ihr euch erst nachträglich einen Reim aus zunächst scheinbar „ungeformten" Vorkommnissen gemacht habt. Tauscht euch unter anderem aus über …
   a) … eure ersten Erfahrungen mit einer Sportart, deren Regeln ihr anfangs nicht kanntet.

Abb. 6

CD 1 / 42

b) ... Gedanken, die ihr euch an einem Ort mit sehr ungewohnten Abläufen gemacht habt, z. B. im Ausland.

c) ... euer Zurechtfinden auf einem unüberschaubaren Gelände wie etwa einem Markt oder Volksfest, dem letztlich aber doch eine einleuchtende Ordnung zugrunde lag.

6 Vergleicht die unter 5. besprochenen Erfahrungen der Kategorien a) bis c) und erörtert, in welchen Fällen ihr es mit festen bzw. mit flexiblen Formen zu tun hattet.

7 Kommentiert den Verlauf des Hörbeispiels. Zeichnet einen Bauplan in der Art von Abbildung 6 oder ordnet passende Buchstaben zu und erfindet einen Namen für eure Form.

Anfang und Ende von Musik

Musikalische Form ist zeitbedingt. Sie benötigt einen Anfang und ein Ende. Doch auch wenn CDs und Audiodateien eine Dauer angeben und damit Beginn und Ende sekundengenau feststehen, kann deren Wahrnehmung sehr unterschiedlich sein. Je nach Gestaltung der Musik ist der Hörer manchmal sogar unsicher, ob das Stück überhaupt schon begonnen bzw. geendet hat oder nicht.

Joseph Haydn: Streichquartett Nr. 75

Maurice Ravel: Bolero

1. Hört die Anfänge eines Streichquartetts von Joseph Haydn und des „Bolero" von Maurice Ravel.
   - ★ Vergleicht die Wirkung der unterschiedlich einsetzenden Musik und erfindet jeweils eine kurze Spielszene, die zur Musik passen könnte.
   - ★★ Bezieht in euren Vergleich die Dynamik, die Beteiligung der Instrumente und die Dichte musikalischer Ereignisse mit ein.
   - ★★★ Das Streichquartett steht in der Tonart G-Dur. Bestimmt die Funktionen der drei ersten Akkorde und bezieht das Ergebnis auf die Wirkung dieses Anfangs.

2. Nennt aus eurer Sammlung Musikbeispiele, die ein- bzw. ausgeblendet werden, und stellt Vermutungen über den Zweck dieser Technik an.

3. ★ Sammelt Rituale des Beginnens und Endens, wie sie bei Musikern und Publikum in Konzerten und Musikvideos zu beachten sind.
   - ★★ Differenziert tabellarisch zwischen verschiedenen Musikrichtungen (ggf. auch Kulturen).

Ein Motiv wird geformt

Ein Motiv erscheint in der Regel am Beginn eines Stückes. Ob Sonate, Rondo, Fuge, Song oder Jazz-Stück: Als kleinste musikalische Einheit prägt es die nachfolgende Musik, indem es entweder original oder in vielfältigen Varianten wiederkehrt. Die wichtigsten Verarbeitungstechniken sind die Sequenz (Wiederholung des Motivs auf einer benachbarten Tonstufe), die Vergrößerung aller Notenwerte und die Umkehrung (Vertauschen der Auf-/Abwärtsrichtung sämtlicher Intervalle).

> **Infobox**
>
> Ein **Motiv** ist die kleinste sinntragende Einheit in der Musik. Es hat mindestens zwei Töne. Oft ist es sehr einprägsam und birgt in sich etwas Typisches, das auch in verarbeiteter Form wiedererkannt werden kann.
> Ein Beispiel für ein sehr kurzes Motiv ist die kleine Terz abwärts: die „Kuckucks-Terz".

▶ Song-Writing, S. 282 ff.

1 a) Klatscht den Rhythmus des originalen Motivs von J. S. Bach sowie die drei Verarbeitungsformen mit den Händen.
b) Spielt das Motiv von J. S. Bach sowie die drei Verarbeitungsformen auf einem Instrument.

2 Schreibt das „Motiv zur Übung" ab. Überlegt gemeinsam mit eurem Banknachbarn, was bei den einzelnen Motiv-Verarbeitungen zu tun ist, und verarbeitet es dann entsprechend der Tabelle.

3 Erfindet ein eigenes Motiv aus 4 und 6 Tönen und bearbeitet es entsprechend der Tabelle.

4 Kriminalkommissare suchen nach einem „Motiv", um den Täter zu finden. Stellt einen Zusammenhang zu dieser Wortbedeutung her und diskutiert diesen.

> **Infobox**
>
> Ein musikalisches **Thema** ist eine melodisch-rhythmische Gestalt, die den Grundgedanken der Komposition bildet. Sie ist umfassender als ein bloßes Motiv und schließt häufig bereits dessen erste Verarbeitung ein.

Das Thema der Fuge, die mit dem oben abgedruckten Motiv beginnt, hat Johann Sebastian Bach folgendermaßen komponiert:

5 Benennt unter Zuhilfenahme der Tabelle „Motiv-Verarbeitungen" die Bearbeitungstechnik, die in diesem Thema von J. S. Bach angewandt wird.

6 Vergleicht die Anfänge dieser Bach-Fuge, der Sinfonie Nr. 5 von Ludwig van Beethoven (▶ S. 362 ff.) und des Songs „One Love" von Bob Marley (▶ S. 250 f.) unter dem Aspekt der Bildung von Motiven und Thema. Diskutiert die Formulierung, dass es sich bei den jeweiligen Themen um musikalische „Grundgedanken" handelt.

CD 1 / 45, 46
CD 6 / 34

Bob Marley, One Love   © Blue Mountain Music Ltd.

Beethoven, Sinfonie Nr. 5

Prinzipien der Formbildung

Ist mit dem Motiv, dem Thema oder einem größeren Abschnitt ein musikalischer Gegenstand gefunden, so kann dieser durch Wiederholung, Variation oder spätere Wiederkehr eine größere Form prägen. Er erscheint in unterschiedlichem Licht, je nachdem, ob er im Spannungsverhältnis mit kontrastierenden Gegenständen steht oder mit eher ähnlichen eine Reihe bildet.
In Formentypen wie Rondo, Sonate oder Fuge steht häufig eines der formbildenden Prinzipien im Vordergrund: Wiederholung, Variation, Kontrast und Wiederkehr sowie Reihung. Dabei zeigt sich „Form" von der Motivbearbeitung bis hin zur Anordnung ganzer Sätze.
Dass diese Prinzipien sich in der Musik durchsetzen konnten, mag nicht überraschen, bestimmen sie doch auch viele andere Bereiche des Lebens. Es sind Grunderfahrungen, die beispielsweise im Schulalltag, in sozialen Kontakten, in den Medien, in Geschichte und Politik möglich sind.

Infobox

Der Begriff **Satz** hat in der Musik mehrere Bedeutungen. In der Formenlehre bezieht er sich meist auf ein geschlossenes Musikstück als Teil eines größer angelegten Werkes wie Sonate oder Sinfonie. Für jeden Satz gibt es eine Satzbezeichnung, die im Sinne einer Vortragsbezeichnung Tempo und Charakter der Musik angibt (z. B. allegro = heiter, schnell; adagio = langsam).

1 Findet für jedes der Prinzipien Wiederholung, Variation, Kontrast und Wiederkehr sowie Reihung einen Bezugspunkt
   a) in eurem Alltag
   b) in einer anderen künstlerischen Disziplin (z. B. Kunst, Tanz, Literatur, Architektur). (▶ **Auftaktseite 56/57**)

 ## Musik in Form bringen

Herr Fladt, was ist für Sie musikalische Form?
Musikalische Form ist die Art und Weise, wie Musik in ganz konkrete Erscheinung gebracht wird. Und jede Musik, die in Erscheinung gebracht wird, hat automatisch eine Form, ob sie nun bewusst vom Komponierenden hergestellt worden ist oder nicht. In der Regel ist es so, dass man auch im Kompositionsunterricht lernt, Formen herzustellen und Gedanken, die man hat, in eine Art zu bringen, die auch nachvollziehbar ist für andere.

Sprechen wir hier von festgefügten Formen?
Nein. Wir sprechen über formale Prinzipien. Natürlich gibt es in der Musikgeschichte Formen, die langsam fest geworden sind und die dann Teil der sogenannten „Formenlehre" werden. Es ist aber doch die Regel, dass Komponierende sich nicht an festen Form-Schemata orientieren, sondern Komponierende haben sich immer an formalen Prinzipien orientiert. Wenn man in der Schule beispielsweise die berühmte Sonatenhauptsatzform lernt, dann lernt man sie in der Regel als ein Schema. Und dann versucht man, sie bei Beethoven oder bei Mozart zu finden, diese Form, und man wird sie so nicht finden. Man wird immer ein individuelles Herangehen an diese Prinzipien des Sonatensatzes finden. Also: Prinzipien der Aufstellung von Kontrasten in einer sogenannten Exposition; einer beruhigenden Episode; dann einer aufwühlenden Episode, in der die Gedanken und die Kontraste durchgeführt werden, die sogenannte Durchführung; und dann die große Idee der Synthese[1], wo die Widersprüche in eine Einheit gebracht werden. Also das sind Prinzipien, formale Prinzipien, die für den angehenden Komponisten auch heute noch eine ganz große Bedeutung haben. Wie entwerfe ich musikalisches Konfliktpotenzial[2]? Wie führe ich es durch? Und wie führe ich zu einer Lösung? Und: Will ich überhaupt eine Lösung? Ich muss ja keine Lösung finden. Ich muss ja nicht noch einmal die Lösung, die Beethoven in der 5. Sinfonie gefunden hat, noch einmal machen. Das wäre ja schrecklich langweilig. Aber ich möchte einige Prinzipien der traditionellen Form, des traditionellen Form-Denkens, auch aktiv heute einsetzen können. Dazu gehört nicht nur die Sonate, sondern auch Rondoprinzipien.

---

[1] Synthese: Zusammensetzung, Vereinigung – [2] Konfliktpotenzial hier: = musikalische Ideen, aus denen Reibungspunkte hervorgehen (z. B. zwei rhythmisch und melodisch kontrastierende Themen)

Gehören dazu auch populäre Musikstile?

Oh ja. Das ist jetzt etwas, was zu meinem sehr, sehr geliebten Gegenstand der musikalischen Grenzüberschreitungen gehört. Und da muss ich auch sagen: Ich bin sehr froh, dass viele aus den Kompositionsklassen eben nicht nur abstrakte Avantgardisten[3] sind, sondern einige von denen sitzen in Punkbands und machen auch Rockmusik und so etwas. Und das belebt ihre eigene auch avantgardistische Musik auf eine ungemein fruchtbare Weise. Das freut mich sehr. Und es macht mir auch in meinem musikwissenschaftlichen Unterricht, in Seminaren, unendlich Spaß, Songs – ich sag's jetzt mal stellvertretend – der Beatles (in der grandiosen reifen Phase der Beatles) und auch von Queen und ähnliche Dinge zu analysieren und die eben auch zu messen an den „großen Formen" der klassisch-romantischen Musiktradition. Und das geht! Und sie sind so reich und erlauben auch Prinzipien, die dann auch im Bereich der Neuen Musik einsetzbar sind.

Professor Dr. Hartmut Fladt, Musikwissenschaftler und Komponist

Ist musikalische Formenlehre letztlich doch etwas für Spezialisten oder können auch Kinder und Jugendliche in der Schule davon profitieren?

Oh selbstverständlich, ja. Ach, da hab ich Gott sei Dank einige Erfahrung, auch indem ich in Schulen mit Jugendlichen so etwas gemacht habe. Ich habe die Erfahrung auch – was sehr schön ist: Ich mache eine durchaus populäre Sendung im Radio und ich analysiere primär Popsongs. Und die Reaktion auf diese Sendung ist unglaublich groß. Und da ist die Erfahrung, dass die Leute auch Spaß daran haben, diese Formen einmal bewusst zu hören, also das heißt: nicht nur einfach Musik sozusagen „selbstverständlich" zu genießen. Sie merken, es macht Spaß, über Musik nachzudenken, und sie merken auch, dass das sinnliche Erleben reicher wird, wenn man mehr Kategorien[4] hat. Und das ist für mich eine unglaublich wichtige Sache. Und deswegen ist auch in diesem Bereich so etwas wie eine Formenlehre, wenn sie lebendig gemacht wird, etwas, das die Sinnlichkeit stärkt und nicht eine abstrakte Sache von Beschreibung ist.

Herr Fladt, ich danke Ihnen sehr für dieses Gespräch.

2 Gebt mit eigenen Worten wieder, was Hartmut Fladt unter „musikalischer Form" versteht.

3 Beschreibt den Unterschied zwischen einem Form-Schema und einem Form-Prinzip.

4 Erläutert, was Fladt mit „musikalischen Grenzüberschreitungen" anspricht.

5 a) Begründet die positiven Reaktionen der Hörer auf die erwähnte Radiosendung.
b) Schreibt eigene Erfahrungen auf, bei denen Informationen über Musik eure Hörerlebnisse beeinflusst haben.

---

[3] Abstrakte Avantgardisten hier: Komponisten der Neuen (Ernsten) Musik – [4] Kategorien: Möglichkeiten der Einordnung

Prinzip I: Wiederholung

1 a) Beschreibt die Wirkung der in dieser Weise angeordneten Tempelfiguren.
b) Tauscht Vermutungen darüber aus, welchen Einfluss es auf die Wirkung der Vorbeigehenden hätte, wenn sich die Form der Sphinx nicht identisch wiederholen, sondern jeweils ein wenig von der benachbarten unterscheiden würde.

Widderförmige Sphingen vor dem Tempel des Amun in Karnak/Ägypten. Jede Sphinx hält eine kleine Statue des Pharaos zwischen ihren Tatzen.

Wiederholung bedeutet, dass ein und dasselbe Phänomen mehrfach hintereinander auftritt. In der Musik sind zwei typische Formen, die auf Wiederholung beruhen, das Strophenlied und der Kanon.

Strophenlied

Das Strophenlied sieht den Vortrag eines gedichtartigen Textes vor, der deutlich in Abschnitte (Strophen) gegliedert ist. Melodie und Begleitung werden in allen Strophen identisch wiederholt. Volkslieder sind in der Regel Strophenlieder. So musste man sich in Zeiten ausschließlich mündlicher Überlieferung nur eine einzige Melodie merken. Klassische Kunstlieder und Pop-/Rocksongs haben sich ebenfalls dieser Form bedient.

| Strophe 1 | Strophe 2 | Strophe 3 |

oder

| Strophe 1 | Refrain | Strophe 2 | Refrain | Strophe 3 | Refrain |

Maccaroni (Tarantella[1])

Traditionell aus Italien
deutscher Text: Fritz Schröder

sehr leicht und lebhaft

1. Will ein lus-tig Lied-chen brin-gen und die Ta-ran-tel-la sin-gen,
ich, der ar-me, klei-ne To-ni, für ei-ne Schüs-sel mit Mac-ca-ro-ni.

Prinzipien der Formbildung 67

2. Hab kein Geld in meiner Tasche,
   keinen Tropfen in der Flasche;
   brauch kein Bett aus Mahagoni,
   nur eine Schüssel mit Maccaroni.

3. Leichter wären wohl die Kriege,
   und viel rascher auch die Siege
   würden schießen die cannoni
   statt mit Granaten mit Maccaroni!

4. In der Welt wär viel mehr Liebe,
   und es gäbe keine Diebe,
   keine Gauner und ladroni[2],
   hätt jeder Tag Maccaroni!

5. Wie man Briefe drahtlos sende,
   das erfanden kluge Hände.
   Doch ganz schlicht aß auch Marconi
   nur seine Schüssel Maccaroni.

6. Hat mein Liedchen euch gefallen,
   komm ich wieder, sing euch allen
   neue Lieder und canzoni[3]
   für eine Schüssel Maccaroni.

---

[1] Tarantella: Sehr schneller Tanz aus Italien, mit dem ursprünglich der Biss einer Tarantel kuriert werden sollte. –
[2] ladroni: Straßenräuber – [3] canzoni: Gesänge

© Ravensburger Buchverlag Otto Maier GmbH, Ravensburg

2 Singt die Tarantella und steigert dabei das Tempo.

3 Benennt Strophen, für die anstelle des strengen Strophenliedes auch eine musikalische Veränderung denkbar wäre, und formuliert konkrete Ideen hierfür.

Kanon

Im Kanon singen alle dasselbe. Es bleibt sogar der Text identisch. Die Abwechslung entsteht dadurch, dass die Singenden nacheinander einsetzen. Die Überlagerung imitierender Stimmen lässt eine polyphone Struktur entstehen.
(▶ Polyphonie, S. 327)

Stimme 4		Melodie + Text	Melodie + Text	
Stimme 3		Melodie + Text	Melodie + Text	
Stimme 2		Melodie + Text	Melodie + Text	
Stimme 1	Melodie + Text	Melodie + Text		

Der fünfstimmige Kanon „Heller Schall" von Michael Praetorius ist in diesem Buch auf ▶ S. 405 abgedruckt.

4 Singt verschiedene euch bekannte Kanons und vergleicht, nach wie vielen Durchgängen jeweils der Reiz des Polyphonen aufgebraucht ist und das Anstimmen des Schlussklanges angebracht erscheint.

Verweiszeichen für Wiederholungen

Wiederholen sich Teile eines Musikstückes oder die Musik im Ganzen, so müssen die identischen Takte nicht noch einmal notiert werden. Stattdessen werden Verweise innerhalb des Notentextes verwendet. Die folgenden Zeichen weisen dem Musiker den Weg im Notentext.

Bezeichnung	Zeichen im Notentext	Bedeutung
Wiederholungszeichen	𝄇	Bei diesem Zeichen angekommen, springt ihr wieder an den Anfang des Stückes oder zu einem spiegelverkehrt notierten Zeichen (𝄆).
Da Capo	*D.C.*	Da Capo ist Italienisch und bedeutet „vom Kopf". Damit ist der Beginn eines Stückes gemeint. Trefft ihr auf diesen Verweis, so fangt ihr nochmals vom Beginn des Stückes an zu spielen.
Dal Segno	*D.S.*	Dal Segno ist Italienisch und bedeutet „vom Zeichen". Bei diesem Verweis angelangt, springt ihr in den Noten zurück zu dem Zeichen.
Fine	*Fine*	Fine bedeutet auf italienisch „Ende". Dieses Wort erscheint meist in Verbindung mit zusätzlichen Verweisen. Eine gängige Formulierung lautet D. C. al fine – „vom Anfang bis zur Endmarkierung" (fine).
Kopf	⊕	Dieses Zeichen kommt ebenfalls in Kombination mit einem anderen Verweis vor. Man könnte es als Portal zu einem Takt sehen, der sich an ganz anderer Stelle des Stückes befindet. Das Zeichen kommt immer zweimal vor: Einmal markiert es den Ausgangsort und einmal den Zielpunkt des Sprunges innerhalb der Noten. Eine häufige Kombination ist D.C. al ⊕ ⊕ .

5 Sucht in diesem Buch Stücke, in denen ein Verweiszeichen vorkommt, und beschreibt den Verlauf des Stückes.

6 Die folgenden Noten umfassen momentan zwölf Takte. Nehmt Verweiszeichen zur Hilfe und notiert in eurem Heft eine platzsparende Fassung für dasselbe Stück.

Prinzip II: Variationen

1 Benennt, was genau in dem Bild von Boris Kleint variiert wird.

2 Überlegt euch zwei weitere Möglichkeiten der Variation und fertigt dazu eine Skizze an.

Kaum eine Form, die auf einem Thema aufbaut, verzichtet auf das Prinzip der Variation. In der Fuge und der Invention begegnet es wohl besonders deutlich durch die Verarbeitung kleiner musikalischer Gestalten wie Motiv und Thema. Hingegen gibt es für das Variieren ganzer Abschnitte eigens die Bezeichnung „Thema mit Variationen".

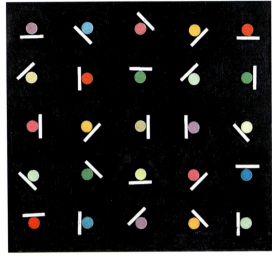

Boris Kleint, 25 Kombinationen (1985), Acryl auf Holz

Fuge

Die Fuge ist eine komplizierte Art des Kanons. Die Stimmen setzen nacheinander ein, jedoch nicht auf derselben Tonstufe. In dieser Art der Imitation liegt bereits die erste Variation. Danach wird aus dem Thema ein charakteristisches Motiv abgespalten und auf vielfältige Weise verändert, wie am Beispiel der Fuge in G-Dur von J. S. Bach zu sehen ist (▶ Tabelle auf Seite 62). Der beginnende Abschnitt einer Fuge, in welchem alle Stimmen das Thema vorstellen, nennt sich Fugen-Exposition. Sie ist streng durchorganisiert:

> **Infobox**
> Eine **Exposition** ist der Teil einer Musik, in dem ein oder mehrere Themen präsentiert werden. Sonaten und Fugen beginnen mit einer Exposition.

Stimme 2		Begleitende Stimme (**Comes**) mit dem Thema in der Tonart der Dominante	Beide Stimmen führen wieder zurück in die Grundtonart, um den Einsatz der 3. Stimme vorzubereiten.	Der einstige Comes übernimmt jetzt den **Kontrapunkt 1**.
Stimme 1	Beginn: führende Stimme (**Dux**) mit dem Thema in der Grundtonart	Der Dux wird zu einer Gegenstimme (**Kontrapunkt 1**) des Comes.		Im einstigen Dux erscheint eine zusätzliche Gegenstimme, der **Kontrapunkt 2**.
Stimme 3				Die 3. Stimme setzt als **Dux 2** wieder in der Grundtonart ein.

3 Studiert die „O-Ton-Fuge" ein, indem ihr …
 ★ … den Rhythmus der drei Stimmen klatscht.
 ★★ … die Fuge wie notiert singt.
 ★★★ … Instrumente mit einbeziht.

> **Infobox**
> Wortbedeutungen aus dem Lateinischen
> **Fuge** = Flucht (die Stimmen „fliehen" voreinander)
> **Dux** = Führer (hier: Thema in der führenden Stimme)
> **Comes** = Begleiter (hier: Thema in der begleitenden Stimme)
> **Kontrapunkt** = Note gegen Note (hier: Gegenstimme zum Thema)

70 In Form bringen

O-Ton-Fuge (Exposition)

Musik und Text: Robert Lang

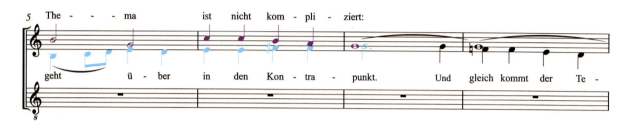
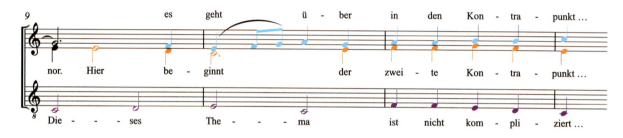

4 Nehmt das Schema der Fugenexposition und die Texte der O-Ton-Fugenstimme zu Hilfe und erläutert euch gegenseitig, wo und wie oft
- das Thema
- der 1. Kontrapunkt
- der 2. Kontrapunkt

in der „O-Ton-Fuge" vorkommen.

5 Begründet, warum in Takt 5 der Ton fis' auftaucht, der zweite Takt später durch ein Auflösungszeichen wieder zum f' wird.

6 Bildet aus dem viertaktigen Thema der „O-Ton-Fuge" eine Umkehrung und eine Vergrößerung.

Infobox

Johann Mattheson (1681–1746) war Komponist und Musikschriftsteller. Er war Zeitgenosse Johann Sebastian Bachs und Georg Friedrich Händels.

Johann Mattheson über die Themeneinsätze in einer Fuge:

„Je näher sich [...] die Stimmen, so zu reden, auf den Fersen folgen [...] und je unvermutheter diese Überraschung, bald oben, bald in der Mitte, bald unten vernommen wird [...], je angenehmer wird ein solcher Wechselgesang zu hören seyn. Man mögte gleichsam in Gedancken zum Themate sagen: Siehe! Bist du schon wieder da; das dachte ich nicht; an diesem Orte hätte ich dich wol nicht gesucht!"

Prinzipien der Formbildung

7 Beschreibt mit eigenen Worten, wie sich Mattheson eine gut komponierte Fuge vorstellt, und bringt den Begriff „Fuge" hiermit in Zusammenhang.
(▶ S. 69)

8 Beurteilt, ob der Beginn der „O-Ton-Fuge" dem Ideal Matthesons entspricht.

9 a) Prägt euch das Thema der Fuge in G-Dur von J. S. Bach (▶ S. 62) gut ein, indem ihr es aufschreibt, spielt/singt und ein bis zwei rhythmisch-melodisch markante Stellen in eurem Heft umkreist.
(▶ Werkzeugkasten: Notenschreiben für Fortgeschrittene, S. 387)
b) Hört euch die Aufnahme der Fuge vollständig an und hebt die Hand, wenn ihr das Thema entdeckt.
c) Stellt fest, ob ihr beim hörenden Entdecken des Themas überrascht wart, so wie es sich Mattheson für Fugen gewünscht hatte.

CD 1 / 45

10 Findet weitere Arten von Musik, die flüchtige und überraschende Momente aufweisen.

Infobox

Invention bedeutet Einfall, Erfindung. In der Musik ist ein kürzeres, zwei- oder dreistimmiges ideenreiches Stück polyphoner Prägung gemeint. Als beispielhaft gelten Johann Sebastian Bachs Inventionen für Klavier.

Invention

Die Invention besteht ebenfalls aus mehreren Stimmen, die sich polyphon entwickeln und dabei das Thema variieren. Im Gegensatz zur Fuge ist die Invention allerdings eine weniger festgelegte Form. So kann die zweite Stimme entweder später einsetzen oder von Beginn an begleiten. Es gibt auch keine feste Abfolge von Dux, Comes, Kontrapunkt und Rückführung, sondern ein freies Miteinander von Stimmen, die sich gegenseitig imitieren. Johann Sebastian Bach hat zwei- und dreistimmige Inventionen als „Übungswerk für Spieler und modellhafte Anweisung zum Komponieren" geschrieben.

Invention in C-Dur

Johann Sebastian Bach, BWV 772

 CD 1 / 48

11 Hört die Invention in C-Dur von J. S. Bach und hebt die Hand, wenn ihr bemerkt, wie sich die Stimmen gegenseitig imitieren.

12 Nennt Unterschiede dieser Invention zu einer Fuge. Orientiert euch hierfür an der „O-Ton-Fuge".

13 Notiert in einer Tabelle, in welcher der abgedruckten Takte das acht Töne umfassende Thema vorkommt und ob/wie es jeweils variiert wird.

14 Nehmt die Bezeichnung Invention als „Erfindung" wörtlich. Versetzt euch in die Lage des Urhebers und spielt eine Szene, in der ihr dieses Stück als Erfindung bei einem Patentamt anmeldet. Beschreibt dabei, worin das Einzigartige eurer Invention liegt.

Thema mit Variationen
Bei einem Thema mit Variationen wird der Begriff „Thema" umfassender verstanden. Es kann sich um ein mehr als 30-taktiges Stückchen handeln, für das sich ein Komponist so sehr interessiert hat, dass er sich ihm auf kreative Weise widmete. Als Ergebnis erscheint am Beginn das Original, gefolgt von durchnummerierten Variationen mit jeweils ähnlichem Umfang. Zur Abfolge der Variationstechniken gibt es keine einheitlichen Vorgaben, doch wurde eine bestimmte Anzahl gängiger Gestaltungsmittel von vielen Komponisten eingesetzt.

Thema mit Variationen

Thema	Variation I	Variation II	Variation III	Variation IV	Variation V
	z. B. andere Stimme im Vordergrund	z. B. anders rhythmisierte und verzierte Melodie	z. B. Moll statt Dur	z. B. andere Dynamik	z. B. Takt- oder Tempowechsel

15 ★ Verwendet die folgende Melodie und studiert mit Stimme oder Instrument möglichst vielseitige Variationen hierzu ein.

★★ Führt Thema und Variationen vor eurer Klasse auf.

Das „Forellenquintett", ein Thema mit vier Variationen von Franz Schubert, ist in diesem Buch auf ▶ S. 370 ff. abgedruckt.

Prinzip III: Kontrast und Wiederkehr

1 a) Betrachtet das Bild von Werner Goldmann und nehmt dabei bewusst wahr, worauf ihr nacheinander eure Blicke richtet.
b) Protokolliert anschließend den Verlauf eurer Bildbetrachtung und stellt insbesondere heraus, wie ihr Gegensätzliches erschlossen habt.

Werner Goldmann, Gegensätze (Öl auf Leinwand)

Kontrast kann nur auf der Grundlage eines Bezugspunktes entstehen: Etwas wirkt groß, dunkel oder eckig im Vergleich mit etwas anderem. Was in der bildenden Kunst durch beliebig häufiges Vergleichen von gegensätzlichen Bildausschnitten möglich ist, gestaltet sich in der Musik schwierig. Ein neuer Abschnitt, der sich vom vergangenen abhebt, muss aus der Erinnerung verglichen werden.

Vermutlich sind aus diesem Grund kontrastierende Formen häufig mit einer Wiederkehr des Anfangsteiles verbunden. Es ergibt sich somit das beliebte Schema A-B-A. Typischerweise begegnet es in Liedformen und Rocksongs, in Opernarien und im Sonatenhauptsatz.

Volkslied und Popsong
Viele Volkslieder sind nach dem Schema A-B-A gebaut.

A-Teil (ggf. wiederholt)	B-Teil beispielsweise mit – neuer Melodie – umgekehrter Melodierichtung – anderem Rhythmus – anderer Harmonik	A-Teil
		oder **A'-Teil**, in dem Elemente aus dem B-Teil aufgegriffen werden

2 Arbeitet die Kontrastmerkmale des B-Teils des Liedes „Guter Mond, du gehst so stille" heraus und schreibt diese auf. Orientiert euch zuerst daran, welche Unterschiede beim Singen spürbar waren, und widmet euch erst dann der Analyse.

Guter Mond, du gehst so stille

3. Arrangiert den B-Teil als Kontrastteil, indem ihr beispielsweise
   – summt oder die Anzahl der Singenden verändert;
   – begleitende Instrumente zum Einsatz bringt;
   – einen rein instrumentalen Teil daraus macht.

Im Popsong sind es die Bridge mit einer kontrastierenden Tonart oder das instrumentale Solo, die für einen Kontrast sorgen. Somit entspricht der Popsong in diesem vereinfachten Formschema auch einem A-B-A-Verlauf.

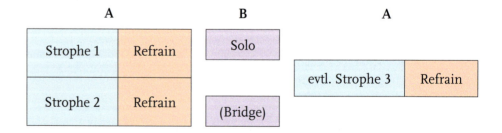

Allerdings ist es unter Pop-Musikern eher üblich, einen Kontrastteil wie das Solo mit dem Buchstaben C zu beziffern, da das B schon dem Refrain zugeordnet wird.

Arie und Kunstlied

Die Da-capo-Arie hat in den Opern des 18. Jahrhunderts das Publikum begeistert: In der Wiederholung des A-Teiles war es üblich, dass Sänger die ursprüngliche Melodie reich auszierten und auf diese Weise zeigen konnten, zu welcher Stimmakrobatik sie imstande waren.

A-Teil	B-Teil Tonart und Tempo meist kontrastierend **Am Ende** Anweisung „da capo" (= von vorne)	A'-Teil mit Verzierungen der Melodie und solistischen Unter- brechungen gemäß den Vorlieben der Sänger

Ein Ausschnitt der Arie „O wie ängstlich" von W. A. Mozart ist in diesem Buch auf ▶ S. 119 abgedruckt. In der Tradition der Da-capo-Form kehrt der Anfang nach einem Kontrastteil wieder.

Im Kunstlied des 19. Jahrhunderts wurden Kompositionen vielfach in der Art von Volksliedern stilisiert, sodass auch dort die dreiteilige A-B-A-Form eine große Rolle spielt.

4 Die regelmäßigen Textstrophen des Kunstliedes „Die Forelle" von Franz Schubert (▶ S. 370) lassen keine A-B-A-Form erwarten. Hört das Lied und …
   a) … schreibt die Textstellen heraus, die als kontrastierender B-Teil vertont werden.
   b) … benennt die kompositorischen Mittel des Kontrasts.
   c) … diskutiert, ob man hier von einer Wiederkehr des ersten Titels (A-B-A) oder von dessen Abwandlung (A-B-A') sprechen sollte.

 CD 7 / 01

5 Tragt die Ausprägungen des Prinzips Kontrast und Wiederkehr in gesungenen Liedformen (Volkslied, Popsong, Da-capo-Arie und Kunstlied) zusammen und haltet darüber einen Kurzvortrag.

Der Text des Liedes „Die Forelle" von Franz Schubert und Auszüge aus den Noten sind in diesem Buch auf ▶ S. 370 f. abgedruckt.

Sonatenhauptsatz

Die Sonatenhauptsatzform ist das Paradebeispiel für einen Formentyp, der von Komponisten sehr unterschiedlich aufgefasst und genutzt worden ist. Besser gesagt: Die Komponisten haben eher selbst geformt als nur eine Form gefüllt.

Informationen zu Beethovens Sinfonie Nr. 5 in c-Moll als Beispiel für die Sonatenhauptsatzform sind in diesem Buch auf ▶ S. 362 ff. abgedruckt.

Konzertbesucher unterhalten sich:

Haydn hat in seiner Sinfonie Nr. 22 ja gar kein kontrastierendes Seitenthema komponiert!

Schubert hat in seinem vierhändigen „Grand Duo" das Seitenthema auf einer ganz falschen Tonstufe angelegt – unterhalb der Ausgangstonart!

Ja, und in seiner Linzer Sinfonie erscheint das Seitenthema gar in Moll!

Und Mozart hat in seiner B-Dur-Klaviersonate mehr als zwei Themen verwendet!

Und Brahms hat es in seiner 3. Sinfonie sogar gewagt, das Seitenthema mit einer eigenen Taktart zu versehen!

Wie konnte Beethoven in seiner Leonoren-Ouvertüre Nr. 2 nur die Reprise vergessen!

6 Entnehmt den empörten Äußerungen der Konzertbesucher einige Hinweise, wie Sonaten standardmäßig auszusehen hätten, und notiert diese.

Infobox

Dualismus bedeutet Gegensätzlichkeit. In vielen Sonaten besteht ein „Themen-Dualismus", das heißt, dass zwei Sonatenthemen sich deutlich unterscheiden und in ein wetteiferndes Verhältnis treten.

Die Geschichte der Sonate ist durch das Spiel der Komponisten mit Tradition, Hörerwartung, bewusster Ausnahme und gezielter Innovation bestimmt. Aus heutiger Sicht ist eine angemessene Interpretation auffallender Sonatengestalten nur sinnvoll, wenn sehr viele Vergleichsbeispiele sowie weitere Zeitzeugnisse herangezogen werden. Eine Grundform der Sonate lässt sich jedoch erkennen. Sie ist zunächst dreiteilig und sieht eine A-B-A'-Anlage vor (Exposition – Durchführung – Reprise).

Alle weiteren Details beruhen auf Betrachtungen eines kleinen Ausschnitts an Kompositionen, und zwar hauptsächlich der 32 Klaviersonaten Ludwig van Beethovens sowie einiger Werke von W. A. Mozart. Aus diesen lässt sich folgendes Schema ableiten, dem die Annahme eines „Dualismus" zweier kontrastierender Themen zugrunde liegt:

Prinzipien der Formbildung

	A Exposition			B Durchführung			
Thema 1	Thema 2 Tonart der Dominante oder der Dur-Parallele	Schluss-gruppe		Verarbeitung der beiden Themen; Erreichen weiterer (kontrastierender) Tonarten	Thema 1	Thema 2	Schluss-gruppe

Sonatenform (vereinfachtes Schema)

Robert Lang
Feuerwerks-Sonate in Urlauten

Exposition	Thema 1	Bumm, Tomm Pöff töttött töttött Pöff:
	Thema 2	Pfaiiiiiiii Pfiiiiiüüüüü pitt!
	Schlussgruppe	Schwifffffffff
Durchführung	Material aus Themen 1 + 2, miteinander ringend	Bumm, Bamm Bumm, Bamm Tomm Pfiiiiiiiiüüüü Bamm pitt pfiiiiüüüü Pfibamm pfibamm pfoiiiii pitt pipöff, pitt pipöff pitt Babumm, pfoiiiiiiii Babumm?
Reprise	Thema 1 (leicht abgewandelt)	Bamm, Tamm Pöff töttött töttött Pöff:
	Thema 2 (leicht abgewandelt)	Pfaiiiiiiii pfaiiiiii Pfiiiiiüüüüüü pitt!
	Schussgruppe	Schwufffffffff
Coda	Anhang mit Schlusswirkung	Schwäffffffff? Tomm, Bumm? Bumm! Bumm.

Die Idee, eine traditionelle Form wie die Sonate mit bloßen Urlauten zu füllen, wurde zuerst von dem deutschen Künstler Kurt Schwitters (1887–1948) umgesetzt. Ein Satz aus seiner „Ursonate" ist in diesem Buch auf ▶ S. 30 abgedruckt.

7 Sprecht die Exposition der Feuerwerks-Sonate in Urlauten mit verteilten Rollen.

8 Beschreibt Unterschiede zwischen dem ersten und dem zweiten Thema.

9 Benennt, welche Urlaute der Durchführung aus welchem der beiden Themen abgeleitet sind.

10 ★ Schreibt eine eigene Ursonate zu dem Thema, das von Geräuschen geprägt ist, und haltet euch dabei an das Sonatenschema.

★★ Bezieht auch die Dynamik und ungefähre Tonhöhen (tief – mittel – hoch) in die Gestaltung ein und führt eure Ursonate vor der Klasse auf.

Infobox

Die Bezeichnung **Rondo** („rund") spielt darauf an, dass bei einer Kreisbewegung immer wieder auf einen bekannten Ausgangspunkt zurückgekehrt wird: den Refrain. Dieser wird auch „Ritornell" (*ital.* = Wiederkehr) genannt.

Rondo

In einem Rondo wechselt sich der Refrain mit immer neuen Teilen ab. Diese sogenannten Couplets wurden ursprünglich von einzelnen Personen singend oder tanzend improvisiert, während der Refrain von allen Sängern oder Tänzern gemeinsam ausgeführt wurde. In instrumentaler Form ist das Rondo meistens ein Teil innerhalb eines größeren Zusammenhanges. Gerne bildet es den Schlusssatz in Konzerten für Solo-Instrumente und Orchester, wie im Oboenkonzert KV 314 in C-Dur von W. A. Mozart.

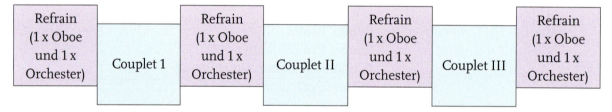

Rondoform am Beispiel von Mozarts Oboenkonzert KV 314, III. Satz

Rondo Allegretto (Refrain)

CD 1 / 49 – 55

Wolfgang Amadeus Mozart

Prinzipien der Formbildung **79**

11 a) Klatscht den Rhythmus des Rondos von W. A. Mozart (untere Stimme) mit den Händen.
b) Spielt die untere Stimme auf einem Glockenspiel oder einem anderen Instrument.

12 Klatscht oder spielt die Stimme zur Aufnahme auf der CD.

Couplet X:

– Die Oboe zeigt in einer längeren Phase völlig unbegleitet vom Orchester, was sie kann (sog. „solistische Kadenz").

Couplet Y:

– Der verzierte Melodiebeginn des Refrains

wird auf verschiedene Arten weitergeführt.
– Die Oboe spielt sehr schnelle Melodieläufe.

Couplet Z:

– Es erscheint eine neu rhythmisierte Melodie in der Oboe:

– Der Teil beginnt getragener („lyrischer") als die anderen Couplets.

13 a) Lest die Beschreibungen zu den drei Couplets X, Y, Z und prägt euch durch Spiel oder Gesang die angegebenen Melodien ein.
b) Hört Mozarts Rondo und ordnet die drei Couplets X, Y, Z in der richtigen Reihenfolge I bis III.

14 Ihr hört eine präparierte Aufnahme, bei der zwischen den bekannten Refrains jeweils Couplets mit einer sparsamen Orchesterbegleitung erklingen (s. Schema unten). Füllt jedes der Couplets durch
– freie rhythmische Improvisation oder
– freie melodische Improvisation auf der Stammtonreihe.
Alle spielen den Refrain wie oben einstudiert.

🎧 CD 2 / 01

Schema zur Übung

| Refrain wie notiert (Spielen oder Klatschen) | Couplet I: Improvisation Schüler 1 (8 Takte) Schüler 2 (8 Takte) | Refrain | Couplet II: Improvisation Schüler 3 (8 Takte) Schüler 4 (8 Takte) | Refrain | usw. |

Prinzip IV: Reihung

[1] Beschreibt die Bilder und differenziert dabei zwischen der Wirkung des einzelnen und des Zusammenhangs als Reihe.

[2] Bringt andere bebilderte Kalender mit und vergleicht, wie eng die Beziehung der Motive untereinander ist.

Reihungen schaffen eine zunächst einmal unbegrenzte Aufeinanderfolge von Einheiten. In einer Reihung von Bildern oder Musikstücken kann sich Beliebigkeit widerspiegeln oder es kann ein innerer Zusammenhang hergestellt werden. Auf einer Audio-CD sind die Tracks gereiht. Die Nummerierung lässt den Hörer manchmal rätseln, ob die Songs oder Stücke einer gewollten Ordnung folgen oder nicht. Historische Formen, die typischerweise auf dem Prinzip der Reihung basieren, sind die Suite, die Nummern im Musiktheater und der Variationssatz (▶ **Prinzip Variation, S. 69 ff.**).

[3] Stellt zwei CDs vor:
 – CD 1 mit Tracks, die in offensichtlich enger Beziehung zueinander stehen (▶ **Konzepte-Alben, S. 246 f.**).
 – CD 2, die den Charakter einer Sammlung mit beliebiger Reihenfolge hat.

Suite
Die Suite ist eine Abfolge von Tänzen, die sich durch den Geschmack an den v. a. französischen Höfen immer wieder gewandelt hat. Je nach Anlass konnte sie erweitert oder gekürzt werden. Im Kern bestand sie aus nur vier Sätzen.

Allemande (langsam, 4/4-Takt)	Courante (schnell, 3/8-Takt)	Sarabande (langsam, 3/4- oder 3/2-Takt)	Gigue (schnell, 6/8-Takt)

Die Orchestersuite in h-Moll von J. S. Bach ist auf ▶ **S. 345** thematisiert.

Nummernoper

In der Oper des 17. und 18. Jahrhunderts konzentrierte sich die Aufmerksamkeit des Publikums auf die Reihe von durchnummerierten Arien und Duetten, die sich mit den Rezitativen abwechselten. Mozarts Opern sind in der Regel solche „Nummernopern". Noch in den Musicals der Gegenwart geht es in ähnlicher Weise hauptsächlich um die Songs. In sogenannten „Jukebox-Musicals" werden bewährte Musiknummern in eine Reihenfolge gebracht, indem ihnen eine verbindende Handlung nachträglich hinzugedichtet wird. (▶ **Alles Theater?**, S. 108 ff.)

Erster Akt aus Mozarts Nummernoper „Die Hochzeit des Figaro":

Nr. 1 Duett	Nr. 2 Duett	Nr. 3 Kavatine (kleines Lied)	Nr. 4 Arie	Nr. 5 Duett	Nr. 6 Arie	Nr. 7 Terzett	Nr. 8 Chor	Nr. 9 Arie
Rezitativ	Rezitativ	Rezitativ	Rezitativ	Rezitativ	Rezitativ	Rezitativ	Rezitativ	Rezitativ

Infobox

Ein **Rezitativ** (lat. recitare: vorlesen) ist eine Art Sprechgesang, bei dem zwar gesungen wird, der Rhythmus sich aber an der Sprachmelodie orientiert.

4 Erstellt aus eurer Musiksammlung mithilfe einer Software zwei Wiedergabelisten:
   a) mit Anzahl und Tempo wie in einer barocken Suite;
   b) mit einer Reihe von 10 Tracks in der Art einer Nummernoper (s. o.), wobei die Auswahl widerspiegeln soll, dass euch nur jeder zweite Track von der Musik her wirkungsvoll erscheint, während der dazwischen erklingende eher textlich als musikalisch bedeutend ist.

5 Präsentiert eure fertigen Wiedergabelisten in Form eines Screenshots und ausgewählter Hörbeispiele und stellt sie zur Diskussion.

Darstellende Musik:

„Eine Gruppe von Arbeitern vergießt Stahl aus Tiegeln. Zwischen sie haben sich vier riesenhafte Teufel und zwei Satyrn (ohne Hörner) wie bei einem Trinkgelage niedergelassen. Sie [...] [verkörpern] das Riesenhafte und Monströse der Schwerindustrie. [...] [Sie] sind besänftigt durch die Arbeiter, die sie mit glühendem Stahl – wie mit Alkohol – versorgen und sie so im Zaum halten. Die Arbeiter und das Unternehmen haben die gewaltigen Kräfte der Stahlproduktion unter Kontrolle." (Olge Dommer)

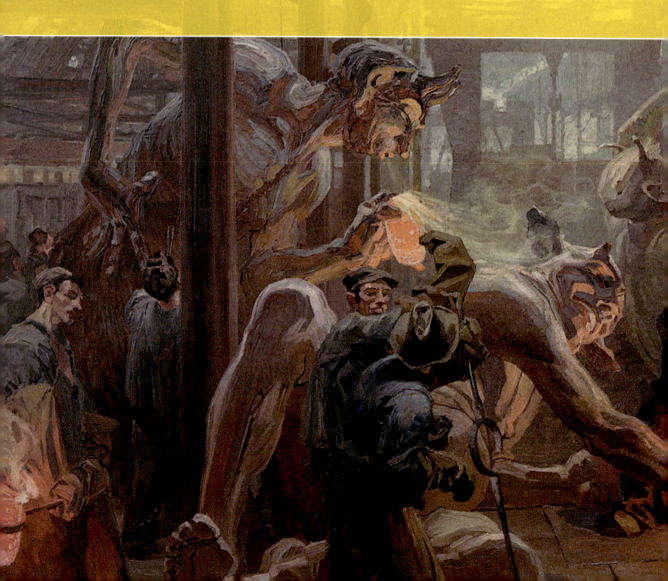

Mensch und Maschine

1. Beschreibt die Szenerie im Detail.
2. Spinnt die nebenstehende Szenerie so fort, dass „die gewaltigen Kräfte der Stahlproduktion" außer Kontrolle geraten. Berücksichtigt dabei auch das Bild.
3. Macht euch Notizen zu möglichen Geräuschen und Ereignissen.
4. Wählt zur Umsetzung auch eines der beiden Hörbeispiele, unterlegt sie mit Text (als Rap oder erzählt als Geschichte). CD 2 / 02, 03
5. Ergänzt eure Präsentation mit Geräuschen und einer szenischen Choreografie zur Musik.

Heinrich Kley: Die Krupp'schen Teufel, 1912

Die Fabrik

Stimmungen einschätzen

Conrad Felixmüller: Im Revier, 1921

1 Beschreibt die Bilder auf den Seiten 84–85. Haltet die jeweilige Stimmung fest.

2 Lest auch die Gedichte und Texte und äußert euch zur jeweiligen Grundstimmung.

3 Ordnet jeweils zu, ob Bilder, Gedichte und Texte eher positive oder negative Empfindungen auslösen.

Erich Grisar
Der Gesang von der Fabrik (1924)

[...]
Ingenieure überbrücken in kühnen Gedanken
abgründige Täler, wildflutenden Wassers Schranken,
dringen hinein in der Erde Tiefen,
5 in denen seit Urzeiten Kohle und Erze schliefen,
fördern, schmelzen und formen das rohe Metall
in Öfen, die ihre Kühnheit gebaut,
füllen die fernsten Winkel der Erde,
die je nur ein Mensch im Geiste geschaut,
10 mit des erhabenen Wortes Schall:
Es werde!
[...]

Filippo Tommaso Marinetti (1909)

„Wir lieben das moderne Leben, das wesentlich dynamisch und lärmend ist, nicht feierlich, majestätisch, ernst [...]. [...] in die Musik müssen alle neuen Regungen der Natur, die vom Menschen stets aufs Neue gezähmt wird, hineingetragen werden."

> **Infobox**
>
> Eine Musik, die **außermusikalische Inhalte** auszudrücken versucht, nennt man Programmmusik oder auch Darstellende Musik. Außermusikalische Inhalte können Geschichten, Bilder, Gedichte, Natur- oder Alltagsphänomene sein, aber auch psychische Befindlichkeiten. In der Regel ist Programm- oder Darstellende Musik instrumental. Es gibt allerdings auch Ausnahmen von dieser Regel.

Krupp in Essen, 1910

4 Recherchiert: Marinetti ist ein Anhänger des sogenannten Futurismus. Was ist darunter zu verstehen?

Futurismus
Suchen ○ Im Web

Paul Zech
Fabrikstraße tags (1911)

Nichts als Mauern. Ohne Gras und Glas
zieht die Straße den gescheckten Gurt
der Fassaden, keine Bahnspur surrt.
Immer glänzt das Pflaster wassernass.

5 Streift ein Mensch dich, trifft sein Blick dich kalt
bis ins Mark; die harten Schritte haun
Feuer aus dem turmhoch steilen Zaun,
noch sein kurzer Atem wolkt geballt.

[...]

Zeche Zollverein, Kokerei

5 Wählt eines der Bilder auf den Seiten 84–85 sowie einen passenden Text aus und versucht, mit den euch zur Verfügung stehenden Instrumenten die Stimmung auszudrücken, die ihnen gemeinsam ist.

6 Prüft auch Texte und Bilder auf inhaltliche oder gestalterische Merkmale, die ihr bei eurer Realisation berücksichtigen könnt.

7 Gebt euren Kompositionen Titel und begründet eure Entscheidung.

Maschinenmusiken

8 Hört die folgenden zwei Musiken, die sich mit technischen Errungenschaften auseinandersetzen, und überlegt, zu welchem Bild, zu welchem Gedicht und zu welchem Text sie jeweils passen könnten. Begründet eure Entscheidungen.

 CD 2 / 04, 05

9 Analysiert die Musik. Achtet dabei auf folgende Parameter und bestimmt sie für jedes Stück. (▶ **Werkzeugkasten: Musik beschreiben nach Parametern, S. 144 ff.**)

	Alexander Mossolow: Iron foundry	**Duo Vivace: Die Fabrik**
Instrumente	?	?
Dynamik		
Tempo	?	?
Tonumfang		

Darstellende Musik: Mensch und Maschine

Iron foundry (Die Eisengießerei)

Musik: Alexander Mossolow

© Musikverlag Hans Sikorski, Hamburg

10 Hört die erste Minute der Musik von Alexander Mossolow.

11 Ordnet die Notenausschnitte. In welcher Reihenfolge treten sie auf?

12 Erstellt anschließend eine Hörpartitur zur ersten Minute und bestimmt die zeitlichen Einsätze der musikalischen Motive, die ihr geordnet habt.

13 Diskutiert, was in den Motiven und in der Musik möglicherweise an Maschinenabläufe erinnert. Lasst euch dazu von dem nebenstehenden Bild inspirieren.

14 Erfindet zu jedem Notenausschnitt bzw. zu seiner musikalischen Entsprechung einen Bewegungsablauf, der diesen szenisch wiedergibt.

Otto Bollhagen: Eisengießerei, um 1912

Die Fabrik **87**

15 Stellt eure Bewegungsabläufe mit und ohne Musik vor.

16 Spielt zu oder mit Mossolows Musik und deren Rhythmen.

* Übt die Rhythmen und klatscht oder spielt sie zur Musik von Mossolow.
** Ihr könnt einzelne Rhythmen des Stücks auch ohne die Originalmusik zu einem eigenen Maschinenablauf zusammenstellen und klatschen oder spielen.
*** Kombiniert euren Maschinenrhythmus mit euren szenischen Choreografien aus Aufgabe 14, S. 86.

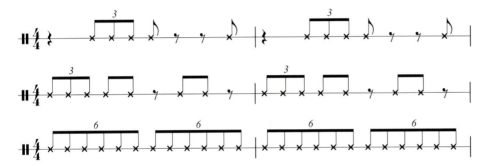

„Die russischen Komponisten der Zwanziger [20er-Jahre des 20. Jahrhunderts] schufen einige der wüstesten Klänge der Epoche und übertrafen ihre westeuropäischen Zeitgenossen an Fülle des Missklangs. Alexander Mossolows Orchesterskizze ‚Die Eisengießerei' verwendete knirschende, mahlende Taktschläge und sich überlagernde Rhythmen, um die Arbeit in der Fabrik nachzuahmen."
(Alex Ross)

Infobox

Alexander Mossolow (1900–1973) war ein russischer Komponist, der mit dem Werk „Zavod" (Fabrik), das unter dem Titel „Eisengießerei" im deutschsprachigen Raum veröffentlicht wurde, im Westen Anerkennung fand. Die Eisengießerei versucht, mit den Mitteln des Orchesters die Geräusche einer solchen Fabrik umzusetzen. Später unter Stalin in Russland in Ungnade gefallen, waren seine Werke über 50 Jahre verboten.

17 Nehmt Stellung zu dem Zitat von Alex Ross.

18 Wie beurteilt ihr die Musik von Mossolow?

19 Recherchiert: Was war das für eine Gesellschaft in den Zwanzigerjahren des vergangenen Jahrhunderts? Sammelt Informationen zu Politik, Kunst und Musik und gestaltet eine Wandzeitung.

20 Von welchen westeuropäischen Komponisten des frühen 20. Jahrhunderts spricht Alex Ross hier? Recherchiert dazu zu Hause, aber auch hier im Buch.

Züge in Bewegung

Mit echten Klängen Musik machen

CD 2 / 06

1. Bestimmt die folgenden Geräusche der „musique concrète".

CD 2 / 07

2. Hört euch das Musikstück „Étude aux chemins de fer" von Pierre Schaeffer an.

3. Nennt die Geräusche in der Reihenfolge ihres Erklingens.

4. Nehmt eine Uhr und haltet fest, wann die Klänge einsetzen und wann sie durch andere abgelöst werden.

5. Recherchiert weitere Informationen zu Schaeffer und seinen Vorstellungen zur Musik. Recherchiert dabei auch Gründe, warum seine Musik auch Ursprung des Techno genannt wird.

Schaeffer, musique concrète, Techno
Suchen ○ Im Web

Infobox

Pierre Schaeffer (1910–1995) war ein führender Vertreter der „musique concrète". Auf Tonband und Schallplatte aufgenommene konkrete Klang- und Geräuschobjekte waren die Grundlage für seine Kompositionen. Manche Techno-Künstler der Gegenwart sehen in ihm und in seiner Kunst den Ursprung des Techno.

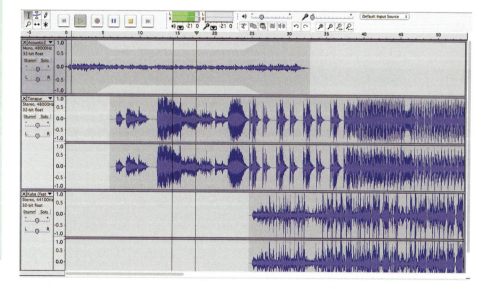

6. Gestaltet mithilfe eines Computers und Software sowie den Ausschnitten von Schaeffer ein eigenes Stück (▶ **Werkzeugkasten: Achtung Aufnahme, S. 286 f.**).

7. Entwickelt zu diesem Zweck einen neuen Ablauf.

 CD 2 / 08 – 10

8 Nehmt Klänge auf (z. B.: Fahrradreifen, Stimmen) und kombiniert sie mit denen von Schaeffer.

9 Hört euch folgende Eisenbahnmusiken an.

10 Stellt heraus, ob ihnen etwas gemeinsam ist.

11 Heutige Züge haben nur noch wenig Ähnlichkeit mit denen von früher. Trotzdem klingen sie sehr ähnlich. Unter dem Stichwort „ICE" findet ihr auf der Plattform *youtube* zahlreiche Klänge.

★   Schneidet einige heraus und bindet sie in eure Komposition ein.
★★   Sucht nach typischen ICE-Geräuschen und erweitert eure Klangcollage.
★★★   Gestaltet mit den von euch gefundenen Klängen eine völlig eigenständige Komposition.

Luigi Russolo, ein Mann des frühen 20. Jahrhunderts, war von den Geräuschen seiner Zeit so fasziniert, dass eine neue Musik für ihn mit folgenden Klangelementen arbeiten sollte:

„Brummen, Donnern, Krachen, Prasseln, Plumpsen, Grollen
Pfeifen. Zischen, Schnauben
Flüstern, Murmeln, Brotteln, Surren, Gurgeln
Kreischen, leichtes Knarren, Knacken, Rascheln, Summen, Knistern, Knattern, Scharren
Geräusche, die durch Anschlagen von Metallen, Hölzern, Häuten, Steinen, Keramik etc. erhalten werden." (Luigi Russolo 1913)

Luigi Russolo, Selbstporträt

12 Nehmt euch das Musikstück von Pierre Schaeffer zum Vorbild und gestaltet es mit ausgewählten Klangelementen von Russolo nach.

13 Recherchiert, wer Luigi Russolo war, und erstellt einen Komponistensteckbrief.

„Wir werden uns damit beschäftigen, die Geräusche von Metallrollläden, zuschlagenden Türen, dem Hasten der Menge, der Unruhe der Bahnhöfe, Stahlwerke, Fabriken, Druckerpressen, Kraftwerke und Untergrundbahnen zu orchestrieren". „Wir sind […] sicher, dass wir durch Auswählen, Koordinieren und Beherrschen aller Geräusche die Menschen mit einem neuen, unerwarteten Genuss bereichern werden." (Luigi Russolo)

14 Erläutert Russolos Aussage mit eigenen Worten und nehmt dazu Stellung.

15 Nennt Musikrichtungen der Populären Musik, die ebenfalls Geräusche verwenden.

16 Bringt Musik mit, die mit Geräuschen arbeitet, und stellt sie vor.

17 Diskutiert mit Blick auf eure Ergebnisse, inwiefern sich Russolos Vision vom Beginn des 20. Jahrhunderts heute vielleicht erfüllt hat?

Sand im Getriebe oder läuft wie geschmiert?

 1 Jeder von euch übt zunächst einen Rhythmus und überlegt sich auch einen maschinengemäßen Bewegungsablauf dazu.

Im Getriebe der Zugmaschine

Musik und Text: Norbert Schläbitz

Die Takte 1 und 2 insgesamt viermal wiederholen

(Die Zählzeiten 2, 3, 4 leise mitzählen)

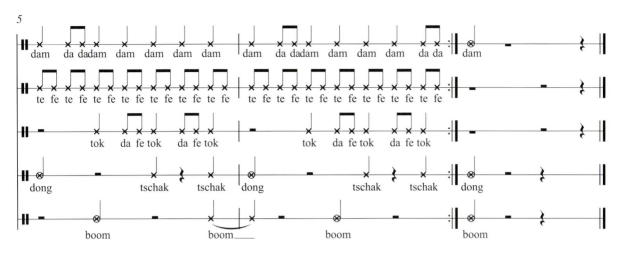

2 Fangt mit Rhythmus 1 an. Bewegt euch dazu. Alle zwei Takte setzt jeweils ein weiterer Rhythmus ein, bis die ersten vier Rhythmen gemeinsam klingen und die Bewegungen eurer Maschine abbilden. Folgt anschließend auf ein Zeichen dem Ablauf der Partitur.

3 Überlegt nach eurer Präsentation, ob der Rhythmus 5 eher „Sand" im Getriebe oder eher „Öl" darin ist.

4 Entwerft mithilfe der Rhythmusbausteine einen eigenen Maschinenrhythmus.

★ Ihr könnt den Rhythmus sowohl mit der Stimme als auch mit Perkussionsinstrumenten umsetzen. Nutzt die vorgegebenen Silben bei der Umsetzung mit der Stimme; eine Kombination von beiden ist ebenso möglich.

★ ★ Bis auf eine Ausnahme stehen alle Rhythmusbausteine im 4/4-Takt. Bestimmt einen aus eurer Gruppe, der den 3/4-Rhythmus umsetzt und sich in den laufenden Rhythmus einbringt.

★ ★ ★ Erfindet zusätzlich eine kleine Geschichte zu eurem Maschinenrhythmus und integriert Elemente der Geschichte in euer Maschinenstück.

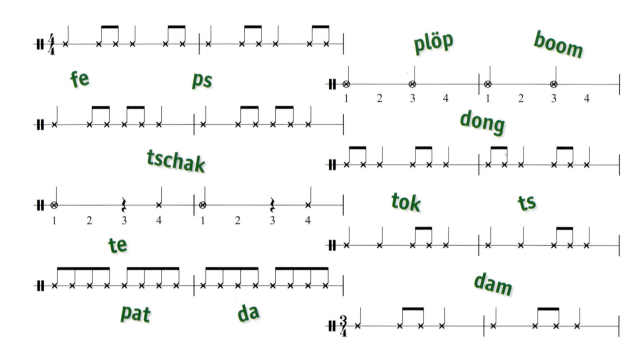

5 Wie wirkt der 3/4-Rhythmus im Zusammenklang mit den 4/4-Rhythmen auf euch?

Das Musikstück „Short ride on a fast machine" von John Adams arbeitet mit vielen Akzenten, die es schwer machen, den Rhythmus zu halten.

6 Versucht, die Viertel mitzuklopfen.

CD 2 / 04, 11

7 Vergleicht die Musik von John Adams mit der von Alexander Mossolow. Was ist ihnen gemeinsam?

Vom Programm zur Musik zum Hörspiel

Justinus Kerner
Im Eisenbahnhofe

Hört ihr den Pfiff, den wilden, grellen, ← **aufmunternd**
Es schnaubt, es rüstet sich das Tier,
Das eiserne, zum Zug, zum schnellen,
Herbraust's wie ein Gewitter schier.

**Pause mit Geräuschen im Hintergrund
(Gewitter? Zuggeräusche?)**

5 In seinem Bauche schafft ein Feuer,
Das schwarzen Qualm zum Himmel treibt; ← **Wie ließe sich das darstellen?**
Ein Bild scheint's von dem Ungeheuer,
Von dem die Offenbarung schreibt.

Jetzt welch' ein Rennen, welch' Getümmel, ← **Getrappel, Rufe ...**
10 Bis sich gefüllt der Wagen Raum!
Darauf „fertig!" schreit's, und Erd' und Himmel
Hinfliegen, ein dämon'scher Traum.

Dampfschnaubend Tier! seit du geboren, ← **dramatisch und gefährlich**
Die Poesie des Reisens flieht;
15 Zu Ross mit Mantelsack und Sporen
Kein Kaufherr mehr zu Messe zieht.

Kein Handwerksbursche bald die Straße
Mehr wandert froh im Regen, Wind,
Legt müd' sich hin und träumt im Grase
20 Von seiner Heimat schönem Kind.

Kein Postzug nimmt mit lust'gem Knallen
Bald durch die Stadt mehr seinen Lauf,
Und wecket mit des Posthorns Schallen
Zum Mondenschein den Städter auf.

25 Auch bald kein trautes Paar die Straße,
Gemütlich fährt im Wegen mehr,
Aus dem der Mann steigt und vom Grase
Der Frau holt eine Blume her.

[...]

Annotationen links:

Wo innerhalb der Verse sind Sprechpausen vielleicht nützlich und wichtig?

geheimnisvoll

leise und gefährlich klingend und langsamer werdend

Tempo steigern

---

1 Übertragt das Gedicht in euer Heft.
2 Unterstreicht die Wörter, die klanglich dargestellt werden können.

3. Legt ergänzend eine Liste mit allen Wörtern an, die umgesetzt werden sollen.

4. Überlegt, mit welchen Mitteln ihr die Klänge umsetzen wollt, und schreibt sie neben die ausgewählten Wörter.

5. Bestimmt, wer den Text ausdrucksvoll vortragen soll. Überlegt, ob ihr mehrere Sprechrollen besetzen wollt.

6. Wer und wie viele von euch sollen die Geräusche produzieren?

7. Tragt eure Versionen der Klasse vor und vergleicht sie.

8. Nehmt abschließend eure Versionen auf. Wer zeichnet für die Technik und die Aufnahme verantwortlich?

Der folgende Ausschnitt entstammt der Novelle „Bahnwärter Thiel" von Gerhart Hauptmann.

Gerhart Hauptmann
Bahnwärter Thiel (Auszug)

Ein dunkler Punkt am Horizonte, da wo die Geleise sich trafen, vergrößerte sich. Von Sekunde zu Sekunde wachsend, schien er doch auf einer Stelle zu stehen. Plötzlich bekam er Bewegung und näherte sich. Durch die Geleise ging ein Vibrieren und Summen, ein rhythmisches Geklirr, ein dumpfes Getöse, das, lauter und lauter werdend, zuletzt den Hufschlägen eines heranbrausenden Reitergeschwaders nicht unähnlich war. Ein Keuchen und Brausen schwoll

stoßweise fernher durch die Luft. Dann plötzlich zerriss die Stille. Ein rasendes Tosen und Toben erfüllte den Raum, die Geleise bogen sich, die Erde zitterte – ein starker Luftdruck – eine Wolke von Staub, Dampf und Qualm, und das schwarze, schnaubende Ungetüm war vorüber. So wie sie anwuchsen, starben nach und nach die Geräusche. Der Dunst verzog sich. Zum Punkte eingeschrumpft, schwand der Zug in der Ferne, und das alte heil'ge Schweigen schlug über dem Waldwinkel zusammen.

9 Setzt den obenstehenden Ausschnitt von Gerhart Hauptmann mit ausschließlich klanglichen Mitteln um.
  a) Entwerft dazu eine Verlaufspartitur, die alle klanglichen Elemente beinhaltet und die euch später als Vorlage zur klanglichen Umsetzung dient.
  b) Denkt daran, dass auch gleichzeitig unterschiedliche Geräusche erklingen können.
  c) Experimentiert, wie und mit welchen Mitteln ihr die Geräusche umsetzen wollt.
  d) Verteilt die Geräuschumsetzung auf mehrere Personen und bildet so ein kleines Geräuschorchester.
  e) Wählt jemanden aus eurer Mitte aus, der mithilfe eurer Verlaufspartitur das Geräuschorchester dirigiert und euch die genauen Einsätze gibt.
  f) Präsentiert eure Ergebnisse.

10 Erfindet ergänzend zu dem Ausschnitt sowohl einen Anfang als auch ein Ende, sodass eine komplette kleine Geschichte entsteht.
  a) Stellt diese mithilfe eines Erzählers/einer Erzählerin vor und unterstützt den Vortrag mit Geräuschen und Klängen.
  b) Integriert in eure Geschichte die rein klangliche Umsetzung des obenstehenden Ausschnittes.

11 Recherchiert den Inhalt der Novelle und sammelt Informationen zum Autor Gerhart Hauptmann.

12 Was ist eigentlich eine Novelle?

Auch andere Räder rollen

6
Tage
Rennen
Brennend liegt das Hirn auf der Lauer
6 x zweihunderttausend Augen:
saugt sich fest die Menschenmauer!
6 x zweihundert und tausend!
Brausend
Aus den Nüstern schnaubend
Atemberaubend
Uns den Atem raubend!
Pestend Schweiß!
Heiß und bloß
Los-
Getreten treten treten
Musik Musik
Treten Treten wie zum Beten
Musik Musik
Räder greifen
Ineinander
Aneinander!
Reifen
Knirscht am frischen Holz
Schießt Kobolz
Und Ineinander
Aneinander
Räder! Räder!
Nur noch Räder!
Feste! Feste!
Zieht vom Leder
Presst die Schenkel
Rund ins Rund um jede Rundung
Jede Stunde Jede Windung
Hirn an Hirn

Rennen
Tage
6
Auf und davon
Los!
Endlos
Freilauf
In dem Kreislauf
Die Hirne brennen
Am Start
Hart
Im Takt der Runde
Und zerhackt
Zur Sekunde
Wird zergliedert
Und die Stunde
Ins Hirn gerädert!

Walter Mehring

1. Setzt das Gedicht mithilfe von Instrumenten und mit eurer Stimme um.
2. Auch dieses Gedicht eignet sich zur Umsetzung als Hörspiel. Versucht es.
3. Schreibt ein vergleichbares Gedicht zu einem anderen Sportereignis oder Tagesgeschehen und setzt es um.

Erich Maria Remarque
Stationen am Horizont

Da sauste und knallte plötzlich die zurückstürmende Straße weiß in der Sonne. Schatten darin und hellere Reflexe, Buckel und Löcher, der Wagen schwankte herüber, sprang etwas, schoss stärker vorwärts. Biegungen im Staub gelb von der Sonne durchschienen, Gestein hindurch, herum, Kurve – Kurve, Staub wieder,
5 dichter, an der Kurve gerade ein Dunkleres. [...] Der Wagen schleuderte, sprang, bog sich durch, flog in wahren Sprüngen über den holprigen Lavabasalt, er schleifte durch flache Gräben, knatterte tosend die Steigungen herauf [...].

4 Der Textausschnitt von Remarque stammt aus dem frühen 20. Jahrhundert. Setzt ihn mithilfe von Instrumenten und mit eurer Stimme um.

5 Gebt dem Textausschnitt einen Anfang und ein Ende, sodass eine kleine Geschichte entsteht, die ihr ebenfalls in eure musikalische Umsetzung integriert. Anfang und Ende der musikalischen Darbietung werden dabei von einem Erzähler oder einer Erzählerin unterstützt, der Mittelteil bleibt instrumental. Lasst euch dabei von den Bildern inspirieren.

6 Recherchiert Gedichte, Texte und auch Bilder, die sich eignen, musikalisch umgesetzt zu werden.

Lautgedichte
Suchen ○ Im Web

Chip Chip Musik

Ein Leben ohne elektronische Geräte ist uns seit dem 20. Jahrhundert unvorstellbar geworden. Im letzten Viertel des vergangenen Jahrhunderts hat in breitem Ausmaß der Computer Einzug in unser Leben gehalten. Seitdem ist auch dieser nicht mehr aus unserem Leben wegzudenken. Beinahe alles, mit dem wir arbeiten und leben, ist von Digitaltechnologie bestimmt.
Zum Beispiel
- Fernsehen/TV
- Computer/Internet
- Radio
- MP3-Player
- Handy
- Spielkonsole

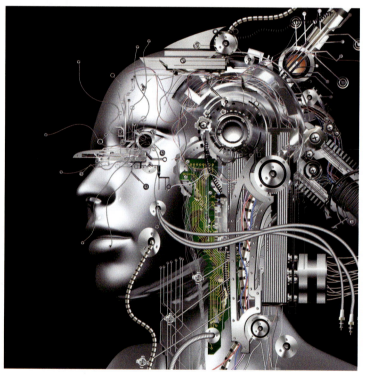

1 Tragt zusammen, was ihr über die genannten Geräte hinaus noch an chipbasierten Geräten besitzt.

2 Überprüft eure Geräte auf Funktionsgeräusche (z. B. Tastengeräusche, Begrüßungsfloskeln, Computer hoch- und herunterfahren, Mausklicks, typische Klingeltöne usw.).

3 Erstellt aus den euch zur Verfügung stehenden Geräuschen eine Klangcollage. Entwickelt dazu eine Verlaufspartitur, die die zeitlichen Einsätze der Geräusche organisiert.

Die abgebildete Collage stammt aus dem Jahr 1995. Schon damals war ein Leben ohne Computer nicht mehr denkbar. Schülerinnen und Schüler haben seinerzeit zum Wort des Jahres „Multimedia" diese Collage gestaltet.

4 Gestaltet eine neue Bild-Collage, die sich mit den technischen Entwicklungen eurer Gegenwart auseinandersetzt.
   - ★ Berücksichtigt dabei Geräte mit Klängen. (Zum Beispiel Navigationsgerät mit seinen typischen Floskeln „Sie haben Ihr Ziel erreicht", „Wenn möglich, bitte wenden"; Arbeitsgeräusche von Festplatten, CD-Laufwerken, Espresso-Maschine usw.) Setzt eure Collage in Klang um.
   - ★★ Gestaltet eine Bild-Collage, die sich von einer der folgenden Leitideen beeinflusst zeigt. Setzt auch diese in Klang um.
     a) Ihr steht der technischen Entwicklung positiv gegenüber.
     b) Ihr steht der technischen Entwicklung kritisch gegenüber.
     c) Ihr entwickelt eine Bild-Geschichte zum Thema.

Lasst uns noch ein bisschen tanzen

1. Betrachtet die Bilder und vermutet, wo sie sich ereignen.
   a) Überlegt, wo euch Bewegung zur Musik noch überall begegnet.
   b) Erstellt mit eurem Sitznachbarn eine Mindmap.

2. Bei welchen Gelegenheiten und zu welcher Musik habt ihr selbst schon getanzt?

3. Gebt eure eigenen Tanzerfahrungen weiter: Zeigt euren Klassenkameraden Tanzschritte und Bewegungen.

Einer für alles: Der Discofox

Der Discofox ist der wohl bekannteste und am meisten getanzte Paartanz. Dies liegt vor allem daran, dass er leicht zu erlernen ist und zu fast allen Disco-, Pop- und Rocksongs getanzt werden kann. Er besteht aus einem Grundschritt sowie verschiedenen Drehungen und Erweiterungen. Seine Besonderheit ist der sogenannte *Tipp-Schritt*. Dabei wird der Fuß aufgesetzt, ohne belastet zu werden – er tippt den Boden mit der Fußspitze kurz an, die Ferse bleibt in der Luft. Diesem Tipp-Schritt sind zwei Schritte vorgelagert, sodass man sich den Grundschritt leicht merken kann, indem man „Eins, Zwei, Tipp" mitspricht.

1 Übt eine Discofox Sitz-Choreografie ein. Teilt dazu eure Klasse in zwei Gruppen. Wechselt die Gruppen nach einem Durchgang.
  a) Eine Gruppe ist für den Grundrhythmus zuständig.

Klatschen
Patschen

  b) Die andere Gruppe stampft den Discofox-Schritt. Dabei starten die Mädchen und Jungen mit verschiedenen Füßen:
  Mädchen: Eins (rechts) – Zwei (links) – Tipp (rechts)
  Jungen: Eins (links) – Zwei (rechts) – Tipp (links)

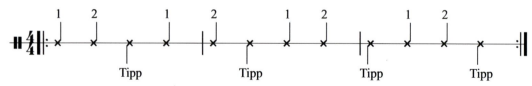

  c) Betont den ersten Discofox-Schritt. Beschreibt, wann er mit dem Klatschen zusammenfällt. Was passiert mit dem Tipp-Schritt?
  d) Begleitet das Hörbeispiel „Night Fever" aus dem Tanzfilm „Saturday Night Fever" mit der Discofox Sitz-Choreografie in wechselnden Gruppen.

CD 2 / 12

2 Kann mit dem Discofox auch zu Musik im 3/4-Takt getanzt werden? Begründet!

Der Discofox-Grundschritt

Bei den Paartänzen unterscheiden sich die Tanzschritte für Jungen und Mädchen – im Tanzjargon spricht man vom *Damenschritt* und vom *Herrenschritt*.

Herrenschritt	Grundschritt vorwärts	Damenschritt
Start		Start
① linker Fuß vorwärts		① rechter Fuß rückwärts
② rechter Fuß vorwärts		② linker Fuß rückwärts
③ linker Fuß schließt zum rechten Fuß und tritt auf, ohne belastet zu werden (= Tipp)		③ rechter Fuß schließt zum linken Fuß und tritt auf, ohne belastet zu werden (= Tipp)

Herrenschritt	Grundschritt rückwärts	Damenschritt
Start		Start
① linker Fuß rückwärts		① rechter Fuß vorwärts
② rechter Fuß rückwärts		② linker Fuß vorwärts
③ linker Fuß schließt zum rechten Fuß und tritt auf, ohne belastet zu werden (= Tipp)		③ rechter Fuß schließt zum linken Fuß und tritt auf, ohne belastet zu werden (= Tipp)

Infobox

Die **Tanzhaltung** bei Paartänzen sollte folgendermaßen aussehen:
- Dame und Herr stehen sich nah gegenüber, ohne sich zu berühren.
- Die linke Hand des Herrn und die rechte Hand der Dame sind bei locker ausgestrecktem Arm ineinandergelegt.
- Die rechte Hand des Herrn ruht zwischen Schulterblatt und Hüfte auf dem Rücken der Dame.
- Die Dame legt ihre linke Hand auf den Oberarm des Herrn ab.

3 Übt den Grundschritt vorwärts und rückwärts in Tanzhaltung (s. Infobox). Tanzt anschließend zur Musik.

 CD 2 / 12

4 Für den Discofox gibt es eine Vielzahl von Variationen und Tanzfiguren. Sucht im Internet nach Anleitungen oder nach Videos.
  a) Übt eine Figur oder Erweiterung zum Grundschritt ein.
  b) Präsentiert eure Figur der Klasse. Zeigt und erklärt sie einem anderen Tanzpaar.

5 Erstellt eine Klassen-Top-Five der bei euch aktuell beliebtesten Songs.
  ★ Tanzt zu den Songs den Discofox. Klappt es immer gleich gut?
  ★★ Arbeitet mit dem Audio-Editor (▶ S. 288 f.).
Importiert eure fünf Lieblingssongs in das Programm und produziert ein eigenes Discofox-Medley für eure Klasse.
  a) Wählt für jeden Song einen charakteristischen Ausschnitt (z. B. Strophe und Refrain) und schneidet ihn heraus. Das Medley soll nicht länger als zehn Minuten sein.
  b) Nutzt dazu die Funktionen „einblenden" und „ausblenden", um die Stücke ineinander übergehen zu lassen. Erstellt einen Mixdown.

Schön und elegant: Der langsame Walzer

Im Jahr 1560 ging die bayerische Dorfpolizei mit drakonischen Geldstrafen gegen die Rotation der Paare, die „walzenden Tänze" vor. Das Wort „Walzer" taucht aber erst nach 1780 zum ersten Mal auf. Es ist nicht eindeutig geklärt, ob der Walzer aus dem bäurischen Ländler oder dem höfischen Menuett hervorgegangen ist.

Walzer tanzen verboten!!!

1 Erstellt an der Tafel eine Mindmap zum Thema „Walzer".

2 Sammelt Informationen zum Walzer nach der „Experten-Methode" und lernt, ihn zu tanzen:
  a) Teilt die Klasse in gleich große Gruppen, entweder je vier oder je fünf Personen. Diese Gruppen sind eure sogenannten Stammgruppen. Höchstens drei Gruppen dürfen dabei je eine Person mehr aufnehmen, falls die Verteilung nicht aufgeht.
  b) Sammelt in eurer Stammgruppe Vorschläge für einen Gruppennamen und entscheidet euch.
  c) Nehmt eure Mindmap zuhilfe und überlegt mit der ganzen Klasse, zu welchen Aspekten des Walzers mehr Informationen benötigt werden und wie diese beschafft werden können. Beispiele:
  – Expertengebiet 1: „Den Walzerschritt lernen und weitergeben"
      Informationen: zu Hause fragen, Internet, Video-Portale …
  – Expertengebiet 2: „Tanzschritte aufschreiben und aufmalen"
      Informationen: Tanzbücher, Darstellungen im O-Ton-Buch …
  – Expertengebiet 3: „Geschichte und Arten des Walzers"
      Informationen: Tanzbuch aus der Bücherei, Lexikon von zu Hause …
  – Expertengebiet 4: …

Langsamer Walzer Tanzschritte
Suchen ⊙ Im Web

d) Jedes Gruppenmitglied wird nun zum Experten für ein Gebiet. In den Gruppen, die mehr Mitglieder haben, teilen sich zwei Mitglieder die Rolle eines bestimmten Experten.

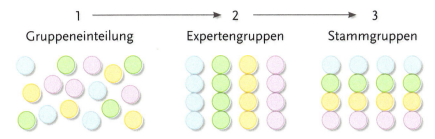

e) Trefft euch in euren Expertengruppen. Legt gemeinsam fest, wer sich wie informiert. Tauscht euch bei weiteren Treffen aus und haltet Ergebnisse im Heft fest.

f) Kehrt in eure Stammgruppen zurück und tauscht eure Informationen aus.

3 Recherchiert, warum das Walzertanzen wohl einst verboten war.

4 Fertigt in eurer Gruppe ein Plakat zum langsamen Walzer an, das alle wesentlichen Informationen einschließlich der Tanzschritte enthält. Hängt eure Plakate im Klassenraum auf.

5 Tanzt den Grundschritt paarweise zum Hörbeispiel. Beachtet dabei die richtige Tanzhaltung (▶ Infobox S. 103).

🎧 CD 2 / 13

6 Sucht Musikstücke, zu denen man den langsamen Walzer tanzen kann. Recherchiert dazu im Internet nach Tipps zu passender Musik.

Mit Feuer und Leidenschaft: Die Salsa

Der Begriff Salsa (span.: Sauce) ist sowohl ein Begriff für einen Musikstil als auch eine Sammelbezeichnung für verschiedene afrokaribische Tanzstile. Ein Grundschritt im 4/4-Takt ist jedoch allen Stilen gemeinsam. Er besteht aus dem Wechsel zwischen zwei schnellen und einem langsamen Schritt in diesem Rhythmus:

1 Bewegt euch zur Musik im Raum.
   a) Lauft zum Grundschlag der Musik.
   b) Klatscht dazu den Rhythmus des Salsa-Grundschrittes.

 CD 2 / 14

2 Ein wichtiger Bestandteil von Salsa-Musik sind verschiedene sich überlagernde Rhythmen (Polyrhythmik). Spielt mit Latin-Percussion weitere Salsa-Rhythmen zum Grundschlag und zum Rhythmus des Grundschrittes:

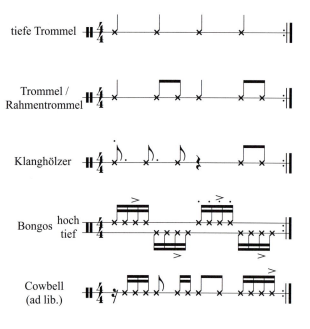

Der Grundschritt

Herrenschritt	Grundschritt vor- und rückwärts	Damenschritt
Start		Start
① linker Fuß vorwärts (schnell)		① rechter Fuß rückwärts (schnell)
+ rechten Fuß belasten (= auf der Stelle treten, schnell)		+ linken Fuß belasten (= auf der Stelle treten, schnell)
② linker Fuß schließt zum rechten Fuß (langsam)		② rechter Fuß schließt zum linken Fuß (langsam)
③ rechter Fuß rückwärts (schnell)		③ linker Fuß vorwärts (schnell)
+ linken Fuß belasten (= auf der Stelle treten, schnell)		+ rechten Fuß belasten (= auf der Stelle treten, schnell)
④ rechter Fuß schließt zum linken Fuß (langsam)		④ linker Fuß schließt zum rechten Fuß (langsam)

Mit Feuer und Leidenschaft: Die Salsa **107**

3 Stellt euch alle in Reihen mit gleicher Blickrichtung auf. 🎧 CD 2 / 14
Tanzt den Grundschritt synchron.
   a) Beginnt alle mit dem Damenschritt.
   b) Beginnt alle mit dem Herrenschritt.

4 Stellt euch in zwei Gruppen gegenüber in Reihen auf.
Tanzt in eurer Gruppe synchron. Eine Gruppe tanzt den Damenschritt, die andere den Herrenschritt. Tauscht danach die Schritte.

Herrenschritt	Seitwärtsschritt links und rechts	Damenschritt
Start		Start
① linken Fuß zur Seite (schnell)		① rechten Fuß zur Seite (schnell)
+ rechten Fuß belasten (= auf der Stelle treten, schnell)		+ linken Fuß belasten (= auf der Stelle treten, schnell)
② linker Fuß schließt zum rechten Fuß (langsam)		② rechter Fuß schließt zum linken Fuß (langsam)
③ rechter Fuß zur Seite (schnell)		③ linker Fuß zur Seite (schnell)
+ linken Fuß belasten (= auf der Stelle treten, schnell)		+ rechten Fuß belasten (= auf der Stelle treten, schnell)
④ rechter Fuß schließt zum linken Fuß (langsam)		④ linker Fuß schließt zum rechten Fuß (langsam)

5 Stellt euch in Reihen mit gleicher Blickrichtung auf. 🎧 CD 2 / 14
Tanzt den Seitwärtsschritt synchron.
   a) Beginnt alle mit dem Damenschritt.
   b) Beginnt alle mit dem Herrenschritt.

6 Tanzt paarweise in Tanzhaltung (▶ Infobox S. 103)
   a) Tanzt zur Strophe den Grundschritt und zum Refrain den Seitwärtsschritt.
   b) Legt mit eurem Partner eine eigene Schrittfolge fest.

7 Recherchiert weitere passende Musiktitel für die Salsa im Internet.
Tanzt paarweise zu ausgewählten Titeln.

| Salsa Musik |
| Suchen ● Im Web |

Alles Theater?

Diese Szenenbilder stellen alle das Thema Liebe dar.

1. Wählt ein Bild aus und überlegt in Gruppen, wie es zu der dargestellten Situation gekommen sein könnte.
2. Stellt eine oder mehrere Szenen nach und spinnt die Handlung fort.
3. Findet Musik, mit der ihr eure Szene illustrieren könnt.
4. Fügt eure einzelnen Gruppenszenen zu einer kompletten Geschichte zusammen.
5. Überlegt euch einen Titel für euer Stück.

Dein ist mein ganzes Herz

Dein ist mein ganzes Herz

Musik: Franz Lehár und Ludwig Herzer
Text: Fritz Löhner-Beda und Ludwig Herzer

© Glocken Verlag GmbH, Frankfurt

 CD 2 / 15

Infobox

Franz Lehár (1870–1948) komponierte 38 Operetten, von denen „Das Land des Lächelns" oder „Die lustige Witwe" zu seinen größten Bühnenerfolgen gehören.

1 Hört euch das Liebeslied des Prinzen Sou-Chong aus der Operette „Das Land des Lächelns" an und achtet auf die Worte, mit denen der Prinz seiner Geliebten Lisa seine Liebe gesteht.

2 Findet verschiedene Gesten für diese Worte.

3 Wie unterstützt der Komponist die Gefühle des Prinzen musikalisch?

4 Verfolgt beim Hören den Notentext und sucht den höchsten Ton. Auf welchen Worten erklingt dieser?

5 Singt das Lied mit und achtet besonders auf die Interpretation des höchsten Tons.

Das Thema der Liebe gehört in unser Leben wie kaum ein anderes. Die mit der Liebe zusammenhängenden Empfindungen sind vielfältig, angefangen von höchstem Liebesglück bis hin zu tiefster Enttäuschung.

♥♥ Herzenswünsche von ... ♥♥

Sophia, 27 J., eine süße und liebe Maus, mit sportlicher, schlanker Figur, absolut fröhlich, schönes Lächeln, eigene schöne Wohnung. Weißt du, wie ich mir eine Partnerschaft vorstelle? Mit super viel Liebe und ganz, ganz viel Zärtlichkeit, Harmonie und unbeschwertem Lachen, eine starke Schulter zum Anlehnen. Geborgenheit und Glück, Treue, gemeinsam die Sonnenstrahlen, aber auch Regenschauer des Lebens genießen. Ich interessiere mich für Sport, mag es zu kochen, liebe Musik, gehe gerne ins Kino. Du auch? Dann melde dich schnell.

6 Gestaltet eine Mindmap zum Thema Liebe, die viele unterschiedliche Aspekte abbildet.

Eine Form des Musiktheaters, bei der die Liebe eine große Rolle spielt, ist die Operette. Ihre musikalischen Grundprinzipien sind Einfachheit und Verständlichkeit.

Die Operette „Das Land des Lächelns" spielt im Jahr 1912.

1. Akt: Die junge Wienerin Lisa verliebt sich auf einem Ball in den chinesischen Prinzen Sou-Chong. Sie verlässt ihren bisherigen Liebhaber, den Grafen Gustl von Pottenstein, um dem chinesischen Prinzen in dessen Heimat zu folgen.
2. Akt: In China steht Lisa einer ihr fremden Welt gegenüber, in der die Frauen ihren Männern untergeordnet sind. Der Tradition folgend soll Prinz Sou-Chong noch vier weitere Frauen heiraten.

Infobox

Eine **Operette** ist eine kleine Oper meist heiteren Inhalts. Hier wird nicht nur gesungen, sondern auch gesprochen. Ein besonderes Merkmal der Operette ist, dass sie die modischen Tänze ihrer Zeit verarbeitet.

Ein **Akt** ist ein Teil eines musikalischen Bühnenwerkes.

7 Wie könnte Lisa eurer Meinung nach reagieren?

8 Entwickelt eine Szene, in der ihr euren eigenen Ausgang der Geschichte darstellt.
  a) Teilt euch in Gruppen auf.
  b) Spielt euch die Szene gegenseitig vor.
  c) Die Schüler der beobachtenden Gruppe machen sich Notizen und teilen den Spielern ihre Eindrücke mit. Die Spieler äußern ihre Meinung dazu.

9 Informiert euch über den Ausgang der Handlung im dritten Akt der Operette.

Geht auf die Suche
z. B. zu Hause,
in der Bibliothek

Willst du mit mir gehen?

Infobox

Das **Musiktheater** gehört neben dem Sprechtheater (Schauspiel) und dem Tanztheater (Ballett) zu den drei traditionellen auf der Bühne dargebotenen Kunstformen.

Die **Oper** entstand um 1600 als musikalisches Bühnenwerk mit Musik, Text und szenischer Aktion. Es wird zwischen dramatischer und komischer Oper unterschieden.

Das Thema Liebe durchzieht fast alle Werke des Musiktheaters. Im Folgenden geht es um eine Zusammenführung von Paaren ganz besonderer Art, denn euch liegen nur Bilder und Klangausschnitte von sechs Personen aus drei verschiedenen Bühnenwerken vor. Eine Orientierung, welche Personen zusammenpassen könnten, gibt euch die Musik.

Carmen

Tristan

Leonore

CD 2 / 16–21

1. Hört euch die Klangbeispiele 2/16–18 mehrmals an und betrachtet dazu jeweils die Abbildungen Nr. 1–3.

2. Vergleicht diese Klangbeispiele nun mit weiteren (2/19–21). Macht Vorschläge, welche der unten abgebildeten Personen mit jeweils einer der oben dargestellten ein Paar bilden könnte.

3. Begründet eure Zuordnung anhand musikalischer Merkmale.

Infobox

Der Begriff **Stimmfach** ist in der Opernpraxis für die Bezeichnung unterschiedlicher Stimmlagen gebräuchlich.

Eine **Ouvertüre** (franz. = Eröffnung) ist ein in sich geschlossenes instrumentales Einleitungsstück zu einem Bühnenwerk.

Florestan

Escamillo

Isolde

Leonore und Florestan

Das Paar Leonore und Florestan kann sich in der Oper „Fidelio" von Ludwig van Beethoven am Ende glücklich in den Armen liegen, weil Leonore mutig und besonnen größte Gefahren auf sich nimmt, um ihren Gatten Florestan aus der Kerkerhaft zu befreien. Hierzu verkleidet sich Leonore, tritt als Mann (Fidelio) auf und begibt sich in den Dienst von Don Pizarro, dem Gouverneur des Kerkers.

Ludwig van Beethoven, von Christian Hornemann, 1802

Infobox

Ludwig van Beethoven (1770–1827) schrieb zu seiner einzigen Oper drei Fassungen, von denen die letzte als „Fidelio" 1814 ihre Uraufführung erlebte. Das zeigt, wie intensiv sich Beethoven mit diesem Stoff auseinandergesetzt hat.

Leonore (Anonym)

Wilhelmine Schröder-Devrient (1804–1860) in der Rolle des Fidelio

Im Finale der Oper wird Leonores Mut mit den folgenden Worten besungen: CD 2 / 22

„Wer ein holdes Weib errungen,
stimm' in unsern Jubel ein!"

„Nie wird es zu hoch besungen,
Retterin des Gatten sein."

1 Welchen Zusammenhang vermutet ihr zwischen den beiden abgebildeten Frauen und dem Finale?

2 Hört die Arie der Leonore und verfolgt Text und Notenausschnitt (▶ S. 114). CD 2 / 23

Arie: Leonore

Ich folg' dem innern Triebe, ich wanke nicht,
mich stärkt die Pflicht der treuen Gattenliebe!

O du, für den ich alles trug, könnt' ich zur Stelle dringen,
wo Bosheit dich in Fesseln schlug, und süßen Trost dir bringen!

Ich folg' dem innern Triebe, ich wanke nicht,
mich stärkt die Pflicht der treuen Gattenliebe!

> **Infobox**
>
> Fidelio ist eine **Nummernoper**. Diese setzt sich aus in sich abgeschlossenen Vokal- und Instrumentalstücken zusammen. Das sind Arien, Chöre, Ensemblestücke und Vor- sowie Zwischenspiele mit eingefügten Rezitativen und Dialogen. Im Gegensatz dazu gibt es auch **durchkomponierte Opern**, bei denen die einzelnen Teile zu **Szenen** miteinander verbunden sind (z. B. wie bei „Tristan und Isolde" von Richard Wagner). Bei einem **Ensemble** verdeutlichen mehrere Solisten gleichzeitig die unterschiedlichen Charaktere ihrer Rollen.
> Das **Finale** ist ein Schlussstück, bei der Oper meist mit großem Ensemble und Chor. In einem **Opernchor** sind viele verschiedene Stimmen vereinigt.

3 Ordnet die beiden Bilder auf S. 113 der jeweiligen musikalischen Situation innerhalb der Arie zu und begründet eure Entscheidung.

4 Gebt den Text der Arie mit zeitgemäßen Worten wieder.

5 a) Wie oft wird das Wort „Gattenliebe" gesungen?
b) Findet beim Hören die Stelle, an der Leonores Gesang über dem Wort „Gattenliebe" einen Tonraum von zwei Oktaven umspannt.
c) Stellt einen Zusammenhang her zwischen dem Tonumfang der Singstimme und der großen Anstrengung, die Leonore zu bewältigen hat, um ihren Gatten aus dem Kerker zu befreien.

Die Oper „Fidelio" entstand kurz nach der Französischen Revolution (1789) und stellt die für Freiheit und Recht kämpfenden Menschen in den Vordergrund, die sich durch Tapferkeit und Opferbereitschaft auszeichnen. Das Musiktheater greift damit Strömungen und Ideen der Zeit auf.
Von der Französischen Revolution gingen Impulse aus, die über Frankreich hinaus in ganz Europa wirkten und alte Ordnungen erschütterten. Sie fegte den Absolutismus hinweg, verschonte zuletzt aber auch die Revolutionäre nicht.

„Die Revolution [...] frisst ihre Kinder", diese Worte sprach der Politiker und Revolutionär Pierre Victurnien Vergniaud unmittelbar vor seiner Hinrichtung. Auch wenn am Ende der Revolution eine Schreckensherrschaft stand und viele Revolutionäre selbst unter dem Fallbeil (frz.: Guillotine) starben, gilt die Revolution als die Geburtsstunde des modernen Nationalstaates. Der deutsche Dichter Georg Büchner (1813–1837) schrieb dazu: „Im Jahr 1789 war das Volk in Frankreich müde, länger die Schindmähre seines Königs zu sein. Es erhob sich und berief Männer, denen es vertraute, und die Männer traten zusammen und sagten, ein König sei ein Mensch wie ein anderer auch, er sei nur der erste Diener im Staat".

6 Informiert euch über den Inhalt der Oper „Fidelio". Notiert wichtige Einzelheiten in Form von Stichpunkten.

Geht auf die Suche
z. B. zu Hause, in der Bibliothek

7 Beschreibt Zusammenhänge zwischen dem Inhalt der Oper und den revolutionären Ereignissen der Zeit, in der sie spielt.

8 Sammelt im sogenannten Heiligenstädter Testament Informationen über die Lebensumstände des Komponisten Ludwig van Beethoven kurz vor der Entstehungszeit der Oper.

9 Stellt die Oper euren Mitschülern vor. (▶ **Werkzeugkasten: Ein Referat halten, siehe unten**)

Werkzeugkasten

Ein Referat halten

1. Stimmt mit eurer Lehrerin oder eurem Lehrer das Thema ab.
2. Informiert euch in mindestens drei verschiedenen Quellen, damit ihr eine größere Auswahl und unterschiedliche Informationen vorliegen habt. Bezieht auch Lexika mit ein.
3. Wählt die wichtigsten Informationen aus.
4. Unterlegt eure Aussagen möglichst mit Klangbeispielen.
   - Stellt die Klangbeispiele so zusammen, dass ihr einen schnellen Zugriff habt.
   - Beachtet die Gesamtlänge sowie das Ein- und Ausblenden eures Hörbeispiels.
   - Gebt jeweils einen Hörauftrag.
5. Gliedert eure Ausführungen in drei Abschnitte:
   - *Einleitung*: Thema nennen, Bedeutung des Themas erläutern, Gliederung des Referats vorstellen

- *Hauptteil*: Vortrag entlang der Gliederungspunkte halten (Hilfe durch Folien, Bilder, Mindmap, Tafel u.a.), Quellenaussagen erläutern und gegebenenfalls den eigenen Standpunkt begründen
- *Schluss*: Zusammenfassung wesentlicher Fakten, die sich die Mitschüler merken sollten, Dank für das Zuhören, Aufforderung zur Diskussion

6. Bereitet für eure Mitschüler ein Handout mit wenigen Stichworten und ausreichend Platz für weitere Notizen vor (eine DIN A4-Seite).

Regeln für einen guten Vortrag
1. Beginnt mit einem *spannenden Einstieg*.
2. Schaut eure Zuhörer freundlich an und versucht, *Blickkontakt* zu halten.
3. Habt Mut, *frei zu sprechen*.
   Nehmt euch Zeit für *Pausen*, in denen ihr kurz auf eure Unterlagen schaut, um den nächsten Sinnabschnitt zu erfassen.
4. Belebt euer Referat durch den Wechsel von gesprochenem Wort, gehörter Musik und Bildbetrachtung.
5. Sprecht laut und deutlich.

Francisco de Goya, Inneres eines Gefängnisses, 1810

Es gelingt Leonore in ihrer Verkleidung als Fidelio, den Kerkermeister zu überreden, mit ihm in den Keller hinabzusteigen. Hier vermutet sie ihren gefangenen Gatten Florestan. Die Befreiung Florestans aus der Kerkerhaft ist für Leonore mit großen Gefahren verbunden, denn wenn sie erkannt wird, droht ihr selbst der Tod.

LEONORE: Wie kalt ist es hier.
Rocco: Natürlich, es ist ja tief.
LEONORE: Ich glaubte schon, wir würden den Eingang gar nicht finden.
5 Rocco: Da ist er. [Florestan]
LEONORE: Er scheint ganz ohne Bewegung.
Rocco: Vielleicht ist er tot.
LEONORE: Meint ihr?
Rocco: Nein, nein. Er schläft. Das müssen wir be-
10 nutzen und gleich ans Werk gehen.
LEONORE: Es ist unmöglich, sein Gesicht zu erkennen. Gott steh mir bei, wenn er es ist!

Rocco: Hier ist die Zisterne. Wir brauchen nicht viel zu graben, um an die Öffnung zu kommen. Stell dich hierher! Du zitterst – fürchtest du dich?
15 LEONORE: O nein, es ist nur so kalt.
Rocco: Bei der Arbeit wird dir schon warm werden.

Infobox
Der Begriff **Melodram** setzt sich aus melos (griech. = Lied) und drama (= Handlung) zusammen und bezeichnet ein Sprechdrama mit musikalischer Begleitung.

10 Sprecht das Melodram mit verteilten Rollen.

11 Erfindet eine eigene musikalische Begleitung, die ihr eurem Dialog unterlegt.

12 Hört anschließend das entsprechende Klangbeispiel und spielt die Situation nach.

 CD 2 / 24

Die als Fidelio verkleidete Leonore gibt sich ihrem geliebten Florestan zu erkennen.

Duett Leonore und Florestan: „O namenlose Freude!"

13 Hört euch das Duett an und nennt musikalische Gestaltungsmittel, mit denen Beethoven die Wiedersehensfreude von Leonore und Florestan zum Ausdruck bringt.

 CD 2 / 25

14 Bildet zwei Gruppen: Eine Bewegungsgruppe und eine Beobachtungsgruppe. Ein Spielleiter bedient das Abspielgerät.

15 Die Bewegungsgruppe bewegt sich entsprechend dem Charakter der Musik frei durch den Raum. Alle verharren in ihrer jeweiligen Position, wenn die Musik vom Spielleiter plötzlich gestoppt wird.

16 Die Beobachtungsgruppe wählt einzelne dieser eingefrorenen Positionen heraus und begründet, inwiefern diese den Ausdruck der Musik wiederspiegeln.

Konstanze und Belmonte

Es gibt weitere Opern, in denen Verliebte durch Tapferkeit und Mut glücklich zueinander finden. Ein solches Liebespaar begegnet uns auch in dem Singspiel „Die Entführung aus dem Serail" von Wolfgang Amadeus Mozart. Hier gelingt es Belmonte, seine Geliebte Konstanze aus dem Palast (Serail) des Herrschers Selim zu entführen. Dank dessen Edelmuts finden beide am Ende glücklich zueinander.

Wolfgang Amadeus Mozart (1756–1791) schrieb das Singspiel „Die Entführung aus dem Serail" auf ausdrücklichen Wunsch des damaligen österreichischen Kaisers Joseph II., der Ende der 1770er-Jahre in Wien ein „Nationalsingspiel" eingerichtet hatte, um der Vormachtstellung der italienischen und französischen Oper entgegenzuwirken. Mozarts „Entführung" feierte seit der Uraufführung 1782 einen Triumphzug und verhalf dem jungen Mozart zu großem Ruhm. Ort und Handlung entsprechen der damaligen modischen Vorliebe für orientalische Stoffe, wozu Entführungs- und Befreiungsstücke gehörten.

Infobox

Der Begriff **Singspiel** bezeichnet ein heiteres Bühnenwerk in deutscher Sprache mit gesprochenen Dialogen und Musiknummern.

Ein **Libretto** ist das Textbuch zu musikalischen Bühnenwerken wie Oper, Operette, Singspiel oder Musical.

Als **Arie** bezeichnet man einen kunstvollen, mehrteiligen Sologesang mit Instrumentalbegleitung innerhalb der Oper, der vorrangig Gefühle zum Ausdruck bringt.

Arie des Belmonte: „Konstanze, Konstanze, dich wiederzusehen"

1 Hört den Beginn der Arie des Belmonte und lest die Noten mit. CD 2 / 26

CD 2 / 26

2 Beschreibt, wie die Musik auf den Text Bezug nimmt. Beachtet dazu auch den unten abgedruckten Brief Mozarts an seinen Vater.
* ★ Sucht die Worte: „klopft" und „liebevoll" heraus. Erläutert, wie diese vertont werden.
* ★★ Hört die gesamte Arie. Achtet besonders auf die Vertonung der Worte: „zittr", „wanke", „hebt", „schwellende", „Lispeln" und „Seufzen". Beschreibt euren Höreindruck. (▶ Werkzeugkasten, S. 144 ff.)
* ★★★ Findet Gesten für die Wörter und zeigt diese während des Hörens der Arie mit.

O wie ängstlich, o wie feurig
klopft mein *liebevolles* Herz!
Und des Wiedersehens Zähre[1]
Lohnt der Trennung bangen Schmerz.
5 Schon *zittr'* ich und *wanke*,
schon zag' ich und schwanke,
es *hebt* sich die *schwellende* Brust.
Ist das ihr *Lispeln*? Es wird mir so bange!
War das ihr *Seufzen*? Es glüht mir die Wange.
10 Täuscht mich die Liebe, war es ein Traum?

Geht auf die Suche z. B. zu Hause, in der Bibliothek

3 Findet für diese Worte eigene musikalische Umsetzungsmöglichkeiten.

4 Bringt Musik eurer persönlichen Hitliste mit, in der sich Glück zugleich mit Schmerz und Angst verbindet.

Brief Mozarts an seinen Vater (Wien, 26. September 1781)

„… nun die aria von Bellmont in A Dur. – O wie ängstlich, o wie feurig, wissen sie wie es ausgedrückt ist – auch ist das klopfende liebevolle herz schon angezeigt, die 2 Violinen in oktaven. – Dies ist die favorit aria[2] von allen die sie gehört haben – auch von mir. – […] man
5 sieht das zittern – wanken – man sieht wie sich die schwellende brust hebt – welches durch ein crescendo[3] exprimiert[4] ist – man hört das lispeln und seufzen, welches durch die ersten violinen mit sordinen[5] und einer flaute mit in unisono[6] ausgedrückt ist. –"

---

[1] Zähre: veraltet für Tränen – [2] favorit aria: Lieblingsarie – [3] crescendo: lauter werden – [4] exprimieren: ausdrücken – [5] sordinen: Dämpfer, damit die Saiten dumpfer klingen – [6] unisono: Einklang

Die junge Spanierin Konstanze, ihre englische Dienerin Blonde sowie deren Bräutigam Pedrillo (Diener Belmontes) wurden von Piraten geraubt und im Osmanischen Reich an den Herrscher Selim als Sklaven verkauft. Glücklicherweise konnte Konstanzes Verlobter, der junge spanische Edelmann Belmonte, den Aufenthaltsort der Entführten ermitteln und hat den gefährlichen Weg auf sich genommen, um diese zu befreien. Das ist jedoch nicht so einfach, denn Konstanze wird von dem dicken, stets übel gelaunten Aufseher Osmin streng bewacht. Mithilfe seines Dieners Pedrillo macht Belmonte den gefährlichen Osmin betrunken und schläfert ihn mit einem Pulver ein. Leider währt dessen Schlaf nicht lange, und so werden die beiden Paare nachts bei der Flucht von ihm überrascht und vor den Herrscher Selim geführt. Dieser jedoch hat Achtung vor der aufrichtigen Liebe, verzichtet großmütig auf Konstanze und entlässt beide Paare in die Freiheit.

5 Entwerft ein Diagramm, das die Beziehungen der handelnden Personen deutlich macht (Selim, Konstanze, Belmonte, Osmin, Blonde, Pedrillo).

6 Welche Schwierigkeiten hat Belmonte zu überwinden, um Konstanze zu befreien?

7 Was hilft ihm, die Gefahren zu überwinden?

> Ruhig sterb' ich und mit Freuden, weil ich dir zur Seite bin. Um dich, Geliebter, geb' ich gern mein Leben hin. O welche Seligkeit! Mit dem Geliebten sterben ist seliges Entzücken, mit wonnevollen Blicken verlässt man da die Welt.

> Ich will alles gerne leiden, weil ich dir zur Seite bin. Um dich Geliebte geb' ich gern mein Leben hin. O welche Seligkeit! Mit der Geliebten sterben ist seliges Entzücken, mit wonnevollen Blicken verlässt man da die Welt.

Infobox

Ein **Duett** in einer Oper ist eine Gesangsnummer für zwei gleiche oder ungleiche solistische Singstimmen.

8 Hört euch das Duett von Belmonte und Konstanze an. Woran erkennt ihr die glückliche Beziehung der beiden zueinander?

9 a) Lest die nachfolgende Szene aus dem dritten Akt in verteilten Rollen. Bringt für eure Rollen Requisiten mit.

b) Gestaltet dazu eine szenische Lesung (▶ Werkzeugkasten: Methoden der szenischen Interpretation, S. 123 ff.).
c) Unterlegt die Auftritte mit Klängen und Geräuschen der euch zur Verfügung stehenden Instrumente.
d) Wie würdet ihr an Selims Stelle reagieren?

[Lärm im Palast]

Bassa Selim *(zu einem Offizier)*: Schaut, woher der Lärm kommt, und holt Osmin. *[Währenddessen kommt Osmin schläfrig herbei.]*
Osmin: Herr, verzeih', dass ich es wage, deine Ruhe zu stören!
5 Selim: Was gibt's, Osmin! Was bedeutet der Lärm?
Osmin: Herr, in deinem Palast herrscht schändlicher Verrat!
Selim: Verrat?
Osmin: Man entführt uns die Weiber. Belmonte, den du gestern auf Zureden des Verräters Pedrillo aufnahmst, hat deine schöne Konstanze entführt.
10 Selim: Konstanze? Entführt? Oh, verfolgt sie!
Osmin: Es ist schon dafür gesorgt! Meiner Wachsamkeit hast du es zu danken, dass ich sie beim Schopfe gefasst habe. Auch mich selbst hatte der spitzbübische Pedrillo überlistet. Aber Gift und Dolch, dafür soll er büßen! Sieh, da werden sie gebracht!
15 *[Belmonte und Konstanze werden von der Wache hereingeführt.]*
Selim: Verräter! Ist's möglich? Ihr Heuchler! Hintergeht ihr mich auf solche Weise!
Konstanze: Herr, ich habe Strafe verdient, aber dies ist mein Geliebter, dem mein Herz schon lange gehört. Lieber lass mich sterben! Gern will ich den
20 Tod erdulden, wenn du sein Leben schonst.
Selim: Du wagst es, Unverschämte, für ihn zu bitten?
Belmonte: Herr! Noch nie habe ich mich erniedrigt, vor einem Menschen niederzuknien: Aber sieh, hier liege ich dir zu Füßen und flehe um dein Mitleid. Ich entstamme einer großen spanischen Familie. Man wird alles für
25 mich zahlen. Bestimme ein Lösegeld für uns, so hoch du willst. Mein Name ist Lostados.
Selim: *[staunend]*: Was hör ich? Der Sohn meines ärgsten Feindes in meiner Macht – kann es etwas Besseres geben? Wisse, Elender, dein Vater ist schuld, dass ich mein Vaterland verlassen musste. Er hat mir meine Geliebte entris-
30 sen, die ich höher schätzte als mein Leben. Er brachte mich um meine Ehre, mein Vermögen, um alles. Er vernichtete mein ganzes Glück. Und dieses Mannes einzigen Sohn habe ich nun in meiner Gewalt! Sage mir, was würdest du an meiner Stelle tun?
Belmonte *[niedergedrückt]*: Mein Schicksal würde zu beklagen sein.
35 Selim: So soll es auch sein. Wie er mit mir verfahren ist, will ich mit dir verfahren. Folge mir, Osmin. Ich werde dir weitere Befehle geben. *[zur Wache]* Bewacht sie hier!

Werkzeugkasten

Methoden der szenischen Interpretation

A Standbildverfahren

Mit euren Körpern könnt ihr Situationen, Gedanken und insbesondere Gefühle darstellen. Ein Standbild ist ein Bild, das ihr mit den Körpern eurer Mitschüler und Mitschülerinnen schafft. Diese sind dabei eure Modelle. Ein Standbild wird aufgestellt, ohne dabei zu reden.

1. Überlegt euch, mit welcher Körperhaltung ihr eine Situation oder ein Gefühl darstellen wollt. Überlegt, ob ihr dazu ein Modell oder mehrere Modelle benötigt.
2. Stellt eure Modelle in einem Standbild auf, indem ihr sie in die richtige Haltung „biegt". Bedenkt dabei:
   - Das Standbild muss ein paar Minuten stehen bleiben. Wählt keine zu unbequeme oder anstrengende Haltung für eure Modelle.
   - Nicht jeder möchte überall angefasst werden. Hand- oder Fußgelenke sind aber meistens unproblematisch. Fragt eure Modelle am besten trotzdem vorher, ob sie an diesen Stellen z. B. kitzelig sind.
   - Wenn ihr möchtet, dass eure Modelle einen bestimmten Gesichtsausdruck machen, macht ihnen den Gesichtsausdruck vor.
3. Interpretiert die Standbilder eurer Mitschüler:
   - Beschreibt, wie sich die dargestellten Personen gerade fühlen.
   - Legt einem Standbild die Hand auf die Schulter und sagt, was die dargestellte Person gerade denkt.

B Rollenspiel nach Rollenkarten

In einem Rollenspiel übernehmt ihr die Rollen anderer Personen in einer vorgegebenen Situation, häufig einem Konflikt. Dabei solltet ihr so handeln, wie ihr annehmt, dass eure Rollen in dieser Situation handeln würden. So könnt ihr ihre Gefühle und auch ihre Interaktion mit anderen selbst erfahren. Eine Rollenkarte gibt euch die nötigen Hintergrundinformationen zu eurer Rolle.

1. Vorbereitung des Rollenspiels
   - Lest euch eure Rollenkarte mehrfach in der Ich-Form halblaut vor.
   - Erzählt eurem Nachbarn in der Ich-Form und mit eigenen Worten, wen ihr darstellt, was eure Rolle ausmacht, was sie erlebt hat, was sie vorhat usw.
   - Überlegt euch eine Körperhaltung und einen typischen Gesichtsausdruck für eure Rolle: Wie geht, sitzt oder steht sie? Wie schaut sie andere an?
   - Stellt euch einander in der Rolle vor. Findet dabei heraus, mit welchen anderen Personen ihr im Spiel interagieren werdet und in welcher Beziehung ihr zu ihnen steht.

– Plant – jede und jeder für sich allein – eure Beteiligung am Rollenspiel: Was möchte eure Rolle in der gespielten Situation erreichen und wie könnte sie dabei vorgehen?

2. Verhalten im Spiel
– Zu Beginn des Rollenspiels sollte jede und jeder die Gelegenheit haben, sich in der Rolle zur Situation zu äußern und/oder am Rollenspiel teilzuhaben. Achtet darauf, dass ihr selbst zu Wort kommt, allen anderen aber auch Raum lasst. Ihr solltet versuchen herauszufinden, ob andere Rollen im Spiel das gleiche „Anliegen" haben wie eure, oder ob es irgendwo Konfliktpotenzial gibt.
– Geht auf das Spiel anderer ein und lasst sie mit ihren Beiträgen nicht „auflaufen".
– Bleibt in eurer Rolle und vertretet deren Ansichten, selbst wenn es nicht die euren sind. Bedenkt, dass alles, was ihr sagt und was andere sagen, Aussagen der Rollen, nicht der sie spielenden Personen sind. Achtet trotzdem darauf, dass ihr mit eurem Spiel andere nicht persönlich verletzt oder kränkt.
– Im Laufe des Spiels sollte der Konflikt deutlich werden; im besten Fall wird er am Ende gemeinsam gelöst. Versucht, die Interessen eurer Rolle zu vertreten, aber auch, euch kompromissbereit zu zeigen – so weit, wie es zu euren Rollen passt.

3. Auswertung des Spiels
– Lasst eure Rollen nun hinter euch und betrachtet die Situation wieder aus eurer eigenen Perspektive. Ihr solltet aber erklären können, warum eure Rollen im Spiel auf eine bestimmte Art und Weise gehandelt haben.
– Wenn ihr im Spiel keine Lösung für den Konflikt gefunden habt, überlegt gemeinsam, warum dies so war. Schlagt aus eurer eigenen Perspektive eine Lösung vor.

C Rollenspiel nach Szenentext
Das Lesen eines Szenentextes mit verteilten Rollen könnt ihr mit etwas Vorbereitung besonders interessant gestalten und damit die Szene gut nachvollziehen. Lest den Dialogtext zuerst leise und macht euch zu folgenden Aspekten Notizen, z. B. auf eine Folie, die ihr über eine Buchseite zieht (▶ **Werkzeugkasten: Mit Buchtexten arbeiten, S. 332**):
– Wie fühlt sich die von euch gelesene Person im Allgemeinen bei diesem Dialog? Wie könnt ihr die Sprache der Person gestalten, um dieser Emotion Ausdruck zu verleihen, z. B. durch Stimmlage, Lesetempo oder Sprachmelodie?
– Wie steht er oder sie zu den anderen Personen in der Szene? Habt ihr Vorwissen über besondere Zu- oder Abneigungen? Zeigen sich diese im Lesetext? Überlegt, welcher Person gegenüber ihr durch welche stimmlichen Mittel eure Gefühle zum Ausdruck bringen wollt.

- Zeigt die von euch gelesene Person bei manchen Äußerungen bestimmte Gefühlsregungen, z. B. Zorn oder Freude? Markiert diese im Text und ordnet ihnen ein entsprechendes sprachliches Gestaltungsmittel zu.
- Markiert, welche Worte im Text für die von euch gelesene Person besondere Bedeutung haben, und ordnet ihnen ein entsprechendes sprachliches Gestaltungsmittel zu.

Tevje und Golde

Die Geschichte des erfolgreichen Musicals „Anatevka" spielt in einem kleinen ukrainischen Dorf im Russischen Reich um 1905. Hier lebt der jüdische Milchmann Tevje mit seiner Frau Golde und seinen Kindern in großer Armut. Teil der Tradition, auf die in der jüdischen Gemeinschaft sehr viel Wert gelegt wird, ist die Vermittlung eines Ehepartners oder einer -partnerin durch die Heiratsvermittlerin Jente. Als sich die drei ältesten Töchter Tevjes über die Vermittlungspläne hinwegsetzen und selbst einen Mann finden, den sie lieben, wird die traditionsbewusste Lebensweise der Familie in Frage gestellt. Dabei hinterfragt Tevje auch seine eigene Partnerschaft und sucht das Gespräch mit seiner Frau Golde. Er stellt ihr die Frage: Ist es Liebe?

Infobox

Anatevka (engl. Originaltitel: „Fiddler on the Roof", dt.: „Der Fiedler auf dem Dach")
Romanvorlage: „Tewje, der Milchmann" von Scholem Alejchem
Musicalbuch: Joseph Stein
Musik: Jerry Bock
Liedtexte: Sheldon Harnick
Uraufführung: 22.9.1964

❶ Diskutiert die Vor- und Nachteile einer Eheschließung auf der Basis einer Heiratsvermittlung.

TEVJE: Ist es Liebe?
GOLDE: Ist es was?
TEVJE: Ist es Liebe? Ist es Liebe?
GOLDE: Bei fünf heiratsfähigen Töchtern fragt man doch nicht solchen Quatsch!
5   Du bist krank! Geh' in's Haus! Leg' dich hin! Ruh' dich aus! Mach' schon, was ich dir sage!
TEVJE: Golde, hör' zu, was ich dich frage: Ist es Liebe?
GOLDE: Lass das sein!
TEVJE: Oh nein! Sag', ist es Liebe?
10 GOLDE: Ist es Liebe?
TEVJE: Nun?
GOLDE: Seit fünfundzwanzig Jahren wasche ich, koche ich, putze ich, gab dir fünf Töchter, melk' die Kuh, und nach fünfundzwanzig Jahren lass mich damit in Ruh'!

15 Tevje: Golde! Wir sah'n uns zur Hochzeit das allererste Mal. Ich war scheu!
Golde: Und ich auch!
Tevje: Ich war ängstlich!
Golde: Und ich auch!
20 Tevje: Uns're Mütter, uns're Väter sagten: „Liebe kommt erst später!" Sag', liebst du mich denn Golde? Ist es Liebe?
Golde: Sei jetzt still!
Tevje: O, nein! Sag', ist es Liebe?
Golde: Ist es Liebe?
25 Tevje: Nun?
Golde: Seit fünfundzwanzig Jahren leb' ich mit ihm, lach' mit ihm, wein mit ihm! Fünfundzwanzig Jahr' ist sein Bett mein. Das muss ja Liebe sein!
Tevje: Weib, du liebst mich?
30 Golde: Ich glaub', dass ich's tu'!
Tevje: Ich lieb' dich Golde, immer zu!

Beide: Man wusste voneinander nicht Bescheid! Jetzt nach fünfundzwanzig Jahr'n wird's endlich Zeit!!

Aus: Anatevka, Sheldon Harnick (Text) © 1964 by TIMES SQUARE MUSIC PUBL. CORP. N.Y. Für D/GUS/ osteuropäische Länder: Eldorado Musikverlag GmbH, Hamburg

2 Fühlt euch in die Situation von Tevje und Golde ein und gestaltet den Dialog in einem szenischen Sprechen.

3 Arbeitet heraus: Welcher Lebensentwurf ist Voraussetzung für die hier beschriebene Liebe?

4 Unterlegt euren szenischen Dialog mithilfe eines Klaviers oder Keyboards mit wenigen liegenden Akkorden und probt ihn. Überlegt dabei genau, welche Akkorde ihr aussucht und welche sich bei bestimmten Textstellen wiederholen. Präsentiert eure Ergebnisse und diskutiert die Gründe, warum einige Textstellen leichter und andere schwerer zu vertonen sind.

 **5** Analysiert: Wie gestaltet der Komponist Jerry Bock den Dialog musikalisch?

6 Bewertet die musikalische Gestaltung: Inwiefern gelingt es dem Komponisten hier, die Liebe glaubhaft zu verdeutlichen?

> **Infobox**
>
> Ein **Musical** ist ein Anfang des 20. Jahrhunderts in Nordamerika entstandenes musikalisches Lustspiel. Bei dieser Form des Musiktheaters wird gesungen, getanzt und gesprochen. Auch Elemente des Jazz, der Rockmusik, des Balletts, der Operette und Revue sind zu hören.

Carmen … José oder Escamillo?

Liebeskummer kann nicht selten auch zur Eifersucht führen.

1. Nennt mögliche Ursachen für Liebeskummer.
2. Gebt Empfehlungen für den Umgang mit „Untreue".
3. Stellt Filme oder Bücher vor, die Untreue oder Eifersucht zum Thema haben.

Nicht immer bleiben Paare, die sich gefunden haben, in Liebe verbunden und manche Partnerschaft zerbricht. Auch bei dem Paar Carmen und José spielen Untreue und Eifersucht eine Rolle.
Carmen war bereits mit José zusammen, als sie Escamillo verführte. Von dieser komplizierten Dreiecksbeziehung erzählt die Oper „Carmen".

Infobox

Georges Bizet (1838–1875) vollendete die Partitur zu seiner Oper „Carmen" im Alter von 36 Jahren. Er starb kurz nach der Uraufführung und konnte den großen Erfolg dieser Oper nicht mehr erleben. Das Libretto schrieben Henri Meilhac und Ludovic Halévy nach der Novelle des französichen Schriftstellers Prosper Mérimée (1803–1870).

Infobox

Eine **Partitur** ist eine vollständig ausgearbeitete Aufzeichnung aller (gleichzeitig) erklingenden Einzelstimmen einer mehrstimmigen Komposition.

128 Alles Theater?

Die spanische Zigeunerin Carmen flirtet mit dem braven Sergeanten (Unteroffizier) José, der in heißer Liebe entbrennt. Er verlässt deshalb seine Freundin Micaëla, erfüllt nicht mehr seine Pflichten im Dienst und schließt sich Carmen zuliebe einer Schmugglerbande an. Diese hat sich jedoch inzwischen in den Stierkämpfer Escamillo verliebt.

Infobox

Eine **Habanera** ist ein spanisch-kubanischer Tanz, dessen Name sich von der Hauptstadt Havanna ableitet. Typisch ist sein prägnanter punktierter Rhythmus.

 CD 2 / 29

4 Hört euch die „Habanera" an und …
   a) … klatscht den Rhythmus mit.

   b) … findet weitere Bewegungsmöglichkeiten, um den Rhythmus darzustellen.
   c) Musiziert den Mitspielsatz (▶ S. 130).

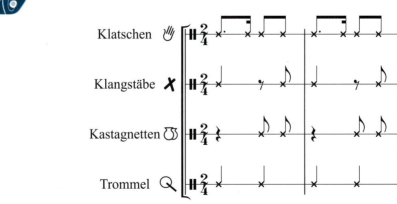

5 Begleitet das Klangbeispiel während des Hörens mit Rhythmus-Instrumenten im Habanera-Rhythmus.
   a) Bewegt euch im Tempo der Habanera durch den Raum.
   b) Wechselt zwischen Gehen im Tempo der Habanera und Stehenbleiben und Mitklatschen des Habanera-Rhythmus. Ein Spielleiter gibt jeweils ein vorher vereinbartes Signal.
   c) Führt beide Bewegungen gleichzeitig aus: Gehen im Tempo der Habanera und Mitklatschen des Habanera-Rhythmus.

CARMEN: **(1. Strophe)**
  Ja, die Liebe hat bunte Flügel,
  solch einen Vogel zähmt man schwer;
  haltet fest sie mit Band und Zügel,
5 wenn sie nicht will, kommt sie nicht her.
  Ob ihr bittet, ob ihr befehlet
  und ob ihr sprecht und ob ihr schweigt,
  nach Laune sie den erwählet
  und heftig liebt, der stumm sich zeigt.
10 CARMEN und CHOR *gleichzeitig*:
       CARMEN: Die Lieb, die Lieb, die Lieb, die Lieb!
       CHOR: Ja, die Liebe hat bunte Flügel,
       solch einen Vogel zähmt man schwer;
       haltet fest sie mit Band und Zügel,
15   wenn sie nicht will, kommt sie nicht her.
  CARMEN: Die Liebe von Zigeunern[1] stammt,
    fragt nach Rechten nicht, Gesetz und Macht;
    liebst du mich nicht, bin ich entflammet,
    und wenn ich lieb, nimm dich in Acht!
20 CHOR: Nimm dich in Acht!
  CARMEN: Liebst du mich nicht, bin ich in heißer Lieb für dich entflammt –
  CHOR: Nimm dich in Acht!
  CARMEN: Und wenn ich liebe, wenn ich liebe, nimm dich in Acht!
  CHOR: Die Liebe von Zigeunern stammt,
25   fragt nach Rechten nicht, Gesetz und Macht;
    liebst du sie nicht, ist sie entflammet,
    und wenn sie liebt, nimm dich in Acht, nimm dich in Acht!
  CARMEN: Liebst du mich nicht, bin ich in heißer Lieb für dich entflammt –
  CHOR: Nimm dich in Acht!
30 CARMEN: Und wenn ich liebe, wenn ich ...
  CARMEN und CHOR *gleichzeitig*:
       CARMEN: ... liebe, nimm dich in Acht!
       CHOR: ... hab Acht!
  B) CARMEN: **(2. Strophe)**
35   Glaubst den Vogel du schon gefangen,
    ein Flügelschlag, ein Augenblick,
    er ist fort und du harrst mit Bangen,
    eh du's versiehst, ist er zurück.
    Weit im Kreise siehst du ihn ziehen,
40   bald ist er fern, bald ist er nah.
    Halt ihn fest und er wird entfliehen,
    weichst du ihm aus, flugs ist er da!

  (weiter s. o. Carmen und Chor gleichzeitig)

---

[1] Der Begriff Zigeuner ist eine heute nicht mehr gebräuchliche bzw. abwertende Bezeichnung für die Volksgruppen der Sinti und Roma.

6 Verteilt die Rollen für Carmen, Chor und Rhythmusgruppe.

7 Führt die Habanera auf, indem ihr mitsingt und mitspielt.

Habanera (mit Chor)

Musik: Georges Bizet
Text: Henri Meilhac und Ludovic Halévy
deutscher Text: D. Louis und J. Hopp

8 Mit welchen musikalischen Mitteln wird Carmen charakterisiert? (▶ Werkzeugkasten: Musik beschreiben nach Parametern, S. 144 ff.)

9 Beschreibt den Melodieverlauf über den Worten „Ja, die Liebe hat bunte Flügel ...".

„Ja, die Liebe hat bunte Flügel, solch einen Vogel zähmt man schwer; haltet fest sie mit Band und Zügel, wenn sie nicht will, kommt sie nicht her."

„Es geht abwärts mit ihr."

„Die Leidenschaften reißen sie noch in den Abgrund!"

10 Findet zur Musik passende Bewegungen.
  ★ Vergleicht eure Ergebnisse, indem ihr verschiedene Bewegungsarten einander vorstellt und diese nachahmt.
  ★★ Einigt euch auf eine gemeinsame Bewegung und begründet diese anhand musikalischer Merkmale, die euch beim Torerolied besonders auffallen.

 CD 2 / 30

11 Wählt Rhythmen, mit denen ihr das Torerolied selbst begleiten könnt. Bildet für die Umsetzung der Rhythmen eine Bewegungs- und eine Rhythmusgruppe.

12 Recherchiert den Text des Torero-Liedes. Was erfahrt ihr über Escamillo?

Geht auf die Suche z. B. zu Hause, in der Bibliothek

In einer Beziehung kann es durchaus zu Begegnungen kommen, die zu Eifersuchtsgefühlen gegenüber einem Dritten führen. Übertriebenes Misstrauen schadet einer Beziehung ebenso und macht ein weiteres Zusammenleben sehr schwer.

13 Versetzt euch in die Lage von José und tragt zusammen, welche Opfer er aus Liebe zu Carmen gebracht hat.

14 Wie würdet ihr an Josés Stelle reagieren, wenn ihr Carmen und Escamillo „auf frischer Tat" ertappt hättet?

15 Gestaltet die Situation szenisch, indem ihr Standbilder aus den abgebildeten Bühneninszenierungen nachstellt. Fügt José hinzu und überlegt, welche Handlungsmöglichkeiten er hat.

16 Diskutiert und begründet, welche seiner Reaktionen wahrscheinlicher ist
  a) in der Realität,
  b) in der Oper.

Christine ... Raoul oder das Phantom?

Paris 1877: Im Gewölbekeller der Oper hält sich seit Jahren ein geheimnisvolles Phantom versteckt, ein Komponist und Musiker, der sein entstelltes Gesicht unter einer Maske verbirgt.

Er gibt dem Chormädchen Christine Gesangsunterricht, zeigt sich ihr aber nicht. Durch einen von ihm inszenierten Unfall fällt die Primadonna der Oper aus. Christine springt ein und übernimmt die Hauptrolle in einer Inszenierung.

Das Musical „Das Phantom der Oper" spielt in einem Opernhaus. Wird es auf der Bühne aufgeführt, zeigt es daher „Theater im Theater". Im Filmmusical (▶ S. 154 ff.) ist es möglich, das Opernhaus als Gebäude sowie die Menschen, die dort arbeiten, zu zeigen. Durch seine Darstellungen macht der Film daher auch Aussagen zu Musiktheater.

Das Phantom der Oper, Szene 3

1 Betrachtet die Szene und macht euch Notizen zu folgenden Beobachtungsaufgaben:
   a) Was sieht man vom Opernhaus als Gebäude und Institution, was von den Menschen, die hier arbeiten?
   b) Mit welchen filmischen und musikalischen Mitteln werden die beiden Sängerinnen und ihr Gesang als positiv oder negativ dargestellt? Welche von ihnen singt in welchem Gesangsstil und wie wird dies dargestellt?

Auf der Bühne wird Christine von ihrem Jugendfreund, dem jungen Adligen Raoul, wiedererkannt. Das Phantom möchte einen Kontakt zwischen Raoul und Christine unbedingt verhindern und schließt sie in ihrer Garderobe ein. Dort zeigt das Phantom sich Christine und nimmt sie mit in sein fantastisches Reich unter dem Opernhaus. Als Christine dem Phantom die Maske abnimmt und sein entstelltes Gesicht sieht, wird das Phantom sehr wütend und macht ihr Angst, bringt sie aber wieder sicher an die Oberfläche. Raoul versucht in der Zwischenzeit, Christines Vertrauen zu gewinnen. Beide Männer streiten um die Liebe Christines.

 CD 3 / 01

2 Hört und singt das Duett „The Phantom of the Opera" mit verteilten Rollen.

3 Beschreibt, mit welchen musikalischen Mitteln das Phantom im Song charakterisiert wird (▶ **Werkzeugkasten: Musik beschreiben nach Parametern, S. 144 ff.**). Geht dabei auch auf das instrumentale „Phantom-Motiv" ein.

Infobox

Andrew Lloyd Webber (*1948 in London) ist ein amerikanischer Musikkomponist. Zu seinen bekanntesten Werken gehören „Jesus Christ Superstar" (1970), „Evita" (1976), „Cats" (1981) und „The Phantom of the Opera" (1986). Neben Musicals komponierte Webber auch Filmmusik und andere Instrumentalwerke für Orchester.

The Phantom of the Opera

Musik: Andrew Lloyd Webber
Text: Charles Hart und Richard Stilgoe

CHRISTINE: In sleep he sang to me,
   in dreams he came,
   that voice which calls to me,
   and speaks my name.
5 And do I dream again? For now I find
   the phantom of the opera is there
   inside my mind.
 PHANTOM: Sing once again with me
   our strange duet;
10 my power over you
   grows stronger yet.
   And though you turn from me
   to glance behind,
   the phantom of the opera is there
15 inside your mind.

CHRISTINE: Those who have seen your face
   draw back in fear.
   I am the mask you wear,
 PHANTOM: it's me they hear.
20 BEIDE: Your spirit and my voice
   in one combined;
   the phantom of the opera is there
   inside my/your mind.
 PHANTOM: In all your fantasies, you always
25 knew that man and mystery
 CHRISTINE: were both in you.
 BEIDE: And in this labyrinth
   where night is blind,
   the Phantom of the opera is here
30 inside my/your mind.

© The Realy Useful Group Ltd., Universal Music Publ. GmbH, Berlin

4 Übersetzt den Text und erklärt, was Christine am Phantom abstößt oder ängstigt und was sie fasziniert.

5 Vergleicht die beiden Bilder und beschreibt, wie dort die Beziehung zwischen Christine und dem Phantom und Christine und Raoul dargestellt wird.

6 Kennt ihr ähnliche Beziehungsmuster aus anderen Filmen, Büchern oder Musiktheaterstücken? Beschreibt, was sie gemeinsam haben.

7 Kennt ihr vergleichbare Geschichten, in der ein Mann ähnlich für eine Frau empfindet wie Christine für das Phantom?

Das Phantom erpresst die Operndirektoren, damit sie Christine weitere Hauptrollen geben. Als diese sich weigern, ermordet das Phantom einen Bühnenarbeiter und lässt seinen Körper während der Vorstellung auf die Bühne fallen. Entsetzt flieht Christine mit Raoul auf das Dach der Oper.

8 Hört das Duett „All I Ask of You" und charakterisiert die Liebe zwischen Raoul und Christine anhand von Text und Musik.

RAOUL: No more talk of darkness,
Forget these wide-eyed fears.
I'm here, nothing can harm you –
my words will warm and calm you.
5 Let me be your freedom,
let daylight dry your tears.
I'm here, with you, beside you,
to guard you and to guide you … […]

CHRISTINE: Say you love me every waking moment,
10 turn my head with talk of summertime …
Say you need me with you, now and always …
promise me that all you say is true –
that's all I ask of you … […]

© The Realy Useful Group Ltd., Universal Music Publ. GmbH, Berlin

9 Fasst zusammen: Was macht das Phantom für Christine attraktiv, was macht Raoul attraktiv?

10 Spekuliert: Für welchen der beiden Männer wird Christine sich am Ende entscheiden und warum?

11 Seht die Filmszene an und erklärt die Reaktion des Phantoms auf das, was es sieht und hört.

Das Phantom der Oper, Szene 14

12 Stellt Vermutungen über seine Reaktion an: Was wird es nun tun?

13 Überlegt euch ein Ende für das Musical.

Tristan und Isolde

Ein auf ▶ Seite 112 zusammengeführtes Paar kann weder das große Liebesglück erfahren noch ist es so unglücklich, dass es sich trennt. Tristan und Isolde lieben sich sehr. Sie sehnen sich (wie Romeo und Julia) nacheinander, müssen jedoch in der Hoffnung, zueinanderzukommen, sterben.

Richard Wagner (1813–1883) komponierte nicht nur die Musik, sondern verfasste auch das Textbuch und gab Anweisungen für das Bühnenbild. Er kürzte die alten Quellen des mittelhochdeutschen Epos „Tristan" (um 1210) zusammen. Dennoch gehört dieses fünfstündige Gesamtkunstwerk zu seinen längsten Bühnenwerken.

> **Infobox**
>
> In einem **Gesamtkunstwerk** sind verschiedene Künste wie Musik, Dichtung, Bühnenbild und Malerei miteinander verbunden. Höhepunkt seines Konzepts vom Ineinanderwirken aller Künste bildet Richard Wagners Bühnenfestspiel für drei Tage und einen Vorabend: „Der Ring des Nibelungen", besteht aus den vier Teilen „Das Rheingold", „Die Walküre", „Siegfried" und „Die Götterdämmerung".

Die Handlung führt uns in die Zeit des frühen Mittelalters.

1 Ordnet die nachfolgenden Bilder der Geschichte zu.

Vorgeschichte:

Tristan tötet den Verlobten Isoldes. Stolz auf seine Tat sendet er ihr dessen abgeschlagenen Kopf. Allerdings ist er im Kampfe selbst lebensgefährlich verletzt worden.
Da Isolde als beste Heilerin gilt, begibt er sich unter dem falschen Namen „Tantris" in ihr Reich und lässt sich von ihren magischen Kräften heilen. Isolde entdeckt, dass der kranke „Tantris" der Mörder ihres Verlobten ist, und will ihn umbringen.
In diesem Augenblick schauen sich beide in die Augen und verlieben sich. Isolde tötet Tristan nicht und verzichtet auf die Blutrache.
Sie pflegt den Kranken gesund. Tristan schwört ihr beim Abschied ewige Treue. Er weiß, dass er sie selbst niemals wird heiraten können, da zwischen ihnen beiden eine ewige Blutschuld steht. Er entschließt sich, auf Isolde zugunsten seines Onkels, König Marke, zu verzichten.

Handlung:

König Marke möchte die irische Königstochter Isolde heiraten. Tristan bietet sich an, Isolde zu holen. Er fährt mit dem Schiff über das Meer nach Irland und hält als „Brautwerber" für seinen Onkel um ihre Hand an. Isolde fühlt sich nun von Tristan verraten. Sie befiehlt ihrer Dienerin Brangäne, sowohl ihr als auch Tristan einen Todestrank zu bringen. Doch Brangäne reicht beiden stattdessen einen Liebestrank. Beide trinken den vermeintlichen Todestrank. Im Glauben, sterben zu müssen, gestehen sie sich ihre Liebe.

Währenddessen fährt das Schiff im Hafen von Cornwall ein, wo König Marke seine Braut erwartet. Tristan und Isolde verabreden sich heimlich in der Nacht, während König Marke auf Jagd ist. Doch der König erfährt von dem Treuebruch. Sein Diener verwundet Tristan schwer.

Tristan wird von seinem Diener Kurwenal in die Bretagne gebracht. Hier wartet er schwerverletzt sehnsüchtig auf Isolde. Als diese eintrifft, stirbt er in ihren Armen. Isolde sinkt über seinem Leichnam sterbend zusammen.

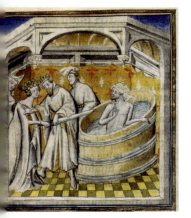

2 Erzählt die Geschichte aus der Sichtweise folgender Personen: Tristan, Isolde, König Marke, Isoldes Dienerin Brangäne, Tristans Diener Kurwenal.

3 Erstellt zu einzelnen Handlungsszenen der Geschichte jeweils ein Standbild. (▶ **Werkzeugkasten: Methoden der szenischen Interpretation, S. 123 f.**)

4 Ordnet diese Standbilder beim Hören des Tristan-Vorspiels ausgewählten Musikstellen zu. Ein Spielleiter notiert sich die entsprechenden Zeiten, die er am Abspielgerät abliest.

 CD 3 / 03

5 Stellt die Geschichte während des Vorspiels mit euren Standbildern dar.

Grundlage des Tristan-Vorspiels ist der berühmte Tristan-Akkord. Sein Klang war in dieser Zeit eine Herausforderung für die Hörer.

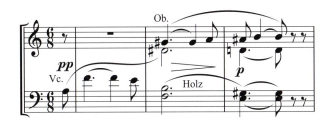

Infobox

In einem Orchester-**Vorspiel** werden die Zuhörer auf die Stimmung des Werkes vorbereitet. Das Tristan-Vorspiel gehört zu den berühmtesten seiner Art, das man mit den Worten „sich sehnen und sterben" umschreiben kann. Die Verbindung von Sehnsucht und Tod geschieht durch die Nacht.

Ein **Aufzug** ist ein in sich geschlossener Teil einer Oper (vgl. Akt).

Richard Wagners Musik war zukunftsweisend und prägte eine ganze Generation von Komponisten. Er ging bis an die Grenzen der Tonalität, indem er eine ungewöhnlich große Anzahl an Dissonanzen (lat. *dissonare* = auseinanderklingen) komponierte, um die angespannten Gefühle auszudrücken. Da sich das Ohr des Zuhörers an Dissonanzen gewöhnen kann, wie sich auch unser Gaumen an bestimmte Gewürze gewöhnt, werden stärkere Reizmittel, also schärfere Dissonanzen notwendig. Richard Wagner löste derartige Dissonanzen nicht immer in Konsonanzen auf. Das hat zur Folge, dass beim Hören Erregung und Spannung nicht abreißen. So ist es auch mit dem Tristan-Akkord, der so die Sehnsucht der beiden Liebenden ausdrücken soll.

6 Hört euch den Tristanakkord mit dem Sehnsuchtsmotiv mehrmals an und benennt die beteiligten Instrumente.

7 Wie oft erklingt dieses Sehnsuchtsmotiv zu Beginn des Tristan-Vorspiels im Klangbeispiel? Mit welchen musikalischen Mitteln gelingt es Richard Wagner, die Spannung zu steigern? (▶ **Werkzeugkasten: Musik beschreiben nach Parametern, S. 144 ff.**)

 CD 3 / 03

8 Die Oper endet mit „Isoldes Liebestod". Auch hierin erscheint der Tristan-Akkord mit dem Sehnsuchtsmotiv. Hört diese Stelle heraus und diskutiert, warum Richard Wagner es dort platziert hat.

 CD 3 / 05

1 Welche Filmmusiken kennt ihr? Erstellt eine Klassen-Hitliste.

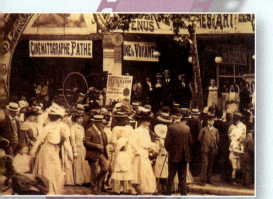

Paris, 1895: Die Brüder Lumière führen mit ihrer Erfindung, dem Cinématographen, einem begeisterten Publikum die ersten Filmaufnahmen vor. Musik ist von Anfang an mit dabei, denn sie soll das Publikum beruhigen: Im Filmsaal ist es dunkel und stickig, der Projektor rattert, und die Bilder einer auf sie zurasenden Lokomotive könnten die Zuschauer ja verstören. Ein Kinopianist und manchmal auch eine Kinokapelle gehören also in jede Stummfilmvorführung. Bald gibt es Notensammlungen für bestimmte Szenen, Stücke für Liebesszenen und Verfolgungsjagden. Musiker beginnen, Geschehnisse auf der Leinwand mit passenden Geräuschen zu unterlegen, bald auch mithilfe einer Kinoorgel mit eingebauten Perkussionsinstrumenten.

Ab den 1920er-Jahren wurde Musik extra für bestimmte Filme komponiert z. B. für die Filme „Der letzte Mann" (1924) und „Panzerkreuzer Potemkin" (1925). Damit Musik und Ton genau zusammenpassten, musste der Dirigent die Leinwand stets gut im Blick haben.

Kinoorgel

Trautonium

Filmmusik

Einspielung von Musik

Ab 1927 erlaubten – damals noch sehr aufwändige – Synchronisationsverfahren, Filmmusik im Studio aufzunehmen und gleichzeitig zum Film abzuspielen. Der Tonfilm war geboren. Beeinflusst durch zeitgenössische Komponisten entwickelte sich die sinfonische Filmmusik. Gerade für bedrohliche Filmszenen hatten stets auch dissonante und fremde Klänge ihren Platz, so zum Beispiel das elektronische Instrument Trautonium, das in Alfred Hitchcocks Klassiker „Die Vögel" (1963) verwendet wurde.

Noch heute wird Filmmusik oft live eingespielt, wobei ein Dirigent oder eine Dirigentin sicherstellt, dass Film und Musik synchron laufen. Jedoch spielen Klangerzeugung und Synchronisation durch Computer eine immer größere Rolle.

Tonstudio des Filmorchesters Babelsberg

2 Beschreibt den Klang des Trautoniums und erklärt, warum es zur musikalischen Begleitung mancher Szenen besonders geeignet ist.

🎧 CD 3 / 06, 07

3 Erstellt zu dieser Doppelseite eine Liste der unbekannten Begriffe (Personen, Filme und technische Geräte) und recherchiert ihre Geschichte. Zu einigen dieser Begriffe sind im Internet auch Videos verfügbar.

Geht auf die Suche
z. B. zu Hause, in der Bibliothek

4 a) Sucht im Internet nach Videos zum Thema „Stummfilm" (engl.: silent movie) und beschreibt die Musik zu ihnen.
b) Achtung: Nicht alle Stummfilmvertonungen, die ihr finden werdet, sind tatsächlich aus der Zeit vor 1930, selbst wenn das Filmmaterial alt ist. Könnt ihr hören, welche Filme neu vertont wurden?
c) Benennt Merkmale alter Stummfilmvertonungen.

Der Komponist John Williams

Es herrscht Bürgerkrieg. Die Rebellen, deren Raumschiffe von einem geheimen Stützpunkt aus angreifen, haben ihren ersten Sieg gegen das böse galaktische Imperium errungen.
Während der Schlacht ist es Spionen der Rebellen gelungen, Geheimpläne über die absolute Waffe des Imperiums in ihren Besitz zu bringen, den TODESSTERN, eine bewaffnete Raumstation, deren Feuerkraft ausreicht, um einen ganzen Planeten zu vernichten.
Verfolgt von den finsteren Agenten des Imperiums jagt Prinzessin Leia an Bord ihres Sternenschiffes nach Hause, als Hüterin der erbeuteten Pläne, die ihr Volk retten und der Galaxie die Freiheit wiedergeben könnten …

CD 3 / 08
Star Wars IV,
Szene 1

1. Lest den Text zur eingespielten Musik und überlegt, welche Chance die erwähnten „Rebellen" im genannten Bürgerkrieg haben.

2. Notiert Wörter, die euch im Text besonders auffallen.

CD 3 / 09

3. Lest den Text erneut, diesmal mit anderer Musik. Geht die Geschichte für die Rebellen diesmal anders aus? Welche Worte fallen nun auf?

Filmmusik wirkt zusammen mit Bild, Dialog und Geräuschen; sie kann und soll beeinflussen, wie wir eine Situation, eine Szene oder eine Person wahrnehmen. Dabei bedient sie sich bestimmter, immer wiederkehrender Techniken und ist oft bis ins kleinste Detail mit der Bildebene abgestimmt. „Die beste Filmmusik ist die, die man nicht wahrnimmt", so heißt es vielerorts. Filmmusik wirkt oft unbewusst; auch wenn wir nicht auf sie hören, prägt sie unser Empfinden. Wer die Techniken von Filmmusik versteht und identifizieren kann, kann sich damit vor Manipulation (also Beeinflussung) schützen – oder aber einen Film in ganz neuer Weise als Kunstwerk genießen.

Infobox

John Williams (*1932 in New York) zählt seit den 1970er-Jahren zu den erfolgreichsten Filmkomponisten. Sein erster großer Erfolg war der Soundtrack zum Film „Der weiße Hai" (1975) sowie „Star Wars – Episode IV" (1977). Nach den 1950er- und 1960er-Jahren, in denen in vielen Filmen Rock, Pop und Jazz als Filmmusik verwendet wurden, waren diese Soundtracks von Williams maßgeblich für eine Rückbesinnung auf die sinfonische Filmmusik verantwortlich.
Besonders bekannt ist er zudem für die Filmmusik von „Indiana Jones", „Schindlers Liste" sowie den ersten drei „Harry Potter"-Filmen. Neben Filmmusiken komponiert John Williams auch Sinfonien und Solokonzerte.

4 Hört euch die beiden Musikbeispiele noch einmal an und versucht zu beschreiben, mit welchen musikalischen Mitteln die unterschiedliche Wirkung erzielt wird.

CD 3 / 08, 09

5 Findet selbst ein Musikbeispiel, mit dem ihr den Text unterlegen könntet, um ihm eine bestimmte Aussage zu geben.

Williams komponiert die Filmmusik für viele Actionfilme, aber auch für den Film „Schindlers Liste", der eine wahre Geschichte aus der Zeit des Holocaust erzählt: Der erfolglose Industrielle Oscar Schindler (1908–1974) versucht, während der Besetzung Polens durch die Nazis zu Reichtum zu kommen, indem er jüdische Zwangsarbeiter aus dem Krakauer Getto in seiner Fabrik ausbeutet. Als er jedoch die Verfolgung der Juden miterlebt, wandelt sich seine Profitorientierung in Hilfsbereitschaft; es gelingt ihm, 1200 Juden – Männer und Frauen, Alte und Kinder – vor der Deportation in ein Vernichtungslager zu bewahren, weil er sie als „kriegswichtige" Arbeiter einstufen und in seiner Rüstungsfabrik arbeiten lässt.

6 Beschreibt die Wirkung des „Schindlers Liste"-Themas auf euch.

CD 3 / 10

7 Seht euch drei Szenen an, in denen das Thema gespielt wird, und beschreibt die Wirkung der Musik im Kontext der Szenen:

 Schindlers Liste DVD 1, Szene 04: 0:16:45

Szene 1: Die Krakauer Juden werden gezwungen, ins Krakauer Getto umzuziehen.

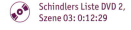 Schindlers Liste DVD 2, Szene 03: 0:12:29

Szene 2: Oscar Schindler und sein jüdischer Geschäftsführer, Itzhak Stern, erstellen die Liste derer, die statt ins Vernichtungslager Auschwitz in Schindlers Fabrik umgesiedelt werden, wo sie zunächst sicher sind.

Szene 3: Nachdem ein mit Frauen und Mädchen beladener Zug versehentlich doch in Auschwitz gelandet ist, gelingt es Schindler durch Bestechung, sie doch noch in seine Fabrik zu bringen.

 Schindlers Liste DVD 2, Szene 06: 0:28:48

8 Seht euch das Ende des Films an: Überlebende der „Schindler-Juden" legen 1994 an Schindlers Grab einen Stein nieder. Vergleicht die Wirkung der Musik in dieser Szene mit der in den bereits gesehenen.

 Schindlers Liste DVD 2, Szene 12: 0:49:25

Werkzeugkasten

Musik beschreiben nach Parametern

Wir können die Musik, die wir hören, nach bestimmten Parametern (also charakterisierenden Eigenschaften) beschreiben und mit der Wirkung, die sie auf uns hat, in Verbindung bringen. Bei der Beschreibung einzelner Töne beziehen wir uns auf folgende Parameter:

Tonhöhe – Tondauer – Klangfarbe – Dynamik – Artikulation

Die Verbindung mehrerer Töne führt zu Melodien, Harmonien, Rhythmen und letztendlich ganzen Musikstücken. Wenn wir Musik beschreiben, beziehen wir uns sowohl auf einzelne Töne als auch auf die Beziehung zwischen diesen. Um ein Musikstück nach Parametern zu beschreiben, müssen zahlreiche Fragen beantwortet werden:

Tonhöhe
- Melodiebewegung: Bewegen sich die Tonhöhen einer Musik abwärts, aufwärts oder wellenförmig auf und ab? Ändern sich Tonhöhen schrittweise oder sprunghaft? Gibt es monotone Passagen (fast) ohne Tonhöhenveränderung?
- Ambitus: Wie groß ist der Abstand zwischen dem höchsten und tiefsten Ton einer Melodie?
- Mehrstimmigkeit: Gibt es mehrere Stimmen oder Instrumente, die auf unterschiedlichen Tonhöhen spielen?

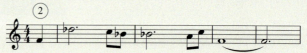

1 Beschreibt die Melodieverläufe von Beispiel 1 und 2 am Notenbild.

2 Spielt Beispiel 1 und 2 auf einem Instrument und beschreibt eure Höreindrücke der Melodieverläufe.

3 Spielt die ersten drei Takte des Themas auf einem Instrument eurer Wahl.

CD 3 / 10

4 Beschreibt den Melodieverlauf des „Schindlers Liste"-Themas (3) am Notenbild und als Höreindruck.

Tonart und Harmonie
- Gehören die erklingenden Töne einer euch bekannten Tonleiter an oder werden andere Intervalle verwendet?

- Sind gleichzeitig erklingende Töne eher dissonant oder eher konsonant?
  ▶ S. 420 f.
- Stehen eventuelle Akkorde und Melodien eher in Dur, in Moll, werden sowohl Dur und Moll verwendet oder trifft nichts davon zu?

5 Beschreibt Tonart und harmonische Struktur der Hörbeispiele.   🎧 CD 3 / 02, 09
    CD 4 / 10, 12, 14

6 Beschreibt Tonart und harmonische Struktur des „Schindlers Liste"-Themas   🎧 CD 3 / 10
am Notenbild und als Höreindruck.

Musik: John Williams © Universal/MCA Music Publishing GmbH, Berlin

Tempo, Metrum und Rhythmus
- Ist das Tempo einer Melodie oder eines Rhythmus schnell oder langsam?
- Hat das Musikstück einen erkennbaren Grundpuls? ▶ S. 410 f.
- Verändert der Grundpuls sein Tempo oder bleibt er immer gleich?
- In welcher Taktart steht das Musikstück? ▶ S. 415 f.
- Ist der Rhythmus gleichmäßig oder ungleichmäßig? Setzt er sich eher aus gleichen oder aus vielen unterschiedlichen Notenlängen zusammen? Gibt es auffällige Pausen?
- Ist der Rhythmus binär oder ternär? ▶ S. 161
- Wird der Rhythmus eher auf dem Offbeat oder dem Downbeat betont? Gibt es auffällige Synkopen? ▶ S. 161, 323
- Kann man den Rhythmus z. B. als „gehend", „hüpfend" oder „tänzerisch" bezeichnen – und wenn ja, warum?

7 Beschreibt den Rhythmus des „Schindlers Liste"-Themas am Notenbild
und als Höreindruck.

8 Überlegt euch drei mögliche rhythmische Variationen für die ersten drei
Takte des Themas. Spielt sie auf eurem Instrument und beschreibt den
Unterschied als Höreindruck.

Dynamik
- Ist das Musikstück z. B. im Vergleich zu anderen Musikstücken eher laut oder eher leise?

- Verändert sich die Dynamik? Wenn ja, wird das Musikstück lauter oder leiser oder verändert sich die Dynamik mehrfach in unterschiedliche Richtungen?
- Gibt es allmähliche oder abrupte Dynamikveränderungen?
- Sind die Stimmen oder Instrumente des Musikstückes unterschiedlich laut?

CD 3 / 10

9 Beschreibt die dynamischen Veränderungen des „Schindlers Liste"-Themas am Notenbild und als Höreindruck.

Musik: John Williams © Universal/MCA Music Publishing GmbH, Berlin

Textur
- Sind unterschiedliche Stimmen oder Instrumente zu erkennen?
- Wenn ja, spielen diese Stimmen polyphon oder homophon? ▶ S. 327, 348

Klangfarbe
- Welche Instrumente sind zu hören?
- Wird der Klang dieser Instrumente durch bestimmte Spielweisen (z. B. harter oder weicher Anschlag) beeinflusst?
- Ist der Klang elektronisch verfremdet? Wenn ja, wie? ▶ S. 53 f.

CD 3 / 10

10 Beschreibt die Klangfarben des „Schindlers Liste"-Themas als Höreindruck.
  ★ Nennt die gespielten Instrumente.
  ★★ Nennt die gespielten Instrumente und beschreibt, wie ihr Klang durch ihre Spielweise gestaltet wird.

11 Bringt selbst Hörbeispiele mit in den Unterricht und beschreibt diese so vollständig wie möglich, indem ihr auf Tonhöhen und Melodieführung, auf Tonarten und Harmonien, auf Rhythmus, Takt und Tempo, auf Dynamik, Textur und Klangfarbe eingeht.

Die Wirkung musikalischer Parameter

1 Lest diesen Text mithilfe des ▶ **Werkzeugkastens: Mit Buchtexten arbeiten, S. 332**.

Wenn wir Musik hören, verbinden wir damit oft Gefühle. Diese Emotionen teilen wir häufig mit anderen Menschen derselben Kultur: Wir lernen, bestimmte Tonhöhen und Rhythmen, bestimmte Harmonien, Klangfarben und Tempi mit bestimmten Gefühle und Situationen zu verbinden. Manche dieser Verbindungen haben eine Parallele in der Natur, zum Beispiel die Darstellung einer Verfolgungsjagd durch ein schnelles Tempo. Andere dieser Verbindungen sind erlernt und „funktionieren" nur in ihrem kulturellen Kontext, zum Beispiel die Empfindung eines Molldreiklangs als traurig und eines Durdreiklangs als fröhlich.

Wer Musik komponiert, macht sich oft bewusst zunutze, dass viele Menschen mit bestimmten musikalischen Parametern ähnliche Gefühle und Vorstellungen verbinden, und setzt dieses Wissen gezielt ein, um eine bestimmte Wirkung zu erzeugen. Allerdings sind dieser Möglichkeit Grenzen gesetzt: Einerseits haben Menschen unterschiedlicher Kulturen gelernt, mit bestimmten musikalischen Mitteln jeweils andere Emotionen zu verbinden. Andererseits bleibt musikalisches Empfinden persönlich und individuell. Zudem wirkt ein musikalischer Parameter oft nur im musikalischen Kontext auf eine bestimmte Art und Weise: Während etwa ein Gefühl der Bedrohung oft von tiefen Tönen hervorgerufen wird, klingen noch lange nicht alle tiefen Töne bedrohlich.

2 In welchen der Hörbeispiele klingen tiefe Töne bedrohlich, in welchen nicht? Begründet, warum ihr dies so empfindet.

CD 3 / 01, 08, 11, 12, 13
CD 4 / 13

Um über die von Musik hervorgerufenen Emotionen zu sprechen, sollte man also einerseits wissen, wie verschiedene musikalische Parameter in der Regel auf das Empfinden der Menschen des eigenen kulturellen Kontextes wirken. Andererseits muss bedacht werden, dass diese Regeln nicht universell wirksam sind: Weder „funktionieren" sie in allen Musikstücken gleich, noch empfinden alle Menschen ihre Wirkung gleich. Sollte euer eigenes Empfinden von Musik also von einem mehrheitlich zu beobachtenden – zum Beispiel dem in eurer Klasse – abweichen, ist euer Empfinden nicht „falsch". Um die Wirkung von Musik zu analysieren, zum Beispiel in Zusammenhang mit einem Film, ist es jedoch hilfreich zu wissen, wie bestimmte musikalische Mittel auf andere Menschen wirken.

Ihr könnt euch tabellarisch einen Überblick über Zusammenhänge zwischen den verwendeten musikalischen Parametern und der Wirkung der entsprechenden Musik verschaffen.

3 Stellt die behandelten Parameter (Tonhöhen und Melodieführung, Tonarten und Harmonien, Rhythmus, Takt und Tempo, Dynamik, Textur und Klangfarbe) zusammen und erklärt, welche Erscheinungsformen sie haben können.
Dynamik: pp, p, mp, mf, f, ff, cresc., decresc., ...
Klangfarbe: Klavier, Streicher, ...

4 Bei welchen Parametern ist es möglich, eine vollständige Liste der möglichen Erscheinungsformen zu erstellen, bei welchen nicht? Begründet.

5 Reduziert jeden Parameter auf die drei bis acht wichtigsten Ausprägungen, mit denen Musik meist beschrieben werden kann.

6 Bereitet nun eine Tabelle mit vier Spalten vor, in die ihr für jeden musikalischen Parameter die von euch ausgewählten Ausprägungen eintragt. Lasst dafür zwei Seiten Platz in eurem Heft:

Parameter	Ausprägung	...	...
Tonhöhe	hoch	?	?
	...		
Melodiebewegung	wellenförmig	?	?
?	aufwärts	?	?
	...		

CD 3 / 01, 09, 10
CD 4 / 13, 14

7 Beschreibt die Hörbeispiele mit dem Werkzeugkasten, zunächst noch *ohne* auf ihre Wirkung einzugehen.

8 Ordnet den Hörbeispielen Emotionen zu.

9 Notiert abseits der Tabelle Emotionen, die mithilfe von Musik erzeugt werden können. Ergänzt diese Liste durch eigene Vorschläge.

10 Überlegt anhand der beschriebenen Hörbeispiele, welche Emotionen mit welchem musikalischen Mittel (also welcher Erscheinungsform eines Parameters) bei euch selbst erzeugt werden. Tragt diese in die Tabelle ein. Schreibt auch auf, wenn ein musikalischer Parameter bei euch – je nach Hörbeispiel – unterschiedliche Wirkungen hervorruft.

Parameter	Ausprägung	Wirkungen auf mich	Wirkungen auf andere
Tonhöhe	hoch	?	?
	...		
Melodiebewegung	wellenförmig	?	?
?	aufwärts	?	?
	...		

11 Vergleicht die Tabellen untereinander und notiert, welche musikalischen Parameter bei anderen gleiche oder andersartige Emotionen erzeugen.

12 Nun hört noch einmal die beiden Musikbeispiele, die ihr zum „Star Wars"-Text gehört habt, und erklärt unter Bezug auf musikalische Parameter, warum sie unterschiedlich wirken und warum sie den Text unterschiedlich wirken lassen.

🎧 CD 3 / 08, 09

Techniken der Filmmusik

Leitmotive

Die Fantasy-Filmtrilogie „Der Herr der Ringe" beginnt im Auenland, dem Land der Hobbits, kleine Wesen, die ländlich und friedlich leben.

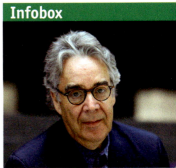

Infobox

Howard Shore
(*1946 in Toronto, Kanada) ist Komponist für Filmmusik. Bekannt wurde er für seine Komposition für die Filmtrilogie „Herr der Ringe", aber auch für die Soundtracks der Filme „Aviator" und „Twilight – Bis(s) zum Abendrot".

1 Beschreibt das Bild: Was seht ihr? Welche Farben und Formen fallen auf? Welchen Gesamteindruck macht das Bild auf euch?

2 Hört euch das Leitmotiv „Auenland-Thema" an und beschreibt es mit den euch bekannten Parametern. (▶ Werkzeugkasten, S. 144 ff.)

3 Findet möglichst viele dieser Parameter im Notenbild des Themas wieder und erklärt ihre Wirkung.

 Die Gefährten, Szene 2

 CD 3 / 14

4 Beschreibt die Emotionen, die es in euch hervorruft.

Auenland-Thema

Musik: Howard Leslie Shore © New Line Tunes, Universal/MCA Music Publishing GmbH, Berlin

5 Begründet, warum das Leitmotiv im Zusammenhang mit einer ländlichen und friedlichen Welt verwendet wurde.

Einige der Hobbits müssen ihr friedliches Land verlassen: „Der Eine Ring" ist in ihr Land gelangt, ein magischer Gegenstand, den der böse Herrscher Sauron braucht, um die Weltherrschaft zu erringen. Beim Versuch, den Ring dorthin zu bringen, wo er vor Sauron sicher wäre, treffen sie Gefährten, die ihnen helfen und mit ihnen viele Heldentaten vollbringen.

CD 3 / 15

6 Hört euch das Leitmotiv „Gefährten-Thema" an und beschreibt es mit den euch bekannten Parametern.

7 Findet möglichst viele dieser Parameter im Notenbild des Themas wieder und erklärt ihre Wirkung.

8 Beschreibt die Emotionen, die es in euch hervorruft.

Gefährten-Thema

Musik: Howard Leslie Shore © New Line Tunes, Universal/MCA Music Publishing GmbH, Berlin

9 Vergleicht die beiden Leitmotive („Auenland-Thema" und „Gefährten-Thema"). Erläutert die Unterschiede sowohl anhand eures Höreindrucks als auch am Notenbild, indem ihr auf musikalische Parameter und deren Wirkung verweist.

10 Denkt euch Situationen aus, in denen die Leitmotive „Auenland-Thema" und „Gefährten-Thema" im Film gespielt werden könnten. Begründet eure Überlegungen anhand der in den Motiven verwendeten musikalischen Parameter und der Gefühle, die diese hervorrufen.

Infobox

Wird eine Figur, ein Ort, eine Idee oder ein Gegenstand des Films mit einem musikalischen Motiv oder Thema belegt, so spricht man von einem **Leitmotiv**. Leitmotive stellen in einem Film musikalische Zusammenhänge her; sie lassen uns an Personen oder Dinge denken, selbst wenn diese gerade nicht im Bild sind. Oft ist ein Leitmotiv nicht nur ein kurzes Motiv, sondern ein längeres Thema.

Bevor die Hobbits Frodo und Sam ihre Heimat verlassen und zusammen mit den großen Leuten mutige Taten vollbringen, haben sie jedoch durchaus Bedenken.

11 Seht euch die Szene an und gebt die Situation mit eigenen Worten wieder.

12 Nun achtet auf die Musik. Was geschieht wohl, während welches Leitmotiv erklingt?

13 Erklärt, wie Filmmusik-Komponist Howard Shore die Musik benutzt, um die Szene zu kommentieren.

Die Gefährten, Szene 8: 0:36:03

On-Screen/Off-Screen, Paraphrase, Polarisierung und Kontrapunkt

1 Überlegt, in welchen Situationen im Film On-Screen-Musik und in welchen Off-Screen-Musik verwendet wird.

2 Unterscheidet in der Szene „Bilbos Fest" On-Screen- und Off-Screen-Musik.
  ★ Beschreibt die On-Screen-Musik und erklärt, warum sie in der Szene auftaucht.
  ★★ Identifiziert Teile der Szene, in denen die On-Screen-Musik durch Off-Screen-Musik ersetzt wird, und beschreibt, woran man dies merkt.
  ★★★ Begründet, warum hier Off-Screen-Musik eingesetzt wird, und erklärt, wie diese die Szene kommentiert.

Die Gefährten, Szene 4

Infobox

Filmmusik bezeichnet man als **On-Screen** (oder **Inzidenzmusik**), wenn sie in der Filmrealität tatsächlich vorhanden ist und als **Off-Screen**, wenn sie nur für die Zuschauer zu hören ist.
Man bezeichnet Filmmusik als **Paraphrase**, wenn sie den in der Szene gezeigten Gefühlen entspricht, als **Kontrapunkt**, wenn sie ihnen widerspricht (z. B. durch Ironie), und als **Polarisierung**, wenn sie die Gefühle einer Szene steuert, also der Einschätzung der Szene dient. Werden nur die Gefühle einer einzelnen Person musikalisch dargestellt, spricht man von **Mood Technik** – die Person ist dann oft im **Close-up** dargestellt.
Wird eine sichtbare Bewegung im Film mit Musik „nachgezeichnet" – wird zum Beispiel ein Fall durch eine Abwärtsbewegung in der Tonhöhe dargestellt – nennt man dies **Mickeymousing**. Diese in vielen Zeichentrickfilmen verwendete Technik wirkt oft komisch. Eine durchgehende Unterlegung von Filmszenen mit paraphrasierender Musik bezeichnet man als **Underscoring**.

Close-up

Die Hobbits sind in die Fremde hinausgezogen; in einem Gasthaus sehen sie, dass die Menschen viel größer sind als sie. Zudem merken sie, dass ein geheimnisvoller Fremder sie beobachtet.

Die Gefährten, Szene 12, 0:49:55

3 Seht euch die Szene zunächst ohne Musik an und überlegt, ob der Fremde den Hobbits wohlgesinnt ist.

4 Wie müsste die Musik gestaltet sein, wenn der Fremde Böses im Schilde führt, und wie, wenn er den Hobbits helfen will?

5 Nun seht euch die Szene mit Musik an und beschreibt anhand der Wirkung der Musik, wie der Fremde in der Szene präsentiert wird.

6 Ordnet der Wirkung der Musik einen der Begriffe Paraphrase, Kontrapunkt oder Polarisierung zu und begründet eure Entscheidung.

In einer belagerten Stadt hat der Fürst Denethor seinen Sohn mit einer Soldatentruppe in eine aussichtslose Schlacht geschickt. Er zwingt den Hobbit Pippin, für ihn zu singen, während die Männer in ihren Tod reiten.

CD 3 / 16

7 Erklärt, warum beide Szenen mit derselben Musik unterlegt werden und welche Wirkung dies hat.

Die Rückkehr des Königs, Szene 20, 1:06:02

8 Ordnet den beiden Szenen die Begriffe On-Screen, Off-Screen, Polarisierung, Paraphrase und/oder Kontrapunkt (siehe oben) zu und begründet eure Entscheidung.

Die Gefährten, Szene 7

Neben den fröhlichen Szenen im Land der Halblinge enthält der Film „Die Gefährten" auch finstere und bedrohliche Szenen, zum Beispiel, wenn der Turm des bösen Herrschers Sauron gezeigt wird.

9 Beschreibt, wie dieser Turm aussehen könnte.

Techniken der Filmmusik 153

10 Überlegt euch eine Szene, in der dieser Turm gezeigt werden könnte.

11 Wie könnte man diese Szene musikalisch gestalten und wie würde sich die Musik im Laufe der Szene entwickeln?

12 Projekt: Seht euch die Szene ohne Musik an und vertont sie. Setzt eure Ideen in Gruppen mit den euch in der Schule zur Verfügung stehenden Instrumenten und Mitteln um.

Die Gefährten, Szene 7

a) Notiert euch zunächst den genauen Verlauf der Szene einschließlich aller zu sehenden Elementen, aller Kamerabewegungen und Schnitte, also der Wechsel der Bild- und Kameraeinstellungen.

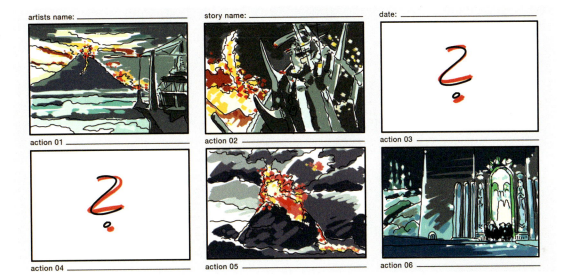

b) Zeichnet ein Storyboard für die Szene, indem ihr das Bild jeder neuen Kameraeinstellung skizzenhaft abzeichnet und mit dem genauen Timecode der Einstellung verseht. Lasst darunter viel Platz für eine grafische Partitur eurer Vertonung.
c) Überlegt dann, was welches Instrument am Anfang der Szene spielen könnte und was sich mit jeder Bewegung und jedem Schnitt verändert.
d) Notiert eure Vertonung unter eurem Storyboard so in einer grafischen Partitur, dass daraus hervorgeht, welches Instrument was bei welcher Einstellung spielen soll.
e) Übt eure Vertonung zur Szene.

13 Vergleicht nach einer Aufführungsrunde eure Ergebnisse untereinander sowie mit der Vertonung von Howard Shore.

> **Infobox**
>
> Bild und Ton werden im Film getrennt aufgenommen, müssen jedoch exakt zeitgleich ablaufen, um einen realistischen Eindruck zu vermitteln. Der **SMPTE-Timecode** setzt seit 1967 internationale Standards für diese **Synchronisation**, damit Filme durch unterschiedliche Medien korrekt wiedergegeben werden können.

Filmmusik im engeren Sinne ist für einen bestimmten Film komponiert. Sie wird meist so aufgenommen, dass sie genau zu den Szenen und Schnitten des bereits fertigen Films passt. Filmmusik im weiteren Sinne kann jede im Film verwendete Musik sein, z. B. bereits bekannte Popsongs. Aber auch bereits existierende sinfonische Musik wird in Filmen verwendet, wenn sie für besonders passend für eine Szene gehalten wird. Für den Film „2001 – Odyssee im Weltraum" hatte der Regisseur Stanley Kubrick eigentlich einen Filmmusikkomponisten engagiert, benutzte am Ende jedoch schon vorhandene klassische und Neue Musik (▶ S. 290 ff.). Die mit dem Stück „Also sprach Zarathustra" von Richard Strauß unterlegte Anfangsszene erlangte besondere Berühmtheit.

Infobox

Richard Strauß (1864–1949) war Komponist, Dirigent und Theaterleiter. Er ist besonders für seine Opern und seine Programmmusik (▶ S. 82 ff.) bekannt.

14 Betrachtet die Szene zunächst ohne Musik und überlegt, welchen Ausdruck Musik für diese Szene haben sollte.

15 Betrachtet die Szene mit Musik und beschreibt das Zusammenwirken von Musik und Bild.

Musikfilme, Filmmusicals und Tanzfilme

Wenn Musik selbst das Thema eines Filmes ist, hat dies auch Einfluss auf die Verwendung von Filmmusik. In diesem Buch findet ihr Musikfilme in Form zweier Tanzfilme (Billy Elliot, ▶ S. 154, 196 f., und Rhythm Is It ▶ S. 155) einer Musikerbiografie (Walk the Line, ▶ S. 156) und eines Filmmusicals (▶ S. 156). Auf den jeweiligen Seiten findet ihr Informationen und weitere Aufgaben zu diesen Filmen.

Tanzfilm: Billy Elliot

Billy Elliot, Szene 5, 0:24:37

Billy Elliot, Szene 12, 1:06:26

1 Ordnet die beiden gezeigten Szenen in die Handlung des Films ein.

2 Vergleicht die Tanzstile in den zwei gezeigten Szenen, der Ballettstunde und Billys Solotanz. Wo sind Ähnlichkeiten, was ist anders?

3 In der zweiten Szene bleibt unklar, ob die Musik on-screen oder off-screen ist. Findet Begründungen für beides und überlegt, welche Konsequenzen dies für die Wirkung der Szene hat.

Infobox

Ein **Musikfilm** ist ein Film, der Musik zum Thema hat, zum Beispiel weil er von einem Musiker oder einer Musikerin handelt.
Wird Filmmusik auf Tonträgern veröffentlicht, nennt man diese **Soundtrack-Alben**.
Der größte Hit eines Filmes ist sein **Main Title** (Titelmusik). Er wird häufig erst am Ende eines Filmes gespielt.

Tanzfilm und Dokumentarfilm: Rhythm Is It

Der Film „Rhythm Is It" dokumentiert ein Tanzprojekt, in dem Igor Strawinskys „Le sacre du printemps" (▶ Emanzipation des Rhythmus, S. 298 ff.) mit Schülern und Schülerinnen unterschiedlichen Alters von Berliner Schulen zusammen mit den Berliner Philharmonikern aufgeführt wird. Dabei wird nicht nur gezeigt, wie die Kinder und Jugendlichen tanzen lernen, sondern auch, wie sie sich dabei persönlich entwickeln. Als ein Mädchen aus dem Tanzprojekt einer Berliner Schule zusätzlich an einem weiteren Tanz teilnehmen will, muss sie sich dort auf eine neue Arbeitsatmosphäre einstellen.

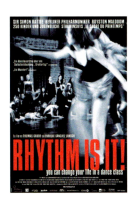

4 Seht die Szene an und gebt wieder, welche Erfahrungen die junge Tänzerin in der neuen Gruppe macht.

5 Wie wirkt die Musik auf euch?

6 Beschreibt die Bewegungen der Tänzer und Tänzerinnen.

Rhythm Is It, Szene 12, 0:53:45

Die Tanzgruppe an ihrer Schule befindet sich währenddessen in einer Motivationskrise, obwohl die Aufführung nahe ist.

7 Gebt die Szene mit eigenen Worten wieder.

8 Beschreibt in Bezug zur vorherigen Szene Gemeinsamkeiten und Unterschiede in den Bewegungen.

Rhythm Is It, Szene 14

Schließlich gelingt die Aufführung vor großem Publikum. Auch wenn sowohl Übungsstunden als auch Aufführungen tatsächlich zur Musik aus Strawinskys „Le sacre du printemps" getanzt wurden, wurden sie für den Film doch nachträglich mit Musik aus der Komposition unterlegt, damit z. B. bei Filmschnitten die Musik trotzdem durchgängig spielt. Die filmische Darstellung der Aufführung ist stark gekürzt und somit aus unterschiedlichen Teilen des Tanzes zusammengeschnitten.

9 Beschreibt, wie Musik und Bewegungen zusammenwirken.

10 Diskutiert, ob auffällt, dass Musik und Tanz hier nicht immer ursprünglich zusammengehörten? Begründet eure Meinung.

11 Diskutiert: Ist es legitim, dass ein Dokumentarfilm Tanzszenen nachträglich mit anderer Musik unterlegt? Welche Argumente könnten dafür sprechen? (▶ Werkzeugkasten: Eine Podiumsdiskussion führen, S. 268 f.)

Rhythm Is It, Szene 19

Biopic: Walk the Line

In der Filmbiografie des Musikers Johnny Cash wird dargestellt, wie dieser mit seiner Band 1955 durch ein Vorspiel an einen Schallplattenvertrag bei Sun Records kam.

12 Fasst zusammen, was Produzent Sam Phillips am ersten Song der Gruppe kritisiert.

13 Wie wirkt die Musik auf euch? Könnt ihr heute – sechzig Jahre nach dieser Aufnahme – noch nachvollziehen, welchen Unterschied Phillips zwischen den beiden Songs machte?

14 Erklärt, warum im Biopics On-Screen-Musik so eine große Rolle spielt.

Filmmusical: West Side Story

Das Musical ist eine Gattung des Musiktheaters (▶ S. 132 ff.) und wird eigentlich auf einer Bühne aufgeführt. Viele Musicals werden heutzutage verfilmt; bei manchen kam die Filmfassung sogar vor der Bühnenfassung.
Das Musical „West Side Story" handelt von einem Bandenkrieg im New York der 1950er-Jahre: Die „heimischen" Jets und die puertoricanisch-stämmigen Sharks streiten um die Vorherrschaft auf der Straße.

15 Betrachtet die Darstellung des Kampfes im Prolog des Filmmusicals. Erklärt, inwiefern sie sich von der Darstellung von Kämpfen in anderen Filmen unterscheidet. Inwiefern ist dies typisch für das Genre Musical? (▶ S. 132 ff.)

16 Beschreibt, welche Unterschiede sich ergeben, wenn der Prolog auf einer Bühne aufgeführt wird.

Musik in der Werbung

Kaum ein Werbespot kommt ohne Musik aus: Musik beeinflusst uns emotional, Musik kann durch einen bestimmten Musikstil einem Produkt ein bestimmtes Image geben und manche Musik bleibt hartnäckig im Gedächtnis. In Verknüpfung mit anderen Ebenen – z. B. der Bildebene, der Sprachebene, aber auch unserem Vorwissen – soll die Musik eine bestimmte Zielgruppe überzeugen, ein Produkt zu kaufen.

1. Welche aktuellen Werbespots fallen euch zum Thema „Musik in der Werbung" als erste ein? Begründet eure Auswahl.

2. Bringt Werbespots mit in den Unterricht, um sie zu analysieren. Beantwortet dabei Fragen in unten stehendem Fragenkatalog.

3. Erklärt anhand eurer Analyse, wie Musik im Werbespot mit anderen Faktoren zusammenwirkt, um für ein Produkt zu werben.

4. Plant euren eigenen Werbespot: Für was würdet ihr mit welcher Musik werben und warum?

a) **Produktebene:**
   - Was wird beworben?
   - Welche Zielgruppe hat das Produkt?
   - Welches Image hat das Produkt?

b) **Handlungsebene:**
   - Was geschieht in dem Werbespot? Werden eine oder mehrere Geschichten erzählt?

c) **Sprachebene:**
   - Welche sprachlichen Ebenen (Dialog, Kommentar usw.) gibt es?
   - Wie werden Schriften oder Symbole verwendet?

d) **Bildebene:**
   - Was ist zu sehen? (Kurzbeschreibung der bildlichen Handlung; Storyboard ▶ S. 153)
   - Welche optischen Besonderheiten (Farben, Gegenstände, Personen) gibt es?
   - Welche Bewegungen (Schnitte, Kamerabewegungen, Objektbewegungen) fallen auf?

e) **Geräuschebene:**
   - Welche Geräusche sind zu hören? Werden Sprache oder Geräusche verfremdet?

f) **Musikebene:**
   - Welche Musik wird verwendet? (Beschreibung der Musik, ihrer Stimmung, ihrer Klangfarbe und ihrer Wirkung nach den bekannten Parametern)
   - Gibt es einen Jingle oder einen Werbesong?
   - Verweist die Musik auf etwas, z. B. durch ihr Genre oder musikalische Zitate? Ist euch das Musikstück von außerhalb des Werbespots bekannt? Wenn ja, woher?

g) **Verknüpfungsebene – zeitlich, räumlich und inhaltlich:**
   - Welche Aspekte sind verknüpft, z. B. dadurch, dass sie gleichzeitig geschehen?

Infobox

Ein **Jingle** ist die kurze Erkennungsmelodie eines Werbespots, der mit dem Produkt dauerhaft in Verbindung gebracht wird. Ein Jingle wird oft, aber nicht immer, gesungen.

Ein **Werbesong** ist ein in einem Werbespot verwendetes Lied. Manchmal werden hierfür bekannte Lieder verwendet, manchmal Lieder, die speziell für den Werbespot geschrieben wurden.

Ein **Audiologo** ist ein akustisches Erkennungsmerkmal für eine Marke. Es kann Melodie-, aber auch Geräuschcharakter haben.

Unter **Muzak** versteht man gefällige Instrumentalarrangements von Popularmusikstücken, die zum Beispiel in Kaufhäusern als Hintergrundmusik verwendet werden.

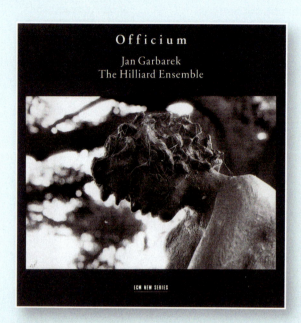

CD 3 / 17

1. Beschreibt die Musik in den vier verschiedenen Musikausschnitten.
2. Ordnet die Klangbeispiele begründet den Bildern zu.
3. Erstellt eine Rangordnung unter der Fragestellung, welches Beispiel am ehesten dem Jazz zuzuordnen ist und welches am wenigsten. Begründet eure Entscheidung.

Is It Jazz?

Zur Beschreibung und Erklärung des Jazz werden von Jazzexperten häufig die folgenden vier Begriffe verwendet: *Sound, Groove, Kommunikation* und der *individuelle Code*.

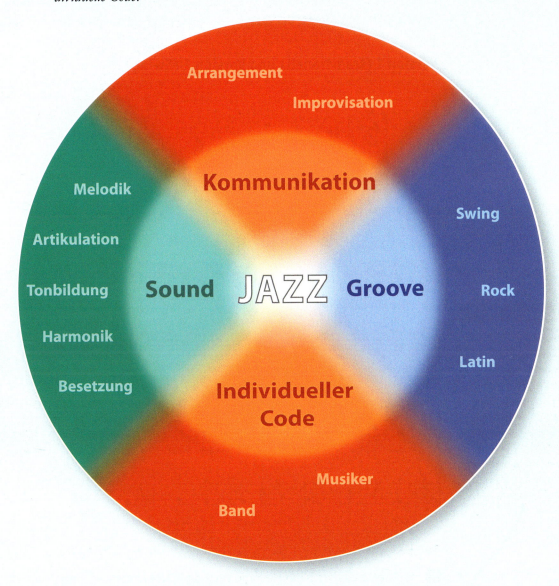

4 Arbeitet auf der Grundlage eures bisherigen Wissens Unterschiede und Gemeinsamkeiten dieser Elemente heraus.

Sound und Groove

Melodik, Artikulation und Tonbildung am Beispiel des Swing

Im Folgenden wird euch am Beispiel eines musikalischen Themas schrittweise gezeigt, wie sich aus ihm ein Jazzstück entwickelt.

Einer der wichtigsten Grooves (▶ S. 169) des Jazz ist der Swing. Es ist dabei zu unterscheiden zwischen der Jazzstilepoche des Swing und dem Groove Swing.

Version 1 (traditionell) und Version 2 (Swing)

Musik und Text: Burkhard F. Fabian

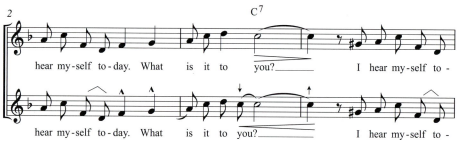

Infobox

Kombination von **Crescendo** und **Vibrato:** Im Jazz schwillt in der Regel die Dynamik bei längeren Tönen an. Oft werden diese Töne mit einem Vibrato versehen. So werden schnelle Tonhöhenschwankungen bezeichnet.

CD 3 / 18

1   **a)** Macht euch mit der Melodie vertraut, indem ihr sie mehrmals anhört und dann singt.
     b) Erfindet einen eigenen Text zur Melodie. Wählt die nach eurer Meinung beste Version aus und singt sie.

2 a) Singt das Hörbeispiel möglichst genau nach.

   b) Vergleicht nun die Melodie und eure Singweise von Hörbeispiel 3/18 und 3/19. Versucht zu beschreiben, was sich verändert hat. Die Noten helfen euch dabei.
   c) In den Noten zu Hörbeispiel 3/19 (Version 2) findet ihr einige grafische Eintragungen. Erklärt ihre Bedeutung. Vergleicht eure Beschreibungen mit der Spielweise im Hörbeispiel.
   d) Arbeitet die grafischen Eintragungen heraus, die ihr nicht kennt. Stellt fest, wie sie durch den Saxofonisten im Hörbeispiel 3/19 umgesetzt werden.

Ternäre Spielweise

Sicherlich wurde deutlich, dass in der jazzmäßigen Version 2 die Achtelnoten unterschiedlich lang gespielt werden. Dabei sind die sogenannten „Downbeattöne" länger als die „Offbeattöne".

Infobox

Als **Downbeat** werden die betonten Zählzeiten in einem Takt bezeichnet. Die Namen erhält der Downbeat durch die Dirigierbewegung des Orchesterleiters. Seine am stärksten betonte Zählzeit liegt in der Armbewegung unten. Das Gegenstück zum Downbeat ist der Offbeat. Er liegt zwischen den Zählzeiten des Metrums.

1 Erklärt mithilfe der grafischen Darstellung den Unterschied zwischen der binären (Version 1) und der ternären Spielweise.

Die Notation und damit das Erscheinungsbild der Noten sind für das binäre und ternäre Spiel identisch: ♪♪ ♪♪ Lediglich die Spielanweisung gibt Auskunft über die Spielweise, zum Beispiel:

Rock-Feeling
Die Achtelnoten ♪♪ ♪♪ sind binär zu spielen.

Swing-Feeling
Die Achtelnoten ♪♪ ♪♪ sind ternär zu spielen. Ergänzt wird diese Spielanweisung häufig durch: ♪♪ = ♪♪♪

Mithilfe des „Hollywood-Swing" könnt ihr in der Klasse ein Swing-Feeling entwickeln.

2 ★ Übt das Sprechstück „Hollywood Swing" ein. Achtet darauf, rhythmisch genau zu bleiben. Erfindet zu eurem Rhythmus einen Bodypercussiongroove.

★★ Wenn ihr sicher in der Ausführung seid, erhöht das Tempo.
★★★ Findet Namen von Jazzmusikern und singt den „Hollywood Swing" mit diesen neuen Namen.

Hollywood Swing

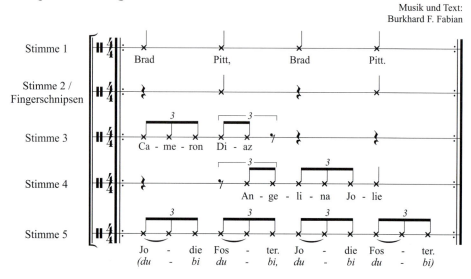

Musik und Text: Burkhard F. Fabian

Im „Hollywood Swing" bildet „Jodie Foster" die ternäre Swing-Achtelkette ab. In einem höheren Tempo ist es leichter, „du-bi" zu singen:

Jodie Foster Swing

Musik und Text: Burkhard F. Fabian

3 Gestaltet ein eigenes Swing-Muster mit populären Künstlernamen. Als Basis behaltet ihr die Achtelbewegung „Jodie Foster" bzw. „du-bi du-bi" bei.

4 Übt den „Jodie Foster Swing" ein und steigert das Tempo, ohne in der Ausführung ungenau zu werden.

In der Regel finden Jazzmusikerinnen und Jazzmusiker die vielen grafischen Einträge, wie die Noten von Version 2 sie zeigen, nicht vor. Die Jazzer entscheiden selbst, mit welchem Sound und Feeling sie die Melodie spielen oder singen; sie entscheiden, wo sie tonale oder rhythmische Veränderungen vornehmen.

I Hear Myself Today

 5 Sucht euch ein bekanntes Lied im 4/4-Takt mit vielen Achtelnoten und versucht, es jazzmäßig zu singen. Entscheidet selbst, was ihr beim Singen auf „du-bi-du" verändern wollt.

Harmonik

Version 1 und 2 verwenden zur Begleitung nur zwei Akkorde. Sie stehen als Akkordsymbole über den Noten.

Im Jazz werden oft gleiche oder ähnliche Melodiepassagen mit unterschiedlichen Akkorden begleitet. Bei unserer Melodie eignen sich vier Akkorde als erweiterte Begleitung:

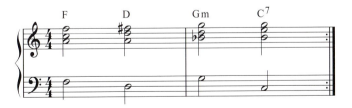

1 Vergleicht eure Klangeindrücke der beiden Akkordfolgen miteinander. Worin unterscheiden sie sich?

Ergibt sich eine wiederholende Abfolge von Akkorden, spricht man von einem *Turnaround*. Dabei knüpft der letzte Akkord harmonisch an den ersten wieder an. So entsteht ein harmonischer Kreis:

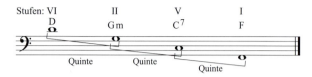

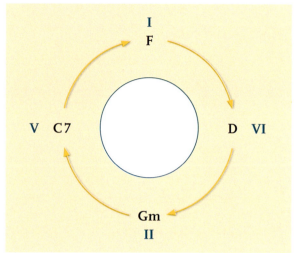

Infobox

Die Schlüssigkeit der Akkordfolge im vorliegenden **Turnaround** entsteht durch den Quintfall des Grundtons des Akkordes: Das nach unten gerichtete Intervall von D über G und C nach F besteht jeweils aus einer Quinte. Durch unsere Hörgewohnheiten bevorzugen wir solche Akkordverbindungen. Sie „erklingen" uns logisch. Die Abfolge der Stufen ist I – VI – II – V.

Dieser spezielle Turnaround hat den Namen „Rhythm Changes". Er ist im Jazz aufgrund seiner musikalischen Schlüssigkeit neben anderen Akkordfolgen sehr verbreitet. Dabei ist der Titel „Rhythm Changes" irreführend, da sich die Harmonien, jedoch nicht der Rhythmus verändert. Den Namen verdankt die Akkordfolge dem Song „I Got Rhythm" von George Gershwin (1898–1937). Der amerikanische Komponist verwendete sie in einem Song seines Musical „Girl Crazy" aus dem Jahre 1930.

 ### I Got Rhythm

Musik: George Gershwin
Text: Ira Gershwin

George Gershwin

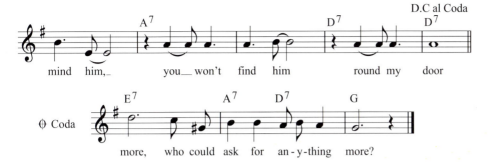

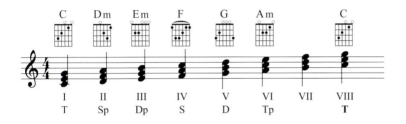

2. Die Stufenleiter hier beginnt beim Ton „C" und stellt eine C-Dur-Stufenleiter dar. Baut eine Stufenleiter vom Ton „G" auf und erstellt eine G-Dur-Stufenleiter.

3. Arbeitet nun die „Rhythm Changes" in dem Lied heraus, indem ihr die Stufen der Akkorde in den ersten beiden Takten bestimmt.

4. Hört euch die zwei Versionen der vier Akkorde vergleichend an und beschreibt die Veränderung. Wie kommt der unterschiedliche Klang der Akkorde zustande?

CD 3 / 21, 22

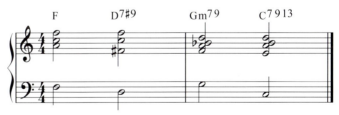

Häufig beschränken sich Jazzmusiker bei ihren Akkordbegleitungen nicht auf einfache Dreiklänge, sondern mischen ihren Akkorden weitere Töne bei. Die dabei entstehenden Vier- und Fünfklänge werden als Reizharmonik bezeichnet. Die sogenannten Akkordsymbole verwenden zur Darstellung der Reizharmonik Zahlen und Vorzeichen.

5. Hört euch die Akkorde an und erklärt, warum man den Begriff Reizharmonik in diesem Zusammenhang verwendet.

Wenn man den Aufbau eines Akkordes verstehen möchte, so muss man seine Töne in Terzen übereinanderschichten.

CD 3 / 23 Der Akkord Gm79 in Terzschichtung:

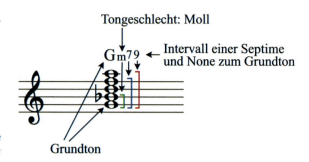

Intervalle: kleine Terz, kleine Septime, große None

6 ★ Erläutert die Noten zum Akkord Gm79. Was ist mit einer Terzschichtung gemeint? Hilfe bieten euch die Erklärungen im Musiktheoriekapitel ▶ S. 421 ff.

★★ Übertragt die anderen drei oben abgebildeten Akkorde auf euer Notenpapier in Terzschichtung. Ergänzt Töne, die in den Noten fehlen.

 7 Singt und spielt das Lied „I Hear Myself Today" nun erneut mit der Begleitung der „Rhythm Changes". Diskutiert, wie sich der Charakter des Musikstückes durch die neue Harmonik verändert. Zur Begleitung kann das Hörbeispiel 3/22 verwendet werden.

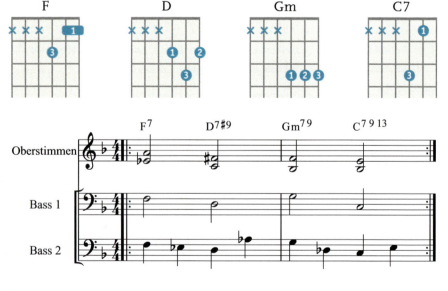

 8 Übt die „Rhythm Changes" mit den Instrumenten aus eurem Klassenorchester ein:
  ★ Teilt die Stimmen auf und spielt nur die Oberstimme und Bass 1.
  ★★ Spielt den Turnaround mit allen Stimmen.
  ★★★ Musiziert gemeinsam den Turnaround mit dem Gesang des Liedes „I Hear Myself Today".

9 ★ Bewegt euch zur Basslinie von Bass 2 durch den Raum und singt dazu. Dabei gilt die Regel „jeder Baston ein Schritt": Stellt Vermutungen an, warum die Basslinie in Bass 2 Walking-Bass genannt wird.

★ ★ Untersucht den Walking-Bass (Bass 2) und definiert, wie ein Walking-Bass aufgebaut sein muss, um seine schreitende Wirkung zu entfalten.

Die Rhythmusgruppe im Swing

Die Rhythmusgruppe im Jazz besteht aus dem Bass, der mit einem Akkordinstrument oder dem Drum-Set zusammenspielt. Häufig besteht eine Rhythmusgruppe aus Bass und Schlagzeug, kombiniert mit einem Akkordinstrument wie dem Klavier oder der Gitarre. Perkussionsinstrumente können die Rhythmusgruppe erweitern.

Das Schlagzeug-Set
Ein wichtiges Musikinstrument aus dem Bereich der Pop- und Rockmusik ist das Schlagzeug-Set, auch Drum-Set genannt. Es ist eine Erfindung des frühen Jazz und sollte einem Musiker die Aufgabe zukommen lassen, die in der Orchester- und Militärmusik auf mehrere Musiker verteilt war.

1. Macht euch mit den verschiedenen Instrumenten sowie deren Klängen und Spielweisen des Drum-Sets eurer Schule vertraut.

2. ★ Benennt die Instrumente, die ihr im Hörbeispiel hört. Es hilft euch, dass in der Aufnahme einzelne Instrumente tontechnisch hervorgehoben werden.
   ★ ★ Klopft den Rhythmus der hervorgehobenen Instrumente nach.
   ★ ★ ★ Erfindet für die einzelnen Instrumente einen Bodypercussion-Groove und musiziert gemeinsam zum Hörbeispiel.

 CD 3 / 24

168 Is It Jazz?

3 Klärt, warum dieser Groove Swing (engl.: schwingen) genannt wird. Recherchiert zu diesem Thema ergänzend im Internet.

CD 3 / 25, 26

Neben dem Swing existieren im Jazz zwei weitere Basis-Grooves: der Latin-Groove und der Rock-Groove. Die Groove-Art hat entscheidenden Einfluss auf die Spielweise aller beteiligten Musikinstrumente. Im Latin unterscheidet man zwischen brasilianischen und afro-kubanischen Rhythmen. Der folgende „Cha-Cha-Cha" ist ein afro-kubanischer Groove.

Rhythm Changes Cha-Cha-Cha

CD 8 / Video Rhythm Changes Cha-Cha-Cha

Arrangement: Lukas Meile

Infobox

Groove:
Die Art und Weise des Zusammenspiels vor allem der Rhythmusgruppe bestimmt den Groove (engl. groove = Furche, Rille, Spur) eines Musikstückes. Dabei entsteht ein rhythmisch-harmonisches Grundmuster, das in sich in einem Spannungsverhältnis steht: zum Beispiel der Swing-Groove oder kurz, der Swing.

Es groovt:
Wenn das Zusammenspiel im rhythmisch-harmonischen Grundmuster gut aufeinander abgestimmt ist, entsteht beim Zuhörer ein sogenannter Flow: ein fließendes und schwebendes Gefühl zur Musik. Der Musiker formuliert dann häufig, dass die Band groovt.

4 Musiziert den „Rhythm Changes Cha-Cha-Cha" mit eurem Klassenorchester.

★ Orientiert euch dabei am Hörbeispiel 3/25: Es hilft euch, dass in der Aufnahme einzelne Instrumente tontechnisch hervorgehoben werden.   CD 3 / 25, 26

★ ★ Musiziert den „Rhythm Changes Cha-Cha-Cha" mithilfe des Hörbeispiels 3/26.

★ ★ ★ Spielt den „Rhythm Changes Cha-Cha-Cha" ohne weitere Hilfestellung.

Eine passende Percussion-Anleitung zu den Latin-Stücken „Oye como va" und „Rico vacilón" findet ihr auf der CD 8. Es existieren verschiedene Varianten von Rock-Grooves. Für einen Rock mit Perkussionsinstrumenten findet ihr einen Spielsatz und ein Video, ebenfalls auf der CD 8.
Ein besonderer Verwandter des Rock ist der Funk.

CD 8 / Video Rhythm Changes Cha-Cha-Cha

CD 8 / Video Rhythm Changes Dancing to the Beat

5 Hört euch den Funk im Hörbeispiel 3/27 an und beschreibt die wesentlichen Unterschiede zu den Swing- bzw. Latin-Grooves.   CD 3 / 27

6 Möglicherweise kennt ihr noch weitere Grooves, die eine Rhythmusgruppe spielen kann. Wie heißen sie? Bringt Tonbeispiele zu diesen Grooves mit oder präsentiert sie mithilfe des Internets.

Der Song „I Hear Myself Today" bildet einen Teil des Jazzstücks „Timeless Breeze".

7 Arbeitet heraus, aus wie vielen Teilen das Stück „Timeless Breeze" besteht (▶ In Form bringen, S. 56 ff.).   CD 3 / 28

8 Sammelt Merkmale, die das Spiel des Saxofons beschreiben.

Lead-Sheet

Timeless Breeze

Infobox

Lead-Sheet:
Ein Lead-Sheet oder Leadsheet reduziert die Notationsweise eines Musikstückes auf das Thema mit Liedtext und seine dazugehörigen Akkorde in Form von Akkordsymbolen. („Cm/B" bedeutet beispielsweise, dass über dem Bastton „B" ein Cm-Akkord gespielt werden soll.) Ein Lead-Sheet ist in der Jazz-, Rock- und Popmusik sehr verbreitet. Im sogenannten **Real-Book** werden in dieser Form die Jazzstandards gesammelt.

Musik: Burkhard F. Fabian

9 Die Jazzcombo hat beim Hörbeispiel 3/27 das ganze Musikstück auf Basis des Lead-Sheets musiziert. Andere Noten lagen den Jazzmusikern nicht vor. Diskutiert in der Klasse, wie dies möglich ist.

10 Besprecht, welche Vorteile oder Nachteile es hat, wenn beim Musizieren eines Musikstücks nicht alles in Noten festgelegt ist.

Infobox

Jazz-Combo:
Sie besteht aus einer Gruppe von drei bis ca. acht Musikern, in der jedes Musikinstrument in der Regel nur einmal vertreten ist. Aufgrund der geringen Größe der Formation kommt dem agierenden Jazzmusiker eine größtmögliche Freiheit im Spiel zu.

Timeless Breeze

Musik: Burkhard F. Fabian

11 Ihr habt in diesem Kapitel gelernt, wie man im Jazz musiziert. Wendet euer Wissen an und spielt das Musikstück, dessen Lead-Sheet hier vorliegt.

12 Wählt ein anderes Musikstück aus O-Ton 2 und lasst es mithilfe eures neuen Wissens „swingen".

Kommunikation und individueller Code

Die Improvisation im Jazz

Übungen zur Improvisation

Übung 1: Echoklatschen

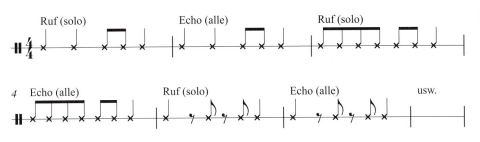

1 Stellt euch im Kreis auf und geht in einem gemeinsamen langsamen Tempo vier Schritte in Richtung Mitte des Kreises und vier Schritte rückwärts wieder zurück (2 4/4-Takte). Wiederholt den Vorgang, bis sich ein Tempo eingestellt hat.

★ Während alle zur Mitte gehen, klatscht euer Lehrer eine eintaktige Phrase, wiederholt dies beim Rückwärtsgehen.

★★ Jeder Schüler gibt reihum eine eintaktige Phrase vor, die von allen wiederholt wird.

★★★ Gestaltet den Rhythmus mittels Bodypercussion und Vocussion weiter aus.

Achtet darauf, dass das Timing stimmt. Werdet nicht schneller! Es können als Playback die „Rhythm Changes" aus den Hörbeispielen gespielt werden.   CD 3 / 23 – 26

Übung 2: Call-and-Response-Klatschen

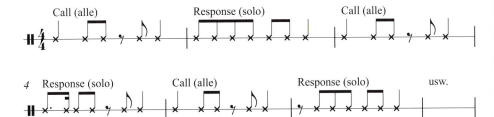

Infobox

Die **Improvisation** wird als Form einer musikalischen Darbietung verstanden, bei der die Musik auf der Basis melodischer, harmonischer und rhythmischer Abläufe spontan erfunden und ausgeführt wird. Im Jazz improvisieren in der Regel der Solist und die Rhythmusgruppe untereinander, sodass die Musiker unmittelbar interagieren.

Infobox

Als **Timing** bezeichnet man vor allem im Jazz die Fähigkeit des Musikers, dem grundlegenden Beat des Musikstücks zu folgen und dadurch Töne und Impulse exakt und bewusst zu platzieren. Das richtige Timing entscheidet schon bei einzelnen Tönen über die Qualität der Improvisation.

2 Grundsätzlich geht ihr vor wie beim Echoklatschen.
* ★ Euer Lehrer gibt eine Frage in Form einer bestimmten eintaktigen Phrase für alle vor, die immer identisch beim Hineingehen wiederholt wird. Findet beim Herausgehen reihum einzeln eine eigene rhythmische Antwort.
* ★★ Einigt euch auf eine Frage, die ihr gemeinsam klatscht. Findet beim Herausgehen reihum einzeln eine eigene Antwort.
* ★★★ Gestaltet den Rhythmus mittels Bodypercussion und Vocussion weiter aus.

CD 3 / 23 – 26

Achtet weiter darauf, dass das Timing stimmt. Werdet nicht schneller! Es können als Playback wieder die „Rhythm Changes" aus den Hörbeispielen gespielt werden.

Kommunikation: Das Sender-Empfänger-Modell

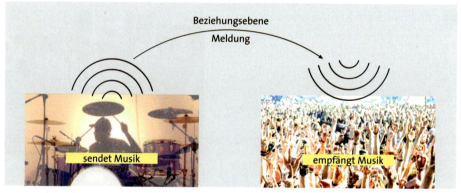

Kommunikation in der Musik

CD 3 / 29

3 Untersucht den Musikausschnitt und diskutiert in der Klasse, wie hier beim Musizieren Kommunikation stattfindet.

4 Überlegt, wie das oben stehende „Sender-Empfänger-Modell" gegebenenfalls ergänzt werden müsste.

Wenn man zu unseren „Rhythm Changes" verschiedene Töne improvisieren möchte, so ist schnell klar, dass es nicht egal ist, welche ausgewählt werden: Es gibt Töne, die passen immer, einige passen selten, andere gar nicht.

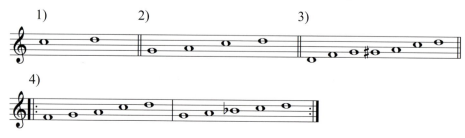

5 Improvisiert zu den „Rhythm Changes". Dazu könnt ihr euch in der Klasse selbst oder mithilfe der Hörbeispiele begleiten.

    ★   Improvisiert nur mit zwei Tönen (s. Notenbeispiel 1). Legt genau fest, wie lange jeder spielen darf. Achtet wieder auf das Timing.

    ★ ★   Improvisiert mit den Tonleitern 2 und 3.

    ★ ★ ★ Improvisiert mit den beiden Tonleitern aus 4. Wo liegt hier die besondere Herausforderung?

 CD 3 / 24, 25, 27

 Tilman Ehrhorn

6 Hört Tilman Ehrhorns Statement zum individuellen Code eines Jazzmusikers und arbeitet seine Meinung heraus.

 CD 7 / 55

Jan Garbarek – Is It Jazz?

Der Jazzsaxofonist Jan Garbarek (*4. März 1947 in Mysen/Norwegen) nahm zusammen mit dem Hilliard Ensemble, einem aus vier Sängern bestehenden britischen Vokalensemble, 1994 die CD „Officium" auf. Das auf die Musik der Renaissance spezialisierte Gesangsquartett veränderte die überlieferte Musik so, dass sie dem Saxofonsolo durch Singpausen Raum gab. Bis heute wird kontrovers diskutiert, ob man diese Musik aus der Kombination von Saxofon und alter Musik als Jazz bezeichnen kann.

> **Infobox**
>
> Das **Sanctus** ist Teil des *Ordinarium Missae*. Dies bezeichnet die feststehende Messordnung der römisch-katholischen Kirche, wie sie bis zum Zweiten Vatikanischen Konzil in lateinischer Sprache in Gebrauch war. Auch heute ist das Ordinarium Bestandteil einer jeden Messe der römisch-katholischen Kirche.

1 ★ Hört euch den Musikausschnitt genau an und sammelt Pro- und Kontra-Argumente, ob es sich bei diesem Beispiel um klassische Musik oder Jazz handelt. Tragt eure Ergebnisse dazu in eine Tabelle ein. Berücksichtigt für eure Argumentation die Elemente des Jazz ▶ S. 159.

 CD 3 / 30

	Jazzmusik	
Pro		Kontra

  ★ ★ Führt eine Podiumsdiskussion zur Frage durch, ob es sich bei diesem Beispiel um klassische Musik oder Jazz handelt.
(▶ Werkzeugkasten: Podiumsdiskussion, S. 268 f.)

Entwicklung des Jazz

Entwicklung des Jazz			Stationen der tontechnischen Entwicklung
Traditional — **Crossover**	1880		
	1890		
New Orleans Style			1896 – Erste Schallplatte aus Schellack
Dixieland Style	1900		
	1910		
New Orleans in Chicago			
Chicago Style Symphonic Jazz	1920		1920 – Erste kommerzielle Radiostation in Pittsburg, USA
Swing	1930		1927 – Produktion von 140 Millionen Grammofonplatten pro Jahr in den USA
Bebop Progressiv Jazz	1940		1942 – Erste Goldene Schallplatte für 1,2 Millionen verkaufter Exemplare von „Chattanooga Choo Choo" (Glenn Miller Orchestra)
Latin Jazz			
Cool Westcoast	1950		
Hardbop Jazz und Neue Musik			
Free Jazz	1960		
	1970		
Fusion			
	1980		1982 – Compact Disc (CD) mit digitaler Audiospeicherung in hoher Klangqualität; Musical Instrumental Digital Interface (MIDI)
Smooth Jazz			
Jazz und Hip Hop	1990		1990er – MP3 mit digitaler Audiospeicherung in kleineren Datenmengen
Jazz und Techno			
	2000		2001 – Der mobile MP3-Player setzt sich durch
	2010		ab 2003 – Internetplattformen wie YouTube, Myspace, Soundcloud, Facebook u. a. setzen sich durch

Polystilistische Variabilität

Infobox

Wenn sich verschiedene musikalische Genres so vermischen, dass man die Musik keinem mehr eindeutig zuordnen kann, weist man der Musik den Begriff **Crossover** (engl. Überschneidung) zu. Oft verdeutlicht man, welchen verschiedenen Richtungen die Musik entlehnt wurde. Je weniger man eine Musik einem einzelnen Genre zuordnen kann, desto eher wird die Bezeichnung Crossover verwendet.

1 Erläutert Aufbau und Logik der obigen Tabelle (▶ Musikindustrie, S. 214 ff.).

2 ★ Diskutiert, welche Umstände musikalische Vielfalt im Jazz unterstützen.

★★ Erörtert, welchen Herausforderungen sich ein Jazzmusiker in der heutigen Zeit stellt.

Musikbeispiele zur Entwicklung des Jazz

 CD 3 / 31–33

Steckbrief
New Orleans Style (ab 1900)

Charakterisierung:
Besetzung: Kornett/Trompete, Posaune, Klarinette (dominante Instrumente); Tuba/Kontrabass, Banjo/Gitarre, Schlagzeug, manchmal Klavier
- kollektive Improvisation, dadurch polyphone Stimmführung
- „two-beat-feel" durch regelmäßige Betonung der Zählzeiten 1 + 3 (Bass) und 2 + 4 (Snare-Drum, Akkordinstrumente)

wichtige Musiker:
King Oliver, Louis Armstrong (Trompete)

wichtige Bands:
The Creole Jazz Band, The Hot Five, The Hot Seven, Original Dixieland Jazz Band

King Oliver's Creole Jazz Band

Polyphonie
Suchen ● Im Web

Glenn Miller And His Orchestra

riffs, shout chorus
Suchen ● Im Web

Steckbrief
Swing (ab 1930)

Charakterisierung:
Besetzung: Bigband (2 Altsaxofone, 2 Tenorsaxofone, Baritonsaxofon. 3–4 Trompeten, 3–4 Posaunen, Klavier, Gitarre, Kontrabass, Schlagzeug)
- Tanz- und Konzertmusik
- Swing-Groove (▶ S. 160 ff.)
- im notierten Arrangement oft mit „shout choruses" und „riffs"

wichtige Musiker:
Fletcher Henderson, Duke Ellington, Count Basie (Klavier), Benny Goodman (Klarinette), Glenn Miller (Posaune), Lester Young (Tenorsaxofon)

wichtige Bands:
Duke Ellington Orchestra, Count Basie Orchestra, Benny Goodman Orchestra, Glenn Miller And His Orchestra

Steckbrief
Bebop (ab 1940)

Charakterisierung:
Besetzung: Combo oft im Quintett (Trompete, Saxofon, Klavier, Kontrabass, Schlagzeug)
neue ausdrucksstarke musikalische Sprache durch
- sehr schnelle Tempi
- hochvirtuose und instrumentaltechnisch anspruchsvolle Soli
- dissonanzreiche und schnell wechselnde Akkorde

wichtige Musiker:
Charlie Parker (Altsaxofon), Dexter Gordon (Tenorsaxofon), Dizzy Gillespie (Trompete), Thelonius Monk, Bud Powel (Klavier), Kenny Clarke, Max Roach (Schlagzeug)

wichtige Bands:
Charlie Parker Quintet, weitere Combos mit den oben genannten Musikern

3 Vergleicht die beiden Fotos miteinander. Erläutert, was man in der Inszenierung der Bilder über die Musik erfährt.

4 Macht euch mit den drei Hörbeispielen zu den drei Jazzstilen vertraut (▶ S. 178). Ordnet die Ausschnitte den Stilen zu und begründet eure Entscheidung.

Dissonanz
Suchen ● Im Web

CD 3 / 34 Titel: **Free Jazz**
Stil: Free Jazz
Band: Ornette Coleman
Doppel-Quartett
Aufnahmejahr: 1960

CD 3 / 35 Titel: **Birdland**
Stil: Fusion, Rock-Jazz
Band: Weather Report
Aufnahmejahr: 1977

CD 3 / 36 Titel: **Chucho**
Stil: Latin Jazz
Band: Paquito D'Rivera
Aufnahmejahr: 1981

Weather Report: Joe Zawinul (Keyboards)

5 Vergleicht die drei Hörbeispiele miteinander und tragt die besonderen Merkmale der Musik in eine dreispaltige Tabelle ein. Die folgenden Arbeitshinweise helfen euch dabei:

Free Jazz	Birdland	Chucho
Erklärt, auf welche Weise hier ein „Doppel-Quartett" musiziert. Hört euch dafür den rechten und linken Kanal der Aufnahme getrennt an.	Untersucht, welche Gruppe an Instrumenten in diesem Musikbeispiel dominieren. Das obige Foto hilft euch dabei.	Arbeitet die Besetzung heraus.

CD 4 / 01 Titel: **der nagel**
Band: NDR Bigband und Ernst Jandl (Sprecher)
Text: Ernst Jandl: Aus der Kürze des Lebens
Komposition: Dieter Glawischnig (1982)
Aufnahmejahr: 1989

der nagel
festnageln ich will
diesen da tag, jeden da
jeden da tag da fest
5 nageln ich will dass nicht
mehr er entkomme mir dass nicht
mir er entkomme mehr dass nicht
einer entkomme mir mehr nicht ein
einziger mehr mir entkomme wie
10 vorher als so viele ich nicht
festgenagelt habe mit gedicht

Titel: **Einfach mit Jazz** CD 4 / 02
Band, Text, Komposition: Jazzkantine
Aufnahmejahr: 1996

Einfach mit Jazz (3. Strophe)
Hip Hop und Jazz ist 'ne coole Kreation
zieh's dir rein mein Sohn ich stell sie auf den Thron
der Rhythmus ist nicht gesampelt und der Beat ist nicht geklaut
5 denn Jazz-Musik wird immer noch von Menschen aufgebaut
guck da sitzt wer an dem Schlagzeug und da spielt wer Saxofon
das einzig elektronische ist nur das Mikrofon
darum mache ich die Musik, sie stirbt nie aus
ich hole einmal Luft und lass' die Reime einfach raus ...

_{Musik: Christian Eitner, Jan-Heie Erchinger; Text: Karsten Löwe © 100 HIP HOP EDITION, Arabella Musikverlag GmbH, Berlin, EMI Music Publishing Germany GmbH & Co. KG, Hamburg}

Titel: **Jauchzet, frohlocket!** CD 4 / 03
Band: WDR Bigband und King's Singers
Text: Christian Friedrich Henrici
Komposition: Johann Sebastian Bach, Weihnachtsoratorium, Beginn des Ersten
Teils (1734), BWV 248 in einem Arrangement von Bill Dobbins
Aufnahmejahr: 2009

Jauchzet, frohlocket! auf, preiset die Tage,
Rühmet, was heute der Höchste getan!
Lasset das Zagen, verbannet die Klage,
Stimmet voll Jauchzen und Fröhlichkeit an!
5 Dienet dem Höchsten mit herrlichen Chören,
Lasst uns den Namen des Herrschers verehren!

6 Hört euch die drei Musikbeispiele CD 4 / 01, 02, 03 an. Diskutiert, welchem Stil die Musik zugeordnet werden kann. Die Zeittafel „Entwicklung des Jazz" (▶ **S. 176**) hilft euch dabei.

7 Ihr besucht ein Jazzfestivalkonzert mit dem Thema „Jazz und Wort". Dabei werden euch die drei obigen Musikstücke präsentiert. Hört euch die Tonbeispiele genau an und setzt euch mit der Musik des Konzerts schriftlich auseinander, indem ihr eine der drei Textsorten anfertigt:
  ★   Brief an einen Freund
  ★ ★   Leserbrief in einer Zeitung
  ★ ★ ★ Konzertkritik durch einen Musikredakteur.
Berücksichtigt dabei die präsentierten Texte und greift auch auf euer Wissen zum Thema Jazz zurück.

FDJ-Zug anlässlich des
11. Parteitages der SED 1986

Musik aus „Vorwärts, Freie Deutsche Jugend":
„[...] Vorwärts, Freie Deutsche Jugend!/
Der Partei unser Vertraun!/
An der Seite der Genossen woll'n wir heut das Morgen baun! [...]"

Borussia Dortmund

Musik aus Krypteria, BVB Meisterhymne 2011:
„Unser Stolz Borussia./
Schwarz-gelb schlägt unser Herz./Wir schwören dir ewige Treue [...]"

Musik und Politik

Die Gruppe Rammstein 2012 in Moskau

Musik aus dem Video „Amerika" von Rammstein:
„We're all living in Amerika/Amerika ist wunderbar
We're all living in Amerika/Amerika/Amerika [...]/This is not a love song [...]"

CD 8 / Rammstein

1. Beschreibt die Abbildungen und erklärt, in welchem Zuammenhang sie entstanden sind.

2. Ordnet die Musik den Bildern zu.   CD 4 / 04

3. Stellt dar, wo musikalische Gemeinsamkeiten und Unterschiede in den Musikausschnitten zu finden sind. Fertigt dazu eine Tabelle an.

4. „Identifikation", „Manipulation" und „Kritik":
   ★ Ordnet die Begriffe den Musikstücken zu. Wo fällt es schwer, eine Zuordnung vorzunehmen? Begründet eure Entscheidung.
   ★ ★ Diskutiert eure Zuordnung der Begriffe zu den Musikbeispielen.

Identifikation

Die Nationalhymne der Bundesrepublik Deutschland

Nach der Wahl des Bundespräsidenten

1 Beschreibt die abgebildeten Szenen und erläutert die Situation, zu der die dritte Strophe der deutschen Nationalhymne hier gesungen wird.

`Deutsche Nationalhymne` `Suchen` ○ Im Web

Zu offiziellen Anlässen soll nur die dritte Strophe der deutschen Nationalhymne gesungen werden.

2 Recherchiert, warum die ersten beiden Strophen nicht gesungen werden dürfen.

3 Recherchiert, zu welchen offiziellen Anlässen die Nationalhymne der Bundesrepublik Deutschand erklingt.

4 Erstellt eine Mindmap zu den Gründen, warum Nationalhymnen gesungen werden.

Deutsche Fußballnationalmannschaft am 9.2.2011 vor einem Spiel gegen Italien

Deutsche Nationalhymne

Musik: Joseph Haydn
Text: Hoffmann von Fallersleben

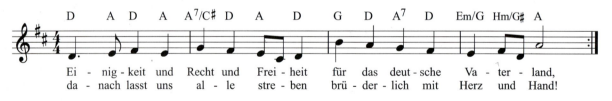

Ei - nig - keit und Recht und Frei - heit für das deut - sche Va - ter - land,
da - nach lasst uns al - le stre - ben brü - der - lich mit Herz und Hand!

Ei - nig - keit und Recht und Frei - heit sind des Glü - ckes Un - ter - pfand.

Blüh' im Glan - ze die - ses Glü - ckes, blü - he, deut - sches Va - ter - land!

5 Arbeitet die musikalischen Merkmale dieser „offiziellen Fassung" von Friedrich Deisenroth heraus und bewertet sie im Hinblick auf ihre Wirkung beim Hörer.

🎧 CD 4 / 05

Vor dem Hintergrund einer Debatte in den USA über eine spanische Version der US-Hymne forderte der Politiker Hans-Christian Ströbele in einem Interview in der „Berliner Zeitung" am 2.5.2006:

„Ich würde es als Zeichen der Integration werten, wenn türkisch-stämmige Mitbürger die dritte Strophe auf türkisch singen könnten. [...] Das wäre auch ein Symbol für die Vielsprachigkeit Deutschlands."

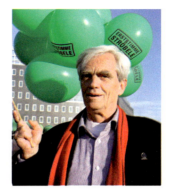

Hans-Christian Ströbele

6 Podiumsdiskussion (▶ Werkzeugkasten, S. 268 f.):
Nehmt Stellung zu der Position von Christian Ströbele. Was spricht dafür, was gegebenenfalls dagegen?

Die Meisterhymne des BVB

Borussia Dortmund wurde 2011 und 2012 zweimal hintereinander Deutscher Meister in der Fußball Bundesliga. Den Ballsportverein Borussia (BVB) veranlasste der Erfolg in der Saison 2010/2011, eine „Meisterhymne" in Auftrag zu geben. Die Band „Krypteria" und der Produzent Dieter Falk bearbeiteten und vertonten dazu einen Teil des bekannten Marsches des englischen Komponisten Edward Elgar (1857–1934): „Pomp and Circumstance", op. 39, Military Marches, No. 1 in D Major.

Borussia Dortmund 2011

1 Wie gelingt es dem Produzenten, möglichst viele Fans zum Mitsingen zu motivieren? Nehmt dazu eine Höranalyse des Liedes vor und notiert euch die entsprechenden musikalischen Parameter (▶ S. 144 ff.).

🎧 CD 4 / 06

2 Entwickelt eine eigene Hymne auf der Grundlage von Elgars Marsch.
  a) Einigt euch in der Klasse, zu welchem Thema und mit welchem Ziel ihr eine Hymne schreiben wollt.
  b) Definiert die Zielgruppe, die mit eurem Lied erreicht werden soll.
  c) Erfindet einen entsprechenden Text zu Elgars Melodie.
  d) Passt in der Aufführung die musikalische Gestaltung der Hymne eurer Zielsetzung an.

Pomp and Circumstance, op. 39, Military Marches, No 1 in D Major

Musik: Edward Elgar
Arrangement: Burkhard F. Fabian

Manipulation

Fackelzug der FDJ in Berlin zum 40. Jahrestag der DDR, Berlin, 06.10.1989

Die „Freie Deutsche Jugend" (FDJ) wurde 1946 gegründet und war in der DDR bis 1990 die einzige der SED eng verbundene staatliche Massenorganisation für Jugendliche. FDJ-Gruppen befanden sich an allen Schulen, Universitäten,

Betrieben und vielen anderen Einrichtungen. Für alle Jugendlichen ab dem 14. Lebensjahr war die Mitgliedschaft in der FDJ eine Art „freiwilliger Zwang": Jugendliche, die nicht Mitglied der FDJ waren, hatten damit zu rechnen, dass ihnen bestimmte Bildungs- und Karriereziele verwehrt würden. 1988 hatte die FDJ ca. zwei Millionen Mitglieder. Ziel der FDJ war es, die Heranwachsenden im Sinne der DDR-Staatsdoktrin politisch zu bilden und zu erziehen, für sie ein oft finanziell reichlich ausgestattetes Verbandsleben in Sport- und Kulturveranstaltungen zu organisieren und sie an Massenkundgebungen des Staates teilnehmen zu lassen. Zu solchen Großveranstaltungen gehörten zum Beispiel Aufmärsche zum Republikgeburtstag (7. Oktober) oder zum „Tag der Arbeit" (1. Mai), zentral organisierte Pfingsttreffen und Jugendweltfestspiele. Viele der gut einstudierten „Lieder der FDJ" wurden auf diesen Veranstaltungen gemeinsam und auswendig gesungen.

Titelseite eines Liederbuches der FDJ

1 Fasst die Bedeutung, die die FDJ in der DDR gehabt hat, mit eigenen Worten zusammen.

2 Überlegt gemeinsam: Warum wurde aus Sicht der Regierenden großer Wert auf die Teilnahme an Massenveranstaltungen gelegt?

3 Beschreibt die Wirkung, die das Lied auf euch hat. (▶ Werkzeugkasten: Musik beschreiben nach Parametern, S. 144ff.)   🎧 CD 4 / 07

Das erste Lied aus dem Buch „Lieder der FDJ"

Lernt im Geiste Thälmanns kämpfen
für die junge Republik!
Unsre Zeit braucht Herz und Hände,
und der Frieden braucht den Sieg!

   Vorwärts...

Seid bereit und kampfentschlossen,
wenn Gefahren uns bedrohn!
Unsre Zeit will Glück und Frieden,
Freundschaft zur Sowjetunion!

   Vorwärts...

Worte: Karlheinz Thiele
Musik: Erwin Thiele

© Verlag Neue Musik GmbH, Berlin

4 Untersucht, warum die Melodie des Liedes besonders gut singbar und eingängig ist.

5 Weist am Tonbeispiel und am Notentext Merkmale von Militärmusik nach.

6 Arbeitet die Textaussagen heraus und bewertet das Zusammenwirken von Textbotschaft und Musik.

Kritik

CD 4 / 08 Die Ärzte: Schrei nach Liebe

[Intro]

[Strophe]
Du bist wirklich saudumm,
Darum geht's dir gut.
5 Hass ist deine Attitüde.
Ständig kocht dein Blut.

Alles muss man dir erklären,
Weil du wirklich gar nichts weißt,
Höchstwahrscheinlich nicht einmal,
10 Was Attitüde heißt.

[Refrain]
Deine Gewalt ist nur ein stummer Schrei nach Liebe.
Deine Springerstiefel sehnen sich nach Zärtlichkeit.
Du hast nie gelernt, dich zu artikulieren
15 Und deine Eltern hatten niemals für dich Zeit.
Oh, oh, oh – Arschloch.

[Zwischenspiel]

[Strophe]
Warum hast du Angst vorm Streicheln?
20 Was soll all der Terz?
Unterm Lorbeerkranz mit Eicheln,
Weiß ich, schlägt ein Herz.

Und Romantik ist für dich
Nicht bloß graue Theorie.
25 Zwischen Störkraft und den Onkelz
Steht 'ne Kuschelrock-LP.

Infobox

„Störkraft" (1987 – ca. 1995) und „Böhse Onkelz": Rockbands, deren Liedtexte oft in verschlüsselter und uneindeutiger Form extremes Gedankengut zu vermitteln suchten.

[Refrain]
Deine Gewalt ist nur ein stummer Schrei nach Liebe.
Deine Springerstiefel sehnen sich nach Zärtlichkeit.
30 Du hast nie gelernt, dich zu artikulieren
Und deine Eltern hatten niemals für dich Zeit.
Oh, oh, oh – Arschloch.

[Zwischenspiel]

[Strophe]
35 Weil du Probleme hast, die keinen interessieren.
Weil du Schiss vorm Schmusen hast,
Bist du ein Faschist.
Du musst deinen Selbsthass nicht auf andere projizieren,
Damit keiner merkt, was für ein lieber Kerl du bist.

40 [Refrain]
Deine Gewalt ist nur ein stummer Schrei nach Liebe.
Deine Springerstiefel sehnen sich nach Zärtlichkeit.
Du hast nie gelernt, dich artizukulieren
Und deine Freundin, die hat niemals für dich Zeit.
45 Oh, oh, oh – Arschloch, Arschloch, Arschloch.

[Outro]

Text: Farin Urlaub, Dirk Felsenheimer © 1993 by Edition Brausebeat, Musik Edition Discoton GmbH, Berlin

1 a) Sammelt in Stichworten eure ersten spontanen Eindrücke über das Lied.
b) Entscheidet gemeinsam, welche Aspekte ihr genauer untersucht.

2 Analysiert den Text:
a) Welche These stellen die „Ärzte" auf?
b) Wie wird die These begründet?
c) Klärt unbekannte Begriffe.

Geht auf die Suche
z. B. zu Hause,
in der Bibliothek

3 Teilt das Musikstück in seine Formteile ein und notiert, wie diese musikalisch gestaltet wurden.

4 Untersucht das Zusammenwirken von Text und Musik in den verschiedenen Teilen und beschreibt den Einfluss, den diese Musik dabei auf die Textaussagen nimmt.

5 Analysiert das Outro:
a) Inwiefern unterscheidet es sich in der musikalischen Gestaltung von den vorangehenden Teilen?
b) Erklärt den Gestaltungsunterschied vor den Fragen, die im Song gestellt werden: Was soll der Song bewirken? An wen richtet sich das Lied?

Die Ärzte, Hamburg, 2.12.2009

Videoclip – Rammstein: Amerika

Die Rockband Rammstein ist bekannt für aufwendig produzierte Bühnenshows und Videoclips. Am 20. August 2004 veröffentlichte sie bei MTV im Rahmen des Albums „Reise, Reise" das Musikvideo „Amerika". Wie fast alle Videoclips weist auch der vorliegende eine sehr hohe Schnitt- und Bilddichte auf. Dabei sind Bild und Bildausschnitt, Kameraeinstellung oder -bewegung, Geste, Mimik oder Handlung der Personen, Requisiten und Kulissen durch den Regisseur bis ins Detail geplant. In der aufwendigen Synthese von Bild und Musik entsteht im Videoclip eine Kunstform, die nicht nur der Vermarktung von Band und Song dient, sondern oft das Thema des Musikstücks filmisch inszeniert. Häufig finden sich in den Songs und Musikvideos der Gruppe Rammstein Botschaften, die mehrdeutig und verschlüsselt sind.

Rammstein auf dem Hurricane Festival

CD 8 / Rammstein

1 Analysiert den Songtext „Amerika".
   a) Lest den Text und klärt Begriffe, die ihr nicht kennt.
   b) Formuliert eine Arbeitshypothese. Beginnt so: „In dem Songtext ‚Amerika' geht es um ..."
   c) Begründet eure Hypothese, indem ihr auf treffend ausgewählte Aussagen im Text eingeht.

Rammstein: Amerika

We're all living in Amerika.
Amerika ist wunderbar.
We're all living in Amerika,
Amerika,
5 Amerika.

We're all living in Amerika.
Amerika ist wunderbar.
We're all living in Amerika,
Amerika,
10 Amerika.

Wenn getanzt wird, will ich führen,
Auch wenn ihr euch alleine dreht.
Lasst euch ein wenig kontrollieren.
Ich zeige euch, wie's richtig geht.

15 Wir bilden einen lieben Reigen.
Die Freiheit spielt auf allen Geigen.
Musik kommt aus dem Weißen Haus
Und vor Paris steht Mickey Mouse.

We're all living in Amerika.
20 Amerika ist wunderbar.
We're all living in Amerika,
Amerika,
Amerika.

Ich kenne Schritte, die sehr nützen
25 Und werde euch vor Fehltritt schützen.
Und wer nicht tanzen will am Schluss,
Weiß noch nicht, dass er tanzen muss.

Wir bilden einen lieben Reigen.
Ich werde euch die Richtung zeigen.
30 Nach Afrika kommt Santa Claus
Und vor Paris steht Mickey Mouse.

Were all living in Amerika.
Amerika ist wunderbar.
We're all living in Amerika,
35 Amerika,
Amerika.

We're all living in Amerika,
Coca Cola, Wonderbra.
We're all living in Amerika,
40 Amerika,
Amerika.

This is not a love song.
This is not a love song.
I don't sing my mother tongue.
45 No, this is not a love song.

[Zwischenspiel]

We're all living in Amerika.
Amerika ist wunderbar.
We're all living in Amerika,
50 Amerika,
Amerika.

We're all living in Amerika,
Coca Cola, sometimes war.
We're all living in Amerika,
55 Amerika,
Amerika.

[Zwischenspiel]

„So say again please."
„... think we've had a problem here."

Text: Richard Kruspe, Paul Landers, Till Lindemann, Doktor Christian Lorenz, Oliver Riedel, Christoph Doom Schneider © Musik Edition Discoton GmbH, Berlin, Tamtam Fialik Musikverlag, Berlin

Infobox

Das **Musikvideo „Amerika"** wurde überwiegend in den Nächten des 6. und 7. August 2004 in den Ruinen des ehemaligen Chemiewerks Rüdersdorf bei Berlin unter der Regie von Jörn Heitmann gedreht. Die Raumanzüge, eine Nachbildung der Anzüge aus dem Apolloprogramm, dem amerikanischen Mondfahrtprogramm der 1960er- und 1970er-Jahre, wurden aus Hollywood ausgeliehen. 240 Tonnen Asche waren nötig, um eine Mondlandschaft in der Werkshalle nachzubilden.

Der Zuhörer soll seine eigenen Gedanken entwickeln können

O-Ton: Ist es ein wichtiges Anliegen von Rammstein, Themen, die in unserer Gesellschaft oft tabuisiert und schambesetzt sind, anzusprechen?
Richard Kruspe von Rammstein: Das erste Anliegen ist es, uns selbst nicht zu zensieren und uns auch nicht von anderen zensieren zu lassen. Die Themen unserer Songs sind nicht unbedingt unsere eigenen, persönlichen Themen. Im Normalfall arbeiten wir so, dass anfangs nur ein musikalisches Grundgerüst existiert. Da die Musik oft härter ist, muss der Text sich entsprechend anpassen. Wir thematisieren eher die dunkle Seite menschlicher Beziehungen.

Gab es einen konkreten Anlass, den Song „Amerika" zu schreiben? Welcher war das?
Wir arbeiten meist intuitiv. Als Band haben wir keine politische Motivation. Zur Zeit der Entstehung des Liedes regierte George Bush Amerika, es herrschte Krieg im Irak. Der Rest der Welt war sehr genervt von der Arroganz und dem unerträglich dominanten Auftreten der Staaten. Im Kontext dieser Stimmung ist das Video entstanden, das auf ironische Art mit diesem Thema umgeht. Die Texte sind bei uns im besten Sinne immer offen, sodass es mehrere Möglichkeiten der Auslegung gibt.

Die Sprache der Bilder im Video „Amerika" ist intensiv und vielfältig. Wie detailliert hat Rammstein Einfluss genommen auf die Gestaltung des Videos?
Das kommt immer auf den Regisseur des Videos an. Manchmal bringt Rammstein eigene Ideen für ein Video mit. Im Fall von „Amerika" haben wir im Vorfeld viele mögliche Bilder für das Video an den Regisseur Jörn Heitmann herangetragen.

Viele Botschaften in der Musik von Rammstein sind verschlüsselt. Welchen Grund gibt es dafür?
Der Zuhörer soll seine eigenen Gedanken dazu entwickeln können. Das ist viel spannender.

Rammstein hat eine sehr große Fangemeinde in den Vereinigten Staaten von Amerika. Hatte man daher Bedenken, einen solchen Song zu veröffentlichen?
Wie gesagt, unser Grundsatz ist: Wir zensieren uns nicht selbst und lassen uns auch nicht zensieren.

Wenn Sie versuchen, die Musik Rammsteins einem Stil oder Genre zuzuordnen, welcher ist das?
Das ist schwierig. Die Band hat ihren eigenen, wie ich finde einmaligen Stil entwickelt. Rammstein lässt sich keinem Genre oder Stil hundertprozentig zuordnen – was sehr positiv ist.

Was ist Ihnen wichtig, den Schülerinnen und Schülern, die eine eigene Band haben, mitzuteilen?

Zunächst würde ich sie fragen, was ihre Motivation ist, Musik zu machen. Wenn die Antwort ist, um reich und berühmt zu werden, würde ich sagen: sofort aufhören! Wenn sie Leidenschaft haben, dann ist es wichtig, so authentisch wie möglich zu bleiben, mit einem eigenen Sound, wie es bei „Kraftwerk" oder den „Einstürzenden Neubauten" der Fall ist. In einem Leben als Musiker muss man mit Höhen und Tiefen rechnen. Es ist ein einsamer Weg, der extrem viel Disziplin und Durchhaltevermögen erfordert ... und manchmal scheint auch die Sonne!

Sehr geehrter Herr Kruspe, vielen Dank für das Gespräch.

2 a) Benennt die Themen, die im Interview besprochen werden, und stellt die Positionen von Richard Kruspe dazu heraus.
b) Sofern ihr selbst Musik macht oder machen wollt: Welche Motive leiten euch beim Musikmachen?
c) Überlegt, warum Richard Kruspe das Motiv beim Musikmachen, „reich und berühmt zu werden", ablehnt?
d) Botschaften in den Texten von Rammstein erscheinen oft verschlüsselt. Untersucht den Text von „Amerika" (▶ S. 191) auf solche verschlüsselten Botschaften.

3 Untersucht das Zusammenwirken von Bild, Musik und Liedtext des Clips „Amerika" vor dem Hintergrund eurer zuvor aufgestellten Arbeitshypothese. Bearbeitet dafür die folgenden Aufgaben:
a) Teilt die Musik in ihre verschiedenen Abschnitte ein und beschreibt ihre unterschiedlichen musikalischen Merkmale.
b) Stellt fest, inwieweit sich die Textaussage durch Musik und Bilder verändert. (Tipp: Schaut euch die Abschnitte in Zeitlupe an und wählt Standbilder aus, die ihr genauer untersucht.)
c) Sammelt eure Ergebnisse in einer Tabelle:

🎧 CD 8 / Rammstein

Songtextzitat	Musikalische Merkmale	Standbildbeschreibung	Wirkung/Aussage
?	?	?	?

Am Ende zitiert das Video Audiomaterial aus dem Funkverkehr zwischen dem Kontrollzentrum Houston, von wo aus die Mondmissionen betreut und gesteuert wurden, und der Raumfähre Apollo 13.

4 Diskutiert: Inwiefern hat die konkrete Einbindung der Odyssee der Apollo 13 in das Musikvideo Einfluss auf die Botschaft des Clips?

5 Untersucht den Anlass für das Musikvideo, indem ihr seine Entstehungszeit in den historischen Kontext einordnet.

Lady Gaga

Zarah Bruhn

Ian Anderson (Jethro Tull)

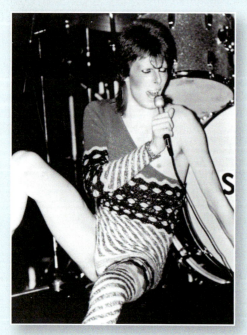

David Bowie

K. D. Lang

Musik und Gender

Jason James (Bullet for My Valentine)

Judith Holofernes (Wir sind Helden)

Als *Gender* bezeichnet man das soziale Geschlecht von Menschen. Während die primären körperlichen Unterschiede zwischen Männern und Frauen biologisch bedingt sind, sind viele Unterschiede im Verhalten gesellschaftlich erlernt.

1. Was fällt euch zum Thema Gender-Rollen in der Musik ein?
2. Führt in eurer Klasse eine Befragung durch: Welche Instrumente spielt ihr oder würdet ihr gerne spielen? Warum?
3. Versucht anhand der Begründungen zu erklären, nach welchen Gesichtspunkten sich Menschen „ihr" Instrument aussuchen.
4. Vergleicht die Antworten der Jungen und der Mädchen. Gibt es „Mädchen- und Jungen-Instrumente" oder Unterschiede in den Begründungen?

Billy Elliot – ein Tanzfilm

Als Sohn eines englischen Minenarbeiters soll der elfjährige Billy Elliot boxen lernen, doch durch Zufall gerät er stattdessen in eine Ballettschule. Auch wenn er zunächst unter den Mädchen in ihren Tüllröckchen etwas fremd wirkt, stellt sich schnell heraus, dass er großes Talent zum Tanzen hat und mit Leidenschaft bei der Sache ist.

Billy Elliot, Szene 2, 0:06:11

1 Betrachtet die Bilder oder die Szenen von Billys erster Ballettstunde. Beschreibt die darauf zu sehenden Unterschiede zwischen den Mädchen und Billy.

Billys Vater ist befremdet. Sein Sohn soll ein „echter Mann" werden und Ballett ist seiner Meinung nach nur etwas für Mädchen. Deshalb verbietet er Billy weiteren Ballettunterricht. Erst nachdem er Billy versehentlich beim Tanzen beobachtet, erkennt er, wie wichtig Billy das Ballett ist.

Infobox

Ballett ist künstlerischer Bühnentanz zu klassischer Musik und besteht aus einer festen Sammlung an Bewegungsfiguren. Ballett entstand im 16. Jahrhundert an den französischen und italienischen Fürstenhöfen und war im 19. Jahrhundert in Frankreich und Russland sehr beliebt. Balletttänzerinnen (Ballerinas) tragen im klassischen Ballett Tüllröckchen, sogenannte Tutus (sprich: Tütü). Männer tragen Hosen.

Billy Elliot, Szene 5, 0:24:37

2 Diskutiert die von Billys Vater in der Szene vorgebrachte Meinung, dass Tanzen nur etwas für Mädchen ist. Stimmt ihr ihm zu? Begründet eure Meinung.

3 Sammelt Informationen: Wer tanzt in eurer Klasse? Welche Tanzstile tanzt ihr?

4 Findet andere musikalische Tätigkeiten, die als eher weiblich oder eher männlich angesehen werden.

5 Diskutiert: Was geschieht, wenn man derartige „Regeln" bricht?

6 Recherchiert im Internet: Waren im 15. und 16. Jahrhundert häufiger Männer oder Frauen im Bühnentanz zu sehen?

7 Recherchiert Informationen zum Tanzfilm und fertigt dazu ein Poster an.

Männer, Frauen und Instrumente

Der Pfarrer und Komponist Carl Ludwig Junker schrieb 1783 in seiner Abhandlung „Vom Kostüm des Frauenzimmer Spielens":

Frau mit Poschen (Hüftreifrock) und Fontange (Hochfrisur)

„Wenn wir ein Frauenzimmer die Violin, das Horn oder den Bass spielen sehen, so empfinden wir ein gewisses Gefühl des Unschicklichen, das, wie mir dünkt, den Eindruck des vorgetragenen Stücks selbst schwächt. [...] Es kommt uns also lächerlich vor, wenn wir ein Frauenzimmer in Poschen,
5 noch schlimmer, allenfalls im Reifrock, am großen Violon erblicken; lächerlich, wenn wir sie in großen, hin und her fliegenden Manschetten die Violin, lächerlich, wenn wir sie in hoher Fontange das Horn blasen sehen. [...] Zudem erfordern jene Saiteninstrumente oft eine schnelle, heftige, gewaltsame, rasche Bewegung, die mir allerdings noch überdem, deswegen
10 komisch zu sein scheint, weil sie mit der anerkannten Schwäche des zweiten Geschlechts gar in keiner Verbindung steht. [...] Das Gefühl von Unschicklichkeit kann ferner daher entstehen, wenn die Natur des Instruments mit dem anerkannten Charakter weiblicher Schwäche nicht in Verbindung steht [...] Zum Beispiel: Trompete, Pauken – sein sie nicht ei-
15 gentlich Kriegsinstrumente? [...] muss die Seele denn nicht die Unschicklichkeit fühlen, die zwischen der Natur des Instruments und der Spielenden herrscht? [...] Zuletzt, das Gefühl des Unschicklichen kann entspringen, aus der Disproportion, die zwischen der lokalen Stellung des Körpers und dem eigentlichen Dekorum[1] herrscht: Wieder nur ein Fall, der
20 auf das zweite Geschlecht passt. [...] Ein Frauenzimmer spielt das Violoncell, sie kann hierbei zwei Übelstände nicht vermeiden. Das Überhängen des Oberleibs, wenn sie hoch – nahe am Steg – spielt, und also das Pressen der Brust; und denn eine solche Lage der Füße, die für tausende Bilder erwecken, die sie nicht erwecken sollten; sed sapienti sat[2]."

[1] Dekorum: Schicklichkeit – [2] sed sapienti sat (lat.): Aber genug für den Wissenden

(Rechtschreibung wurde aktualisiert.)

1. Beschreibt mit Bezug auf das Bild auf S. 197, welche Verbindungen von Musizieren und der damaligen Frauenmode Carl Ludwig Junker als lächerlich empfand.

2. Fasst zusammen, welche musikalischen Tätigkeiten er von Frauen als unschicklich ansieht und warum.

3. Kommentiert Junkers Ansichten aus eurer Perspektive.

4. Junker schreibt, das Gefühl der Unschicklichkeit bei bestimmten Körperstellen sei „wieder nur ein Fall, der auf das zweite Geschlecht passt" (d. h. auf Frauen). Teilt ihr seine Ansichten?

5. Gibt es auch heutzutage „Fraueninstrumente" und „Männerinstrumente"? Tragt sie in einer Tabelle zusammen.

Die britische Musikforscherin Mavis Bayton befasste sich 1997 mit der Frage, warum es so wenige berühmte E-Gitarristinnen gibt. Sie schrieb:

"For a man, a good performance on the electric guitar is simultaneously a good 'performance' of 'masculinity'. The 'heavier' the rock the more true that is. [...] The electric guitar, as situated in the masculinist discourse of rock, is virtually seen as an extension of the male body. [...] Heavy metal guitarists unashamedly
5 hold their guitar like a penis."

6. Gebt das Zitat von Mavis Bayton in eigenen Worten wieder.

7. Inwiefern deckt sich die Beschreibung Mavis Baytons mit eurer eigenen Erfahrung? Kommentiert das Zitat sowohl mit Bezug auf das nebenstehende Foto als auch auf andere Darstellungen euch bekannter Bands.

8. Baut Standbilder zum Thema „Gitarrist" und „Gitarristin" (▶ **Werkzeugkasten: Methoden der szenischen Interpretation, S. 123 f.)** und vergleicht die beiden Standbilder.

9. Teilt ihr Mavis Baytons Ansicht, dass die von ihr beschriebene „männliche" Gitarrenhaltung Frauen davon abhält, E-Gitarre zu spielen? Begründet eure Meinung.

10. Die Zitate von Junker (1783) und von Bayton (1997) sehen eine Verbindung zwischen Musizieren und Sexualität. Diskutiert beide Ansichten.

11. Vergleicht untereinander eure Tabellen von „Männer- und Fraueninstrumenten".
    a) Diskutiert, warum manche Instrumente eher von Männer oder eher von Frauen gespielt werden.
    b) Warum gibt es Personen, die gegen diese „Regeln" verstoßen?

... für Komponistinnen war es noch viel schwieriger

Frau Professor Hoffmann, was erforscht eine Gender-Forscherin in der Musikwissenschaft?
Wir erforschen in der Musikwissenschaft die Geschlechterverhältnisse im Musikleben und in der Musikgeschichte. Zum Beispiel, was die Gegenwart betrifft, die Frage, warum es in der Rock- und Popmusik zwar einige namhafte Sängerinnen gibt, die Bands aber weitgehend von Jungen und Männern dominiert werden. Oder warum Frauen in Orchestern immer noch unterrepräsentiert sind, vor allem in den Spitzenorchestern und bei den Bläsern und an der Pauke. In der Musikgeschichte gibt es erst recht unterschiedliche Entfaltungsmöglichkeiten von Männern und Frauen. Viele Komponisten hatten es sehr schwer, sich durchzusetzen, aber für Komponistinnen war es noch viel schwieriger. Es fing schon bei den unterschiedlichen Ausbildungsmöglichkeiten an. Und wenn eine Frau es tatsächlich geschafft hat, interessante Werke zu komponieren, sind sie oft nicht gedruckt oder bald nach ihrem Tod wieder vergessen worden. Insofern haben wir in der Gender-Forschung oft auch die Chance, zu Unrecht vergessene Kompositionen aufzufinden und zur Aufführung zu bringen.

Freia Hoffmann

Wie sind Sie zu Ihrem Forschungsbereich gekommen?
Ich bin Professorin für Musikpädagogik und mich hat es gestört, dass – auch in der Schule – Jungen und Mädchen so unterschiedliche Chancen haben oder wahrnehmen. Ich fand es schade, dass viele Jungen wenig Freude am Singen und auch am Tanzen hatten, während Mädchen in ihrer Musikpraxis oft so zurückhaltend und brav waren. Wer von ihnen hat sich schon getraut, ordentlich „auf die Pauke zu hauen"? Und welches Mädchen kam auf die Idee, eine Band zu gründen? Das ist heute vielleicht schon etwas anders, aber ich wünsche mir auf beiden Seiten mehr Mut, Grenzen zu überschreiten.

1 Vergleicht Freia Hoffmanns Ansichten mit eurer Sicht der Dinge. Stimmt ihr der Forscherin zu? Diskutiert eure Erfahrungen und Ansichten.

Können Sie uns von Ihrer spannendsten Entdeckung erzählen?
Die spannendste Entdeckung war sicherlich die Entdeckung einer Frau, die im 19. Jahrhundert Sinfonien komponiert hat. Frauen haben weder im Sinfonieorchester spielen noch solche Orchester leiten dürfen, noch haben sie meistens die Beziehungen gehabt, um ein solches Werk auch zur Aufführung bringen zu können. Es war natürlich für einen Hofkapellmeister wesentlich einfacher, seine eigenen Werke auch mit einem Ensemble zu spielen. Die meisten Komponistinnen, die wir aus dem 19. Jahrhundert kennen, haben deswegen vernünftigerweise klein besetzte Werke geschrieben, Klavierkompositionen. Louise Farrenc, eine französische Komponistin, hat, nachdem sie anfänglich auch für Klavier komponiert hatte, plötzlich Orchesterwerke ge-

Infobox

Louise Farrenc (1804–1875) studierte Komposition und Musiktheorie und lehrte als Professorin für Klavier am Pariser Konservatorium. Sie komponierte Klavier- und Orchesterwerke und gab zusammen mit ihrem Mann eine Notensammlung für Klavierwerke heraus.

schrieben, zuerst zwei Ouvertüren und dann drei Sinfonien. Als ich das entdeckt hatte, war ich natürlich sehr neugierig, diese Musik kennenzulernen, und habe mir aus der Bibliothèque Nationale in Paris die auf Film gespeicherte Handschrift besorgt. Wir haben uns als Erstes die dritte Sinfonie ausgesucht. Ich habe mir die Noten angesehen, aber ich wollte auch hören, wie es klingt ...

2 Spekuliert: Wie könnte das beschriebene Erlebnis weitergehen?

CD 4 / 09, 10

3 Hört euch den Interviewausschnitt an und erklärt, warum Freia Hoffmann erzählt, das Erlebnis habe sie angerührt.

Was ist am Thema „Musik und Gender" aus Ihrer Sicht für Schülerinnen und Schüler von heute wichtig?
Ich wünsche mir auf beiden Seiten mehr Mut: Bei den Jungen mehr Mut auch zu leisen Tönen, Mut zum Singen und zum Tanzen. Wer Lust hat, virtuos auf der Blockflöte zu spielen, sollte das nicht unterlassen, nur weil manche es vielleicht „unmännlich" finden. Die hohe Männerstimme ist wunderbar, man denke nur an Michael Jackson! Mädchen sollten alles, was sie machen möchten, einfach ausprobieren: die Trompete und die E-Gitarre ebenso wie das Drum-Set, die Improvisation wie die Komposition. Mal ordentlich Krach machen kann sehr befreiend wirken! Und damit Jungen wie Mädchen Grenzen überschreiten können, braucht es Vorbilder, in der Gegenwart wie in der Geschichte. Wenn eine Schülerin noch nie etwas von einer Komponistin gehört hat, wird sie kaum auf die Idee kommen, selbst Musik zu erfinden. Und wenn sie noch nie eine Dirigentin gesehen hat, wird sie kaum ein Dirigier-Studium an einer Musikhochschule anstreben. Die Schüler und Schülerinnen sollten wissen: Sie sind die Generation, die das Musikleben in Zukunft prägen wird. Und dann können sie auch wieder Vorbild für Jüngere werden.

Vielen Dank für das Interview!

CD 4 / 11

4 Hört euch den Interviewausschnitt mit Freia Hoffmann an, in dem sie sich zur Instrumentenwahl äußert. Fasst zusammen, welche Faktoren sie für das 19. Jahrhundert benennt und wie sie die Situation von heute beschreibt.

5 Vergleicht die von ihr genannten Aspekte mit den Ergebnissen eurer Umfrage. Welche Gemeinsamkeiten, welche Unterschiede stellt ihr fest?

Lise Cristiani
Suchen ○ Im Web

6 Recherchiert die Biografie von Lise Cristiani.

Androgynität – was ist denn das?

Musik kann auch eine Gelegenheit geben, den eigenen Körper als „anders" zu inszenieren und sich von gängigen Geschlechterrollen abzuheben.

Äußerliche Merkmale, die wir als „männlich" oder „weiblich" definieren, hängen oft nicht vom biologischen Geschlecht einer Person ab: Wir identifizieren bestimmte Kleidung und bestimmtes Styling als „männlich" oder „weiblich", doch ist dies nicht naturgegeben. Weist ein Mann (auch) „weibliche" oder eine Frau (auch) „männliche" Merkmale auf, bezeichnet man dies als „androgyn".

Marilyn Manson, 2007

Marlene Dietrich, 1930

1 Sammelt euer Wissen über die hier abgebildeten Musiker und Musikerinnen und ihre Musik.

Geht auf die Suche z. B. zu Hause, in der Bibliothek

2 Gebt folgendes Zitat der Musikwissenschaftlerin Monika Bloss mit eigenen Worten wieder und erklärt es vor dem Hintergrund der Bilder auf dieser und der nächsten Seite:

„Androgynie [ist] eine in sich selbst höchst variable Kategorie. Sie verweist aber auf das jeweils konkrete historische Verständnis und die entsprechenden Bedeutungen von Männlichkeit und Weiblichkeit [...]. Die Inhalte von Männlichkeit und Weiblichkeit sind jedoch in den letzten Jahrzehnten stark in Bewegung geraten [...]. Die Übernahme ‚weiblicher' Accessoires und Attitüden der britischen Beatgruppen, zu denen bereits ‚lange Haare' zählten, sollte vor allem die Generation der Eltern schocken."
(Monika Bloss)

The Beatles, 1965 – ihre „Pilzkopffrisuren" galten in den frühen 60er-Jahren für Männer als Langhaarfrisuren und damit als androgyn.

Bill Kaulitz, Tokio Hotel 2003

Boy George, 1983

Der Musiker Boy George sagt von sich: „I don't dress up. This is, what I am." Ihm und anderen Musikern wurde jedoch vorgeworfen, ihr androgynes Image (▶ **Musikindustrie, S. 214 ff.**) sei eine reine Medien-Inszenierung zur Förderung der Verkaufszahlen. Wissenschaftlerinnen haben hierzu unterschiedliche Meinungen:

Position A (Monika Bloss): Ein androgynes Image in der Popularmusik spielt oft in ironischer Weise mit gesellschaftlichen Vorstellungen von Männlichkeit und Weiblichkeit. Es zeigt dem Publikum, dass die Beziehung zwischen biologischem Geschlecht (sex) und Geschlechtsidentität (gender) eine beliebige ist.

Position B (Florian Krämer): Ein androgynes Image in der Popularmusik versucht nicht, gesellschaftliche Vorstellungen von Männlichkeit und Weiblichkeit zu verändern, sondern ist ein Mittel der Selbstdarstellung, der Rebellion und der Provokation.

3 Gebt beide Zitate mit eigenen Worten wieder und erklärt, worin sie sich inhaltlich unterscheiden.

4 Erläutert, wie man die Erscheinung der auf den Bildern abgebildeten Musikerinnen und Musiker als Spiel mit gesellschaftlichen Vorstellungen von Männlichkeit und Weiblichkeit, aber auch als Selbstdarstellung deuten kann.

5 Führt eine Podiumsdiskussion (▶ **Werkzeugkasten: Eine Podiumsdiskussion führen, S. 268 f.**) zu der Frage durch, ob androgyne Images in der Pop- und Rockmusik vor allem ein Vermarktungstrick sind oder ein ernst zu nehmender Beitrag zur Bildung und Veränderung von Geschlechtsidentitäten. Bezieht weitere Beispiele ein, die euch dazu einfallen.

An Café, 2008

Karen Carpenter und Kim Gordon

1 Hört und singt den Song „Yesterday Once More" von den Carpenters. Welcher Musikrichtung würdet ihr ihn zuordnen?

Yesterday Once More

Musik und Text:
John Bettis und Richard Lynn Carpenter

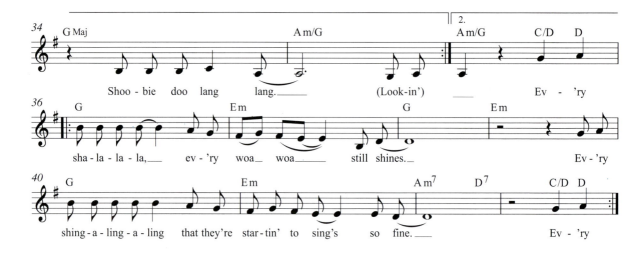

Lookin' back on how it was
In years gone by
And the good times that I had
Makes today seem rather sad
⁵ So much has changed.

It was songs of love that
I would sing to then
And I'd memorize each word
Those old melodies
¹⁰ Still sound so good to me
As they melt the years away.

Ev'ry sha-la-la-la
Ev'ry wo-o wo-o
Still shines
¹⁵ Every shing-a-ling-a-ling
that they're startin' to sing's
so fine.

All my best memories
Come back clearly to me
²⁰ Some can even make me cry
Just like before.
It's yesterday once more.

© Rondor Musikverlag GmbH, Berlin

Karen Carpenter

Als Kind sollte Karen Carpenter (1950–1983) in der High School Band Glockenspiel spielen, doch dazu hatte sie keine Lust. Lieber wollte sie Schlagzeug spielen und entpuppte sich an diesem Instrument bald als Naturtalent. Sie und ihr Bruder gründeten eine Band; zunächst spielten sie Jazz, später nahmen sie Popsongs auf. Karen spielte Schlagzeug und sang. Doch als die „Carpenters" Erfolg hatten, überzeugte ihre Plattenfirma Karen davon, nicht mehr auf der Bühne Schlagzeug zu spielen, da sie als Frontfrau gut sichtbar vor dem Publikum stehen sollte. Karen, die sich eher als singende Schlagzeugerin sah, musste sich diesem Druck beugen. Auch bei der Frage, welche Lieder sie singen sollte, hatte sie kaum Mitspracherecht.

Als Teenager war Karen zunächst ein wenig pummelig, hielt dann aber streng Diät, um dem Schönheitsideal ihrer Zeit zu entsprechen. Als der Erfolg der Gruppe zunahm, stand sie immer mehr im Rampenlicht und fühlte mit der Zeit immer stärkeren Zwang, auf der Bühne einen möglichst schlanken Körper zu präsentieren. Mit der Zeit entwickelte sie Magersucht und nahm immer stärker ab. Gesundheitlich stark angeschlagen musste sie immer öfter Auftritte absagen. 1982 wog sie nur noch 36 Kilogramm.

Karen Carpenter starb 1983 an einem Herzinfarkt, der auf zu starke Gewichtsveränderungen zurückzuführen ist.

Infobox

Magersucht ist eine Essstörung, die Menschen dazu bringt, immer weniger zu essen, um immer mehr abzunehmen. Sie versuchen damit, einem gängigen Schönheitsideal zu entsprechen. Oft empfinden sich Magersuchtpatientinnen zunächst als stark, weil sie ihr Hungergefühl kontrollieren können; ihrem Körper schaden sie dadurch jedoch. Magersucht verläuft oft tödlich.

2 Stellt euch vor, ihr seid Fans von Karen Carpenter und wollt ihr Fanpost schicken. Ihr habt gehört, dass es eurer Lieblingssängerin nicht gut geht, und macht euch Sorgen. Schreibt ihr einen kurzen Brief: Welchen Rat würdet ihr ihr als Fan geben?

3 Recherchiert: Gibt es unter euren Stars Musiker oder Musikerinnen mit ähnlichen Problemen? Wie gehen sie damit um?

Geht auf die Suche
z. B. zu Hause, in der Bibliothek

Kim Gordon

Kim Gordon (*1953) wuchs in Los Angeles auf und studierte dort Design und Kunst. Mit ihrer Band, Sonic Youth, spielt sie seit 1981 experimentellen Noise Rock und hat mit ihr über 30 CDs aufgenommen. Kim Gordon spielt E-Bass und singt. Außerdem ist sie Musikproduzentin, bildende Künstlerin und betreibt eine Bekleidungsfirma. Kim Gordon ist mit einem Mitglied ihrer Band verheiratet und hat mit ihm eine Tochter. Den Text von „Tunic (Song for Karen)" hat Kim Gordon Karen Carpenter gewidmet.

4 Beschreibt die Musik des Stückes „Tunic" von Sonic Youth und ordnet sie einem Genre zu.

CD 4 / 13

Sonic Youth: Tunic (Song for Karen)

[...] I feel like I'm disappearing
getting smaller every day
but I look in the mirror
and I'm bigger in every way

5 she said: you aren't never going anywhere
you aren't never going anywhre
I ain't never goin' anywhere
I ain't never goin' anywhere [...]

dreaming,
10 dreaming of how it's supposed to be
but now this tunic's spinning
around my arms and knees

I feel like I'm disappearing
getting smaller every day
15 but when I open my mouth to sing
I'm bigger in every way [...]

hey mum look, I'm up here
I finally made it
I'm playing the drums again, too
20 don't be sad
the band doesn't sound half bad
and I remember mum
what you said
you said honey
25 you look so underfed

another green salad
another ice tea
there's a tunic in the closet
waiting just for me

Tunika

[...] Ich fühle mich, als ob ich verschwinde
Jeden Tag kleiner werde
Doch ich sehe mich im Spiegel an
Und bin in jeder Hinsicht größer

5 Sie sagte: Du wirst es nicht weit bringen
Du wirst es nicht weit bringen
Ich werde es nicht weit bringen
Ich werde es nicht weit bringen [...]

Ich träume,
10 träume davon, wie es sein soll
Doch jetzt schlackert diese Tunika
Um meine Arme und Knie

Ich fühle mich, als ob ich verschwinde
Jeden Tag kleiner werde
15 Doch wenn ich meinen Mund zum Singen öffne
Bin ich in jeder Hinsicht größer [...]

Guck mal, Mama, ich bin hier oben
Ich habe es endlich geschafft
Ich spiele auch wieder Schlagzeug
20 Sei nicht traurig
Die Band klingt gar nicht so schlecht
Und ich erinnere mich, Mama
Was du gesagt hast
Du sagtest, Schatz
25 Du siehst so unterernährt aus

Noch ein grüner Salat
Noch ein Eistee
Da ist eine Tunika im Schrank
Die wartet gerade auf mich

Text: Kim A. Gordon, Thurston Joseph Moore, Lee M. Ranaldo © Sonik Tooth Music, Imagem Music GmbH, Berlin (Übersetzung: Anja Rosenbrock)

Infobox

Noise Rock ist Rockmusik, die mit Verzerrung und Rückkoppelung arbeitet. Oft verwendet sie dissonante (also „unharmonische") Klänge, die als „Krach" (engl. = noise) empfunden werden.

Unter **experimenteller Musik** versteht man Musik, die neue und ungewöhnliche Klänge verwendet.

5 Lest den Textausschnitt von „Tunic" und sucht nach Zeilen, die auf Karens Magersucht hindeuten.

6 Gordon lässt mit den Zeilen „You are never going anywhere" Karens Mutter zu Wort kommen. Auf welches Frauenbild deutet dies hin und was könnte das mit Karens Krankheit zu tun haben?

Die vorletzte der abgedruckten Strophen stellt Karen im Himmel dar, wo sie nach ihrem Tod wieder Schlagzeug spielt, sie hat es „endlich geschafft". Als sie noch lebte, war sie zwar ein Star, aber nicht stark genug, um sich gegen den Druck von außen zu widersetzen.

7 Zeigt mit Standbildern, wie ihr euch eine „starke Karen" vorstellt.
(▶ Werkzeugkasten: Methoden der szenischen Interpretation, S. 123 f.)

8 Spekuliert: Warum schrieb Kim Gordon einen Song über Karen Carpenter, obwohl die beiden Musikerinnen doch sehr unterschiedliche Musik spielen?

9 Recherchiert Informationen zum Kleidungsstück Tunika. Warum heißt das Stück wohl „Tunic"?

> **Geht auf die Suche**
> z. B. zu Hause,
> in der Bibliothek

Fanny Hensel

Berlin, 1831: In der Stadt, insbesondere den ärmeren Bezirken, ist die Choleraseuche ausgebrochen. Durchfall und Erbrechen trocknen die Körper der Befallenen aus; viele von ihnen sterben innerhalb weniger Tage. Die Seuche fordert 1462 Opfer, bis sie endlich zum Erliegen kommt.
Die Komponistin Fanny Hensel wohnt seit ihrer Kindheit in Berlin und erlebt, wie die Menschen um sie herum von der Seuche betroffen sind. Ihre 1831 komponierte „Cantate nach dem Aufhören der Cholera in Berlin" zeigt ihre Reaktion auf die Epidemie. Das heute unter dem Titel „Oratorium nach Bildern aus der Bibel" bekannte Orchesterwerk ist eine Auseinandersetzung mit dem Tod und der Trauer, aber auch mit der religiösen Hoffnung auf ein Leben nach dem Tod.

1 Erklärt den Begriff „Oratorium". (▶ S. 351)

2 Beschreibt den Partiturausschnitt aus dem Trauerchoral: Welche Stimmen sind beteiligt und was spielen/singen sie?

3 Beschreibt den Klangeindruck, den ihr nach Ansicht der Partitur erwartet.

4 Erklärt, welches von Fanny Hensel verwendete musikalische Mittel zur Darstellung ihres Themas schon mit bloßem Auge erkennbar ist.

Fanny Hensel: Oratorium nach Bildern der Bibel

CD 4 / 14

5 Hört den Trauerchoral und identifiziert den abgedruckten Ausschnitt.
(▶ Werkzeugkasten: Partituren lesen, S. 212 f.)

6 Beschreibt, mit welchen musikalischen Mitteln (▶ S. 144 ff.) Fanny Hensel in diesem Choral Trauer darstellt.

CD 4 / 15

7 Nun hört den Schlusschoral und beschreibt seine Grundemotion im Vergleich zum Trauerchor.

8 Findet Gründe dafür, dass Fanny Hansel ihr Oratorium für die Opfer der Cholera-Epidemie auf diese Weise enden lässt.

Fanny Hensel (1805–1847, geborene Mendelssohn) komponierte Lieder, Klavierstücke, Chor- und Orchesterwerke. Früh erhielt sie Klavier- und Kompositionsunterricht zusammen mit ihrem jüngeren Bruder Felix. Schon als Dreizehnjährige überzeugte sie mit ihrem großen Können als Pianistin. Während ihr Bruder jedoch mit seinen Kompositionen an die Öffentlichkeit trat und Europa bereiste, wurde ihr früh klargemacht, dass sie als Frau keinen ähnlichen Lebensweg würde gehen können. Die Mitglieder der Familie Mendelssohn schrieben sich viele Briefe, die überwiegend bis heute erhalten sind und einen Einblick in das Familienleben geben.

So teilt Fannys Vater seiner vierzehnjährigen Tochter über ihre beruflichen Aussichten und denen ihres Bruders Felix Folgendes mit:

„Die Musik wird für ihn vielleicht Beruf, während sie für Dich stets nur Zierde, niemals Grundbass Deines Seins und Tuns werden kann und soll; ihm ist daher Ehrgeiz, Begierde, sich geltend zu machen in einer Angelegenheit, die ihm sehr wichtig vorkommt, weil er sich dazu berufen fühlt, eher nachzusehn, während es Dich nicht weniger ehrt, dass Du von jeher Dich in diesen Fällen gutmütig und vernünftig bezeugt und durch Deine Freude an dem Beifall, den er sich erworben, bewiesen hast, dass Du ihn Dir an seiner Stelle auch würdest verdienen können. Beharre in dieser Gesinnung und diesem Betragen, sie sind weiblich, und nur das Weibliche ziert die Frauen." (1820)

Der erwachsene Felix schreibt über seine Schwester:

„Und zu einer Autorschaft hat Fanny, wie ich sie kenne, weder Lust noch Beruf – dazu ist sie zu sehr eine Frau, wie es recht ist, sorgt für ihr Haus und denkt weder ans Publikum, noch an die musikalische Welt, noch sogar an die Musik, außer, wenn jener erste Beruf erfüllt ist." (1837)

Mit 31 Jahren schrieb Fanny an ihren Bruder:

> „Lieber Felix, komponiert habe ich in diesem Winter rein gar nichts, wie einem zu Mut ist, der ein Lied machen will, weiß ich gar nicht mehr. Ob das wohl noch wieder kommt? Was ist übrigens daran gelegen? Kräht ja doch kein Hahn danach und tanzt niemand nach meiner Pfeife." (1838)

9 Gebt den Inhalt der drei Briefausschnitte in eigenen Worten wieder und erklärt, welcher Zusammenhang aus Sicht der Schreiber zwischen Fannys Geschlecht und ihren musikalischen Entwicklungsmöglichkeiten besteht.

Die komponierenden Geschwister standen sich zeitlebens nahe, doch war Felix dagegen, dass Fanny ihre Werke veröffentlichte; einige ihrer Lieder veröffentlichte er unter seinem Namen. Erst spät veröffentlichte sie einige Lieder mit seiner Billigung. Vor und nach der Hochzeit mit dem Maler Wilhelm Hensel musizierte und dirigierte Fanny überwiegend im häuslichen Bereich und vor den manchmal bis zu 200 Gästen ihrer reichen und angesehenen Familie. Nur einmal trat sie als Pianistin öffentlich auf, bei ihrem Tod waren die meisten ihrer über 470 Werke noch unveröffentlicht.

10 Vergleicht die Biografie Fanny Hensels mit der von Clara Schumann (▶ S. 373). Erklärt, mit welchen Schwierigkeiten sich Komponistinnen im 19. Jahrhundert konfrontiert sahen.

11 Recherchiert die Biografie der Geschwister Fanny Hensel und Felix Mendelssohn-Bartholdy und erarbeitet Gemeinsamkeiten und Unterschiede.

12 Recherchiert zu den Biografien und den Werken anderer Komponistinnen, z. B. Hildegard von Bingen, Marianne Faithful, Adriana Hölzky, Alma Mahler-Werfel, Violeta Parra und P. J. Harvey.

Geht auf die Suche z. B. zu Hause, in der Bibliothek

Werkzeugkasten

Partituren lesen

Als transponierendes Instrument wird die Klarinette in C-Dur notiert, klingt aber in B-Dur.

Instrumentengruppen, z. B. Holzbläser und Streicher, werden der Höhe nach geordnet untereinander notiert.

Zu verschiedenen Schlüsseln vergleiche ▶ S. 399 ff.

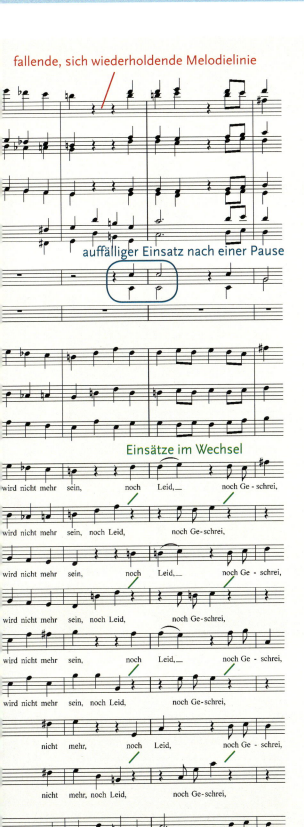

Eine Partitur bietet Übersicht über ein mehrstimmiges Musikstück. Dirigenten und Dirigentinnen leiten danach ein großes Ensemble, zum Beispiel ein Orchester. Partituren ermöglichen es auch, beim Hören sehend nachzuvollziehen, welche musikalischen Ereignisse gleichzeitig stattfinden. Beim Mitlesen helfen einige Tricks:

— Orientiert euch an einer oder wenigen Hauptstimmen, die ihr gut hören könnt und die eine tragende Melodie spielen. Oft ist dies bei den ersten Violinen und bei den Flöten der Fall, doch auch Bassstimmen können auffällig und gut verfolgbar sein.
— Orientierung bieten rhythmische Auffälligkeiten wie Pausen, Punktierungen oder Wechsel in den Notenwerten (z. B. Achtel statt Viertel) sowie melodische Auffälligkeiten wie besonders hohe oder tiefe Töne und sich wiederholende Melodielinien.
— Bei einer Gesangsstimme bietet der Text gute Orientierung.
— Bei mehreren, im Wechsel einsetzenden Gesangsstimmen empfiehlt sich eine Konzentration auf eine Stimme, z. B. den Sopran 1. Auch Wechselgesänge lassen sich gut verfolgen.
— Achtung: Einige Instrumente haben ihre speziellen Schlüssel oder werden nicht in der Tonart notiert, in der sie klingen, sondern transponiert, d. h. in eine andere Tonart übertragen.
— Instrumente und auch Singstimmen sind häufig zu Gruppen zusammengefasst. So spielen z. B. häufig die Streicher einen gemeinsamen Part. Im vorliegenden Beispiel gibt es gemeinsame Einsätze, die Instrumentengruppen übergreifen.

Musik macht Menschen Freude, kann sie verbinden und ihnen helfen, ihre Persönlichkeit auszudrücken. Aber Musik kann auch eine Ware sein, ein Konsumgut oder eine Möglichkeit, seinen Lebensunterhalt zu verdienen.

Musikindustrie

1. Betrachtet die Bilder auf der Auftaktseite und spekuliert: Wie kann man mit Musik viel Geld verdienen, wie nicht?
2. Fallen euch zwei Berufe ein, die mit Musik zu tun haben?
3. Diskutiert: Ist es nur sinnvoll, Musik zu machen, wenn man damit Geld verdient?
4. Führt eine Woche lang ein Musiktagebuch über euren Musikkonsum: Wann hört ihr an welchem Ort Musik, wie lange und über welches Medium? Wann hört ihr sie freiwillig?

Montag				
Wann?	Wo?	Wie lange?	Medium?	freiwillig?
6:45–7:20	Küche	35 Min.	Radio	nein
7:20–7:40	Schulweg	20 Min.	MP3-Player	ja
9:20–9:25	Musikunterricht	5 Min.	?	?

Plattenfirmen sind immer auf Talentsuche

Frau Heinrich, Sie sind Musikmanagerin. Können Sie uns beschreiben, was eine Musikmanagerin tut?
Ich manage Künstler, die ich entdecke, und unterstütze sie in ihrer Karriereplanung. Dazu gehört der gesamte Bereich von der Karriereplanung über die Produktion bis zur Abwicklung von Verträgen in allen Bereichen – Plattenfirmen, Musikverlage, Veranstalter – und natürlich auch die Planung des ganzen Marketings und der Promotion. Wir sorgen dafür, dass das alles in die Richtung geht, die wir zusammen mit dem Künstler bestimmt haben.

CD 4 / 16

1 Im Interview gibt es noch mehr Aussagen über Karin Heinrichs beruflichen Hintergrund und ihre Berufsphilosophie. Was sind ihre Vorerfahrungen, warum hat sie ihren Beruf gewechselt und was ist ihr besonders wichtig?

Infobox

Die „**Plattenindustrie**" produzierte und vermarktete früher Schallplatten. Auch heute noch wird der Begriff für „Platten"-Firmen verwendet, die mit der Produktion und Vermarktung von Musik befasst sind. Diese Firmen sind oft unterteilt in mehrere selbstständig arbeitende **Label** (Abteilungen; eigentlich: „Schallplattenaufkleber"). **Produktion** bedeutet dabei das Aufnehmen von Musik, in der Regel in einem Tonstudio und das Pressen von Tonträgern (z. B. CDs). **Marketing** beinhaltet, den Verkauf eines Produktes zu organisieren und dafür werben zu lassen. Die **Promotion**-Abteilung sorgt dafür, dass die Musik der Musiker (Künstler) auch im Radio gespielt wird.

Wie sieht der lange Weg vom Songwriting bis zum Verkauf eines Songs in CD-Läden oder auf Download-Seiten aus Sicht der Musikindustrie aus?
Die Plattenfirmen sind natürlich immer auf Talentsuche. Dabei wird ihnen heute vonseiten der Künstlermanager und Musiker oft zugearbeitet, die ja längst durch das Internet sehr gut vernetzt sind. Immer häufiger ist es so, dass Plattenfirmen schon fertige Produktionen übernehmen. Die Plattenfirmen überlegen dann im Rahmen ihrer finanziellen Möglichkeiten, mit welchen Marketing- und Promotionaktivitäten sie den Künstler unterstützen können – und wie man relativ schnell zu einem kommerziellen Erfolg kommen kann. Dabei ist es problematisch, immer nur an kurzfristige Karrieren zu glauben. Für eine Karriere braucht man unserer Ansicht nach viel Geduld, kreative Ideen und auch wirtschaftlich einen längeren Atem.

Worauf achten Tonträgerfirmen, wenn sie überlegen, ob sie einen Künstler oder eine Gruppe unter Vertrag nehmen wollen?
Die A&R's bei den Labels laufen häufig einem Trend hinterher und trauen sich nicht, wirklich neue Wege zu gehen. Heute geht es nicht so sehr um Talent, sondern mehr darum, wie der Künstler vernetzt ist, ob er ein professionelles Umfeld hat. Ist der Künstler in der Lage, Live-Auftritte zu geben? Schreibt er selber? Komponiert er selber? Hat er schon Erfahrung, oder fängt er von Null an?

Sie arbeiten ja jetzt aber nicht mehr bei einer Tonträgerfirma, sondern als Musikmanagerin. Worin besteht der Unterschied?
Als Musikmanagerin hat man mit dem Künstler die ganze Karriere vor Augen und sucht sich dafür Partner. Die Musikindustrie hat sehr viele Künstler, mit denen sie arbeitet. Ein Produktmanager einer Plattenfirma betreut zeitgleich bis zu zwanzig Künstler und muss Prioritäten setzen. Wir machen das anders: Wir betreuen nur sehr wenige Künstler und arbeiten sehr konzentriert für sie. Es ist heutzutage unglaublich viel Arbeit, einen Künstler zu promoten und

karrieremäßig an den richtigen Schrauben zu drehen – das braucht Zeit. Die Plattenfirma ist sehr stark wirtschaftlich orientiert. Wir wollen natürlich auch Geld verdienen, aber wir sind bereit, mehr zu investieren, und mit ein bisschen Glück, ganz viel Willen und ganz viel Glauben an die Sache gelingt es auch, langfristige Karrieren aufzubauen.

Der Markt hat sich im Laufe der letzten Jahre im Rahmen der ganzen medialen Entwicklungen sehr verändert. Wie stellt sich das aus Ihrer Sicht dar?
Der Markt hat sich natürlich vollkommen verändert; das hängt vor allem mit dem Internet zusammen. Es bietet unglaubliche Chancen; manche Künstler inszenieren sich dort selber und machen ihr ganzes Marketing online. Andererseits haben die Downloadportale auch große Nachteile für die Künstler, weil sie viel weniger Geld verdienen. Aus Sicht der Manager ist das eine Katastrophe, weil Künstler vom reinen Downloadgeschäft im Internet nicht mehr leben können.

Karin Heinrich, Geschäftsführerin der Hamburger Agentur Heinrich & De Wall/Artist & Music Management

Was ist Ihre Meinung zu Casting-Shows?
Es ist Zeitgeist – jede Generation hat ihren Trend. Casting-Shows haben den Vorteil, dass viele Menschen viel Geld verdienen – und manche Gewinner über eine überschaubare Strecke durchaus mitverdienen. Mit dem Beginn einer langfristigen Künstlerkarriere hat das allerdings nichts zu tun, und das muss man wissen. Superstars werden nun mal nicht über Nacht geboren.

Vielen Dank für das Interview!

2 Sowohl Musikmanagement als auch Plattenfirmen wollen mit Musik Geld verdienen. Zählt Faktoren auf, die dies erleichtern, und solche, die dies erschweren.

3 Fasst zusammen, wie und warum sich nach Aussagen von Karin Heinrich der Musikmarkt in den letzten Jahren verändert hat.

4 Erklärt, was Karin Heinrich an Casting-Shows kritisiert, und nehmt Stellung dazu.

5 Nennt euch bekannte Künstler, die ihre Musik nur über das Internet vertreiben.

6 Habt ihr schon einmal eigene Musik ins Internet hochgeladen? Berichtet von euren Erfahrungen.

7 Recherchiert, wie viel ein Künstler/eine Gruppe an einer verkauften CD verdient und wie viel an einem heruntergeladenen Album.

Infobox

Der **kommerzielle** Erfolg von Künstlern besteht darin, wie viel Geld mit ihrer Musik verdient wird (und nicht, wie berühmt sie sind).

Ein **A&R-Manager** (Artist und Repertoire – Künstler und Repertoire) einer Plattenfirma sucht neue Talente für die Firma und betreut diese nach ihrer Entdeckung.

Als **Repertoire** bezeichnet man die Musikstücke, die Künstler spielen.

Ein **Trend** ist eine neue Modeerscheinung, z. B. auch in der Musik.
Ein **Hit** ist ein Musiktitel, der sich sehr gut verkauft.

Ein **Album** ist eine Sammlung von Musikstücken, die meist zusammen auf einer CD erscheinen.

Verdienst an CD | Suchen ○ Im Web

Die Tonträgerindustrie und ihre Geschichte

Infobox

Ein **Tonträger** ist ein Medium, auf dem Musik abgespeichert ist, z. B. eine Langspielplatte oder eine CD.

1 Lest den folgenden Text über die Entwicklung der Tonträgerindustrie mithilfe des ▶ Werkzeugkastens: Mit Buchtexten arbeiten, S. 332.

Als Geburtsort der Musikindustrie wird allgemein *Tin Pan Alley* in New York um 1885 angesehen: In dieser Straße wohnten viele Komponisten, die versuchten, den nächsten Hit zu schreiben. Hatte einer von ihnen ein Lied komponiert, so brachte er das Notenblatt seinem Verleger, der dann Melodie, Text
5 und Klavierbegleitung druckte. Anschließend wurde ein Pianist mit einer Kutsche durch die Straßen New Yorks gefahren. Er spielte den neuesten Hit zu Wer-
10 bezwecken und vertrieb die druckfrischen Notenblätter direkt vom Wagen aus. Verkaufte er viele, galt das Lied als Hit, und Verleger und Komponist verdienten
15 daran. Die Kunden nahmen die Notenblätter mit nach Hause und spielten den neuesten Hit auf ihrem heimischen Klavier, denn wer immer es sich leisten
20 konnte, hatte in seinem Salon ein solches Instrument stehen. Ohne Klavier konnten die Leute den neuesten Hit nicht hören, denn Tonträger waren noch nicht
25 verbreitet.

Tin Pan Alley – die „Klimperstraße"

2 Stellt euch vor, es gäbe keinen Tonträger und keine aufgenommene Musik. Wie würde sich euer Leben verändern?

3 Schreibt ein fiktives Musiktagebuch für einen Menschen im frühen 19. Jahrhundert im Umfang einer Woche und vergleicht dies mit eurem Musiktagebuch.

4 Erklärt, warum es 19. Jahrhundert üblich war, dass Söhne und Töchter reicher Bürger Klavier spielen lernten.

5 Recherchiert: Was ist ein mechanisches Klavier und was hat es mit dem Thema „Tonträger" zu tun?

Geht auf die Suche z. B. zu Hause, in der Bibliothek

1877 ließ Thomas Edison die erste hörbare Tonaufzeichnung einer menschlichen Stimme patentieren. Bald wurden seine wachsbeschichteten Klangwalzen als Tonträger verkauft. 1887 entwickelte Emil Berliner die erste flache Schallplatte aus wachsbeschichtetem Zink. 1888 stellte er seine Erfindung samt Abspielgerät, dem Grammofon, auf der Pariser Weltausstellung der Öffentlichkeit vor. Schon im folgenden Jahr wurden Grammofonplatten industriell hergestellt. Die ersten Plattenfirmen wurden gegründet, und Musiker nahmen Musik für Schallplattenproduktionen auf. Grammofonplatten waren damals einseitig bespielt und hatten eine Spieldauer von drei Minuten. Ab 1896 wurden Schallplatten aus dem zerbrechlichen Schellack produziert, ein Material, das aus den Absonderungen der asiatischen Gummischildlaus gewonnen wurde und die Produktion von Platten mit deutlich höherer Klangqualität ermöglichte. 1889 wurden in den USA bereits zwei Millionen Grammofonplatten jährlich produziert; 1927 waren es 140 Millionen. 1907 konnte der Opernsänger Caruso mit seiner Aufnahme „Vesti la giubba" als erster Künstler mehr als eine Million Schallplatten verkaufen.

Grammofon
Suchen ○ Im Web

6 Um mit einem Grammofon Musik abzuspielen, brauchte man keinen Strom. Recherchiert: Wie funktionierte es?

Grammofon

Infobox

Als **Major Label** bezeichnet man eine große Plattenfirma, die meist Teil eines internationalen Konzerns ist. Die vier Firmen Universal Music Group, Sony Music, EMI Group und Warner Music Group verkaufen ca. 75 % aller Musik weltweit.

Ein **Independent Label** ist kleiner und meist von großen Konzernen unabhängig. Viele „Indie Labels" haben sich auf eine bestimmte Musikrichtung spezialisiert.

Doch auch die wachsende Popularität des Blues und des Jazz trug zum Erfolg der Schallplatte bei; gleichzeitig trugen Schallplatten zur Verbreitung dieser Stilrichtungen bei. In den USA gab es einen „weißen" und einen „schwarzen" Plattenmarkt. In Europa wurden neben klassischer Musik auch viele Schlager aufgenommen. Dominant waren hierbei große Plattenfirmen (Major Labels), die ständig miteinander um Marktanteile konkurrierten.
Zudem riefen die Musikergewerkschaften in den USA zu einem Aufnahmestopp auf, da die häufige Verwendung aufgenommener Musik bei Veranstaltungen und im Radio dazu führte, dass viele Musiker arbeitslos geworden waren. Die großen Schallplattenfirmen wollten den Forderungen der Musiker nach besserer Entlohnung für Aufnahmen nicht nachkommen; hiervon profitierten viele neue kleine Tonträgerfirmen (Independent Labels).

7 Welche Unterschiede bestehen zwischen der Arbeit eines Majors Labels und der eines Independent Labels?

CD, MC und LP

1948 kam die Langspielplatte (LP) auf den Markt, eine Platte aus dem widerstandsfähigen Vinyl, die sich enger beschreiben ließ und daher mehr Musik in deutlich besserer Klangqualität abspielen konnte. Der Rock'n'Roll führte in den 1950er-Jahren zu Rekordumsätzen. Ab 1963 bot die Musikkassette (MC) eine transportable und selbst bespielbare Alternative zur Schallplatte; erstmalig konnten die Kunden Musik kopieren. Ab den 1960er-Jahren verbreitete Musikfernsehen die neuesten Hits, erst durch Fernsehauftritte der Musiker, dann durch Musikvideos.

Mit der CD und ihrer hohen Klangqualität wurde 1982 die LP bald zum Auslaufmodell. Viele Plattensammler kauften nach und nach alle Alben auch als CDs, was der Musikindustrie einen zusätzlichen Boom bescherte. CDs ließen sich ohne Einbußen in der Klangqualität kopieren. Dadurch gingen die Verkaufszahlen zurück.

Das ebenfalls in den 1990er-Jahren entwickelte Dateiformat MP3 ermöglichte die digitale Speicherung von Musik als kleinere Dateien, die sich leicht über das Internet verbreiten ließen. In der „Tauschbörse" *Napster* luden sich zwischen 1999 und 2001 Millionen von Menschen kostenlos im MP3-Format gespeicherte Musik herunter. 2001 wurde *Napster* in seiner ursprünglichen Form aufgrund eines Rechtsstreits mit der Tonträgerindustrie geschlossen. Heute ist *Napster* eine von vielen kostenpflichtigen streaming-Seiten, von denen man Musik herunterladen kann.

8 Erklärt, inwiefern der technische Wandel die Entwicklung der Tonträgerindustrie mitbestimmt hat.

9 Welche weiteren geschichtlichen und musikgeschichtlichen Aspekte waren wichtig für die Entwicklung der Tonträgerindustrie?

10 Erklärt, warum der Begriff „Tauschbörse" für Download-Seiten wie das damalige Napster gegebenenfalls irreführend ist. (▶ **Werkzeugkasten: Eine Podiumsdiskussion führen, S. 268 f.**)

11 Wer von euch kauft Musik auf CDs, wer lädt Musik aus dem Internet herunter? Vergleicht eure Antworten und spekuliert über die Zukunft der Tonträgerindustrie.

12 Nehmt die Informationen zur Geschichte der Tonträgerindustrie zum Anlass und gestaltet eine Ausstellung mit Info-Material, Bildern, Tonbeispielen, Biografien u. a. m.

Wie eine Tonträgerfirma Künstler vermarktet

Um Musik erfolgreich zu vermarkten, benötigen Musikerinnen und Musiker oft die Hilfe von Experten, nicht nur von Tontechnikern und Videoproduzentinnen, sondern in der Regel auch von Tonträgerfirmen. Diese haben die Kontakte und das Wissen, um die Karriere von Musikern zu organisieren; sie verfügen darüber hinaus über die nötigen Mittel, um die hohen Kosten zu zahlen. Daher streben viele Musiker und Musikerinnen einen „Plattenvertrag" an. Ein großer Teil der Einnahmen aus CD-Verkäufen und Musikdownloads geht an die Tonträgerfirma, die ihre Auslagen decken und zudem Gewinn machen muss.

In der Musikindustrie geht man davon aus, dass ca. 90 % der veröffentlichten Musik niemals den „Break-Even-Point" erreicht, dass sie also aufgrund der hohen Produktions- und Vermarktungskosten ein Verlustgeschäft darstellen. Der Gewinn der restlichen Verkäufe – der „Hits" – muss die Kosten für die „Flops" decken. Um möglichst viele Hits zu produzieren, beeinflussen sie ihre Vertragspartner, damit diese möglichst markteingängige Musik einspielen.

1 Was sind für Musikerinnen und Musiker die Vorteile, was die Nachteile eines „Plattenvertrags"?

2 Erklärt, woher die Einnahmen von Tonträgerfirmen kommen und wofür sie Geld investieren müssen.

3 Welche Tonträgerfirmen kennt ihr? Handelt es sich dabei um große internationale oder um kleine regionale Unternehmen?

4 Erklärt die Begriffe „Break-Even-Point", „Plattenvertrag" und „Flop" aus ihrem Kontext heraus.

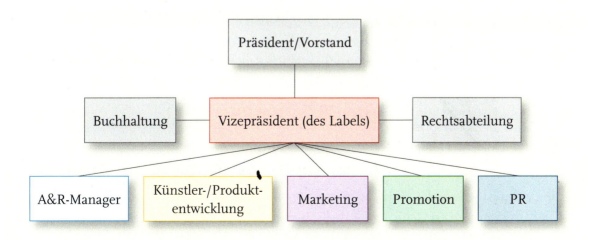

5 Beschreibt die Grafik auf S. 221 und erklärt alle bekannten Begriffe mit eigenen Worten.

Eine Tonträgerfirma trifft zahlreiche Entscheidungen zu folgenden Fragen: Eignet sich ein Künstler eher als „One-Hit-Wonder" oder lohnt es sich, mehr Zeit in seine oder ihre Veröffentlichungen zu investieren, oder kann man hoffen, jahrelang mit vielen CD-Produktionen Geld zu verdienen? Welches „Image" soll er oder sie haben, und passt dies zu der Musik, die man verkaufen will? Welche Art von Cover passt am besten zu der CD? Wie kann man für die Musik am besten werben?
Eignet sich die Musik eher als Sommerhit oder sind im Weihnachtsgeschäft bessere Verkaufszahlen zu erwarten? Dabei haben die unterschiedlichen Abteilungen unterschiedliche Aufgaben.

6 Lest die Rollenkarten und beschreibt das Tätigkeitsfeld jeder Abteilung mit eigenen Worten.

Als **A&R-Manager** (Artist & Repertoire) hast du am meisten mit den Künstlern und Bands selbst zu tun. Du bist stets auf der Suche nach den Stars von morgen und betreust diese nach Vertragsunterzeichnung auch langfristig. Von deiner neuen „Entdeckung" bist du besonders überzeugt. Du glaubst, dass sich die Band mit ihrem besonderen Image und ihrem originellen Musikstil gut am Markt behaupten wird. Die Band soll reich und berühmt werden – und du als ihr A&R-Manager auch!

Du bist als **Leiterin der Marketing-Abteilung** dafür verantwortlich, dass sich möglichst alles, was deine Firma produziert, auch gut verkauft. Du entscheidest, wie eine Veröffentlichung am besten präsentiert werden soll, welches Image eine Band haben soll und wie sie in den Markt passt. Ihr habt bereits eine Band, die dieser Band recht ähnlich ist, also ein Konkurrenzprodukt. Du bist dagegen, diese Band unter Vertrag zu nehmen.

Du bist für **Promotion** zuständig und musst dafür sorgen, dass die Radiosender die Band auch spielen. Musik verkauft sich nur, wenn sie den Kunden bekannt ist; daher sorgt die Promotion-Abteilung dafür, dass die Musik möglichst häufig im Radio gespielt wird. Du findest die Band interessant, aber noch ein bisschen ungeschliffen; um in das Programm der großen Radiosender zu passen, muss sie klingen wie andere Bands, die gerade erfolgreich sind. Also soll sie sich ändern.

Du bist **Vizepräsidentin** des Labels. Du musst letztendlich über die Band entscheiden. Dein Label ist Teil eines großen Konzerns und untersteht dem Vorstand dieser Firma. Diesem Vorstand bist du Rechenschaft schuldig; wenn du zu oft falsche Entscheidungen triffst, verlierst du vielleicht deinen gut bezahlten Job. Höre dir also alle Meinungen an und überlege, ob es sinnvoll ist, die Band unter Vertrag zu nehmen.

Die **Künstler- oder Produktentwicklung** entscheidet, ob und wie eine langfristige oder kurzfristige Karriere-Entwicklung angestrebt wird, ob es sich also lohnt, langfristig in Künstler zu investieren. Wenn die Band unter Vertrag genommen wird, dann wird sie in deinen Verantwortungsbereich fallen. In diesem Fall würdest du einen besonders fröhlichen Song der Band gerne als Sommerhit herausbringen. Den Rest ihrer Lieder findest du ungeeignet; du bist für einen Vertrag, aber gegen eine langfristige Karriereplanung mit dieser Band.

Als Angestellte in der **PR-Abteilung** (Public Relations) versuchst du, Künstler mit möglichst vorteilhaften Fernsehauftritten und Zeitungsartikeln und einem guten Internetauftritt bekannt zu machen. Du hast dir die bisherigen Internet-Seiten der Band angesehen und findest sie aufgrund ihres Aussehens gut für Medienauftritte geeignet. Im Fernsehen laufen allerdings im Moment eher Bands, die mit einem etwas schockierenden Image auftreten. Du findest, die Leiterin der Marketingabteilung soll sich da etwas ausdenken, was es noch nie gab.

7 Denkt euch in Gruppen eine eigene Band aus. Überlegt euch, wie die Band heißt, wer die Bandmitglieder sind, welche Instrumente sie spielen, wer was besonders gut kann, welche Stilrichtung die Band spielt und wie die Mitglieder als Band zusammengefunden haben. Stellt eure Überlegungen in einem Standbild dar (▶ **Werkzeugkasten: Methoden der szenischen Interpretation, S. 123 f.**).

8 Führt zum Thema „Tonträgerfirma" ein Rollenspiel aus: Die Abteilungen einer Tonträgerfirma müssen sich darüber einigen, ob die Band unter Vertrag genommen wird (▶ **Werkzeugkasten, S. 123 f.**)

9 Interviewt nun die Bandmitglieder aus eurem Standbild, wie sie sich von ihrer Tonträgerfirma vertreten fühlen.

10 Vergleicht die Einstellung eurer Rollen mit der von Karin Heinrich und der im Film „Walk the Line" dargestellten Einstellung des Chefs der kleinen Firma „Sun Records" aus dem Jahre 1955 (▶ **Filmmusik, S. 156**). Wo liegen Gemeinsamkeiten, wo Unterschiede?

Walk the Line, Szene 07, 0:21:53

11 Welche der dargestellten Einstellungen haltet ihr für realistisch?

Infobox

Ein **Debütalbum** ist das erste Album eines Künstlers.

Die **Charts** geben Auskunft darüber, welche Tonträger sich wo wann am meisten verkauft haben – zum Beispiel als Top 10/Top 20 (zehn/zwanzig bestverkaufte Musiktitel innerhalb eines bestimmten Zeitraums, meist einer Woche).

Madonna: Eine lange Karriere

1985

1990

Madonna Louise Veronica Ciccone (*1958) wuchs in den Vorstädten von Detroit (USA) als eines von acht Kindern italienischer Einwanderer auf. In der Schule hatte sie gute Noten und trat bei Theateraufführungen auf, zu Hause rebellierte sie gegen die streng katholische Erziehung ihres Vaters und ihrer Stiefmutter. 1977 ging sie nach New York City, um dort als Tänzerin ihr Glück zu versuchen. Dabei musste sie sich mit Gelegenheitsjobs über Wasser halten. Sie sang und spielte Schlagzeug und Gitarre in einigen Bands, nahm Demobänder auf und tanzte in Diskotheken. Kontakte mit Discjockeys führten zu einem Plattenvertrag: Die Single „Holiday" ihres 1983 erschienenen Debütalbums war ihr erster Charts-Erfolg.
In den 1980er- und 1990er-Jahren nahm Madonna insgesamt sieben Alben auf und entwickelte zu jedem Album einen neuen „Look". Ihre Videos und Liveshows verursachten dabei regelmäßig Skandale. So ließ sie sich für „Like a Prayer" vor brennenden Kreuzen und beim Kuss mit einem dunkelhäutigen Jesus filmen. Mehrfach wurde von kirchlicher Seite zum Boykott ihrer Shows aufgerufen, in denen sie unter anderem sexuelle Akte simulierte. Madonna schrieb zunehmend ihre mal tanzbaren, mal balladenhaften Songs selbst und gründete ihre eigene Produktionsfirma Maverick, um Kontrolle über ihre eigenen Veröffentlichungen zu erhalten, aber auch, um junge Talente zu fördern. Weiterhin trat sie in zahlreichen Filmen auf (unter anderem 1996 in der Verfilmung von Andrew Lloyd Webbers Musical „Evita"). Ihr Video zum Song „American Life" (2003) kritisierte die damalige Kriegspolitik der USA und stieß auf so große Ablehnung, dass sie es zurückzog, um ihre Familie zu schützen. Madonna nimmt weiterhin Alben auf, spielt bei ihren Touren inzwischen auch Gitarre auf der Bühne, entwickelt und verkauft Mode und erzieht zwei eigene sowie zwei adoptierte Kinder.

1 Beschreibt anhand der Bilder, wie sich Madonna im Laufe ihrer Karriere verändert hat.

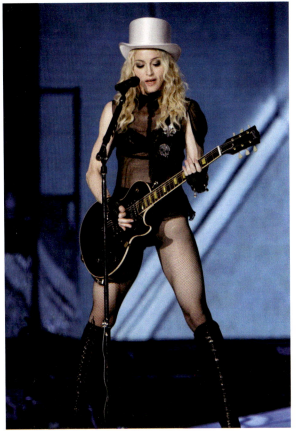

2008

2010

2 Vergleicht die Biografie von Madonna mit der Biografie eines/einer eurer Lieblingsstars.

3 Vergleicht die Biografie von Madonna mit der von Karen Carpenter (▶ S. 204 f.) und findet Gemeinsamkeiten und Unterschiede.

4 Beschreibt die Unterschiede in den drei Liedern von 1983 („Holiday"), 1998 („Frozen") und 2008 („4 Minutes").

5 Recherchiert: Was haben die brennenden Kreuze im Video von „Like a Prayer" zu bedeuten und warum hat dies einen Skandal verursacht?

6 Recherchiert Aktionen, mit denen Madonna noch auf sich aufmerksam gemacht hat.

7 Erklärt, wie Madonna es geschafft hat, eine lange Karriere aufrechtzuerhalten. Welche musikalischen, welche außermusikalischen Faktoren waren dabei wichtig?

8 Fertigt Steckbriefe von weiteren Musikerinnen und Musikern an, deren Karrieren schon seit zwanzig Jahren oder länger andauern, und erklärt, wie sie dies geschafft haben.

Like a Prayer
Suchen ⊙ Im Web

Geht auf die Suche
z. B. zu Hause,
in der Bibliothek

1 Bereitet ein Referat vor: Jedes dieser Bilder erzählt eine Geschichte,
- z.B. die Geschichte eines Instrumentes und seiner Entwicklung oder
- die Geschichte einer Band und ihren Wegen zur musikalischen Grenzüberschreitung,
- die Geschichte einer ganz speziellen Musikrichtung,
- auch die Entwicklung eines Klangkörpers wie dem des Orchesters oder …

2 Wählt eines der Bilder aus, sammelt dazu Informationen und Musikbeispiele und erzählt diese Geschichte. (▶ **Werkzeugkasten: Ein Referat halten, S. 115 f.**)

Musik in Raum und Zeit

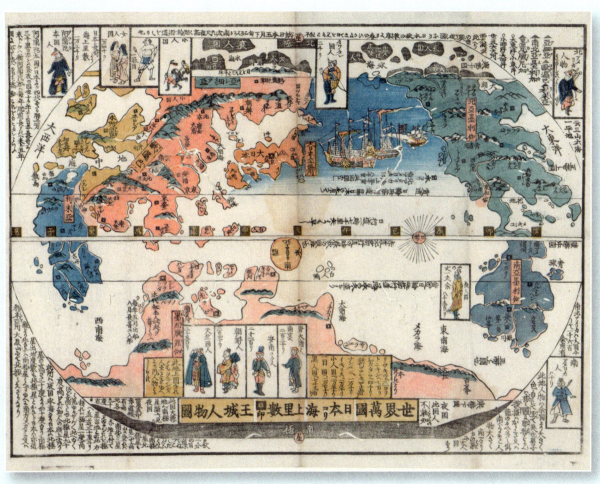

3 Ein paar Bilder lassen sich auch zeitlich einordnen. Recherchiert und begründet.

4 Die alte Karte zeigt die Welt aus japanischer Perspektive.
   a) Recherchiert andere Darstellungen aus dem 19. Jahrhundert.
   b) Vergleicht die Darstellungsweisen.
   c) Diskutiert das Selbstverständnis der Nationen, das sich darüber dem Betrachter vermittelt.

Historische Weltkarten
Suchen ⊙ Im Web

Musik anderswo

Musik ist ohne den Menschen nicht denkbar. Sowohl die Stimme als auch ein Musikinstrument beginnen nicht von allein zu klingen. Erst der Mensch, der sie absichtlich zum Klingen bringt oder ein Musikinstrument erfindet, baut und es nicht selten bis hin zur Virtuosität spielt, erschafft Musik. Sowohl die Musiken als auch die Musikinstrumente dieser Welt blicken auf eine lange Geschichte zurück, in der sie nicht selten weite Reisen zurücklegten, manchmal sogar von Kontinent zu Kontinent. Dabei beeinflusste das Klima ebenso wie der Erfindungsreichtum oder die Experimentierfreude den Bau von Musikinstrumenten. So gibt es hin und wieder trotz zahlreicher Unterschiede auch viele Ähnlichkeiten.

1 Bereitet ein Referat vor:
   a) Immer zwei Abbildungen von Musikinstrumenten passen zusammen. Welche sind das? Begründet eure Entscheidung.
   b) Findet ein drittes Beispiel und stellt eure Ergebnisse vor.
   c) Ordnet die Abbildungen den Hörbeispielen zu.

CD 4 / 17 – 22

Korea: Ein Instrument auf Reisen

In der Instrumentalmusik Koreas gibt es ein Saiteninstrument, das aus dem nahegelegenen China stammt. Es heißt *komungo* (auch: *komun'go*). Der chinesische Urkaiser Fu Xi, der den Menschen unter anderem die Musik gebracht hat, soll es gebaut haben. In einer Schrift aus dem 2. Jahrhundert v. Chr. steht dazu Folgendes:

Die guqin

Fu Xi baute eine *guqin*. Mit ihr meditierte er, bis er Erleuchtung fand. Vorne ist das Instrument breit, hinten schmal, was das Höhere und das Niedere symbolisiert. Der obere Teil ist abgerundet, der untere Teil ist eckig, was dem Prinzip von Himmel und Erde entspricht. Die fünf Saiten symbolisieren die fünf Elemente Metall, Holz, Wasser, Feuer und Erde. Die dickste Saite ist König, die dünneren Saiten sind Vasallen. König Wen und König Wu fügten dem Instrument zwei Saiten hinzu.

Urkaiser, Kosmologie, China
Suchen ● Im Web

1 Fertigt ein Referat zum mythischen China an (▶ Werkzeugkasten: Ein Referat halten, S. 115 f.).
   a) Informiert euch über die sogenannten Urkaiser, vor allem über Fu Xi.
   b) Erklärt die alte chinesische Vorstellung vom Kosmos, nach der der Himmel rund und die Erde eckig sei.
   c) Unterstützt euren Vortrag durch ein Hörbeispiel zur *guqin*, das ihr ebenfalls recherchiert habt.

Das Königreich Silla, eines der drei Reiche im alten Korea, führte eine Chronik, in der alle Geschehnisse, auch jene aus den benachbarten Königreichen, genau aufgeschrieben wurden. Dort findet sich folgende Episode, die im Königreich Goguryeo, nahe der chinesischen Grenze, ungefähr im 2. Jahrhundert n. Chr. stattgefunden haben soll:

Die siebensaitige qin

Die siebensaitige *qin* wurde erstmals von einem Mann aus China nach Goguryeo gebracht. Zwar erkannte man dort, dass es sich um ein Musikinstrument handelte, doch wusste niemand, wie es zu stimmen und zu spielen sei. Es wurde ein hoher Preis ausgesetzt für denjenigen, der die Skala herausfinden und das Instrument zum Klingen bringen konnte. Der Minister Wang kam schließlich zu einer Lösung, indem er die Grundstruktur des Instruments zwar beibehielt, ansonsten aber gewisse Veränderungen vornahm. Er hat auch mehr als hundert Stücke komponiert, die er auf seinem neuen Instrument spielte.
Einmal kam ein schwarzer Kranich herbeigeflogen und tanzte zur Musik. Daher wurde das Instrument auch *hyongum*, Schwarz-Zither, genannt.

Musiken wandern

Da Musikinstrumente ja ohne die Spielerin oder den Spieler nicht auskommen, tragen seit Jahrtausenden vor allem reisende Musiker dazu bei, dass andere Musiken auch fern ihres eigentlichen Entstehungsortes gehört werden können. Das war in der Vergangenheit so und ist in der Gegenwart durch die schnellen Reisewege noch einfacher.

Auch in Deutschland leben zahlreiche Musiker aus verschiedenen Ländern, die hier Musik machen oder unterrichten. Eine von ihnen ist Frau Se-Young Kim. Sie lebt seit einigen Jahren in Nürnberg und hat sich mit uns am Rande einer Probe getroffen.

1 Schaut euch einen Ausschnitt aus der Probe an.
 a) Schreibt auf, was euch alles beim Zuschauen und Zuhören auffällt.
 b) Ordnet eure Beobachtungen.
 c) Diskutiert eure Beobachtungen.

CD 8 / Komungo I

2 Schaut euch einen weiteren Ausschnitt aus dem Gespräch mit Frau Kim an. Sammelt die erhaltenen Informationen und vervollständigt die Infobox.

CD 8 / Komungo II

3 An einem Punkt im Gespräch demonstriert Frau Kim, wie im *sanjo* eine Grundmelodie variiert werden kann. Beschreibt die Unterschiede.

CD 8 / Komungo III

Infobox

Sanjo bezeichnet in Korea eine im 19. Jahrhundert entstandene Instrumentalmusik. Es besteht zumeist aus vier Teilen, die sich im Tempo voneinander unterscheiden. Ein weiteres Merkmal ist, dass diese Musik häufig mündlich weitergegeben wird und dass die Improvisation eine große Rolle spielt.

Bali: Kecak und Gamelan

Auf der Insel Bali (Indonesien) lebte von 1927 bis zu seinem Tode im Jahr 1942 der deutsche Komponist und Maler Walter Spies. Zu dieser Zeit war die Insel eine Kolonie der Niederlande und zugleich ein beliebtes Reiseziel für viele Europäer und US-Amerikaner. Das Haus von Walter Spies stand Forschern sowie Künstlern, Filmemachern und Schriftstellern offen, die sich an der Landschaft erfreuten oder sich auf unterschiedliche Weise mit der balinesischen Musik und Kultur beschäftigten.

Bis heute sind zahlreiche Spuren von ihm auf der Insel zu finden. Bekannt ist vor allem *Kecak*, eine Art Tanztheater, das Spies zusammen mit balinesischen Freunden in den 1930er-Jahren auf der Grundlage von vorhandenen religiösen Tänzen entwickelte. Grundlage des von circa 80 bis 100 Männern aufgeführten Stückes ist folgende Geschichte:

Der Kecak-Tanz

Der göttliche Prinz Rama lebt ausgestoßen im Wald mit seiner Frau Sita und seinem jungen Bruder Laksamana. Der Riese Rahwana, König der Dämonen und Ausgeburt des Bösen, möchte die schöne Sita besitzen und ersinnt einen Plan, sie zu entführen. Sein Premierminister nimmt die Gestalt eines goldenen Hirsches an und lockt so Rama und Laksamana von Sita weg. Sita bleibt allein und unbewacht zurück. Rahwana kommt, um Sitea zu entführen, hat aber zunächst keinen Erfolg. Um sie zu täuschen, verwandelt er sich in einen durstigen alten Mann und bittet Sita um Wasser. In dem Augenblick, in dem er es bekommen hat, versucht er Sita zu töten. Diese schreit aber so laut, dass der in Wolken fliegende Garuda, den Schrei hörend, ihr versucht zu helfen. Doch Rahwana hat seine Flügel abgeschnitten und Garuda ist machtlos. Sita wird in das Königreich von Rahwana geschleppt. Als Rama den Betrug bemerkt, macht er sich auf, Sita aus den Fängen des Dämonenkönigs zu befreien. Er bittet den weißen Affenkönig Hanoman darum, Sita einen Ring zu bringen als Zeichen dafür, dass er kommen werde, um sie zu retten. Hanoman sichert ihm zugleich seine Hilfe bei der Befreiung Sitas zu. Eine riesige Armee von Affen steht ihm nun in vielen Kämpfen zur Seite. Hanoman bringt Sita den Ring ihres Mannes. Der

Affenkönig verwüstet den Palast des Riesen, wird aber gefangen genommen und soll getötet werden. Doch Hanoman kann wegen seiner magischen Kräfte nicht verbrannt werden, alle Versuche schlagen fehl. Schließlich gelingt es Hanoman, sich zu befreien. Es folgt ein langer Kampf der Affen-Armee mit den Dienern des Riesen, an dessen Ende Rahwana getötet und Sita befreit wird.

Kecak beginnt draußen in der Dämmerung auf einem Platz, in dessen Mitte ein Feuer angezündet ist. Die Männer sitzen in konzentrischen Kreisen auf dem Boden. Sie stellen nicht nur das Spielfeld, sondern zugleich die Affen-Armee dar und lassen die einzelnen Personen nacheinander in die Mitte des Kreises treten und spielen. Es spielen keine Instrumente mit, sondern die Männer begleiten die Geschichte sprechend und singend.

Hanoman

1 Die gesamte Erzählung ist in einzelne Szenen unterteilt, die im Text unterschiedlich farbig hevorgehoben sind. Stellt sie in wenigen Standbildern nach. Beziehet dabei auch die Abbildung auf S. 232 mit ein.
   a) Verteilt die fünf Rollen.
   b) Die anderen setzen sich wie oben beschrieben auf den Boden.

2 Hört einen Ausschnitt aus dem *Kecak*.
   a) Konzentriert euch dabei auf folgende Silben:
      pung – cak (sprich: tschak) – sir (sprich: schirrr) – chi.
   b) Tauscht eure Hörerfahrungen aus und greift auf folgende Kategorien zurück: Aufbau/ Struktur, Wirkung.

 CD 4 / 23

Gamelan

In der Musik Balis spielt *Gamelan* eine wichtige Rolle. Es wird sowohl zur Begleitung von Schattentheater als auch bei Tanzdarbietungen eingesetzt. In ganz Europa gibt es zahlreiche Gruppen, die diese Art des gemeinsamen Musizierens ebenfalls ausüben; in manchen Städten sind sogar eigene *Gamelan*-Gruppen zu finden, die Kurse anbieten und zu unterschiedlichen Gelegenheiten musizieren.

3 Recherchiert und sortiert Informationen zum balinesischen *Gamelan*. Erstellt ein Poster.

4 Erweitert eure Suche durch folgende Tätigkeiten:
  a) Findet heraus, ob es in eurer Nähe ein *Gamelan* gibt.
  b) Nehmt Kontakt zu benachbarten Museen auf, die eine ethnologische Sammlung haben.
  c) Plant einen Klassenausflug ins Museum oder zu *Gamelan*-Musikgruppen.
  d) Bereitet gemeinsam ein Interview mit einem Spieler oder eine Gruppe vor und führt es durch.
  Erstellt zum Abschluss eine Dokumentation eurer Unternehmung.

Wie im *Kecak* spielt auch in der *Gamelan*-Musik der zeitversetzte Einsatz der Stimmen eine wichtige Rolle. Beim *Gamelan* sind es die unterschiedlichen Klangfarben und Intervalle, die ausschlaggebend sind für die Wirkung des Stückes.

Sowohl beim Musizieren als auch beim Hören hilft die Vorstellung, dass sehr oft insgesamt 16 Schläge eine rhythmische Einheit bilden, wobei die 16 immer mit dem Klang des großen Gongs markiert wird.

CD 4 / 24

5 Hört euch die Klänge der unterschiedlichen Gongs an. Ihre Namen werden jeweils von dem Spieler zuvor angesagt.

Name	Sprechsilbe
kempli	tuk
gong (großer Gong)	gong
klentong (kleiner Gong)	tong
kempur (mittelgroßer Gong)	pur

CD 4 / 25

6 Das folgende Hörbeispiel ist der Ausschnitt aus einem längeren *Gamelan*-Stück. Der Abschnitt besteht aus 16 Schlägen und wird immer wiederholt. Um es hörend zu verstehen, ist es hilfreich, folgende Schritte nacheinander durchzuführen:
  a) Versucht, beim ersten Hören nur die Klänge der Gongs wiederzuerkennen. Dafür reichen schon die ersten 30 Sekunden.
  b) Fertigt durch mehrmaliges Hören eine Verlaufspartitur an. Übertragt dafür die folgende Tabelle und ergänzt sie durch die Einsätze der jeweiligen Gongs unter Verwendung der Sprechsilben (tuk, gong, tong, pur).

1	2	3	4	5	6	7	8	9	10	11	12	13	14	15	16
?	?	?	?	?	?	?	?	?	?	?	?	?	?	?	?

Musik von anderswo – ganz nah?

Die Musik, wie wir sie aus der Musikgeschichte Mitteleuropas kennen, entwickelte sich aufgrund von unterschiedlichen Einflüssen aus anderen Regionen dieser Welt. War es seit circa 712 vor allem die islamische Kultur, die das europäische Mittelalter prägte, ist die Fülle an Musik und Musikinstrumenten aus anderen Ländern, die wir in der Gegenwart anhören und anschauen können, sehr groß. Das „Anderswo" war und ist also nicht immer weit entfernt, sondern manchmal ganz nah.

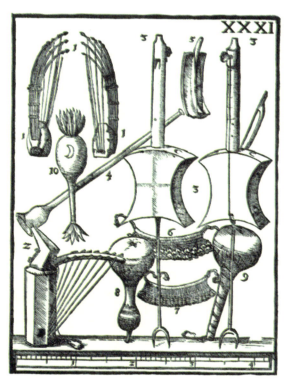

Dem in Wolfenbüttel arbeitenden Komponisten und Organisten Michael Praetorius (1571–1621) waren Instrumente aus anderen Ländern offenbar bekannt. In seinem 1619 publizierten Buch „Syntagma Musicum II" sind einige Seiten dazu zu finden. Doch hat er sie jemals tatsächlich in der Hand gehabt oder mit eigenen Augen gesehen?

1 Beschreibt die Darstellungen.
  a) Vergleicht sie mit ähnlichen Instrumenten, die ihr kennt.
  b) Sortiert die Instrumente anhand folgender Tabelle:

Schlaginstrument	Blasinstrument	Streichinstrument	unklar
?	?	?	?

c) Das Instrument 6 auf der Abbildung XXIX (S. 235, links) ist euch auf diesen Seiten schon begegnet. Es gibt aber noch ein weiteres, das ihr schon kennt. Vergleicht beide mit der Darstellung von Praetorius und benennt die möglichen Ungenauigkeiten.

Mit den zahllosen Fortbewegungsmitteln wie Auto, Bahn, Schiff oder Flugzeug hat sich lediglich die Geschwindigkeit erhöht, mit der wir heute anderen Musiken und Musikern begegnen. Wie in der nebenstehenden Abbildung von Straßenmusikern in Istanbul staunen wir über die Musik, die auf einmal auf der Bühne, beim Straßenfest oder an anderen Orten unserer Umgebung erklingt.

2 Ladet einen Musiker in eure Klasse ein und führt ein Gespräch mit ihm über seine Musik.

3 Erkundet eure unmittelbare Umgebung.
  a) Sammelt in eurer Stadt Informationen zu Konzerten und Musikveranstaltungen.
  b) Sucht jene heraus, die mit Musik zu tun haben, die nach eurer Meinung exotisch oder fremd ist, und fertigt ein Poster dazu an.

Eine wichtige Eigenschaft des Menschen im Erkunden seiner Umwelt ist die Neugier. Sie erstreckt sich auf alle Dinge, die mit den Sinnen wahrgenommen werden können.

Infobox

Exotik: Der Begriff stammt aus dem Griechischen und meint die „auswärtige", „fremdländische", „exotische" Sache. Es werden damit Gegenstände bezeichnet, die als besonders fremd wahrgenommen werden oder außergewöhnlich erscheinen. Das zugehörige Eigenschaftswort heißt „exotisch". Für außergewöhnliche oder fremd anmutende Menschen wird teilweise der Begriff „Exoten" benutzt.

Exotismus: So bezeichnet man die Überbetonung exotischer Aspekte von fremden Menschen. Dies entspricht einer bestimmten Form eines auf Europa zentrierten Weltbilds. Ein Blick auf die Fremde wird nur geworfen, indem deren „exotische" Aspekte betrachtet bzw. deren Bewohner zu „edlen Wilden" (Pascal Morché) stilisiert werden.

4 Lest die beiden Definitionsversuche und diskutiert die Unterschiede zwischen Exotik und Exotismus anhand von Beispielen aus eurer Umgebung: Musik, die ihr gehört habt; Essen, das ihr probiert habt; eine Reise, die ihr gemacht habt usw.

5 Was meint Morché mit „edlen Wilden"? Erklärt.

Die Goldenen Zwanziger

Musik von anderswo verändert sich

Ein Beispiel für Musik, die von einem Kontinent zum anderen gewandert ist, stammt vom Anfang des 20. Jahrhunderts. Um 1919 taucht der aus den USA kommende Jazz (▶ S. 158 ff.) im Deutschen Reich auf. Insbesondere Berlin wird in den sogenannten „Goldenen Zwanzigern" (1924 bis 1929) zum Zentrum einer vielfältigen Musikkultur, in der Jazz eine spezifische Ausdrucksform erhielt, die ihn vom US-amerikanischen Jazz deutlich unterschied. Tourneen afroamerikanischer Musiker führten zur Bildung von Jazzbands, die in vielen Cafés und Klubs der Hauptstadt sehr populär waren.

1 Das Foto rechts oben wurde 1929 in der bis heute existierenden Berliner Bar „Beguine" aufgenommen.
  a) In welcher Besetzung hat diese Band gespielt? Benennt die Instrumente.
  b) Beschreibt das Aussehen der Bandmitglieder. Wie stellen sie sich dar?

2 Das andere Bild stammt aus dem Jahr 1952 und ist eine Werbeveranstaltung für eine Zirkusvorstellung. Wie stellt sich diese Gruppe dar?

Stimmungsorchester

Die zahlreichen Tänze wie *Turkey-trot*, *Fishwalk* oder *Yazz-step* werden mit den Unterhaltungskapellen allmählich durch einen Modetanz der 1920er-Jahre verdrängt, nämlich den schon 1893 durch die Weltausstellung in Chicago bekannt gewordenen *Shimmy*. Seine extremen Ganzkörperbewegungen befreien von strengen Formen und rücken ihn zum Teil in die Nähe von Akrobatik. Als das goldene Jahr des Jazz in Deutschland gilt 1924, vor allem in Berlin. Instrumente, wie z. B. Banjo, Trichter-Geige oder Saxofon, finden Eingang in die Kapellen, die in Gestalt von „Damen-Jazzbands" oder „Stimmungsorchestern" in unterschiedlichen Unterhaltungslokalitäten (Revuen, Cafehäuser etc.) große Erfolge feiern.

3 Klärt unbekannte Begriffe.

4 Informiert euch über die im Text genannten Tänze. Verfasst jeweils einen erklärenden Text dazu.

Es ist nicht nur die Musik, in deren Taumel sich die Menschen dieser Zeit hineinbegeben. Die Jazz-Bands und ihre Musik, vor allem aber auch die Musiker waren Anlass, über die anders aussehenden Menschen in spezifischer Weise nachzudenken. In einer wöchentlich erscheinenden Illustrierten schrieb eine Schriftstellerin dieser Zeit ein paar dieser Gedanken nieder.

Ungewöhnliche Musik

Ein Mohr sitzt vor dem mystischen Instrument: Es ist eine Trommel. […] Der Mohr hält zwei Stäbe in der Hand, halb Sklaventreiber, halb Jongleur. Mit ihnen schlägt er auf Brettchen, manchmal klingt es, als ob er Sargnägel einschlüge, dann wieder, als sei ihm beim Wurstaufschneiden das Messer ausgerutscht. Die dicken Lippen schmiegen sich an die Trompetenmündung, die Augen lächeln melancholisch und verschmitzt, zwischendurch ein Trommelwirbel, ein Schlag auf ein Tambourin. […] Die tanzenden Paare sind im Bann dieser Rhythmen, dieser Farben und Klänge […]. Sie tschnundern über den gewichsten Boden, mit einer Gemessenheit in den irrsinnigsten Gliederverrenkungen, die einem zum Bewusstsein bringt, dass man eben am Ende doch nur ein gut funktionierender Automat ist.
(Alice Gerster, 1922)

5 Diskutiert.
  a) Mit welchen sprachlichen Mitteln beschreibt Alice Gerster ihr Erlebnis?
  b) Erläutert, welche Rolle die Musik dabei spielt.
  c) Warum befremdet sie das?

6 Werden vermeintlich bestimmte Gesichtszüge, Kleidung und Verhaltensweisen anderer Menschen verallgemeinert, so wird das als Stereotype (Muster) bezeichnet.
  a) Sammelt Stereotypen, die ihr kennt.
  b) Diskutiert ihre Bedeutung vor dem Hintergrund folgender Thesen:
    ★ „Scherzhaft gesagte Stereotypen sind nicht verletzend."
    ★★ „Stereotypen sind zum Teil schon sehr alt, sodass sie nicht mehr verletzend sind."

Von Berlin nach Fidschi

Auch in der Musik gibt es zahlreiche Stereotypen, die das Anderssein auf unterschiedliche Weise ausdrücken. Ein Beispiel ist ein bis heute sehr bekannter Schlager aus dem in Berlin uraufgeführten Kino-Kassenschlager „Einbrecher" (1930). Geschrieben wurde er von dem damals populären Komponisten und Kabarettisten Friedrich Holländer.

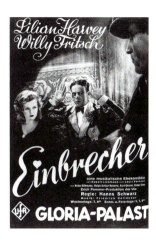

Ich lass mir meinen Körper schwarz bepinseln

Ach, wie herrlich ist es in Paris,
die Frauen sind so süß
und dennoch ist mir mies!
Jeden Abend Smoking oder Frack,
5 so geht das Tag für Tag,
das ist nicht mein Geschmack!
Ich lass' mir meinen Körper
schwarz bepinseln, schwarz bepinseln
und fahre nach den Fidschi Inseln,
10 nach den Fidschi Inseln.
Dort ist noch alles paradiesisch neu.
Ach, wie ich mich freu'! Ach, wie ich mir freu'!
Ich trage nur ein Feigenblatt mit Muschlen, Muscheln, Muscheln
und geh' mit ner Fidschi-Puppe kuscheln, kuscheln, kuscheln.
15 Von Bambus richte ich mir eine Klitsche ein.
Ich will ein Fidsche, will ein Fidsche sein!
(Ich bin der Fritsche, will der Fidsche sein.)

<small>Text: Friedrich Holländer, Robert Liebmann © Rolf Budde Musikverlag GmbH, Berlin. Dreiklang-Dreimasken Bühnen- und Musikverlag GmbH, Berlin</small>

1 Hört euch das Hörbeispiel an.   🎧 CD 4 / 26
   a) Benennt die Musikinstrumente.
   b) Greift auf eure zuvor gesammelten Informationen zu den Gesellschaftstänzen zurück und überlegt, welcher Tanz sich zu diesem Lied tanzen lässt.

2 Lest den Text und klärt zunächst, wo die Fidschi-Inseln liegen.
   a) Identifiziert im Text Stereotypen.
   b) Diskutiert mögliche Funktionen vor dem Hintergrund dieses Unterhaltungsgenres. Berücksichtigt dabei auch die Kernaussage des Refrains.

3 Recherchiert Informationen zu Friedrich Holländer und verfasst eine Infobox.

Metallica

- ▶ Blues
- ▽ **Rockmusik**
  - ▶ Punk Rock
  - ▶ Blues Rock
  - ▶ Hard Rock
- ▶ Elektronische Tanzmusik
- ▶ Reggae und Hip-Hop
- ▶ Deutsche Musik

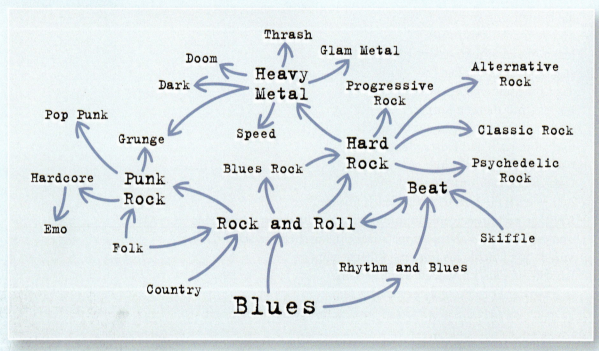

Elvis Presley

Rolling Stones

Dave Grohl von den Foo Fighters

Populäre Musik

1 a) Schreibt Künstlerinnen und Künstler auf, die ihr aus den Genres auf der linken Seite bereits kennt.
b) Notiert zusätzliche Fakten zum Künstler/zur Künstlerin (z. B. Songs) über das Entstehungsland, das Jahrzehnt usw.
c) Ergänzt diese Liste durch Informationen eurer Mitschülerinnen und Mitschüler.

2 Recherchiert weitere Informationen in eurem Schulbuch und der Bibliothek: Zu welchen Genres gibt es keine Hinweise?

3 Ordnet die abgebildeten Musiker einem Genre zu und begründet eure Wahl.

Geht auf die Suche
z. B. zu Hause, in der Bibliothek

Rockmusik

Der Beginn: Rock'n'Roll

In den 1950er-Jahren bildeten sich die ersten Jugendkulturen und musikalischen Genres, die speziell für und von Jugendlichen gemacht wurden, heraus. Der Rock'n'Roll war geboren. Musikalisch orientierte sich die Musik häufig am Blues-Schema (▶ S. 320 ff.) und an Themen wie Liebe und Freiheit. Allerdings wurden Musikerinnen und Musiker dieses Genres aufgrund ihres Auftretens oder ihrer Interpretation von den Erwachsenen dieser Zeit selten akzeptiert:

„Der unfassbare Erfolg des 21-jährigen Elektrikerlehrlings, der weder fehlerfrei Gitarre spielen noch Noten lesen kann und nach eigenem Eingeständnis ein halber Analphabet ist, lässt sich auch an dem für Amerika wichtigsten Standard messen, am Einkommen. Seit Beginn des Jahres verdiente er über eine halbe Million Dollar […] Tatsächlich verstößt Presleys Vortrag, den als Gesang zu bezeichnen viele Musikkritiker sich versagen, gegen die guten Sitten, die sich im Schlagergesang eingebürgert haben. […] Was die kreischenden und heulenden Teenager letztlich nur noch wahrnehmen, sind Presleys Zuckungen, die den Eindruck erwecken, er habe einen Presslufthammer verschluckt."

(Der Spiegel, 50/1956)

Elvis Presley auf der Bühne

1. Diskutiert anhand des Zitats, welche Dinge an Elvis Presley als Person oder Musiker kritisiert werden. Was sagt dies über die Sichtweise der Zeitung aus?

2. Beschreibt Bild 1 (S. 241) näher: Welche Instrumente sind zu sehen, was erscheint besonders?

CD 4 / 27

3. Analysiert das Hörbeispiel auf „Erwachsenen-untaugliche" Parameter: Woran könnten sich Hörende damals gestört haben?

4. Stellt Künstler der Gegenwart vor, die ähnlich kritisch beurteilt werden.

Beat und Rock

Gleich zwei englische Bands sorgten in den 1960er-Jahren für Begeisterungsstürme und Hysterie unter ihren Fans. Während „The Rolling Stones" das Image der bösen Buben bekamen, verkörperten „The Beatles" eine Mischung aus Teenie-Idolen und einer Boygroup mit rebellischer Grundhaltung. Die Fans kleideten und frisierten sich wie ihre Stars und viele brachen bei Konzerten vor Erschöpfung zusammen. Die Welle der weltweiten Begeisterung und Euphorie wurde als „Beatlemania" bezeichnet.

Bericht über die Beatlemania

5. Vergleicht die Darstellung der Beatles mit dem Bild der Rolling Stones auf Seite 240: Worin unterscheiden sie sich?

6. Tragt zusammen, welche Künstlerinnen und Künstler oder Bands jüngster Zeit ähnliche Reaktionen unter den Fans auslösten wie damals die Beatles.

7. Vergleicht die beiden folgenden Textausschnitte miteinander:
   a) Benennt die zentrale Aussage.
   b) Beschreibt die Sprachstile der Songs.
   c) Diskutiert, wie die Images der Bands hier wiederzufinden sind.

Rockmusik 243

The Beatles: Love Me Do

```
G           C
Love, love me do
     G         C
You know I love you
     G          C
I'll always be true
C              G
So please love me do
C    G     C
Oh oh love me do

G           C
Love, love me do
     G         C
You know I love you
     G          C
I'll always be true
C              G
So please love me do
C    G     C
Oh oh love me do

D
Someone to love
C     G
Somebody new
D
Someone to love
C         G
Someone like you
```

Text: John Lennon, Paul McCartney © MPL Communications Ltd. Edition Accord Musikverlag GmbH & Co KG, Hamburg

The Rolling Stones: (I Can't Get No) Satisfaction

```
E         A
I can't get no satisfaction
E         A
I can't get no satisfaction
          E       H7
'Cause I try, and I try,
         E      A
and I try, and I try
          E       D
I can't get no,
          E       D
I can't get no

             E           D
When I'm drivin' in my car
              E             D
And a man comes on the radio
             E          D
He's tellin' me more and more
              E              D
About some useless information
              E            D
Supposed to fire my imagination
             E     D     E
I can't get no, oh no, no, no
```

Text: Keith Richards © Abkco Music Inc. Westminster Music Inc.

---

8 Beschreibt die beiden Ausschnitte der Songs (▶ Werkzeugkasten, S. 144 f.). CD 4 / 28, 29

9 Spielt die beiden Songausschnitte je in einer „rockigen" und einer ruhigen Interpretation:
   a) Was muss hierzu verändert werden?
   b) Wie verändert dies den Charakter der Songs?

Festivals und Hippies

Jimi Hendrix

Ende der 1960er-Jahre waren in der Folk- und Rockmusik-Szene politische Themen wichtig. Im Zuge des Vietnam-Krieges bildete sich eine Gegenkultur der Hippies oder „Blumenkinder". Bei privaten Treffen und auf großen Festivals wurden dabei Frieden und Liebe gefordert. Musik war damals ein wichtiges Medium für die Botschaft der Hippies. Als Höhepunkt dieser Zeit gilt das dreitägige Woodstock-Festival im Jahr 1969, zu dem insgesamt circa 500 000 Menschen kamen. Mehr als dreißig Bands spielten und das Festival verlief meist friedlich. Es traten Folkmusikerinnen und -musiker wie Joan Baez oder Bob Dylan, Blues- und Rockbands, aber auch ein indischer Künstler auf. Einen kleinen Skandal provozierte der Sänger und Gitarrist Jimi Hendrix, indem er in seine Interpretation der amerikanischen Nationalhymne Geräusche von Raketen und Explosionen einbaute. Kaum ein halbes Jahr später wird bereits das Ende der Hippie-Zeit mit dem Altamont Free Concert eingeläutet. Große Festivals finden aber auch heute noch regelmäßig in den Sommermonaten auf der ganzen Welt statt.

10 Diskutiert, warum die Hendrix-Version der Nationalhymne als Skandal empfunden wurde.

11 Recherchiert zur Geschichte der Hippies:
a) Was geschah in Altamont?
b) Was geschah auf weiteren Festivals in Woodstock?
c) Was sind die größten deutschen Festivals und welche Musik wird dort gespielt?

Rock- und Heavy Metal-Riffs

Typisch für viele Rocksongs ist die Riffstruktur. Ein Riff wird aus einer kurzen Melodie- oder Akkordfolge gebildet und dient als Erkennungszeichen kompletter Songs. Häufig spielt die E-Gitarre diese Riffs. Einige der Rock-Riffs sind über die Jahrzehnte hinweg zu echten „Klassikern" des Genres geworden.

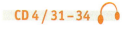

12 Ordnet die Songtitel, Bandnamen, Genrebezeichnungen und Notendarstellungen auf Seite 245 den Hörbeispielen zu.

13 Vervollständigt die Liste durch weitere Bandnamen und Songs mit bekannten Rock-Riffs zu einer Klassen-Top Ten.

Rockmusik 245

BANDS	SONGS	GENRES
Metallica, AC/DC, Deep Purple, Nirvana	Hell's Bells, Smoke on the water, Smells like Teen Spirit, Enter Sandman	Classic Rock, Grunge, Hard Rock, Heavy Metal

A

B

C

D

14 Oft arbeiten Heavy Metal-Bands mit furchteinflößenden Motiven auf ihren CD-Hüllen. Diese erinnern an Teufel oder Monster.
  a) Forscht nach, inwieweit in den Beispielen oben auch bekannte „diabolische Motive" zu finden sind.
  b) Führt eine Podiumsdiskussion zu dem Thema: Heavy Metal ist ein jugendgefährdendes Musikgenre. (▶ **Werkzeugkasten: Eine Podiumsdiskussion führen, S. 268 f.)**

Konzepte und Kommerz

Pink Floyd, 1989

> **Infobox**
>
> **Sound** (engl.) bezeichnet die Summe aller technischen, instrumentalen, kulturellen und kompositorischen Parameter eines Songs. Der Begriff steht mitunter für ganze Genres („Motown"-Sound, „West-Coast"-Sound)

Ab den 1970er-Jahren spielten bei der Rockmusik zunehmend kommerzielle Interessen eine Rolle. Rock gehörte zu dem Hauptstrom (engl.: mainstream) der beliebtesten Musikstile. Aber auch dieser Mainstream teilte sich in zwei Bereiche auf. Der Sound wurde massentauglicher und erhob gleichzeitig einen höheren künstlerischen und technischen Anspruch.

Bands wie Genesis, Pink Floyd, Queen oder Yes legten ihre Schwerpunkte vor allem auf instrumentale und technische Virtuosität. Aufwändige Bühnenshows und Konzeptalben, auf denen eine komplette Geschichte oder ein außermusikalisches Programm zu finden waren (▶ S. 82 ff.), wurden Normalität. Dieses als Progressive Rock oder Art Rock bezeichnete Genre hatte Nachahmer in den 1980er-Jahren (Queensryche) und bis in das neue Jahrtausend (Porcupine Tree).

15 Stellt Vermutungen an zum Bild:
  ★   Wie groß ist die Bühne?
  ★★   Wie ist die Entfernung zum Publikum?
  ★★★   Diskutiert anhand der Abbildung die Begriffe Distanz und Nähe.

16 a) Recherchiert die erfolgreichsten Alben der genannten Bands und ordnet sie anhand der Verkaufszahlen.
b) Ergänzt Namen bekannter deutscher Progressive Rock Bands und deren Hauptwerke.

In den 1980er- und 1990er-Jahren gab es parallel hierzu die Vermischung von Popmusik-Elementen und Rock, wodurch Genres wie der Glam Metal oder

Hair Metal entstanden. Die Bands waren aufgrund ihrer Frisuren und Outfits leicht erkennbar. Sie orientierten sich teilweise an androgynen Konzepten (▶ S. 201f.), ohne jedoch eine politische Haltung zu vertreten. In diesem Zeitraum wurden sehr erfolgreiche Rock-Alben aufgenommen von Bands wie Mötley Crüe oder Bon Jovi. Song-Sammlungen (engl.: compilations) mit Rock-Balladen, wie etwa „Kuschelrock", wurden große Verkaufserfolge.

Wanted Dead or Alive

Musik und Text:
Jon Bon Jovi und Richard S. Sambora

2. Sometimes I sleep, sometimes it's not for days.
   The people I meet always go their sep'rate ways.
   Sometimes you tell the day
   By the bottle that you drink.
   And times when you're alone, all you do is think.
   I'm a cowboy, on a steel horse I ride.
   I'm wanted, dead or alive.
   Wanted, dead or alive.

3. Instrumental

4. And I walk these streets, a loaded six-string on my back.
   I play for keeps, 'cause I might not make it back.
   I've been ev'rywhere, still I'm standing tall.
   I've seen a million faces,
   And I've rocked them all.

© Sony/ATV Music Publishing (Germany) GmbH, Berlin. Universal Music Publ. GmbH, Berlin

17 In dem Song werden populäre Rock-Klischees verwendet. Benennt und diskutiert einige davon.

Punk, Grunge und alternativer Rock

Im Gegensatz zum kommerziellen Mainstream-Rock bildete sich ebenfalls Ende der 1970er-Jahre eine alternative Rockszene. Die Ablehnung der technischen und klanglichen Standards wurde zu einem Kennzeichen des frühen Punk Rock. Aber auch die oftmals kaputte oder bewusst hässliche Kleidung, die große Lautstärke der Konzerte und ihr Dilettantismus standen für den Punk (engl.: Müll oder Unsinn).

Dabei entstand die Jugendkultur zwar unter frustrierten englischen Jugendlichen der Arbeiterklasse, ihr Gesicht bekam sie jedoch von dem Musiker und Künstler Malcolm McLaren, in dessen Londoner Boutique eine der ersten Punk-Bands namens „The Sex Pistols" gegründet wurde. Die politische Provokation der Band ging so weit, auch die Gesellschaft und die Staatsform infrage zu stellen. In den 1990er-Jahren wiederholte sich dann dieses Phänomen: Amerikanische Rock-Bands aus der Region um Seattle wandten sich vom Glam oder Hair Metal ihrer Zeit ab. Sie versuchten, bewusst anders auszusehen und wieder „dreckige" Musik (engl.: grunge) zu machen. Letztlich sind jedoch sowohl Punk als auch Grunge kommerzialisiert worden, was die ursprünglichen Vorhaben und politischen Ansätze komplett ausgehöhlt hat.

> **Infobox**
>
> **Dilettantismus** (lat. delectare = sich erfreuen) bezeichnet häufig das laienhafte Tun. Seit den 1980er-Jahren wird dieser Begriff auch positiv verwendet: als Ablehnung festgefahrener Traditionen der Popmusik.

18 Bearbeitet den Text (▶ Werkzeugkasten: Mit Buchtexten arbeiten, S. 332) und schreibt wichtige Fakten heraus.

19 Vergleicht die beiden Hörbeispiele:
  a) Beschreibt den Klangeindruck (▶ Werkzeugkasten, S. 144 ff.).
  b) Begründet, welche der Aufnahmen „dreckiger" klingt.
  c) Notiert euch Textzeilen oder Wörter, die ihr verstehen könnt, und sucht Übersetzungen.

 CD 4 / 35, 36

20 Vergleicht die beiden CD-Cover miteinander:
  a) Beschreibt die grafische Gestaltung (Bilder, Schriften).
  b) Welche Elemente ziehen die Aufmerksamkeit auf sich?
  c) Diskutiert den Bezug zwischen Musik-Genres und CD-Covern anhand weiterer Beispiele.

Geht auf die Suche
z. B. zu Hause, in der Bibliothek

Popmusik-Wurzeln: Die Welt in Plattenkiste und Sampler

Infobox

Als **Breakbeat** wird eine rhythmisch gefüllte Pause (Break) innerhalb von Songs bezeichnet. Diskjockeys fertigen aus diesen durch Cutting bzw. Beat Juggling die Instrumentals für Raps. Die Kurzform lautet **Beat**.

Beat Juggling (historisch: Cutting) bezeichnet die teils kunstvolle Verwendung zweier evtl. gleicher Klangquellen, die über den Einsatz von Scratch-Techniken, Mischpulten, Effekten und Pausen so kombiniert werden, dass ein neuer (Break-) Beat daraus entsteht.

Das **Scratching** bezeichnet ursprünglich die Produktion spezifischer Geräusche durch das Drehen von Vinyl-Platten auf Plattenspielern, Tonabnehmer-Bewegungen und den Einsatz des Crossfaders von DJ-Mischpulten. Heute kann auch mit CDs oder rein digitalen Systemen gescratcht werden.

Wenn heute Diskjockeys (kurz: DJs, weiblich: DJanes) Platten auflegen oder Hip-Hop-Produzenten nach Samples suchen, steht ihnen ein fast unbegrenzter Fundus an akustischem Material zur Verfügung: Die Breakbeats für das Beat Juggling oder Scratching könnten von jeder Platte oder aus jedem Sound-Archiv stammen. Viele aktuelle Produktionen greifen aber immer wieder auf die Wurzeln der Genres zurück, die einerseits in die jamaikanische, andererseits in die amerikanische Popmusik-Geschichte führen.

1 „Übersetzt" diesen Sachtext und erklärt dabei unbekannte Wörter mithilfe der Infobox.

2 Stellt mögliche weitere Klangquellen zusammen, die von DJs und DJanes für ihre Beats verwendet werden können.

Jamaika

Mit der Unabhängigkeit der ehemals britischen Kolonie seit 1962 verändert sich das Selbstverständnis und die Musik der Menschen: Mit Rock Steady und Reggae etablieren sich Stile, die bassorientierter und langsamer gespielt werden als der ursprüngliche Ska. Gemeinsam ist allen eine Betonung des Offbeat (▶ S. 161).

Für viele Reggae-Musiker ist der Rastafari-Kult wichtig. Dieser verehrt den afrikanischen Kontinent als das gelobte Land und bezieht sich auf das alte Testament der Bibel. Als einflussreichster Reggae-Musiker gilt Bob Marley (1945–1981), dessen friedliche Botschaft für den ursprünglichen Musikstil steht.

Allerdings sind viele „Rastas" neben ihren markanten Dreadlock-Frisuren negativ bekannt für frauen- und homosexuellenfeindliche Texte und ihre Drogenverherrlichung.

Bob Marley

One Love

  CD 1 / 46

Musik und Text: Bob Marley
Arrangement: Michael Ahlers

© Blue Mountain Music Ltd.

Sound Systems und Toasting

Da viele Menschen Jamaikas arm waren, brachten große mobile Diskotheken, genannt Sound Systems, die Musik zu ihnen – so entstand die „Dancehall-Kultur". Nach und nach etablierte sich ein Wettstreit der Systeme, wer lauter sein und wer mehr Bass liefern konnte.
Um die tanzende Menge anzuheizen, sangen und redeten jamaikanische Diskjockeys über die Dancehall-Songs hinweg in einer Sprache namens „Patois". Dies wird Toasting genannt und entstammt der afrikanischen Tradition des Griot. Aus dem Toasting entwickelte sich später der US-amerikanische Rap. Seit Mitte der 1980er-Jahre ist auf Jamaika der härtere, auf elektronischen Rhythmen und Klängen basierende Dancehall-Stil populär.

Infobox

Die **Griots** in Westafrika sind wie die Barden in Europa als Geschichtenerzähler, Redner und Musiker unter anderem für die Überlieferung von Begebenheiten und Melodien zuständig gewesen.

Rhythmische Grundlage aktueller Dancehall- und Reggaeton-Riddims (patois = Rhythmen) ist ein Teil der afro-kubanischen Clave, Tresillo genannt.

Dancehall- und Reggaeton-Riddims

Michael Ahlers

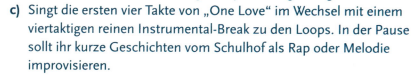

3 Klatscht die Patterns der Reihe nach, wählt zunächst ein langsames Tempo.

4 a) Begleitet den Refrain von „One Love" mit einer Dancehall- oder Reggaeton-Begleitung: Wo ergeben sich Schwierigkeiten?

b) Alternativ könnt ihr auch fertige Loops zur Begleitung einsetzen.

c) Singt die ersten vier Takte von „One Love" im Wechsel mit einem viertaktigen reinen Instrumental-Break zu den Loops. In der Pause sollt ihr kurze Geschichten vom Schulhof als Rap oder Melodie improvisieren.

d) Redet oder singt nun im Stil des Toasting über den Gesang hinweg.

USA: I'm Black and Proud

Politische Meinungen und Einstellungen, die sich in einigen Stilen des Rap bis heute finden lassen, wurzeln ebenfalls in den 1960er-Jahren. Häufig werden Beats oder Samples aus Songs dieser Zeit genutzt.

In den Zeiten der vermehrten Rassenkonflikte in den USA strebten Afroamerikanerinnen und Afroamerikaner die gesellschaftliche und politische Emanzipation an.

„Schwarze Musik" wie Soul und Funk nahmen sich selbst sowie die eigenen kulturellen Wurzeln (z. B. das Call-and-Response-Prinzip oder die Gospel-Elemente) ernst.

„Der Begriff Soul stand für Quelle, für den Ursprung dieser Traditionen in der durch jahrhundertelange Unterdrückung geformten Mentalität der Afroamerikaner. Ihre Solidarisierung zur Black Power, zur machtvollen Bewegung um gleiche Rechte, verstand sich im Sinne einer Brüderschaft aller Schwarzen, die sie zu ‚Soulbrothers' und ‚Soulsisters' werden ließ."
(Wicke/Ziegenrücker, 2007)

5 Erklärt mit eigenen Worten, wofür der Begriff „Soul" stellvertretend steht.

6 Erstellt ein Kurzreferat (▶ **Werkzeugkasten: Ein Referat halten, S. 115 f.**) über die Bedeutung der drei Firmen „Atlantic", „Stax" und „Motown" für die Geschichte der Soul-Musik.

Infobox

Funky bedeutet im afroamerikanischen Sprachgebrauch erdig/bodenständig, aber auch, irre oder außergewöhnlich zu spielen oder zu sein.
Der Musikstil zeichnet sich vor allem durch seine prägnanten Bassläufe und rhythmischen Bläser-Einwürfe aus. Weiterhin kennzeichnen den Funk vor allem kurze melodische Phrasen und die rhythmische Staccato-Spielweise der Instrumente. Als wichtigste Künstler gelten **James Brown** und **George Clinton**.

Aretha Franklin: Think

🎧 CD 5 / 03

You better think (think) think about
   what you're tryin' to do to me
Yeah, think (think, think), let your
   mind go, let yourself be free

5 Let's go back, let's go back, let's go
   way on way back when
I didn't even know you, you couldn't
   a been too much more than ten
   (just a child)

10 I ain't no psychiatrist, I ain't no
   doctor with degree
But it don't take too much high IQs
   to see what you're doin' to me

You better think (think) think about
15 what you're tryin' to do to me
Yeah, think (think, think), let your
   mind go, let yourself be free

Oh freedom (freedom), freedom
   (freedom), oh freedom, yeah
20 freedom (yeah)

Oh freedom (freedom), freedom
   (freedom) freedom, oh freedom,
   yeah freedom (yeah) freedom

Hey, think about it
25 You! Think about it

Infobox

Aretha Franklin wird als erste **„Soul Diva"** bezeichnet. Zahlreichen Sängerinnen wie etwa Whitney Houston wurde diese Bezeichnung ebenfalls als Auszeichnung verliehen. Im aktuellen R'n'B werden auch Sängerinnen wie Beyoncé Knowles als „Diven" bezeichnet.

There ain't nothin' you could ask
    I could answer you with I won't
    (I won't)
But I was gonna change my mind, if
30   you keep doin' things I don't
    (don't)

Hey, think about what you're trying
    to do to me
Baby! Think, let your mind go, let
35   yourself be free.

People walkin' around everyday,
    playin' games and takin' scores
Tryin' to make other people lose
    their minds, well be careful you
40   don't lose yours!

Yeah, think, think about what you
    trying to do to me
Yeah – yeah – yeah – yeah, let your
    mind go, let yourself be free.

45 You need me and I need you
Without each other, ain't
    nothin' neither can do
Yeah, think about it baby

[...]

Text: Aretha Franklin, Theodore Richard White © EMI Music Publishing Germany GmbH & Co. KG, Hamburg

7 Analysiert afroamerikanische Elemente in der Aufnahme und innerhalb des Liedtextes.

8 Führt eine Podiumsdiskussion (▶ Werkzeugkasten, S. 268 f.) zu folgendem Thema. Benutzt dazu die Information auf diesen Seiten und auf ▶ S. 169.
    a) Der Song „Think" von Aretha Franklin ist ein Soul-Song.
    b) Der Song ist ein Funk-Song.

Hip-Hop-Kultur

Im kulturellen Schmelztiegel New Yorks der 1970er- und 1980er-Jahre wurde der Grundstock der heute weltweit erfolgreichen Hip-Hop-Kultur gelegt. Menschen aus Europa, Afrika und der nahe gelegenen Karibik trafen dort aufeinander. Oftmals prägten Armut und Bandenkriege die Realität in Stadtteilen wie der Bronx. Der jamaikanische DJ „Kool Herc" gilt als einer der Paten des Hip-Hop, weil sein Sound System und seine Breakbeats neue Optionen für die Jugendlichen auf der Straße schaffen sollten.

9 Übertragt die folgenden Sätze in euer Heft und ergänzt die richtigen Fachbegriffe.
    — ? zeigten ihr verbales Können in Beschimpfungen (engl.: dis[-respect]ing), Wortspielen oder in der Glorifizierung der eigenen Gruppe bzw. ihrer Vorbilder.
    — ? konnten sich in teils akrobatischen Tanzwettbewerben zur Musik messen.

– ? wurde zunächst zur Markierung der Gang-Reviere genutzt, wobei Tags und Pieces oft illegal gesprüht wurden. Heute können talentierte Sprayerinnen und Sprayer mit dieser Kunstform viel Geld verdienen.
– ? stellt eine Erweiterung dieser drei Basiselemente dar.

Mit dem Aufkommen von Drum-Computern und Samplern (▶ Musikproduktion, S. 282 ff.) veränderte sich der Sound des Hip-Hop, die „Old School" des Beat Juggling wurde um die „New School" erweitert. Die Welt wurde zur „globalen Plattenkiste". Heute existieren zahlreiche internationale Rap-Genres, die oft nur von den Künstlerinnen und Künstlern selbst unterschieden werden können.

10 Erstellt eine Wandzeitung zur Hip-Hop-Kultur, auf der Informationen zu den Genres, wichtigen Städten und Tanzstilen zusammengestellt sind.

11 Vergleicht die Aufgaben und Tätigkeiten von Hip-Hop-DJs/DJanes mit denjenigen im Bereich der elektronischen Tanzmusik wie beispielsweise House.

Geht auf die Suche
z. B. zu Hause,
in der Bibliothek

Projekt: Hip-Hop Battle

Unterteilt die Klasse in zwei „Crews" (engl. Gruppen, Banden). Zu jeder Crew gehören Rapperinnen und Rapper, B-Boys und B-Girls sowie Beatboxerinnen und Beatboxer. Am Ende des Projekts sollt ihr in einer Aufführung einen „Battle", also das Messen eures Könnens in den drei Bereichen, inszenieren. Ihr könnt den Battle alternativ mit Instrumentals von der CD unterlegen.
Achtung: Respektiert die Gefühle und Grenzen der anderen Crew. Ihr dürft sie verbal provozieren und angreifen, aber nicht verletzen!

🎧 CD 5 / 04, 05

1. Beatboxing

12 a) Formt mit eurer Hand eine kleine Box vor dem Mund oder umschließt den Drahtkorb eines Mikrofons für den typischen Sound.
b) Imitiert einzelne Sounds eines Schlagzeugs mit folgenden Lauten:

Instrument	Wort/Laut
Bass Drum	Bum
Snare Drum	Ka
Hi-Hat (geschlossen)	Ts
Hi-Hat (offen)	Tsch

c) Übt einen der folgenden Rhythmen für die Aufführung:

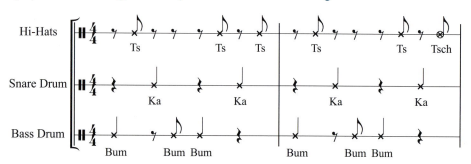

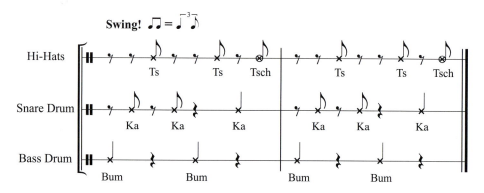

2. Raps

CD 5 / 04, 05

13 Schreibt zunächst Rollenkarten, auf denen ihr eine Rapperin oder einen Rapper entwerft:
  a) Notiert Stichworte und Ideen zu eurer Crew: Vergebt Künstlernamen, überlegt euch Abkürzungen oder Spitznamen, beschreibt die Eigenschaften eurer Crew usw.
  b) Beobachtet die andere Crew und notiert ebenfalls Stichworte.

14 Entwerft anschließend eigene Texte in einem Skizzen- oder Reimbuch (► **Musikproduktion, S. 282 ff.**):
  a) Sucht starke Vergleiche, Bilder und Wortspiele, um die Stichworte zu illustrieren.
  b) Bringt eure Ideen als Texte in Reimform.
  c) Übt das rhythmische Sprechen der Texte mit der Beatbox-Gruppe oder zur CD ein.

3. Breakdance/Hip-Hop-Tanz

 CD 5 / 04

Zählzeit	Ausführung	Bild(er)
Ausgangsposition	– Hockstand – Hände neben den Füßen aufstellen – Blick Richtung Boden	
1	– Jump in schulterbreiten Stand – Hände neben Oberschenkel zu Fäusten ballen	
2	– Kniebeugehaltung – Hände auf Oberschenkeln abstützen – Blick nach vorne	
3 + 4	– mit ausgestreckten Armen von links nach rechts ins Publikum zeigen	
5	– linker Arm waagerecht ausgestreckt – rechter Arm 90° angewinkelt – Touch rückwärts mit dem rechten Fuß	
6	– linker Arm 90° angewinkelt – rechter Arm waagerecht ausgestreckt – rechter Fuß wieder parallel	
7 + 8	– mit rechtem Arm Drehung um rechtes Bein einleiten – 360°-Drehung	
1	– Step rückwärts mit dem rechten Bein – Körperschwerpunkt nach hinten verlagern – Arme kreisförmig (wie bei Umarmung)	
2	– Step vorwärts mit dem linken Bein – Körperschwerpunkt nach vorne verlagern – Arme vor den Oberschenkeln kreuzen	
3 + 4	– Sidestep rechts – Isolation: „Schlangenbewegung" nach rechts nur mit dem Oberkörper	
5 + 6	– Sidestep links – Isolation: „Schlangenbewegung" nach links nur mit dem Oberkörper	
7 + 8	– Armkreis vorwärts mit Jump rechts in Hockstellung wie bei Ausgangsposition	

Elektronische Tanzmusiken

1
a) Vergleicht die beiden Bilder hinsichtlich der Körperhaltungen, der Kleidung und ihrer Aufnahmeorte.
b) Ordnet ihnen jeweils ein Jahrzehnt und ein musikalisches Genre zu.

Tanzende auf dem Berlin Summer Rave

Filmausschnitt: Saturday Night Fever

2 Tragt zusammen, wie ihr euch auf einen Tanzabend vorbereitet.

Die Wurzeln aktueller Tanzmusik-Genres liegen in der Disco- und House-Szene der USA. Mitte der 1970er-Jahre feierten sowohl afroamerikanische als auch homosexuelle Gesellschaftsgruppen in leer stehenden Lagerhallen und kleinen Clubs Disco-Partys, zu denen nur eingeweihten oder ausgewählten Personen Zutritt gewährt wurde. Die strenge Auswahl bedeutete gleichzeitig Schutz und Freiraum für die Inszenierung des eigenen Körpers oder der eigenen Sexualität. Während Diskotheken wie das „Studio 54" in New York für pure Exklusivität standen, sorgten Filme wie „Saturday Night Fever" parallel dazu für eine weltweite „Disco-Welle", die bis hinein in ländliche Gegenden schwappte.

Zwei Jahrzehnte später wiederholen sich die Prozesse der anfänglichen Abschottung, der ausgefallenen Inszenierung und abschließender umfassender Vermarktung in Form von Paraden und Massen-„Raves" um das Genre „Techno" herum.

Die noch stark von Soul und Funk beeinflusste Disco-Musik wurde durch die Hinzunahme von elektronischen Klängen im House und die Beschränkung der Melodien und Harmonien im Techno insgesamt immer maschineller und funktionaler.

3 Beschreibt Unterschiede heutiger Diskotheken und Clubs in Städten oder im ländlichen Umfeld.

4 Recherchiert die Handlung und Wirkungsgeschichte des Films „Saturday Night Fever" und erklärt, warum dieser die Disco-Welle mit verursacht haben könnte.

Geht auf die Suche
z. B. zu Hause, in der Bibliothek

5 Benennt Gründe, warum Disco, House oder Techno auch „funktionale Musik" genannt werden. Benutzt hierzu auch die Informationen von
▶ S. 273 ff.

6 Findet gemeinsame Elemente in den drei Ausschnitten aus Disco-, House- und Techno-Songs und benennt Unterschiede.

CD 5 / 06

7 Erstellt zusammen Stammbäume der elektronischen Tanzmusik-Genres. Notiert euch dabei stichwortartig wichtige Fakten:

Ishkur's Guide to Electronic Music

Suchen ⊙ Im Web

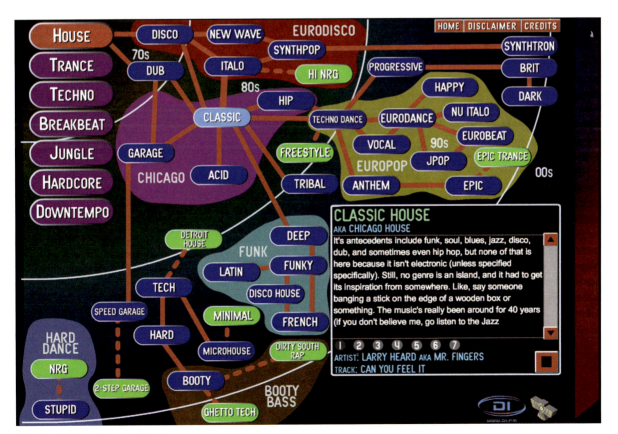

Ishkur's Guide to Electronic Music

Typisch deutsch?

1
a) Diskutiert den Begriff „Heimat" und seine möglichen Bedeutungen.
b) Beschreibt die Zusammenhänge zwischen Heimat und Musik.
c) Erstellt eine Mindmap der aktuell erfolgreichen Musik-Genres in Deutschland. Ordnet den Genres ihre Ursprungsländer sowie bekannte Künstlerinnen und Künstler zu.
d) Diskutiert, welche Popmusik als „typisch deutsch" gilt.
e) Bringt Popmusik aus euren Familien mit und stellt sie der Klasse vor.

Geht auf die Suche z. B. zu Hause, in der Bibliothek

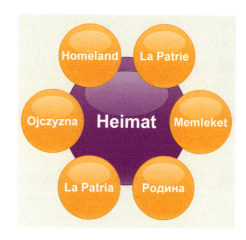

Schlager gestern und heute

Infobox

Das Wort **Schlager** bezeichnet seit Ende des 19. Jahrhunderts einen „durchschlagenden", kommerziellen Erfolg eines Liedes. „An der schönen blauen Donau" von Johann Strauß Sohn wird als erster Schlager bezeichnet. Heute bezeichnet das Wort allgemein deutschsprachige Popmusik unterschiedlichster Genres.

Typisch deutsch? 261

2 Ihr seht eine Auflistung von 20 sehr erfolgreichen deutschen Schlagern der vergangenen knapp 50 Jahre.
- ★   Benennt die wichtigsten Themen der Lieder.
- ★★ Findet heraus, welche Länder in den Titeln direkt oder indirekt genannt werden.
- ★★★ Diskutiert, inwieweit die Themen kennzeichnend sind für Ost- und Westdeutschland nach dem Krieg.

Nicole: Ein bisschen Frieden

Musik: Ralph Siegel
Text: Bernd Meinunger

Wie ei-ne Blu-me am Win-ter-be-ginn. Und so wie ein Feu-er im
seh ich die Wol-ken, die ü-ber uns sind, und hö-re die Schrei-e der

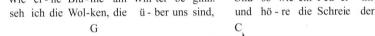

ei-si-gen Wind. Wie ei-ne Pup-pe, die kei-ner mehr mag, fühl
Vö-gel im Wind. (Ich) sin-ge aus Angst vor dem Dun-keln ein Lied und

ich mich an man-chem Tag. Dann hof-fe, dass nichts ge-schieht.

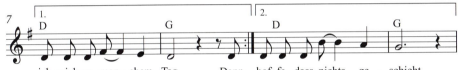

Ein biss-chen Frie - den, ein biss-chen Son - ne für die-se Er-

- de, auf der wir woh - nen. Ein biss-chen Frie - den, ein biss-chen Freu-

- de, ein biss-chen Wär - me, das wünsch' ich mir. Ein biss-chen Frie-

© Chappell & Co. GmbH & Co. KG, Hamburg

Infobox

„Ein bisschen Frieden" gewann 1982 als erstes deutsches Lied den **Eurovision Song Contest**. Dies gelang erst wieder im Jahr 2010 mit „**Satellite**", gesungen von Lena Meyer-Landrut.

3 Am Schlager wurde oft kritisiert, er folge einfachsten Mustern, sei gefühlsduselig, realitätsfern und würde die Zuhörenden nur dümmer und ärmer machen.
  a) Diskutiert die Kritik auf der Grundlage der 20 Schlagertitel und des Liedes von Nicole. Ergänzt eigene Erfahrungen.
  b) Schreibt eine Verteidigung des Schlagers, in der ihr die Vorwürfe entkräftet.

Roboter und Wellen

Während Schlager und volkstümliche Musik vor allem in deutschsprachigen Ländern für „typisch" erachtet werden, gibt es Künstlerinnen und Künstler, die international Erfolge (▶ S. 190 ff.) feiern konnten. Deutscher Popmusik werden dabei häufig wiederkehrende Attribute zugeschrieben. Vor allem die Band „Kraftwerk" prägte früh durch ihre Musik und ihr inszeniertes Auftreten ein Bild im Ausland.

Kraftwerk, 1981

CD 5 / 07

4 Sammelt durch Beschreibung der Abbildung und des Hörbeispiels Attribute, die der Band und ihrer Musik eventuell zugeschrieben wurden.

Ende der 1970er-Jahre bis in die Anfänge der 1980er-Jahre verarbeiteten zahlreiche westdeutsche Bands ihre Punk-Einflüsse in eigenen, überwiegend deutschsprachigen Songs. Diese waren meist minimalistisch und aus handwerklicher Sicht oft dilettantisch (▶ S. 249), dennoch erreichte die enthaltene gesellschaftliche Kritik ein breites Publikum.

Schnell wurde hierfür ein Etikett gefunden: „Neue Deutsche Welle" (NDW). Nur wenige Künstlerinnen wie Nena oder die Schwestern Annette und Inga Humpe waren langfristig und auch international erfolgreich. Zahllose Bands jedoch, die häufig nur einen einzigen Hit hatten (engl.: One-Hit-Wonder), wurden als Teil dieser „Welle" vermarktet.

> **Infobox**
>
> Zu Beginn des 21. Jahrhunderts wurde im Zusammenhang mit Bands wie Wir sind Helden, Juli und Silbermond von einer zweiten oder **„Neuen, Neuen Deutschen Welle"** gesprochen.

5 Tragt Vor- und Nachteile zusammen, die Bands als Teil eines Vermarktungsgesetzes wie der „Neuen Deutschen Welle" haben konnten.

6 Hört und seht euch auf Video-Portalen Songs der NDW an:
   a) Beschreibt Gemeinsamkeiten und Unterschiede zwischen den Songs.
   b) Vergleicht die Musikvideos der NDW mit aktuellen Musikvideos bezüglich der Inszenierung, der Kleidung, der Kulissen usw.

`Neue Deutsche Welle + Videos`
`Suchen` ○ Im Web

7 Diskutiert, was für euch an der Musik der NDW und der zweiten NDW „typisch deutsch" klingt.

Von Ost nach West

Im heutigen Ostdeutschland, der ehemaligen Deutschen Demokratischen Republik (DDR), nahm die Geschichte der Popmusik einen anderen Verlauf. Da gerade Beat und Rock'n'Roll für eine westliche Ideologie standen, wurden diese Genres sowie die Verwendung englischer Sprache zunächst verboten. Die Führung des Staates erkannte jedoch bald, welche Funktion die Musik für Jugendliche hatte:

„Rockmusik war in der DDR für die hier aufwachsenden jungen Generationen eine kulturelle Form [...], ein Medium für Träume, Sehnsüchte und lustvolle Selbsterfahrung [...]" (Wicke)

> **Infobox**
>
> **Ideologie** (griech.: Lehre von den Ideen) bezeichnet im Allgemeinen die Weltanschauung.
>
> Eine nicht demokratisch gewählte Regierung wird als **Regime** bezeichnet.

Das Regime versuchte nachfolgend, starken Einfluss auf die Produktion und Verbreitung der Popmusik zu nehmen. Dies führte dazu, dass Songtexte auf verdächtige Worte oder Aussagen hin untersucht und zensiert wurden. Sogar für Auftritte im eigenen Land benötigten Musikerinnen und Musiker eine Ausbildung als „Berufsmusiker", ohne die sie keine „Spielerlaubnis" bekamen. Im Radio gab es feste Quoten für inländische Bands, die den Vorgaben folgten. Trotz dieser strengen Kontrolle konnten sich fernab des staatlich kontrollierten Musikbetriebs viele kleine und große Musikszenen bilden. Die Fans von „anderen Bands" organisierten sich untereinander und veranstalteten so lange Konzerte, bis sie entdeckt wurden. Bis zum Zusammenbruch der DDR entwickelte sich so ein regelrechtes Katz- und Mausspiel.

8 Lest den Text mit einer Methode (▶ Werkzeugkästen: Notizen machen und auswerten, S. 41 f.; Mit Buchtexten arbeiten, S. 332).

9 Beschreibt Möglichkeiten und Grenzen westdeutscher Bands im Vergleich zu den Bedingungen in der ehemaligen DDR.

10 a) Vergleicht eure persönliche Einstellung zur Rockmusik mit der Aussage im Zitat.
b) Tragt weitere mögliche Eigenschaften und Funktionen zusammen, die Rockmusik für Jugendliche haben kann.

11 Recherchiert Namen bekannter ostdeutscher Musikerinnen und Musiker, die auch nach dem Ende der DDR weiter erfolgreich Popmusik machen.

Karat: Über sieben Brücken

Musik: Ulrich Swillms
Text: Helmut Richter

Strophe
Manchmal geh ich meine Straße ohne Blick, manchmal wünsch ich mir mein Schaukelpferd zurück. Manchmal bin ich ohne Rast und Ruh, manchmal schließ ich alle Türen nach mir zu. Manchmal ist mir kalt und manchmal heiß, manchmal weiß ich nicht mehr, was ich weiß. Manchmal bin ich schon am Morgen müd, und dann such ich Trost in einem Lied.

Refrain
Über sieben Brücken musst du gehn, sieben dunkle Jah-

Infobox

Der Song wurde zuerst von der ostdeutschen Rockgruppe **Karat** geschrieben und aufgenommen. Nach großen Erfolgen in Ost- und Westdeutschland nahm **Peter Maffay** 1980 eine Cover-Version auf, die noch erfolgreicher wurde als das Original.

2. Manchmal scheint die Uhr des Lebens stillzustehn,
   manchmal scheint man immer nur im Kreis zu gehn.
   Manchmal ist man wie von Fernweh krank,
   manchmal sitzt man still auf einer Bank.
   Manchmal greift man nach der ganzen Welt,
   manchmal meint man, dass der Glücksstern fällt.
   Manchmal nimmt man, wo man lieber gibt,
   manchmal hasst man das, was man doch liebt.

© 1980 by Harth MV, Leipzig. D: Gemeinschaftsprod. Harth Musikverlag, Leipzig und Musik-Edition Discoton, München

Stars, Idole und Fans

Fan sein

Die Top 5, an denen du erkennen kannst, dass du es als Fan vielleicht etwas übertreibst:

Platz 1: Du lässt dir den Namen deines Stars auf die Stirn tätowieren.

Platz 2: An den Wänden deines Zimmers gibt es keine Tapete, sondern nur noch Poster deiner Stars.

Platz 3: Du bestehst nur noch aus Haut und Knochen, weil du jeden Morgen auf dem Schulhof dein Pausenbrot gegen Panini-Aufkleber tauschst.

Platz 4: Du zeltest schon eine Woche vor dem Eingang zur Konzerthalle, um einen Platz in der ersten Reihe zu bekommen.

Platz 5: Du richtest ein Sorgentelefon ein, sobald dein Lieblingsverein verloren hat.

1 Sicherlich sind diese Aussagen übertrieben. Stellt eine Liste zusammen, was „Fansein" für euch selbst bedeutet und wie ihr euch über eure Stars und Idole informiert.

Populäre Musik

Beyoncé

Miley Cyrus

Rolling Stones

Infobox

Die ursprünglich englische Bezeichnung **Star** (Stern) wird heute für prominente Personen aus Musik, Film oder Sport verwendet. Im Griechischen bedeutet **Idol** „Gestalt" oder „Vor-Bild". Allgemein bezeichnet es aber eine Person oder Sache, die verehrt wird.
Die Kurzform des englischen Ausdrucks „fanatic" **Fan** steht für begeisterte Anhänger und überzeugte Verehrer.

2 a) Notiert in Stichworten, wer momentan eure Stars und Idole sind.
b) Erklärt eurer Sitznachbarin/eurem Sitznachbarn, warum ihr gerade diese Person ausgewählt habt.
c) Sammelt im Klassenverband, welche Stars und Idole gerade besonders beliebt sind.
d) Sortiert die Stars danach, ob sie eher von Mädchen oder Jungen gemocht werden, und diskutiert euer Ergebnis.

3 Findet heraus, wann die abgebildeten Stars auf dieser Seite besonders beliebt waren.

4 Erstellt eine Wandzeitung zum Thema „Stars und Idole":
a) Befragt eure Eltern, Großeltern und andere Familienmitglieder, welche Stars sie mochten und wie sie sich informiert haben.
b) Fertigt eine Zeitleiste an, auf der ihr die Namen ihrer Stars eintragt.
c) Vergleicht die Daten mit der Hitliste eurer eigenen Klasse: Gibt es Gemeinsamkeiten?

Kelly Family

Elvis Presley

Stars – negative oder positive Vorbilder?

Bono Vox, Sänger der irischen Band U2, nutzt seine Popularität und seine Kontakte zu Politikerinnen und Politikern, um die Lebenssituation in Afrika zu verbessern. Er
5 gründete mehrere Initiativen zur Bekämpfung von Armut und AIDS in Afrika. Als Musiker trat er selbst im Rahmen des „Live 8"-Konzertes auf, das Spenden zur Bekämpfung der weltweiten Armut sammeln sollte.

Bono trifft den australischen Außenminister

Als der amerikanische Sänger Kurt Cobain am 8. April 1994 Selbstmord beging, wurde eine hohe Dosis Heroin und Alkohol in seinem Blut gefunden. Er galt zu seinen Lebzeiten als das Idol der sogenannten „Generation X". Nach seinem Tode nahmen sich mehrere Fans ebenfalls das Leben
5 und man sprach von einem „Werther-Effekt".

Die Fans der „Straight-Edge"-Bewegung entsagen bewusst dem Alkohol- und Drogenkonsum sowie vorehelichem Sex. Seit den 1980er-Jahren malen sie sich als ein Erkennungszeichen ein großes X auf den Handrücken. Dieses Ritual geht auf die Idee Ian MacKayes und die Band „Teen Idles"
5 zurück. So wurde sichtbar, dass sie bei Konzerten keinen Alkohol und keine Drogen angeboten bekommen wollten. Als Teil der „Do-it-yourself"- Bewegung zählt es für die Fans seither mehr, sich gegenseitig in kreativen Dingen zu unterstützen.

Kurt Cobain und Nirvana

Viele Musiker wie Gene Simmons, Kid Rock oder Tom Kaulitz und einige Musikerinnen wie Lil' Kim rühmen sich damit, mit vielen Menschen geschlafen zu haben. Ihr Ruhm und Erfolg wirken anziehend auf viele Per-
5 sonen. Die Groupies machten es ihnen leicht, häufig wechselnde Partnerinnen und Partner zu haben, gaben die Stars an.

Infobox

Der US-amerikanische Autor Douglas Coupland bezeichnete die Kinder der Geburtsjahrgänge 1965–1979 als **Generation X**; sie galten als perspektivlos. Die Fans des Musikstils **Grunge** wurden ebenfalls so bezeichnet.

Als **Groupies** bezeichnet man männliche oder weibliche Fans, die ihr Leben den Stars widmen. Sie reisen mit auf Tourneen und bieten sich teilweise auch sexuell an.

5 Macht euch zu den Texten auf dieser Seite Notizen (▶ Werkzeugkasten: Mit Buchtexten arbeiten, S. 332) und klärt zuerst unbekannte Begriffe.

6 Sammelt weitere positive und negative Meldungen eurer Stars auf einer Wandzeitung.

7 Findet heraus, warum Kurt Cobain auch als „Anti-Star"-Star galt.

8 Führt eine Podiumsdiskussion (▶ Werkzeugkasten: Eine Podiumsdiskussion führen, S. 268 f.) zum Thema: „Stars haben positiven oder negativen Einfluss auf Jugendliche."

9 Recherchiert den „Werther-Effekt":
  a) Woher stammt diese Bezeichnung?
  b) Gab es den Effekt nur nach dem Tod Kurt Cobains?

Werkzeugkasten

Eine Podiumsdiskussion führen

In einer Podiumsdiskussion sollen die Sichtweisen und Argumente zweier oder mehrerer Personen und Gruppen ausgetauscht werden. Eine Moderatorin oder ein Moderator leitet die Diskussion. Am Ende soll sich das Publikum eine eigene Meinung zu dem Hauptthema bilden können.

1. Organisation

Bestimmt eine Moderatorin oder einen Moderator. Die restliche Klasse wird in eine Pro- und eine Kontra-Gruppe aufgeteilt. Beide Gruppen bestimmen jeweils eine oder zwei Personen, die später stellvertretend auf dem Podium sitzen werden.
Stellt Stühle für Moderation, Vertreter sowie ein Rednerpult vor der Tafel auf.

2. Vorbereitung

Die einzelnen Gruppen bearbeiten ihre Aufgaben:
– Moderation: Die Moderatorin oder der Moderator überlegt, welche Argumente von beiden Gruppen kommen könnten, verhalten sich aber neutral. Das bedeutet, dass man weder die Gruppe Pro noch die Gruppe Kontra bevorzugen sollte. Notiert wichtige Namen und Fragen, die euch oder das Publikum interessieren, auf einer Karte.

– Die Gruppen:

Gruppe Pro	Gruppe Kontra
Sammelt Argumente, warum ihr für eine Aussage seid. Stellt die positiven Gründe stichpunktartig auf einer Karte zusammen. Eine oder zwei Personen aus eurer Gruppe werden zu Sprechern gewählt und sitzen in der Podiumsdiskussion auf der Bühne.	Sammelt Argumente, warum ihr gegen die Aussage seid. Stellt die Gefahren und negativen Gründe stichpunktartig auf einer Karte zusammen. Eine oder zwei Personen aus eurer Gruppe werden zu Sprechern gewählt und sitzen in der Podiumsdiskussion auf der Bühne.

– Publikum: Alle Mitglieder der Gruppen Pro und Kontra, die nicht auf der Bühne Platz nehmen, bilden später das Publikum. Das Publikum darf im Verlauf der Diskussion Nachfragen stellen, die von der Moderation an das Podium weitergegeben werden.

3. Durchführung
– Zu Beginn der Diskussion stellt die Moderatorin oder der Moderator kurz das Thema sowie die Vertreterinnen und Vertreter der beiden Gruppen vor.

- Anschließend erhalten die Vertreterinnen und Vertreter die Gelegenheit, ihre Hauptaussagen zum Thema in einer ein- bis zweiminütigen Erklärung zu formulieren.
- Danach stellt die Moderation Fragen zu den dargelegten Standpunkten. Weiterhin verteilt er oder sie die Sprechfreigaben, damit die Diskutierenden sich nicht gegenseitig ins Wort fallen. Die Moderation lässt auch Fragen aus dem Publikum zu und gibt diese an die Gruppenvertreter weiter.
- Sobald keine neuen Argumente genannt oder Fragen mehr gestellt werden, fasst die Moderation das Gesagte zusammen und beschließt die Podiumsdiskussion.

To the Other Side

In vielen Kulturen gibt es Rituale, bei denen sich Menschen über die Bewegung zur Musik oder auch durch die Einnahme von unterschiedlichen Substanzen in einen Rauschzustand versetzen. Die Rituale sollten sie auf eine „andere Seite" der Wahrnehmung bringen. In diesen Zuständen halluzinieren sie, sehen oder erleben Dinge, die vielen Menschen meist unerschlossen bleiben.

Speziell in der Musikgeschichte gab es zahlreiche Fälle bekannter Musikerinnen und Musiker, die im Laufe ihres Lebens mit legalen oder illegalen Rauschmitteln in Berührung kamen. Einige probierten diese bewusst, andere wurden durch Freunde oder Bekannte dazu ermutigt.

Die meisten Suchtgeschichten beginnen vermeintlich harmlos und enden bisweilen tragisch: Viele berühmte Persönlichkeiten aus Kunst, Literatur und Musik starben an ihrem Drogenmissbrauch.

Häufig sind es zunächst legale Drogen, die der Stressbewältigung oder der Inspiration dienen sollten. Doch richten Drogen schon nach dem ersten Konsum dramatische Schäden in unserem Körper an.

Amy Winehouse (14.9.1983 – 23.7.2011)

Art und Name (Auswahl)	Beschriebene körperliche und psychische Auswirkungen	Konsumenten/Abhängige in Deutschland
Legale Drogen		
Alkohol	Anregend, beruhigend, Kontrollverlust. Sucht möglich.	9 500 000 / 1 300 000
Nikotin	Anregend, beruhigend, Nervosität. Psychische und physische Abhängigkeit.	ca. 3 800 000 / k. A.
Illegale Drogen		
Cannabis	Beruhigend, Sinnestäuschungen. Psychische Abhängigkeit.	2 400 000 / 220 000
Ecstasy	Euphorisierend, enthemmend. Psychische Abhängigkeit.	k. A.
Speed	Euphorisierend, Schlaflosigkeit. Psychische Abhängigkeit.	k. A.
Kokain	Euphorisierend, Schlaflosigkeit. Stark Sucht erzeugend.	ca. 1 500 000 / k. A.
Heroin	Euphorisierend, angstmindernd. Sehr stark Sucht erzeugend.	k. A.
Drogentote 2010		1 237

(Quelle: Deutsche Hauptstelle für Suchtfragen)

„Rund 110 000 Menschen (13 % aller Todesfälle) sterben jedes Jahr in Deutschland an den direkten Folgen des Rauchens, etwa 3 300 Menschen an den Folgen des Passivrauchens. [...]
9,5 Mio. Menschen in Deutschland konsumieren Alkohol in gesundheitlich riskanter Form. Etwa 1,3 Mio. Menschen gelten als alkoholabhängig. Jedes Jahr sterben in Deutschland mindestens 73 000 Menschen an den Folgen ihres Alkoholmissbrauchs."

(Drogen- und Suchtbericht 2011, S. 15 und 21)

1 Erläutert die Tabelle:
   a) Welche Zahlen sind für euch unerwartet?
   b) Klärt die Bedeutung der Zusätze „ca." und „k. A.".

2 Recherchiert die Namen bekannter Musikerinnen und Musiker, die aufgrund ihres Drogenmissbrauchs in die Schlagzeilen gerieten:
   a) Notiert Namen und Lebensdaten.
   b) Ergänzt den Musikstil, den sie gespielt/gesungen haben.

3 Was ist der „Club 27" und wer gehört dazu?

The Doors: Break on Through (To the Other Side)

        Em   D   Em   D
You know the day destroys the night
Em   D   Em
Night divides the day
D
Tried to run, tried to hide
Em   D   Em D
Break on through to the other side
Em   D   Em D
Break on through to the other side
Em   D   Em D
Break on through to the other side, yeah

    Em   D   Em   D
We chased our pleasures here/
Em   D   Em
Dug our treasures there
    D
But can you still recall/The time we cried
Em   D   Em D
Break on through to the other side
Em   D   Em D
Break on through to the other side

Yeah!
C'mon, yeah

(Em   D)
Everybody loves my baby
Everybody loves my baby
She get high, she get high/She get high,
   she get high

    Em D   Em   D
I found an island in your arms
Em   D   Em
Country in your eyes
D
Arms that chain us/Eyes that lie

Jim Morrison (8.12.1943 – 3.7.1971) und The Doors

Em   D   Em D
Break on through to the other side
Em   D   Em D
Break on through to the other side
Em   D
Break on through, oww!

Oh, yeah!

Em   D Em   D
Made the scene, week to week
Em D Em   D
Day to day, hour to hour
D
The gate is straight, deep and wide
Em   D   Em D
Break on through to the other side
Em   D   Em D
Break on through to the other side
Em   D   Em   D
Break on through, break on through
Em   D   Em   D
Break on through, break on through

(Em D)
Hey, hey, hey, hey

Hey, hey, hey, hey, hey

Text: John Paul Densmore, Robert A. Krieger, Raymond D. Manzarek, Jim Morrison © Doors-Music Company. Melodie der Welt
J. Michel GmbH & Co. KG Musikverlag, Frankfurt

4 Übersetzt den Text des Liedes: Welche „andere Seite" wird hier beschrieben?

5 Hört das Lied „Break on Through (To the Other Side)" von The Doors.
   a) Oft wurde der Band vorgeworfen, man habe ihren Drogenmissbrauch „hören" können. Diskutiert diese Aussage.
   b) Schreibt eine Plattenkritik zu dem Lied. Geht dabei auf das Bild der „anderen Seite" ein.

Musik, aber auch die Drogen triggern

Dr. med. Jörg C. Fachner

Sehr geehrter Herr Dr. Fachner, Sie arbeiten als Mediziner, Musikpsychologe und Musiktherapeut an den Themen Musik, Drogen und veränderte Bewusstseinszustände. Welche Beziehung gibt es Ihrer Meinung nach zwischen Musik und Drogen?

Wenn wir uns in der Forschung ansehen, wie Musik wirkt und wie Drogen wirken, dann stellen wir fest, dass es im limbischen System, also in dem Bereich des Gehirns, in dem Emotionen verarbeitet werden, ähnliche Reaktionsmuster gibt. Das heißt also, dass die Emotionen je nach Drogentyp ähnlich verarbeitet werden. Und das wussten sicherlich auch schon unsere Vorfahren und haben besondere Stammesfeste veranstaltet, in denen solche Zustände bewusst durch Musik und dann auch noch durch Drogen unterstützt herbeigeführt wurden.

Die Zusammenhänge zwischen dem Erleben von Musik und den Erlebnissen im Drogenrausch sind also vergleichbar. Könnten Sie diese Zusammenhänge vielleicht noch etwas umschreiben?

Wenn ich eine Musik besonders gerne mag, dann kann ich sie öfter hören und entdecke dabei immer noch etwas Neues; oder es ergibt sich, dass man immer wieder das gleiche Gefühl dabei hat. Dazu werden verschiedenste Botenstoffe, Nervenbahnen und Körpersäfte angeregt, das Blut gerät mehr in Wallung und so entsteht dann ein freudiges Gefühl, einfach weil man diese bestimmte Musik hört. Das heißt also, die Musik nutzt bestimmte körperliche Wirkwege und entsprechende Botenstoffe, mit denen das Gehirn sich selbst stimuliert. Die Musik, aber auch die Drogen triggern also ähnliche Systeme.

Könnte das ein Grund sein, warum in der Vergangenheit so viele Künstlerinnen und Künstler nicht nur in der Musik, sondern auch in der literarischen oder bildenden Kunst, mit Drogenerfahrungen in Zusammenhang gebracht werden?

Ich denke, als erfolgreicher Musiker muss man auf der Bühne etwas Besonderes sein und sich emotional verausgaben. Das heißt also, wenn man von einem guten Konzert spricht, dann hat die Band „das Haus gerockt", hat also wirklich für extreme emotionale Zustände beim Publikum gesorgt. Dann gehen viele aus dem Konzert weg und sagen: „Mensch, das war's. Das war toll und dieser Mann oder diese Frau ist Gott." In allen Bereichen, aber in der

Populären Musik ist besonders hervorgetreten, dass Musikstars Drogen be-
35 nutzen, um besonders kreativ zu sein. Und viele von ihnen würden wahrscheinlich sagen, sie haben anfänglich davon profitiert und es hat ihre Kunst auch ein klein bisschen beeinflusst. Also Eric Clapton beispielsweise hat das mal bewusst gesagt. Aber er sagte auch: Die Gefahr ist, dass irgendwann die Schlüssel zu den Türen, die geöffnet werden zu diesen besonderen Emoti-
40 onen, dass die Drogen also wichtiger werden als die Türen, die sie geöffnet haben. Das Besondere verschwindet und es wird dann einfach zur Gewohnheit, sich zu stimulieren, und dann fängt die Sucht an.

Vielen Dank für das Gespräch!

6 Lest den Text mit der Lesetechnik (▶ **Werkzeugkasten: Mit Buchtexten arbeiten, S. 332**). Recherchiert unbekannte Begriffe.

7 Erläutert, warum Menschen Rauschmittel nehmen.
  a) Stellt mögliche Ursachen zusammen, warum Stars scheinbar häufiger zu illegalen Rauschmitteln greifen.
  b) Erklärt in euren Worten, welche Gefahren Dr. Fachner benennt, und ergänzt diese.

Musik – Tanz – Trance: Techno

In den frühen 1990er-Jahren wurde mit Techno eine elektronische Tanzmusik bei Jugendlichen beliebt, die, ähnlich wie auch der Beat oder der Rock'n'Roll einige Jahrzehnte zuvor, auf Unverständnis und Ablehnung bei den Eltern der Jugendlichen stieß. Ein zentrales Element der verschiedenen Techno-Stile ist das gemeinsame Tanzen in Clubs, auf Partys, den großen Raves und Paraden. Dabei erleben die Fans oftmals – mit oder ohne Drogenmissbrauch – veränderte Bewusstseinszustände wie die *Trance*.

> **Infobox**
>
> Unter dem Begriff **Techno** fasst man unterschiedliche Stile der elektronischen Tanzmusik (engl. = EDM), aber auch eine Jugendkultur der 1990er-Jahre zusammen.
>
> Auf Tanzveranstaltungen, **Raves** genannt, tanzten die Techno-Fans in Clubs, Lagerhallen oder unter freiem Himmel.
>
> Bei den größten Umzügen oder **Techno-Paraden** wie einst der „Love Parade" in Berlin tanzten mehr als 1 Million Raver zusammen.

„Die Musik zwingt das Publikum, seine eigenen Emotionen und Affekte, seine Aggressionen und Ängste im Akt des Tanzens kollektiv auszuleben. Die endlosen Tracks bieten den Tanzenden nicht Aufarbeitung oder Verarbeitung, sondern Abarbeitung an – und das wird vor allem als eine physische Kraftanstrengung verstanden." (Klein, 2001)

„Technotanzen ist wie Joggen, es macht dich fix und fertig, aber du kannst nicht aufhören." (Breuer, 1994)

„In der Trance [...] löst die Musik über an- und abschwellende Lautstärke, zu- und abnehmende Dichte der musikalischen Struktur, speziell gesungene religiöse Lieder und Formeln Trance aus und erhält sie aufrecht. [...] Allgemeine musikalische Merkmale sind jedoch: kontinuierliche Steigerungen, [...] Repetitivität und Monotonie, des Weiteren lange Dauern der Aufführung [...] einfache Formen, minimale Veränderungen, Liegeklänge [...] oder Ostinati, wenig prägnante Motive, [...] und ein enger Tonumfang der Melodie." (Fachner, 2008)

„Mit Techno gibt es kein Versprechen für die Zukunft, sondern ein Gefühl der Befreiung im Hier und Jetzt." (Assheuer, 1997)

Infobox

Ein **Kollektiv** bezeichnet eine Gruppe von Menschen, die unter verschiedenen Gesichtspunkten zusammengefasst werden können.

Ein **Affekt** ist eine Sinneswahrnehmung, der noch keine Emotion oder Funktion zugeschrieben wurde.

In einen **Trance-Zustand** (lat.: Transition = Hinübergehen) gerät man durch Bewegung, Lärm oder Überreizung. Oft kann man sich hinterher nicht daran erinnern. Jedoch entstehen keine Halluzinationen.

CD 5 / 09 – 11

1 Hört euch die Hörbeispiele an:
   a) Beschreibt, wie ihr diese Musiken erlebt.
   b) Begründet anhand der Texte, ob sich die Musik für Trance-Erfahrungen eignet oder nicht.
   c) Diskutiert, welches der Hörbeispiele als „Techno" zu bezeichnen ist.

2 a) Führt ein Wochenende lang ein anonymes „Musik und Emotionen"-Protokoll. Beschreibt mithilfe des Fragebogens, der auf der CD 8 als PDF-Datei zu finden ist, dabei immer denjenigen Song, der für euch am Ende des Tages am wichtigsten war.
   b) Erstellt hieraus eine Hitliste der meistgehörten Songs eurer Klasse. Wertet nun die benannten Emotionen wie folgt aus.
   Hinweis: Respektiert die Gefühle eurer Mitschülerinnen und Mitschüler! Nehmt alle Äußerungen ernst und macht euch nicht darüber lustig.

- Erfasst die benannten Emotionen und zählt die Häufigkeit ihrer Nennungen.
- Hört die meistgenannten Songs gemeinsam an und beschreibt diese (▶ Werkzeugkasten, S. 144f.).
- Untersucht, ob diesen Songs vergleichbare Emotionen zugeordnet werden oder ob dies sehr unterschiedlich ist.
- Diskutiert eure Forschungsergebnisse: Waren diese so zu erwarten oder überraschen sie euch?

3 ★ Recherchiert Rituale, mit denen sich Menschen in einen Ekstase- oder Trance-Zustand versetzen.
★★ Erklärt, wie sich Menschen mit Musik in Trance versetzen.

Cut, Copy, Paste: Musik und Recht

Einen eigenen Remix erstellen

Sunlight

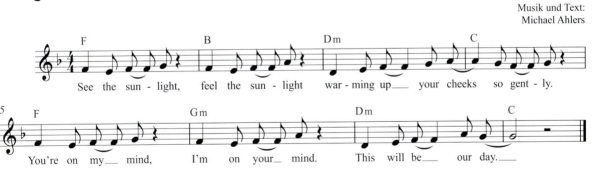

Musik und Text: Michael Ahlers

Ihr sollt als Produzententeams eine neue Version eines Liedes, also einen Remix erstellen. Am einfachsten kann dies erfolgen, wenn alle Bestandteile eines Liedes, also die Stimme, Instrumente usw. separat vorliegen. Auf der CD findet ihr ein Beispiel für einen solchen Remix.[1]

1 Erstellt zuerst eine neue Datei in einem Sequenzer-Programm und stellt die Geschwindigkeit eures Arrangements auf 130 BPM (= beats per minute).

2 Importiert nun alle Sound-Dateien in das Programm und hört diese der Reihe nach solo, also alleine klingend, an.

---
[1] Einzeldateien dazu unter www.schoeningh-schulbuch.de, O-Ton, Band 2, Downloads

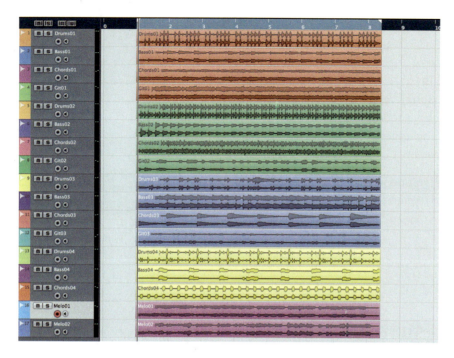

3 Vergebt Farben für Parts, die eurem Empfinden nach gut zusammen klingen, um leichter die Übersicht zu behalten:

4 Arrangiert nun euren Remix so, dass ihr Elemente gleichzeitig erklingen lasst, Pausen einbaut oder vielleicht eine Steigerung einbringt. Eure arrangierten Songs könnten dann in etwa wie in der Abbildung unten aussehen.

5 Ihr könnt auch eigene Stimm- oder Instrumentalaufnahmen ergänzen.

6 Sobald alle Aufnahmen abgeschlossen und arrangiert sind, könnt ihr über den Einsatz von Effekten und weiteren Produktionstechniken (▶ **Musikproduktion, S. 282 ff.**) eurer Version des Liedes einen eigenen Klang geben.

7 Passt abschließend die Lautstärken der Spuren im Mischpult an und exportiert den fertigen Remix als Stereo-Datei.

8 Präsentiert die Ergebnisse der Klasse, euren Freunden oder euren Eltern.

Cut, Copy, Paste: Musik und Recht **277**

9 Erstellt einen „Live-Remix":
   a) Übt die beiden Begleitungen des Liedes auf euren Instrumenten
   b) Eine DJane oder ein DJ (▶ **Popmusik-Wurzeln, S. 250 ff.**) darf per Handzeichen bestimmen, welche der Begleitungen zum Gesang erklingen und welche Instrumente spielen oder pausieren.
   c) Spielt mit dem Material: Kombiniert aus beiden Begleitungen, erfindet eigene Rhythmen oder baut Pausen in die Begleitung ein.

Live-Remixes Sunlight

Musik und Text:
Michael Ahlers

278 Populäre Musik

Musik und Recht

Lisa ärgert sich. Sie hatte eine wirklich gute Idee in der letzten Klassenarbeit und konnte alle Aufgaben lösen. Dagegen kam ihre Tischnachbarin Silke auf keinen guten Gedanken und steckte fest. Als Freundin war es für Lisa selbstverständlich, sie abschreiben zu lassen. Der Lehrer bemerkte davon zunächst nichts. Als die Arbeit zurückgegeben wurde, bekam Lisa jedoch die schlechtere Note. Und das, obwohl es eigentlich ihre Idee war und Silke diese einfach abgeschrieben hat.

10 Lest das Fallbeispiel auf Seite 278 und begründet im Anschluss eine der folgenden Aussagen:
a) Silke hat ein Plagiat angefertigt.
b) Silke hat eine Bearbeitung angefertigt.

Ein richtig kompliziertes Patchwork von übereinander getürmten Zitaten

Herr Professor Dr. Rösing, Sie sind häufig als Gutachter in Urheberrechtsverfahren vor Gericht tätig. Warum gibt es überhaupt ein Urheberrecht?
Selbstverständlich um diejenigen zu schützen, die ein geistiges Eigentum, also immaterielles Eigentum, geschaffen haben: diejenigen, die kreativ arbeiten,
5 egal, ob es Komponisten sind oder Literaten oder Designer. Diese wollen natürlich von ihrer Arbeit einen finanziellen Nutzen haben, und das regelt das Urheberrecht.

Professor Dr. Helmut Rösing

Und welche Bestandteile eines Musikstückes sind schützenswert oder sind geschützt durch das deutsche Urheberrecht?
10 Unter Umständen alle. Erstens ist es so: Das Urheberrecht greift bis zu 70 Jahre nach dem Tod von dem- oder derjenigen, der/die eine kompositorische Leistung erbracht hat. Das heißt, dass alles, was außerhalb dieser Frist liegt, gemeinfrei ist. Gemeinfrei ist alles, was volkstümlicher Herkunft ist und was als musikalisches Allgemeingut in den Lehrbüchern steht (z. B. Tonleitern auf-
15 wärts/abwärts, Akkordfortschreitungen). Zweitens ist innerhalb der genannten Schutzfrist *alles* an einem Werk geschützt, d. h. die gesamte Erscheinungsform. Voraussetzung aber ist, dass diese Erscheinungsform eine prägnante Charakteristik hat, also wiedererkennbar ist. Am einfachsten ist das bei der Melodie. Genauso wichtig sind aber natürlich heutzutage Aspekte, die die Klangfarbe
20 oder das Sounddesign betreffen. Ebenso wichtig sind die formale Anlage, die rhythmischen Strukturen, Harmonik und all die Dinge, die dann zu einer gesamten Eindrucksspalette eines Stückes Musik führen.

Nun werden Sie häufig als Gutachter für eben solche Prozesse vor Gericht zurate gezogen, um zu klären, ob es sich um ein Plagiat handelt oder nicht. Wie
25 **gehen Sie in einem solchen Fall vor?**
Also erst einmal gucke ich mir natürlich genau die Akten an und höre mir die verschiedenen Musikstücke an: das Original und das mutmaßliche Plagiat. Wenn ich das getan habe, fange ich an, beide Stücke sehr genau zu analysieren. Ich muss dann für mich und für das Gericht klären, inwieweit das Original
30 eine eigenschöpferische Leistung darstellt. Das geschieht im Bereich der populären Musik nach Kriterien der „kleinen Münze", d. h. minutiöse Veränderungen, und sei es eine rhythmische Variante wie eine Punktierung, können schon dafür entscheidend sein, dass man sagt, das ist eine eigenschöpferische Variante. Denn dort hat sich jemand *gegen* die Viertelnote und *für* die punk-

> **Infobox**
>
> „§ 3 **Bearbeitungen**.
> [1] Übersetzungen und andere Bearbeitungen eines Werkes, die persönliche geistige Schöpfungen des Bearbeiters sind, werden unbeschadet des Urheberrechts am bearbeiteten Werk wie selbständige Werke geschützt.
> [2] Die nur unwesentliche Bearbeitung eines nicht geschützten Werkes der Musik wird nicht als selbstständiges Werk geschützt." (Urheberrechtsgesetz)
>
> **Interpretationen** und **Cover-Versionen** werden häufig als „andere Bearbeitungen" behandelt:
> „§ 23 Bearbeitungen und Umgestaltungen. Bearbeitungen oder andere Umgestaltungen des Werkes dürfen nur mit Einwilligung des Urhebers des bearbeiteten oder umgestalteten Werkes veröffentlicht oder verwertet werden." (Urheberrechtsgesetz)
>
> Als **Plagiat** (von lat. plagium = Menschenraub) bezeichnet man die widerrechtliche Verwendung eines urheberrechtlich geschützten Werkes oder Teilen daraus unter Anmaßung der eigenen Urheberschaft.

tierte Achtel entschieden. Und eben das ist Komposition: dass man sich für etwas entscheidet und andere Möglichkeiten außer Acht lässt.
Auf diese Art und Weise muss also erst einmal geklärt werden, ob das sogenannte *originale Werk* auch wirklich eine eigene kompositorische Qualität hat, und im zweiten Schritt muss dann untersucht werden, ob das zweite Werk, das angeblich Anlehnungen enthält von dem Originalwerk, diese Anlehnungen in einer Art und Weise verwendet, dass das Original nicht in dem neuen Werk verblasst. Es muss erkenntlich sein für jemanden, der sich das Werk wiederholt anhört, dass wirklich kompositorisches Material aus dem Originalwerk verwendet wurde und seine Eigenständigkeit behält. Das ist nicht immer ganz leicht und oft auch eine Ermessensfrage, ab wann etwas noch die Eigenständigkeit des Originals hat und ab wann es zu etwas Neuem umgeformt worden ist.

Wenn Sie jetzt also eine Neuschöpfung als Plagiat entlarven, welche Konsequenzen hat das dann für die Urheber?
Das kann verschiedene Konsequenzen haben. Normalerweise werden solche Plagiatsfälle nur dann virulent, wenn ein Titel, der mutmaßlich unsauber einen schon vorhandenen Titel kopiert, viel Geld eingespielt hat. Das heißt also, es wird per Gerichtsbeschluss festgelegt, wie viel von dem bislang eingespielten Geld an die Urheber des Originalwerks zu zahlen ist.
Der zweite Fall kann aber auch der sein, dass die Urheber eines Werkes oder Werkteils sagen, sie möchten nicht, dass ihre Musik in dem neuen Stück erscheint. Untersagt er die weitere Verbreitung dieses sogenannten „neuen Werks", dann kann es nicht weiter verkauft werden und die Tonträger oder was weiterhin vorliegt, können vernichtet werden.

Abschließend noch Folgendes: Die Anfragen von Rechten sind ja teilweise wirklich sehr umfangreiche Vorgänge innerhalb von Plattenfirmen. Könnten Sie die Aussage bewerten, dass das aktuelle Urheberrecht den kreativen Umgang mit Klang eher verhindert denn unterstützt?
Das wird häufig gesagt und ich kann das nicht nachvollziehen. Denn in dem Augenblick, wo solche Zitate bzw. „Eins-zu-eins-Überspielungen" (die heute digital problemlos möglich sind) weiter bearbeitet und ein bisschen verändert werden und die Eigentümlichkeit der ursprünglichen Komposition nicht mehr durchscheint, dann ist man schon auf der sicheren Seite. Das ist nicht so, wenn ein Sound zum Beispiel eins zu eins übernommen wird, wie das bei einem „Kraftwerk"-Stück mal der Fall war, und deswegen mussten die, die das übernommen haben, für eine Sekunde von „Kraftwerk" finanziell stark bluten.
Wenn man, wie das im Hip-Hop zum Beispiel üblich ist, ein richtig kompliziertes Patchwork von übereinander getürmten Zitaten macht, die dadurch in einem völlig neuen Kontext erscheinen und als einzelne gar nicht mehr erkenntlich sind, dann ist das auch kein großes Problem. Wenn man aber nur schlicht simpel zitiert und dann nicht angibt, woher man diese Musikzitate hat und die Urheberrechte dafür nicht einholt, hat man schlechte Karten.

Ich denke aber, Komposition ist genau dieses: dass man Material, das da ist und das auch als urheberrechtlich geschütztes Material durch andere Kompositionen vorliegt, übernimmt und weiterverarbeitet und etwas Eigenes und Anderes daraus macht. Und nicht, dass man es einfach eins zu eins abkupfert.

Vielen Dank für dieses Gespräch!

11 Lest den Text über Lisa und Silke, S. 278, ein zweites Mal und entscheidet nun zwischen Plagiat und Bearbeitung.

12 Erstellt eine Wandzeitung mithilfe der Aussagen des O-Tons und der Info-Box. Erläutert darauf die Begriffe Plagiat, Bearbeitung, Cover-Version und was das deutsche Urheberrecht regelt.

13 Hört die Hörbeispiele und begründet jeweils eine der folgenden Aussagen:
   a) Das Hörbeispiel enthält eine Cover-Version.
   b) Das Hörbeispiel enthält eine Interpretation.

14 Tragt die Namen bekannter Cover-Versionen zusammen:
   a) Bringt eigene Beispiele mit, die euch bereits bekannt sind.
   b) Sammelt im Internet Übersichten mit Cover-Versionen und ihren Originalen.

Livemusik und Bootlegs

In den 1960er-Jahren schnitten Fans Auftritte ihrer Lieblingsgruppen auf kleinen Rekordern mit, die sie in ihren Stiefeln mit in die Konzerte schmuggelten. Diese als Bootlegs bezeichneten Aufnahmen wurden teilweise so populär, dass die Künstlerinnen und Künstler sie später als offizielle Aufnahmen lizensierten.
Auch heutzutage schneiden Fans Konzerte mit ihren Handys mit und stellen die Dateien auf Videoportale im Internet, obwohl man die professionellen Mitschnitte der Auftritte teilweise direkt im Anschluss in besserer Qualität kaufen kann.
Ab den 1990er-Jahren bezeichnete das Bootlegging aber ebenso die Vermischung zweier Musikstücke, ohne dass hierzu vorher Rechte für die Bearbeitung eingeholt wurden. Auffällig an diesen Bootlegs ist, dass oft zwei oder mehr Stücke gemixt werden, die aus oft sehr gegensätzlichen Musikstilen stammen. Alternativ setzte sich hierfür der Begriff des Bastard-Pop durch.
Die Musikindustrie reagierte zunächst verärgert, weil sie nicht an den Einnahmen beteiligt wurde. Die gesamte Szene verteilte die neuesten Bastard-Mixe nämlich ausschließlich auf White Labels oder als MP3-Dateien über das Internet.

Der Bastard-Mix des Produzenten DJ Danger Mouse mit dem Titel „Grey Album" zog einen großen Skandal nach sich, erhielt aber auch viel Zuspruch. Der Produzent hatte dabei Platten der Beatles und von Jay-Z vermischt. Nach diesem „Meilenstein" erlaubten immer mehr Plattenfirmen und Künstlerinnen und Künstler die technische Bearbeitung ihrer Aufnahmen. Bastard-Pop wurde so populär, dass der Musikfernsehsender MTV unter der Bezeichnung Mash-up damit begann, zusätzlich die Videos mehrerer Songs miteinander zu vermischen.

1 Hört die unterschiedlichen Aufnahmen eines Liedes.
  a) Entscheidet, welche der Aufnahmen live und welche im Studio entstanden sind.
  b) Beschreibt den Klang der Aufnahmen mithilfe des ▶ Werkzeugkastens: Musik beschreiben mit Adjektiven, S. 380 f.

2 Erklärt, warum früher Kassetten-Bootlegs und heute Handy-Videos von Konzerten so beliebt waren und sind.

3 Findet heraus, was am „Grey Tuesday" geschah. Erklärt eure Funde mithilfe des Textes.

4 a) Erstellt einen eigenen Mash-Up von mindestens zwei Songs mit eurer Klasse.
  b) Skizziert hinterher eure Probleme und stellt mögliche Lösungswege vor.

Musikproduktion: Von der Idee ins Radio und Internet

Songwriting

Songs entstehen sehr unterschiedlich: allein mit einer Gitarre begleitet, als Textentwurf, als aufgenommene Melodie auf einem Handy, als kurze Notenskizze oder gemeinsam im Proberaum.
Dabei werden viele Bestandteile eines Songs oft nicht „neu" erfunden, sondern nach bestimmten Regeln und Formen zusammengesetzt.

Melodie und Hook
Melodien von Popsongs entstehen häufig zuerst und bleiben manchmal wie Ohrwürmer in den Köpfen der Zuhörenden „hängen". Im Englischen verwendet man daher auch die Bezeichnung „Hook" oder „Hook-Line" (= Haken/Aufhänger) für eine besonders einprägsame Melodie und einen gelungenen

Liedtext. Dabei sind die grundlegenden Vorgehensweisen bei der Entwicklung oder der Improvisation von Melodien überschaubar:

Töne und Melodien wiederholen

Rhythmus verändern

Pausen einfügen

Tonleiter-Ausschnitte verwenden

Akkordzerlegungen verwenden

Melodien umkehren oder spiegeln

1 Erfindet gemeinsame kurze Melodien und Melodieausschnitte:
   a) Begrenzt die Länge auf einen bis vier Takte.
   b) Improvisiert auf Instrumenten und mit dem Mund (Silbe: „da").
   c) Nutzt die oben beschriebenen Vorgehensweisen zur Entwicklung einer Melodie.
   d) Nehmt die Ideen auf **(▶ Werkzeugkasten: Achtung Aufnahme, S. 286 f.)**.

Der Text
Der Text stellt ein zentrales Element jedes Popsongs dar. Dabei sollten massentaugliche Texte vor allem verständlich sein und sich an einer gängigen Sprachmelodie orientieren. Um einen besonderen Eindruck zu hinterlassen, verwenden einige Texte manchmal ungewöhnliche Wortkombinationen, Wortschöpfungen oder Bilder, die gut im Gedächtnis bleiben.

2 Tragt euch bekannte Themen von Popsongs zusammen:
   a) Sammelt zunächst Song-Titel oder Textausschnitte an der Tafel.
   b) Vergebt gemeinsam Oberbegriffe für die Inhalte.
   c) Ordnet diese Themen nach positiven und negativen Inhalten.

3 ★ Erstellt eine Liste der ungewöhnlichsten Wortkombinationen und Bilder, die in den zwanzig erfolgreichsten Songs der Woche vorkommen.
   ★★ Entwickelt eigene, ungewöhnliche Wortkombinationen und Bilder. Nutzt dazu die Aufnahmen eurer eigenen Melodie-Ideen und stellt sicher, dass die Wörter darauf zu singen sind.

Formeln und Form: Harmonien und Songstruktur

Innerhalb von Songs werden häufig harmonische Formeln benutzt. Diese sind den Zuhörenden vertraut, weil die Popmusik oder auch bekannte Volkslieder immer wieder auf sie zurückgreifen. Einige der bekanntesten Formeln lauten:

Formel	Bekannte Songs	Formel	Bekannte Songs
I – IV – V T – S – D	Richie Valens: La Bamba – The Troggs: Wild Thing – Bob Dylan: Blowin' in the Wind – Traditionell: Swing Low, Sweet Chariot	I – V – VI – IV I – D – Tp – S	James Blunt: You're Beautiful – Alphaville: Forever Young – The Beatles: Let It Be – Green Day: When I Come Around
I – VI – IV – V T – Tp – S – D	Ben B. King: Stand by Me – The Police: Every Breath You Take – Traditionell: I Like the Flowers – Righteous Brothers: Unchained Melody	II – V – I Sp – D – T	Max Mutzke: Can't Wait Until Tonight – Autumn Leaves – I Got Rhythm (▶ S. 164)
VI – IV – I – V Tp – S – T – D	Khaled/Outlandish: Aicha – Red Hot Chili Peppers: Otherside – Eagle Eye Cherry: Save Tonight – Shakira: Whenever Wherever	I – V – I T – D – T oder: I – IV – I T – S – T oder: IV – II – IV Tp – Dp – Tp etc.	Solche „Akkordpendel" werden oft in Strophen benutzt.

Zur Erinnerung:

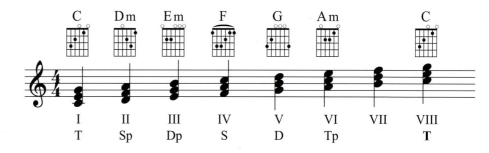

4 a) Übersetzt die Funktions- und Stufenbezeichnungen in die Akkorde von mindestens zwei Tonarten.
b) Spielt die Formeln auf euren Klassen-Instrumenten.
c) Probiert unterschiedliche Grooves (▶ S. 160 ff.) aus.

CD 5 / 16, 17

5 Identifiziert die harmonischen Formeln der Hörbeispiele.

Songs sind nach einfachen Form-Prinzipien aufgebaut. Die einzelnen Formteile werden dabei mit Großbuchstaben (A, B, C usw.) bezeichnet. Sie tragen oft englische Bezeichnungen und erfüllen unterschiedliche Funktionen im Song:

Bezeichnung	Englisch	Funktion
Introduktion	Intro	Einleitung in den Song; häufig werden bekannte Melodien, Harmonien oder Rhythmen verwendet
Strophe	Verse	erzählt das Thema des Songs
Refrain	Chorus	häufig wiederkehrender, eingängiger Teil des Songs; bildet den Höhepunkt eines Songs
Überleitung	Bridge	leitet zwischen Formteilen über; dabei kann sie zwischen zwei Chorusteilen stehen (*primary*) oder zwischen Vers und Chorus (*transitional*)
Zwischenspiel	Interlude	instrumentales Zwischenspiel zwischen zwei Formteilen
Coda	Coda	Gegenstück zum Intro, am Ende eines Songs

Verse-Song: Hat keinen Chorus, kann aber über Intro, Primary Bridge oder Coda erweitert werden. (Bsp.: Morning Has Broken, The House of the Rising Sun)

Verse-Chorus-Song: Mehrere Verses und eigenständiger, mehrmals wiederholter Chorus. Kann über Intro, Bridges und Coda ergänzt werden. (Bsp.: Blowing in the Wind, Living on a Prayer, Yellow Submarine)

Blues-Song: 12-taktige Songform. Die ersten beiden viertaktigen Formteile stellen oft eine Frage (engl.: call), die letzten vier Takte bilden eine Antwort (engl.: response). Kann erweitert werden durch Intro, Bridges und Coda (Bsp.: Can't Buy Me Love, Johnny B. Goode, Rock Around the Clock, Still Got the Blues). (▶ S. 320 ff.)

6 Analysiert die Hörbeispiele nochmals hinsichtlich ihrer Form:
   a) Vergebt beim mehrmaligen Hören Großbuchstaben für ähnlich klingende Formteile und nummeriert diese.
   b) Benennt anschließend die richtigen Formteile sowie die Songform der Hörbeispiele.

7 ★   Bildet einen Song aus zwei Harmonie-Formeln und einer Songform.
   ★★ Improvisiert mit euren eigenen Melodien über diesen Formeln und erläutert, welche die Melodie jeweils am besten begleiten.

Werkzeugkasten

Geräusche, Sprache und Gesang: Achtung Aufnahme!

1. **Auswahl eines Mikrofon-Typs**
   Für die meisten Aufnahmen empfehlen sich sogenannte dynamische Mikrofone. Diese sind robust und benötigen keine Stromversorgung.
   Daneben gibt es die Kondensator-Mikrofone, die empfindlicher sind und eine externe Stromversorgung oder Batterie benötigen.

Dynamisches Mikrofon

2. **Anschluss des Mikrofons**
   Im professionellen Bereich werden Mikrofone mithilfe von XLR-Kabeln an Mischpulte oder (Um-)Wandler (engl. interfaces) angeschlossen. Man kann aber auch Kabel mit Klinkensteckern oder USB-Anschluss verwenden, die direkt an einen Computer angeschlossen werden können.

3. **Mikro-Haltungen**
   Für Aufnahmen sollten die Mikrofone möglichst nah an die Schallquelle gehalten werden. Es empfiehlt sich bei dynamischen Mikrofonen, nicht „über" das Mikro (Moderationshaltung) zu singen (Bild links), sondern direkt in Richtung des Drahtkorbes (Bild rechts):
   Achtung: Wenn zu lauter Schall in empfindliche Mikrofone gelangt, kann dies zu unangenehmen Geräuschen und Verletzungen eurer Ohren führen!

Kleinmembran-Kondensator-Mikrofone

Großmembran-Kondensator-Mikrofon

4. **Einpegeln**
   Achtet darauf, dass eure Signale nicht zu leise aufgenommen werden. Zu leise Aufnahmen rauschen stark und zu laute Aufnahmen „übersteuern", was sich durch einen verzerrten Klang bemerkbar macht. Euer Mischpult oder Interface sollte mithilfe des Eingangsreglers (engl. gain) so angepasst werden, dass die angezeigte Lautstärke immer kurz unterhalb des roten Bereichs bleibt.

5. **Schneiden**
   Wenn ihr eure Aufnahmen beendet habt, hört ihr euch die einzelnen Aufnahmeversuche (engl. takes) in Ruhe an. Schneidet dann mithilfe des Scheren-Werkzeugs die besten Stellen, die ihr später verwenden wollt. Überflüssige Aufnahmen und Nebengeräusche können mit dem Werkzeug ebenfalls geschnitten und später gelöscht werden.

XLR-Kabel

6. Kopieren und Einfügen

Markiert Aufnahmen, die ihr nun zusammenstellen wollt, und kopiert diese. Wechselt an den Beginn einer neuen Spur und fügt die Aufnahme am Positionszeiger nacheinander ein. Ihr könnt die einzelnen Takes abschließend noch verschieben, um so Pausen, Geräusche oder Musik einzubauen.

7. Fade-In/Fade-Out

Damit Aufnahmen nicht unvermittelt beginnen oder aufhören, setzt man sogenannte Blenden (engl.: fades) ein. Hierbei „zeichnet" ihr mithilfe eines Werkzeugs entweder ansteigende (Fade-In) oder absteigende (Fade-Out) Lautstärke-Verläufe in die Aufnahmen. Beim Sonderfall des sogenannten Crossfades wird eine erste Aufnahme ausgeblendet, während zeitgleich eine zweite Aufnahme hörbar eingeblendet wird.

6,3 mm Klinke-Kabel

8. Lautstärken anpassen

Hört die fertige Audio-Montage komplett an und achtet dabei auf Lautstärkeunterschiede. Besonders laute Stellen sollten mithilfe eines Werkzeuges leiser gemacht werden. Insgesamt sollte die empfundene Lautheit (engl.: loudness) ungefähr auf einen Pegel gebracht werden.

3,5 mm Stereo-Klinke-Kabel

9. Export der Aufnahmen

Sobald ihr die Aufnahmen editiert habt und sie euch gefallen, müsst ihr diese in ein Dateiformat exportieren (engl.: bouncing oder mixdown), welches später entweder auf CD gebrannt oder auf MP3-Spielern wiedergegeben werden kann. Wählt dazu im Export-Dialog eines der folgenden Dateiformate und benennt die Datei eindeutig:

a) Für CD-Export:
RIFF Wave (WAV), 16 Bit, 44,1 KHz, Stereo oder Audio Interchange Format (AIFF), 16 Bit, 44,1 KHz, Stereo.

b) Für MP3-Export:
MP3, 128 Bit (oder höher), 44,1 KHz. In den sogenannten ID3-Tag können Informationen zu Name, Interpret, Album, Genre usw. eingetragen werden. Dies ist hilfreich bei der Organisation von MP3-Dateien.

1 Öffnet euer Audio-Programm und findet die hier beschriebenen Funktionen.

2 Schreibt eine Gebrauchsanweisung für die Aufnahme mit eurem Audio-Programm.

3 Nehmt einen Song auf und bearbeitet ihn hinsichtlich Lautstärke, Höhen/Tiefen und Effekten.

Sequenzer

Sequenzer sind Werkzeuge, mit denen Musik aufgenommen, bearbeitet, arrangiert und produziert werden kann. Es gibt sie als Hardware oder Software, die auf Computern oder Smartphones läuft. Wie bei einer Tonbandmaschine werden in Sequenzern die einzelnen Signale neben- bzw. übereinander auf sogenannten Spuren aufgenommen. Im Arrangement-Fenster werden diese dann häufig in Form von Balken dargestellt (▶ S. 275 ff.). Das Fenster sieht fast wie ein sehr langes Papier aus, auf dem ersichtlich wird, wer wann und wie lange spielt:

Tonbandgerät

> **Infobox**
>
> **MIDI** = **M**usical **I**nstruments **D**igital **I**nterface. Eine Schnittstelle, über die Informationen zu Anschlagstärke, Notendauer, Tonhöhe und anderem mehr zwischen Klangerzeugern und Computern übertragen und gespeichert werden können. Die übertragenen Werte klingen dabei selber nicht, sondern steuern lediglich die Klangerzeuger. Da sie keinen Klang enthalten, sind MIDI-Dateien sehr klein.

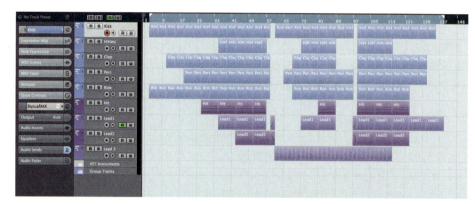

Beispiel Arrangement-Fenster

Die aufgenommenen Daten können sowohl Audioaufnahmen sein als auch reine Steuerungsinformationen in Form von MIDI-Daten beinhalten.
Zur Bearbeitung der Daten stehen unterschiedliche Editoren zur Verfügung: MIDI-Editoren können die Form von Pianorollen haben, die den Klangrollen von Klavieren oder Spieldosen ähnlich sehen. Außerdem gibt es Listen-Editoren, in denen die Werte als Zahlen untereinander stehen, oder Noten-Editoren.

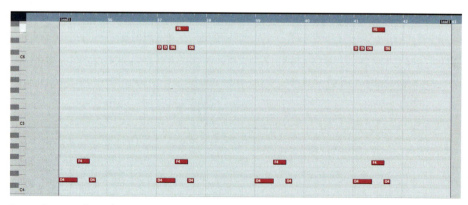

Beispiel Pianorollen-Editor

Klangrolle der Firma Welte-Mignon für Reproduktionsklaviere

Zur Bearbeitung von Audio-Daten stehen ebenfalls Editoren zur Verfügung, die eine erweiterte Bearbeitung des Materials ermöglichen.

1 Startet euer Sequenzer-Programm und findet die beschriebenen Editoren. Schreibt auf, wie man diese öffnet und welche Bezeichnungen in eurem Programm für sie verwendet werden. So entsteht eure eigene „Gebrauchsanweisung" für das Programm.

2 In den meisten Sequenzern gibt es eine Werkzeugleiste, mit der ihr eure Daten im Arrangement-Fenster bearbeiten könnt. Findet heraus, welche Funktionen hier zu finden sind, und ergänzt eure Gebrauchsanweisung.

Um die Klänge der einzelnen Spuren zu verändern und die Lautstärken der Spuren untereinander anzupassen, verfügen Sequenzer über ein Mischpult. In einem Mischpult liegen die einzelnen Spuren als Kanäle nebeneinander. Die einzelnen Kanäle oder Kanalzüge (engl.: channel strips) sind immer ähnlich aufgebaut und beinhalten mindestens die folgenden Funktionsbereiche:

Gain: Regelt die Eingangslautstärke bzw. Empfindlichkeit von unendlich leise bis 0 Dezibel.
(Auxiliary)Sends: Schicken Teile des Signals an Effekt-Geräte oder Effekt-Kanäle.
Pad: Mit diesem Taster kann die Eingangs-Empfindlichkeit reduziert werden, um Schäden an Geräten zu vermeiden.
Equalizer: Klang-Entzerrer, der durch separate Regler für die hohen, mittleren und tiefen Frequenzen teilweise drastische Klangveränderungen oder Optimierungen ermöglicht.
Fader: Dieser Schieberegler beeinflusst die Ausgangslautstärke des Kanals.
Low-Cut: Dieser Taster schneidet tiefe Frequenzen der Klänge ab, um so störende Anteile zu verringern.
Panorama: Der Regler positioniert den Klang von links bis rechts innerhalb des Stereo-Panoramas.

3 Weist die Erklärungen der richtigen Nummer in der schematischen Zeichnung des Kanalzugs zu. Benennt Funktionen, die hier fehlen.

4 Ergänzt weitere Funktionen, die ihr in euren Mischpulten findet, in eurer Gebrauchsanweisung.

Infobox

Monophonie: einkanaliges Übertragungsverfahren.
Stereophonie: zweikanaliges Übertragungsverfahren, das im Gegensatz zu „mono" eine räumliche Ortung des Klangs ermöglicht.

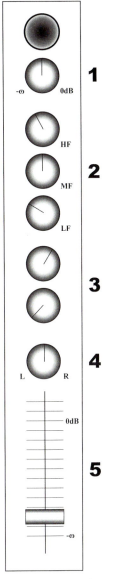

Schematische Zeichnung eines Kanalzugs

Earle Brown © Associated Music Publishers Inc. New York.
D/A/CH: Edition Wilhelm Hansen, Hamburg

Rhythmus

Dauer   **Material**   **Zufall**   **Zeichen**

Ordnung   **Geräusch**   **Dissonanz**

Neue Musik

1. Beschreibt und vergleicht die Notentexte von Mozarts „Noi ci darem la mano" und von Earle Browns „December 1952" auf der linken Seite. Verwendet dazu auch die vorgegebenen Begriffe.

2. Wählt einen oder mehrere Begriffe aus und gestaltet mit diesem Schwerpunkt eine kurze vokale oder instrumentale Improvisation von „December 1952". Sprengt darin die „Ketten" der musikalischen Tradition, indem ihr z. B. einzelnen grafischen Elementen der Partitur verschiedene Parameter (Tonhöhe, Tondauer, Lautstärke, ...) zuordnet.

3. Erfindet und präsentiert ein Radiointerview mit Wolfgang Amadeus Mozart und Earl Brown, in dem beide zum Fortschritt in der Musik befragt werden.

Musik ohne Rückhalt. Die Freiheit des Interpreten

Anestis Logothetis: Agglomeration

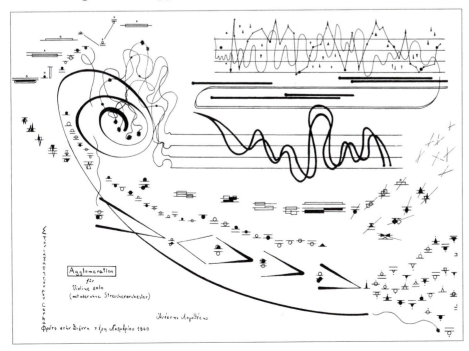

© Universal Edition A.G. Wien

Anestis Logothetis
(1921–1994)

Infobox

Der griechisch-österreichische Komponist **Anestis Logothetis** (1921–1994) notierte seine Kompositionen zunächst im traditionellen Notensystem, bevor er in der Auseinandersetzung vor allem mit den Werken von John Cage und Wassily Kandinsky eine eigene Art der **grafischen Notation** entwickelte. Mit dieser „Klangcharakterschrift" versuchte Logothetis, in Stücken für meist variable Besetzungen auch diejenigen (Oberton-)Bereiche von Musik zu beachten, die vom Fünfliniensystem nicht erfasst werden. Bekannte Werke sind u. a. „Agglomeration" (1960), „Mäandros" (1965), „Styx" (1969) und das Musikhörspiel „Matratellurium" (1971).

CD 5 / 18

Geht auf die Suche
z. B. zu Hause,
in der Bibliothek

1
a) Beschreibt den Ausschnitt aus der Partitur der Komposition „Agglomeration" von Anestis Logothetis möglichst genau und stellt Vermutungen darüber an, wie einzelne Elemente des Notentextes klingen könnten.

b) Bildet Gruppen mit unterschiedlichen Instrumenten und versucht eine Aufführung des Partiturausschnitts. Beschreibt anschließend Gemeinsamkeiten und Unterschiede eurer Aufführungen. Diskutiert dabei auch, welche Elemente des Notentextes wie umgesetzt wurden.

c) Hört euch den Ausschnitt aus der Komposition „Agglomeration" von Logothetis an und vergleicht das Original mit euren eigenen Interpretationen.

d) Informiert euch dazu auch über die Bedeutung des Wortes „Agglomeration" und stellt Bezüge zum Notentext und zur Musik her.

Immer wieder stellten Komponisten im 20. Jahrhundert wesentliche Grundlagen des Komponierens und der Vorstellung davon, was Musik überhaupt sei, radikal infrage. Bislang als sicher geglaubte Grundbestandteile der Musik, wie ihre Melodik und Harmonik, ihre Rhythmik, Dauer und Notation, selbst die Gegebenheiten der Instrumente, mit denen sie zum Klingen gebracht wurde, erfuhren extreme Veränderungen. Dadurch entstanden radikale Neuerungen in der Musik. Vor allem in Deutschland ist so die Bezeichnung „Neue Musik" entstanden. Radikal war diese Neue Musik auch deswegen, weil sich die Hörer erstens beim Hören an nichts Bekanntem mehr festhalten konnten und zweitens, weil die Komponisten beim Komponieren keine Garantie mehr hatten, dass ihre Musik überhaupt noch eine war, die für längere Zeit „haltbar" sein würde. Neue Musik ist also in diesem doppelten Sinne „rückhaltlos".
Dies lässt sich zum Beispiel daran beobachten, dass viele Entwicklungen in der Neuen Musik mit der Befreiung (Emanzipation) einzelner musikalischer Elemente aus gewohnten Zusammenhängen zu tun haben.

e) Benennt, mit welchen Vorstellungen von Musik Logothetis hier in radikal neuer Weise umgeht und aus welchen gewohnten Zusammenhängen er einzelne musikalische Elemente befreit haben könnte.

Musik ohne Rückhalt. Die Freiheit des Interpreten **293**

2 ★ Erstellt selbst grafische Partituren nach dem Vorbild von Logothetis für ein Stück, das ihr anschließend präsentiert.
★★ Tauscht eure Partituren aus und versucht, sie aufzuführen; diskutiert anschließend eure Ergebnisse und beschreibt Schwierigkeiten, die beim Musizieren entstanden sind.

3 Recherchiert nach Literatur (z. B. Gerhard Rühm), Musik oder Bildern (z. B. Robert Delaunay), die gängige Vorstellungen von Kunst radikal infrage stellen, und diskutiert, worin eurer Meinung nach das radikal Neue besteht.

4 ★ Erörtert, inwiefern Mauricio Kagel in seinem Film „Ludwig van" (1970) mit radikalen und neuen künstlerischen Mitteln arbeitet. Deutet dazu die „Badewannen-Szene" hinsichtlich der verwendeten Mittel, der Wirkungen und möglicher Absichten.

★★ Entwerft eine kurze Video-Performance im Stile eines Gesamtkunstwerkes wie bei Kagels „Instrumentalem Theater" (s. Infobox). Verwendet dazu die Badewannen-Szene aus „Ludwig van" als Vorlage.

★★★ Sucht weitere Informationen zu Leben und Werk Mauricio Kagels und gestaltet damit einem kurzen Vortrag über das Neue in seiner Musik.

5 Entwickelt eine erste Definition des Begriffs „Neue Musik".

Infobox

Mauricio Kagel wurde am 24.12.1931 in Buenos Aires geboren. 1957 verließ er Argentinien, um in Köln zu studieren, wo er bis zu seinem Tod am 18.09.2008 lebte. Neben Instrumentalmusik verfasste er auch Werke für das Musiktheater, Hörspiele und Filme. Kagel geht in seiner Idee des **Instrumentalen Theaters** davon aus, dass Musik auch gesehen werde müsse, um verstanden zu werden. Mimik, Gestik und Aktionen sind daher wichtige Elemente seiner Kompositionen, für die er oft neue Spieltechniken und eigene Instrumente entwickelte.
Wichtige Werke Kagels sind das Bühnenwerk „Staatstheater" (1967/70), die Filme „Match" (1966) und „Ludwig van" (1970), die Radiofantasie „Rrrrrrr..." (1982) oder das Vokalwerk „Sankt-Bach-Passion" (1984).

Mauricio Kagel (1931–2008)

Konzepte zur Ver(über)flüssigung der Funktion des Komponisten

In Matthias Spahlingers Komposition „individuation 1" wird der MP3-Player (oder der Walkman), der die Menschen normalerweise mit ihrer eigenen Musik alleine lässt, selbst zu einem Instrument für ein musikalisches Miteinander. Das Stück ist Teil einer Reihe von Textkompositionen mit dem Untertitel: „konzepte zur ver(über)flüssigung der funktion des komponisten" (1993). Die Texte erläutern dabei die „Spielregeln" für die jeweiligen Kompositionen.

Infobox

Mathias Spahlinger (*1944), der von 1990 bis 2009 als Professor für Komposition an der Hochschule für Musik in Freiburg tätig war, spielt in vielen seiner Kompositionen mit den Möglichkeiten, Ordnungen zu zersetzen und so neue Ordnungen entstehen zu lassen: Die Teile eines Ganzen beginnen in seinen Stücken ein Eigenleben zu entfalten, das neue Regeln des Zusammenhangs aufzeigt. Dieses Misstrauen gegen traditionelle Vorstellungen von Struktur drückt sich zum Beispiel in Kompositionen wie „morende" (1974), „InterMezzo.concerto non concertabile" (1986) oder „Passage/Paysage" (1989–90) aus.

6 Entwerft eine Aufführung von Matthias Spahlingers Komposition „individuation 1":

Dazu benötigt jeder:	– einen MP3-Player (oder einen Walkman), – einen Kopfhörer und – einen Würfel.
Teilt die Klasse ein in:	– Publikum (Hörer) und – Aufführende (Spieler).

Legt vor Beginn der Aufführung fest:	– wie lange diese insgesamt dauern soll und
	 – bei welchen Zahlen des Würfels ihr entweder
	  – mitsingt oder
	  – mitsummt oder
	  – verstummt.

Jeder Spieler hört:	– während der Aufführung über den Kopfhörer auf seinem MP3-Player selbstgewählte Musik (mit beiden Ohren).
Jeder Spieler würfelt:	– während der Aufführung mehrmals sowie in selbst gewählten zeitlichen Abständen, um herauszufinden, ob er leise mitsingen, mitsummen oder verstummen soll.

7 Führt die Komposition zweimal auf (Hörer und Spieler tauschen ihre Rollen) und besprecht anschließend eure jeweiligen Eindrücke als Interpreten und als Hörer. In einer dritten Aufführung können auch beide Gruppen gemeinsam musizieren.

8 a) Erstellt eine Aufnahme eurer Aufführung, um einzelne Abschnitte evtl. nochmals anhören zu können.
b) Diskutiert darüber, was für eine Art von Musik entstanden ist und inwiefern die Komposition traditionelle Vorstellungen von Musik infrage stellt.

9 Im Original sind die Verhaltensweisen Mitsummen, Mitsingen und Verstummen vorgesehen. Erweitert das Spiel bzw. die Komposition um weitere Möglichkeiten (z. B. Mitstampfen zum Rhythmus).

10 Erklärt den Untertitel der Komposition: „konzepte zur ver(über)flüssigung der funktion des komponisten".

11 Erweitert, ausgehend von euren Erfahrungen mit den Aufführungen, eure ersten Definitionen des Begriffs „Neue Musik".

Ich bin da ein bisschen aus dem Rahmen gefallen

Frau Thierbach, Sie sind Oboistin verschiedener Ensembles für Neue Musik; wie ist das so, Neue Musik zu spielen?

Also, Neue Musik zu spielen ist für mich ein selbstverständlicher Teil meines Lebens. Man reist viel und begegnet jedes Mal neuen Umständen, das mach' ich ganz gerne. Wenn ich ein Neue-Musik-Projekt annehme, kann es mich erwarten, dass ich sehr schwere Partituren zugeschickt bekomme und ein Jahr übe, und vielleicht drei Monate Abend für Abend zu Hause sitze und versuche ein Rohr zu entwickeln, was auf meinem Instrument so funktioniert, dass am Ende das erklingen wird, was der Komponist sich vorstellt oder ich denke, was er hören möchte. Es kann auch bedeuten, dass ich alles auswendig lernen muss, damit ich dann im Konzert im Dunkeln spielen kann, oder es auch dann noch spielen kann, wenn ich von Tänzern mit dem Kopf nach unten über die Bühne getragen werde. Es kann aber auch sein, dass ich ganz ordentlich auf meinem Platz sitze, überhaupt nichts üben muss und gefragt bin, nur Geräusche und Effekte aus meiner Oboe zu holen, die man mit Oboe gar nicht in Verbindung bringt. Manchmal muss ich auch singen, das fällt mir nicht so leicht, aber auch das lernt man. Manchmal spielt man aber auch schöne Melodien, manchmal gibt es Stücke, die aus Zitaten zusammengesetzt sind und das kann in die Pop-/Rockrichtung gehen, es kann freie Improvisationen geben, manchmal hat man Blätter mit Kreisen, Schlangenlinien usw. und wird an ungewohnte Orte im Saal oder neben Kollegen gesetzt, die man sonst nur von weiter weg sieht, und entwickelt mit denen zusammen musikalisch etwas, was man aus dem herausliest, was auf dem Blatt schön gezeichnet ist. Es gibt auch Skulpturen, die man bespielt, große und kleine, und manchmal läuft man dabei herum, manchmal nicht, manchmal hat man ein langes Abendkleid an und manchmal ist auch eher das kurze Schwarze gefragt. Manchmal darf man nur auf Socken gehen, damit man die Musik nicht stört, und manchmal muss man auch gut angezogen sein. Also, es gibt sehr viele Möglichkeiten und ich habe damit oft sehr viel Spaß. Ich arbeite allerdings auch gerne hart und manche Projekte sind auch so, dass man nebenbei das Marathontraining laufen lassen sollte, um die enormen körperlichen Anstrengungen bühnenreif bewältigen zu können bis zum Konzert. Deswegen spiele ich gerne Neue Musik und lebe gerne mit der Neuen Musik als Spielerin.

Infobox

Die Oboistin **Antje Thierbach** (*1970) studierte in Leipzig, Würzburg, Berlin und Basel. Im Rahmen ihrer umfangreichen Konzerttätigkeit in ganz Europa und Asien liegt ihr Schwerpunkt im Bereich zeitgenössischer Musik. Die intensive Auseinandersetzung mit ihrem Instrument, besonders in Bezug auf neue Spieltechniken, und die Arbeit mit verschiedenen Komponisten an der Umsetzung und Notation musikalischer Ideen speziell für die Oboe führte sie konsequenterweise dazu, Musik früherer Epochen ebenfalls auf dem jeweils zeitgenössischen Instrumentarium zu erforschen. Auf ihre Anregung entstanden mittlerweile auch neue Kompositionen für alte Oboen.

12
a) Fasst zusammen, welche Umgangsweisen die Interpretation Neuer Musik von Antje Thierbach verlangt.
b) Entscheidet euch für eine oder mehrere Verhaltensweisen und setzt sie pantomimisch um. Erläutert anschließend eure Eindrücke.
c) Entwerft ein Konzept zum Bespielen von Skulpturen und führt eure Entwürfe anschließend auf.

Die Neue Musik spielt ja in Ihrem Leben eine ganz wichtige Rolle. Wie ist es eigentlich dazu gekommen?

Ja, das ist so eine Entwicklung. Ich habe schon im Studium viele Lehrer ausprobiert und habe gemerkt, dass es mir nicht so viel Spaß macht, bei Professoren zu studieren, die mich nur auf ein Probespiel vorbereiten und die von mir erwarten, dass ich auf der Oboe immer nur schöne Töne mit gleichmäßigem Vibrato über zwei Oktaven spielen kann. Vielleicht hat es mit meinem Charakter zu tun, dass mich immer die Grenzen interessiert haben, dass ich, wenn ich leise spielen sollte, zu leise gespielt habe, wenn ich laut spielen sollte, habe ich gern zu laut gespielt, und wenn ich was ganz Wichtiges sagen wollte mit meiner Oboe, habe ich das Vibrato vergessen. Ich bin da immer so ein bisschen aus dem Rahmen gefallen und habe mir dann letztlich die Lehrer gesucht, die das unterstützt haben, und habe schnell gemerkt, dass es mir mehr Spaß macht, mit anderen Extremisten zusammen Musik zu machen, und dass es dann auch großen Spaß macht, Komponisten zu finden, die einem Musik schreiben, mit der man sich ausdrücken kann, und dass es mir weniger Spaß macht, mich zu reduzieren auf das, was konventionell an den Hochschulen gelehrt wird.

Gibt es besondere Spieltechniken für die Oboe, wenn Sie Neue Musik spielen?

Ja, selbstverständlich, es gibt Sachen, die sind gebräuchlich, z. B. gibt es auf der Oboe besonders viele Mehrklänge. Es ist ein Effekt: Man greift bestimmte Sachen, man bläst hinein und es kommt nicht ein Ton, sondern der Ton spaltet sich auf, manchmal sagt man auch Spaltklang oder auf Englisch „multiphonic", das klingt so [Hörprobe]. Das zum Beispiel. Dann gibt es Sauggeräusche [Hörprobe]. Dann kann man „schmutzige" Geräusche machen, so was [Hörprobe]. Man kann Luftgeräusche ohne Rohr machen, beispielsweise „slap" [Hörprobe]. Man kann sehr hohe Töne erzeugen, wenn man nicht mit den Lippen, sondern mit dem Zahn das Rohr umfasst [Hörprobe]. Man kann mit der Zunge verschiedene Effekte machen, man kann z. B. mit Flatterzunge spielen, d. h. man macht ein „r" und spielt dabei aber [Hörprobe]. Man kann ein sehr schnelles Stakkato spielen mit Doppelzunge, das macht man manchmal auch in der klassischen Musik, aber in der Neuen Musik spielt man manchmal extremere Tempi [Hörprobe]. So was in der Art. Es gibt Flageoletts, das ist so ähnlich wie bei Streichinstrumenten auch, das sind obertonreiche Farbklänge, und die kann man auch abwechseln mit natürlichen Klängen, das ist dann das so was [Hörprobe]. Das Fachwort dafür ist „bisbigliando", aber man kann auch Farbtontriller sagen. Ja, das ist so ein kleiner Ausschnitt aus den Möglichkeiten, die ich bei der Oboe nutze, die ich vor allem in der Neuen Musik gebrauchen kann.

Frau Thierbach, vielen Dank für dieses Interview.

13 a) Beschreibt die unterschiedlichen Klänge, die durch die von Antje Thierbach vorgestellten Spieltechniken entstehen.
b) Versucht, die Spieltechniken auf andere Instrumente zu übertragen, und entwerft weitere Möglichkeiten, ungewöhnliche Klänge zu produzieren.

14 Thierbach äußert, dass es ihr Spaß mache, „mit anderen Extremisten zusammen Musik zu machen." Erklärt, was sie damit meinen könnte, und bezieht euch dabei auch auf Neue Musik, die ihr schon kennt.

Das Ungehörte und das Unerhörte

„Ohne Abweichung von der Norm ist Fortschritt nicht möglich."
(Frank Zappa, 1940–1993, amerikanischer Komponist und Musiker)

Frank Zappa (1940–1993)

„Man muss etwas Neues machen, um etwas Neues zu sehen."
(Georg Christoph Lichtenberg, 1742–1799, deutscher Schriftsteller und Mathematiker)

„Zwei ganz verschiedene Dinge behagen uns gleichermaßen: die Gewohnheit und das Neue."
(Jean de La Bruyère, 1645–1696, französischer Schriftsteller)

„Jede große Reform hat nicht darin bestanden, etwas Neues zu tun, sondern etwas Altes abzuschaffen."
(Henry Thomas Buckle, 1821–1862, englischer Historiker)

Younghi Pagh-Paan (*1945)

„Jeder Mensch sucht nach Halt. Dabei liegt der einzige Halt im Loslassen."
(Hape Kerkeling, *1964, deutscher Schauspieler und Entertainer)

„The impossibilities of today are the possibilities of tomorrow."
(Charles Ives, 1874-1954, amerikanischer Komponist)

„Abschaffen halte ich für nicht möglich."
(Younghi Pagh-Paan, *1945, südkoreanische Komponistin)

Wolfgang Rihm (*1952)

„Das Neue ist immer schon da, weil es das Alte ist, es ist alles da, nur wir verändern unseren Ort, damit den Blickwinkel, und das, was wir sehen, ist neu. Ohne unsere Bewegung: für uns nichts Neues. Neues für uns: nur durch Bewegung."
(Wolfgang Rihm, *1952, deutscher Komponist)

„Neue Musik ist niemals von allem Anfang an schön."
(Arnold Schönberg, 1874–1951, österreichischer Komponist)

Arnold Schönberg (1874–1951)

15 Überprüft, inwiefern eines der voranstehenden Zitate euren Erfahrungen bei der Aufführung von „individuation 1" (▶ S. 294) entspricht.

16 Vergleicht eure eigenen Definitionen des Begriffs „Neue Musik" (▶ Aufg. 5 S. 293) mit den Äußerungen auf der Seite 297.

17 Wählt ein oder mehrere Zitate aus und präsentiert es auf eine möglichst neue und originelle Weise (Bild, Text, Musik, Video, Live-Performance, ...).

Emanzipation des Rhythmus. Jenseits der Hörgewohnheiten

Igor Strawinsky
(1882–1971)

„Man lachte, höhnte, pfiff, ahmte Tierstimmen nach, und vielleicht wäre man dessen auf die Dauer müde geworden, wenn nicht die Menge der Ästheten und einige Musiker in ihrem übertriebenen Eifer das Logenpublikum beleidigt, ja tätlich angegriffen hätten. Der Tumult artete in einem Handgemenge aus." (Jean Cocteau)

Dieser vielleicht größte Theaterskandal des 20. Jahrhunderts aus dem Jahre 1913, an den sich der französische Schriftsteller Jean Cocteau (1889–1963) hier erinnert, ereignete sich bei der Uraufführung von Igor Strawinskys Ballett „Le sacre du printemps". Wie aber konnte es zu diesem Aufruhr im Theater, zum „Beleidigen der Gewohnheiten, ohne welches die Kunst stagniert" (Cocteau) kommen? Igor Strawinsky (1882–1971) ist zu Beginn des 20. Jahrhunderts ein bedeutender Neuerer in der Musik. Besonders im Bereich des Rhythmus sorgt er mit seinen Kompositionen für radikale und auch für andere Komponisten wichtige Umbrüche, da er den Rhythmus zunehmend von seinen Traditionen befreit: Statt der gewohnten Taktarten mit ihren regelmäßigen Schwerpunkten mussten sich die Hörer nun damit auseinandersetzen, dass sie sich die Musik nicht mehr ohne Weiteres mit ihren herkömmlichen Hörgewohnheiten erklären konnten.

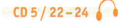

1 Hört euch drei Tänze aus Ballettkompositionen von Igor Strawinsky an und bewegt euch dazu im Raum. Versucht dabei, für jeden der drei Tänze passende Bewegungen zur Musik zu entwickeln:
– „Danse infernale du roi Kastchei" („Höllentanz") aus Strawinskys Ballett „L'Oiseau de feu" („Der Feuervogel", 1910)
– „Danse des adolscentes" („Tanz der jungen Mädchen") aus Strawinskys Ballett „Le sacre du printemps" („Das Frühlingsopfer", 1913)
– „Dans sacrale" („Opfertanz"), ebenfalls aus „Le sacre du printemps"

2 a) Sammelt und vergleicht jeweils eure ersten (Hör-)Eindrücke, vor allem hinsichtlich der rhythmischen Gestaltung der Musik.

b) Vergleicht das Foto (2006) der Sacre-Choreografie von Pina Bausch mit den Zeichnungen der Choreografie der Uraufführung (1913) und stellt Vermutungen über Gemeinsamkeiten und Unterschiede an. Welche Möglichkeiten bietet die Musik eurer Meinung nach für eine Umsetzung in Bewegung an?

3 Entwickelt für einen der drei Tänze eine Choreografie.
a) Bildet dazu drei Gruppen (1. Danse infernale, 2. Danse des adolscentes, 3. Danse sacrale) und stellt innerhalb der Gruppen die zuvor entwickelten Bewegungen vor.
b) Wählt aus der Menge der vorgestellten Bewegungen diejenigen aus, auf die ihr euch in der Gruppe am besten einigen könnt, und erarbeitet daraus eine Tanzchoreografie zu der gewählten Musik, mindestens für den Beginn derselben.
c) Führt eure Choreografien zur Musik auf und diskutiert anschließend, bei welcher Musik sich die größten Schwierigkeiten bei der Umsetzung des Rhythmus in Bewegung ergaben und warum dies so war.
d) Sucht im Internet nach Choreografien der drei Tänze und vergleicht sie mit euren Inszenierungen. Beachtet dazu auch den Film „Rhythm Is It!" (▶ S. 155)

Tanztheater Wuppertal, Pina Bausch, 2006

Valentine Hugo: Noten und Zeichnungen zur Choreografie von Strawinskys „Le sacre du printemps"

300 Neue Musik

4 Entwerft verschiedene Möglichkeiten, die folgenden drei Notenbeispiele alleine oder in der Gruppe aufzuführen (klatschen, mitzählen, tanzen, stampfen, ...). Dabei sollen die von Strawinsky gesetzten Akzente besonders deutlich werden. Versucht auch, eure Ergebnisse zur Musik aufzuführen.

Höllentanz
Igor Strawinsky

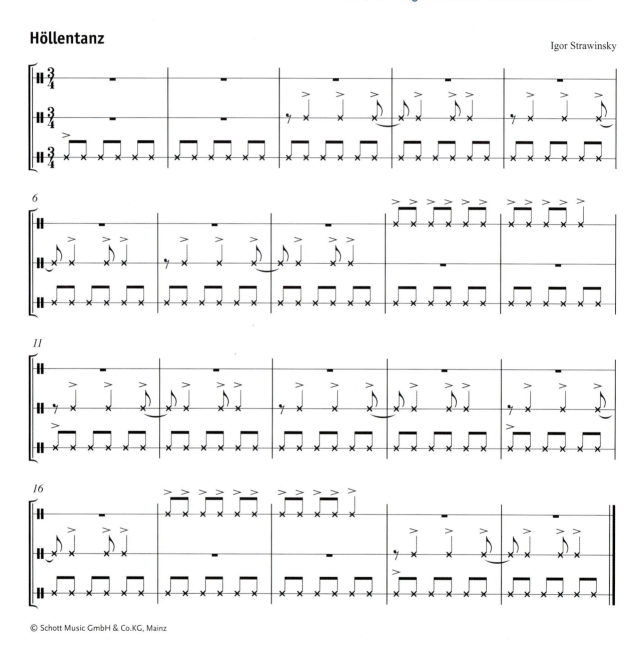

© Schott Music GmbH & Co.KG, Mainz

Die Vorboten des Frühlings (Tanz der jungen Mädchen)
Igor Strawinsky

Opfertanz

Igor Strawinsky

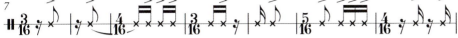

© Koussevitzky-Serge-and-Nathalie, 1947 to Boosey & Hawkes Inc., for all countries

5 Benennt und bewertet Gemeinsamkeiten und Unterschiede hinsichtlich der rhythmischen Gestaltung der drei Tänze.

Die Vogelhochzeit

Traditionell

Ein Vo-gel woll-te Hoch-zeit ma-chen in dem grü-nen Wal - de, fi-di-ral-la-la, fi-di-ral-la-la, fi-di-ral-la-la-la-la.

6 Bearbeitet das Lied „Die Vogelhochzeit", indem ihr wie in Strawinskys „Tanz der jungen Mädchen" Akzente auch auf unbetonten Zählzeiten positioniert. Führt auch hier unterschiedliche Fassungen auf (Melodieinstrumente, Schlagwerk, Vocussion, ...)

7 Wählt ein Lied aus O-Ton und setzt Akzente auch auf unbetonte Zählzeiten. Kopiert dazu die Noten zum Lied. Führt eure Ergebnisse auf.

8 Begründet, inwiefern man im Vergleich der drei Tänze eine zunehmende Emanzipation des Rhythmus beobachten kann.

9 ★ Stellt Informationen zu Leben und Werk Igor Strawinskys in einer Tabelle zusammen.

★★ Bereitet einen Kurzvortrag zu Strawinskys „Feuervogel" oder zu „Le sacre du printemps" vor.

Geht auf die Suche z. B. zu Hause, in der Bibliothek

Emanzipation der Dauer: „beliebig viel Zeit und Raum"

Richtige und unbegrenzte Dauern

In der zweiten Hälfte des vergangenen Jahrhunderts unternahmen verschiedene Komponisten eine Befreiung der Dauern, indem sie versuchten, „den Rhythmus als Gestalt abzuschaffen" (Györgi Ligeti) oder seine Gestaltung als „intuitive Musik" (Karlheinz Stockhausen) ganz in die Hände der Ausführenden zu legen und so mit dem Musikmachen „Bewusstsein zu schaffen" (John Cage).

1 Bildet Gruppen unterschiedlicher Größe mit verschiedenen Instrumenten und führt Karlheinz Stockhausens Komposition „Richtige Dauern" auf. Bewegt euch, wenn ihr wollt, während des Spielens im Raum.

Infobox

Karlheinz Stockhausen (1928–2007) entwickelte in seinem äußerst vielfältigen kompositorischen Gesamtwerk eine Reihe unterschiedlicher Formen und Notationen. Er schuf u. a. serielle (also durchorganisierte) ebenso wie aleatorische (also mit dem Zufall arbeitende) Werke, elektronische Musik sowie szenische Musik, wie etwa den Zyklus „Licht" (1977–2004), der aus sieben abendfüllenden Opern besteht und etwa 29 Stunden dauert. Wichtige frühe Werke Stockhausens sind: „Kreuzspiel" (1951), „Studie I" und „Studie II" (1953/54), „Kontakte" (1959/60), „Hymnen" (1966–67).

Karlheinz Stockhausen: „Aus den sieben Tagen" für Ensemble (1968)

RICHTIGE DAUERN (1968)

Spiele einen Ton
Spiele ihn solange
bis du spürst
dass du aufhören sollst

Spiele wieder einen Ton
Spiele ihn so lange
bis du spürst
dass du aufhören sollst

Und so weiter
Höre auf
wenn du spürst
dass du aufhören sollst

Ob du aber spielst oder aufhörst

Höre immer den anderen zu
Spiele am besten
wenn Menschen zuhören

Probe nicht

© Karlheinz Stockhausen, Rechte beim Urheber

2 a) Diskutiert, welche Schwierigkeiten bei der Planung und Durchführung aufgetreten sind und wie ihr sie gelöst habt.
b) Erläutert, welche Konsequenzen sich in eurer Aufführung für den Umgang mit den Tondauern und dem Rhythmus ergeben haben.
c) Nehmt Stellung zum Titel der Komposition.

3 ★ Führt einen weiteren Teil der Komposition „Aus den sieben Tagen" von Stockhausen auf und beschreibt eure Erfahrungen, vor allem mit der rhythmischen Gestaltung:

UNBEGRENZT (1968)

Spiele einen Ton
mit der Gewissheit
dass du beliebig viel Zeit und Raum hast

© Karlheinz Stockhausen, Rechte beim Urheber

★★ Vergleicht „Richtige Dauern" mit „Unbegrenzt" und erläutert Gemeinsamkeiten und Unterschiede.
★★★ Erklärt den Zusammenhang zwischen Stockhausens Idee einer „intuitiven Musik" und dem Titel „Richtige Dauern".

ORGAN2/ASLSP

„As slow as possible" bedeutet die Abkürzung in John Cages Komposition „Organ2/ASLSP", die 1985 mithilfe eines Zufallsprogramms in einer Fassung für Klavier und 1987 in einer Bearbeitung für Orgel entstand, die dem Organisten Gerd Zacher gewidmet ist. Während Zacher für die Uraufführung der Orgelfassung „nur" 29 Minuten brauchte, ist für eine Aufführung in der Burchardikirche in Halberstadt eine Dauer von 639 Jahren (!) vorgesehen. Der erste Klang war vom 05. Februar 2003 bis 05. Juli 2004 zu hören, bevor ihn ein neuer ablöste. Das Ende der Aufführung wird im Jahr 2640 stattfinden.

Infobox

John Cage (1912–1992) war ein US-amerikanischer Komponist, der maßgeblichen Einfluss (nicht nur) auf die Neue Musik des 20. Jahrhunderts hatte. Immer wieder beschäftigt er sich in seinen Werken, etwa in 4'33" (1952), aber auch in seinen Opern, seiner Malerei und seinen literarischen Werken, grundsätzlich mit der Stille, dem Zufall und der Zeit. Auch für die Entwicklung der Happening- und Performance-Kunst ist er von großer Bedeutung.

Klangwechsel

John Cage: ORGAN2/ASLAP, 639 Jahre, Teil 1
K = Klang Anfang, P = Pause/Klang Ende

Impuls 1:	P:		5. 09. 2001
Impuls 2:	K:	gis', h', gis"	5. 02. 2003
Impuls 3:	K:	e, e'	5. 07. 2004
Impuls 4:	P:	gis', h'	5. 07. 2005
Impuls 5:	K:	a', c", fis"	5. 01. 2006
Impuls 6:	P:	e, e'	5. 05. 2006
Impuls 7:	K:	c', as'	5. 07. 2008
Impuls 8:	P:	c'	5. 11. 2008
Impuls 9:	K:	d', e"	5. 02. 2009
Impuls 10:	P:	e"	5. 07. 2010
Impuls 11:	P:	d', gis"	5. 02. 2011
Impuls 12:	K/P:	c'(16'), des'(16'), as'	5. 08. 2011
Impuls 13:	P:	a', c", fis"	5. 07. 2012
Impuls 14:	K:	dis', ais', e"	5. 10. 2013
Impuls 15:	K:	gis, e'	5. 09. 2020
Impuls 16:	P:	gis	5. 02. 2022
Impuls 17:	K:	d'	5. 02. 2024
Impuls 18:	K:	a'	5. 08. 2026
Impuls 19:	P:	e'	5. 10. 2027
Impuls 20:	K:	g	5. 04. 2028
Impuls 21:	P:	d'	5. 08. 2028
Impuls 22:	P:	a'	5. 03. 2030

© C.F. Peters Musikverlag, Frankfurt/M.

CD 6 / 01

4 a) Bei einer Komposition, die so lange andauert, treten manche Probleme auf. Betrachtet das Bild. Welches Problem wird mithilfe der Säckchen zu lösen versucht?
b) Hört einen Ausschnitt aus Cage „Organ2/ASLSP" und beschreibt eure Eindrücke.
c) Hört auch einen Ausschnitt aus der Klavierfassung und erklärt, was berücksichtigt werden muss, wenn ASLSP vom Klavier auf die Orgel übertragen wird.

5 a) Singt oder spielt ein Stück eurer Wahl „as slow as possible" (z. B. einen Kanon, ein mehrstimmiges Chorstück, einen Mitspielsatz aus diesem Buch). Alternativ dazu könnt ihr auch einen Audio-File durch time stretching mit dem Computer bearbeiten oder einen MIDI-File sehr langsam abspielen. Diskutiert: Wie verändert sich der Charakter des Stücks?
b) Cage möchte mit seiner Musik „Bewusstsein schaffen". Erörtert, auch auf der Grundlage eurer eigenen ASLSP-Erfahrungen, inwiefern ihm das mit „Organ2/ASLSP" gelingt.

6 Recherchiert Details zu der ASLSP-Aufführung in Halberstadt und entwickelt einen kurzen Vortrag zu dem Projekt (▶ **Werkzeugkasten, S. 115 f.**).

ASLSP Halberstadt
John Cage

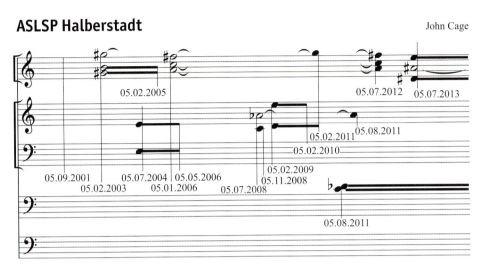

ASLSP
John Cage

© C.F. Peters Musikverlag, Frankfurt/M.

Emanzipation der Dissonanz. Bis das Ohr die Hemmungen überwunden hat

Im Jahr 1931 erklärt Arnold Schönberg in einem Radiovortrag seine Kompositionstechnik am Beispiel seiner „Variationen für Orchester, op. 31" (1928):

„Die meinen Variationen für Orchester zugrunde gelegte Reihe bildet nicht nur die Begleitung des Variationenthemas, sondern kommt in diesem selbst bereits viermal vor".

„Im zweiten Teil kommen die Töne in umgekehrter Reihenfolge, im sogenannten Krebsgang, auch Krebs genannt."

Grundreihe (G)

Krebs (K)

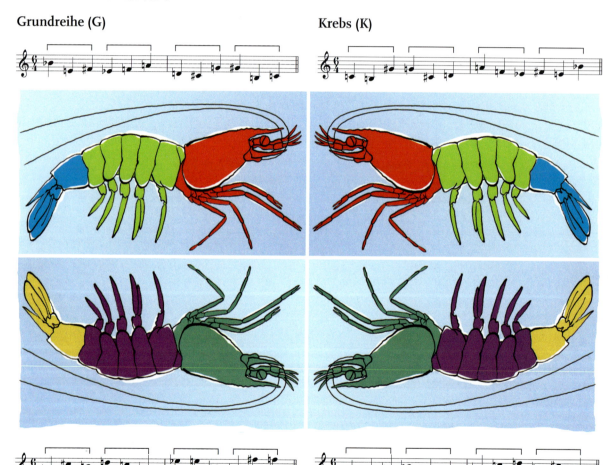

„Der dritte Teil bringt die sogenannte Umkehrung der Reihe, wobei jedem Intervall ein Schritt in der entgegengesetzten Richtung entspricht."

„Und im Nachsatz des ersten Teils erscheint auch der Krebs in der Umkehrung."

Umkehrung (U)

Krebs der Umkehrung (KU)

Arnold Schönberg „Variationen für Orchester, op. 31" © Copyright 1929, 1956 by Universal Edition A.G., Wien. Bearbeitung von Adrian Niegot © Copyright 2012 by Universal Edition A.G., Wien

1 a) Erklärt die Begriffe Reihe, Krebs, Umkehrung der Reihe und Krebs der Umkehrung mithilfe von Notenbeispielen, Texten und Bild.
b) Sucht weitere Möglichkeiten, Schönbergs Methode zu erklären (z. B. mithilfe der Mathematik).

2 Spielt die vier Reihen mit den euch zur Verfügung stehenden Instrumenten und beschreibt eure Eindrücke. Versucht auch, die Reihen zu singen, und benennt die möglicherweise auftretenden Schwierigkeiten.

Arnold Schönberg zur Reihenkomposition

„Die hier genannten drei Spiegelformen zusammen mit der Thema-Form werden häufig auf andere Tonstufen übertragen. Aber die gegebenen Tonverhältnisse bleiben stets unverändert. Ich verspreche mir von einer solchen Vereinheitlichung der Tonfolge eine Erleichterung der Auffassung, welche allerdings
5 erst eintreten kann, bis das Ohr die Hemmungen überwunden hat, welche ihm das Auftreten unaufgelöster Dissonanzen bereitet. [...]
Weiters haben sie vielleicht schon von der Komposition mit 12 Tönen, auch Reihenkomposition genannt, gehört. Diese beruht darauf, dass, wie ehedem einem Stück eine Tonart zugrunde gelegt wurde, so bildet jetzt eine Reihe von
10 12 Tönen das Material, aus welchem alle Gestalten, Melodien, Phrasen und Motive und alle Zusammenklänge erzeugt werden. Das unterscheidet sich von der tonalen Kompositionsweise nur dadurch, dass alle 12 Töne angewendet werden, ohne dass sie auf einen Grundton bezogen sind und dass die frühere Technik der Dissonanzbehandlung hier nicht mehr angewendet wird."

3 Erklärt Schönbergs Ausführungen zur Kompositionsmethode mit 12 Tönen (Reihenkomposition) mit eigenen Worten.

4 a) Erläutert, wie Schönberg das Verhältnis zwischen Konsonanzen und Dissonanzen in seiner Kompositionsmethode sieht und wie sich dies von der traditionell tonalen Kompositionsweise unterscheidet.
b) Erklärt die von Schönberg beschriebenen „Hemmungen", die das Ohr zu überwinden habe, am Beispiel des Themas der „Variationen für Orchester, op. 31" (T. 34–38).
c) Spielt im Vergleich dazu die mit tonalen Akkorden harmonisierte Fassung mit verschiedenen Instrumenten oder am Klavier und beschreibt, welche Unterschiede ihr im Vergleich zum Original wahrnehmt.

Variationen für Orchester, op. 31

Musik: Arnold Schönberg
Arrangement: Adrian Niegot

Musik: Arnold Schönberg
Arrangement: Adrian Niegot

Arnold Schönberg „Variationen für Orchester, op. 31"
© Copyright 1929, 1956 by Universal Edition A.G., Wien.
Bearbeitung von Adrian Niegot
© Copyright 2012 by Universal Edition A.G., Wien

5 Hört euch die dritte und die achte Variation an und überprüft, inwiefern ihr darin die Grundreihe wiedererkennen könnt. Begründet eventuell auftretende Schwierigkeiten.

Arnold Schönberg über das Neue

„Das ist meine Situation: [...] Niemandem fällt es ein, die Helden anzufeinden, die den Flug über den Ozean oder zum Nordpol wagen; denn ihre Leistung wird rasch jedem offenbar: Aber obwohl die Erfahrung gezeigt hat, dass viele längst schon Pfadfinder auf einem klarbewussten Weg waren, als man sie noch für halbirrsinnige Wegsucher hielt, so wendet sich doch die Feindschaft der 5 Mehrheit stets gegen die, die auf geistigem Gebiet ins Unbekannte vorstoßen. Wenn zum Beispiel Höhlenforscher an einen engen Gang kommen, wo nur einer durchkann, dann haben zwar gewiss alle das Recht, diese Frage zu prüfen, und doch wird man nur einen beauftragen und sich auf sein Urteil verlassen müssen.

Solche engen Gänge führen aber zu allen unbekannten Stätten, und wir wüssten noch immer nicht, wie die Gegend am Nordpol beschaffen ist, wenn wir warteten, bis die Mehrheit sich entschließt, selbst nachzusehen. Das ist Sache Einzelner. [...] Man muss auch die notwendigen Dinge verbreiten können, nicht bloß die überflüssigen. Und die Tätigkeit der Höhlenforscher, Nordpolfahrer, Ozeanflieger gehört zu diesen Notwendigkeiten. Und in aller Bescheidenheit sei es gesagt: auch die Tätigkeit jener, die auf geistigem und künstlerischem Gebiet Ähnliches wagen."

6 a) Erläutert und diskutiert die sprachlichen Bilder, mit denen Schönberg das Neue an seiner Situation beschreibt.

b) Nehmt kritisch Stellung zu Schönbergs Aussage, man müsse „auch die notwendigen Dinge verbreiten können, nicht bloß die überflüssigen".

7 ★ Hört euch Schönbergs Radiovortrag zu seinen Orchestervariationen auf der Internetseite des Arnold Schönberg Centers in Wien an. Gestaltet auf dieser Grundlage eine kurze Einführung in diese Komposition für ein Programmheft.

★★ Hört euch die Einführung zu Schönbergs Orchestervariationen des Komponisten Wolfgang Rihm auf der Internetseite der Universal Edition an. Vergleicht sie mit Schönbergs eigenen Ausführungen dazu.

Emanzipation des Geräuschs. Neue Klangfarben

1 a) Sammelt in Kleingruppen Ideen zu Schnarr-, Fauch-, Klopf- und Luftgeräuschen, die sich eurer Meinung nach für eine Komposition eignen.
b) Erfindet ein kurzes Stück, das nur aus den zusammengestellten Geräuschen besteht.
c) Erstellt eine Audioaufnahme eurer Komposition.

2 a) Beschreibt die Wirkung eurer Kompositionen und setzt sie in Beziehung zu den Definitionen Neuer Musik, die ihr selbst aufgestellt bzw. mittlerweile schon kennengelernt habt.

b) Lest das folgende Interview mit dem Berliner Komponisten Tobias Schwencke. Diskutiert, ob ihr in euren Aufführungen ähnliche musikalische Erfahrungen machen konntet. Wie beschreibt er sie? Wie erklärt ihr euch mögliche Abweichungen?

Infobox

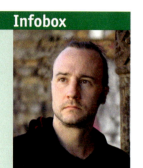

Tobias Schwencke wurde 1974 geboren. Nach dem Klavier- und Kompositionsstudium widmet er sich vor allem der Neuen Musik. Seine Kompositionen werden europaweit von renommierten Ensembles wie musikFabrik, ensemble modern und ensemble intercontemporain aufgeführt. Spezielle Auseinandersetzung mit aktuellem Musiktheater führten zu Arrangements von Mozarts „Don Goivanni", Giacomo Puccinis „La Bohéme", J. Strauß' „Wiener Blut" und C. Monteverdis „L'Orfeo" für Kammerbesetzung sowie zur Komposition der Kurzoper „Dafne" nach dem Libretto von M. Opitz (von 1627).

Ich versuche, etwas Neues herzustellen

Herr Schwencke, warum begeistern Sie sich für Musik, die andere als sehr speziell empfinden?
Also speziell kann man es nur in den Grenzen der eigenen Hörgewohnheit empfinden: Es muss ein bestimmtes Tempo, ein bestimmter Beat, ein bestimmter Klang, bestimmte Harmonien, eine bestimmte Art zu singen da sein, damit wir Musik als vertraute Pop- oder Rockmusik überhaupt akzeptieren. Daneben bzw. darüber hinaus gibt es natürlich noch eine ganze Menge anderes, entweder z. B. in anderen Kulturen oder aus anderen Zeitepochen, oder man muss es eben erfinden. Und mich interessiert diese klangliche Welt des Ungewohnten und Unvertrauten. Wie klingt denn ein Stück, das nur aus Schnarr-, Fauch-, Klopf- oder Luftgeräuschen besteht? Ich finde das unglaublich spannend. Natürlich höre ich so was selten mit dem iPod auf einer Bahnfahrt, da passt eine Bahnfahrt nicht zu, aber ich liebe es, solche Konzerte zu besuchen oder selbst mitzuspielen.

In letzter Zeit haben Sie besonders intensiv an Bearbeitungen älterer Musik für die Bühne gearbeitet, z. B. Puccinis Tosca und Monteverdis L'Orfeo. Wie gehen Sie bei Ihrer Arbeit vor? Was geschieht mit der Musik, die Sie arrangieren?
Zunächst mal ist wichtig, dass es sich dabei um Musik für die Bühne handelt, also für die Theaterbühne. Das heißt, es kommen noch Kostüme dazu und Handlung auf der Bühne. Die Musik steht immer in einem ganz bestimmten Kontext, sodass ich – wenn ich sage, ich versuche etwas Neues herzustellen, einen neuen Zusammenhang von Musik zu etwas anderem herzustellen – sodass ich durchaus auch etwas Vertrautes nehmen kann und es in einen neuen, anderen Kontext stelle. So zum Beispiel, wenn ich bei der Oper von Claudio Monteverdi, die 400 Jahre alt ist, also Renaissance-Musik ist, den Klang einer verzerrten E-Gitarre benutze. Dort stelle ich zwei Dinge in einen Zusammenhang, die so noch nicht in einen Zusammenhang gestellt wurden. Allerdings kann ich die Gitarre anders spielen lassen als bei einem Stück, das als sogenannte Neue oder Moderne Musik in einem Konzertsaal aufgeführt werden würde. Das heißt, die E-Gitarre spielt so weit wie möglich streng nach Monteverdis Vorlage und das Ungewohnte und das Spannende resultiert daraus, dass es natürlich die E-Gitarre zu Monteverdis Zeiten noch gar nicht gab. Indem ich diese beiden Zutaten, diese alte Musik und den neuen Klang der verzerrten Gitarre, zusammennehme, bekomme ich auf jeden Fall etwas Spannendes, Ungewohntes heraus.

Wie schätzen Sie denn die Bedeutung des Neuen für die Arbeit eines Komponisten überhaupt ein?

Na ja, wenn man von einem „Komponisten" spricht und das nicht weiter beschreibt, also nicht „Filmkomponist" oder „Werbekomponist" sagt, sondern
40 einen autonomen Komponisten meint: der hat sich der Bedeutung dieses Wortes nach einfach mit Neuem, Unbekanntem, im Prinzip mit der Forschung an Musik und Klang in der Zeit zu beschäftigen, sonst darf er sich nicht Komponist nennen.

Vielen Dank, Herr Schwencke.

3 a) Stellt dar, welche (Hör-)Erfahrungen ihr selbst mit Musik habt, die alte Musik und neue Klänge zu etwas Neuem und Ungewohntem formen.
b) Fasst Schwenckes Auffassung von Neuer Musik zusammen und vergleicht sie mit den Aussagen anderer Komponisten aus diesem Kapitel. Erläutert eure Beobachtungen.
c) Diskutiert, inwiefern ihr Tobias Schwenckes Bild eines Komponisten teilen könnt oder nicht.

🎧 CD 6 / 05, 06

4 ★ Stellt Musik vor, in denen Geräusche einen wichtigen Teil der Wirkung dieser Musik ausmachen.
★★ Interpretiert ein euch bekanntes Stück neu, indem ihr es mit Geräuschen verfremdet oder durch die Wahl der Instrumente neue geschichtliche Zusammenhänge herstellt, damit „Vertrautes unvertraut und neu hervortritt" (H. Lachenmann).

Wie Vertrautes unvertraut und neu hervortritt

In seiner Komposition „Guero" aus dem Jahr 1970 überträgt Helmut Lachenmann (*1935) die Spieltechnik eines Gueros auf ein anderes Instrument.

5 a) Skizziert anhand des nebenstehenden Fotos, welche Möglichkeiten bestehen, um ein Guero zu spielen. Probiert das Instrument, wenn möglich, selbst aus.
b) Entwickelt eine eigene Improvisation, in der ihr versucht, die Spieltechnik des Gueros auf ein Instrument oder einen Gegenstand eurer Wahl (z. B. Kamm) zu übertragen.

c) Führt eure Improvisationen auf und haltet die verschiedenen Klangergebnisse in Form einer Tabelle fest.

1. Beschreibung der verwendeten Spieltechnik	2. Beschreibung des so entstehenden Klangs
?	?

Guero
für Klavier

Helmut Lachenmann (1969)
revidierte Fassung 1988

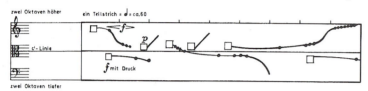
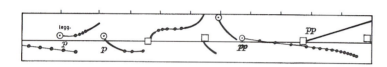
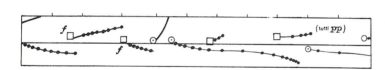
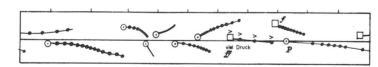

© Edition Breitkopf & Härtel, Wiesbaden

d) Erfindet eine geeignete Notenschrift zu den verwendeten Spieltechniken und notiert eure Komposition, so dass auch andere sie aufführen könnten.

e) Tauscht eure Notationen untereinander aus und führt die Stücke der jeweils anderen Gruppen auf. Diskutiert anschließend, inwiefern ihr die so entstehenden Versionen für gelungen haltet.

6 a) Beschreibt die einzelnen Elemente der von Lachenmann entworfenen Notenschrift anhand des abgedruckten Partiturausschnitts aus „Guero".

b) Probiert an einem Klavier aus, wie das Stück gespielt werden könnte.

CD 6 / 07

7 a) Hört euch Lachenmanns „Guero" an und vergleicht die Notation und die dadurch entstehenden Klänge mit euren eigenen Versuchen.

b) Ergänzt eure Tabelle in Bezug auf Lachenmanns Komposition.

8 a) Lest die folgende Äußerung Lachenmanns. Klärt unbekannte Begriffe und gebt den Inhalt mit euren eigenen Worten wieder.

„Das habe ich gelernt: wie aus einer radikal umgepolten Umgebung Vertrautes so unvertraut stark und neu hervortritt. Und da wollte ich noch weitergehen, bis hinein in die energetischen Wurzeln der Klangmittel selbst dort, wo dies die gewohnte Musizierpraxis sprengt." (Helmut Lachenmann)

b) Erklärt die Kompositionstechnik Lachenmanns mithilfe des Zitats und beurteilt, ob Lachenmann seinen eigenen Ansprüchen an die Musik gerecht wird.

c) Bewertet Lachenmanns Äußerung in Bezug auf eure eigenen Definitionen Neuer Musik.

... etwas, das ungespielt und unerhört ist ...

9 Wenn ihr ein Stück für Helikopter schreiben wolltet, wie würdet ihr es inszenieren? Sammelt Ideen dazu.

10 a) Untersucht den Partiturausschnitt aus Stockhausens „HELIKOPTER-STREICHQUARTETT": Welche Hinweise findet ihr in Bezug auf den (die) Helikopter und auf andere Instrumente?
b) Benennt, welche Höreindrücke ihr erwartet. (▶ S. 144 ff.)

Karlheinz Stockhausen: HELIKOPTER-STREICHQUARTETT

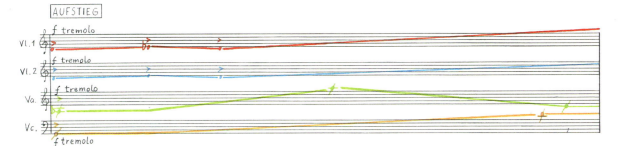

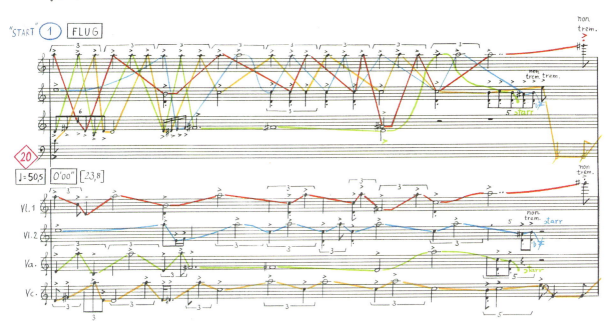

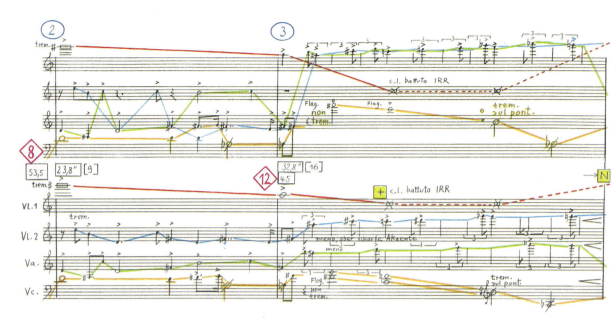

© Stockhausen-Stiftung für Musik, 51515 Kürten (www.stockhausen.org)

c) Erörtert, wie Stockhausen seine Komposition inszeniert haben könnte: Denkt auch darüber nach, wo sich die Instrumente und das Publikum befinden könnten.

 CD 6 / 08

11 Hört euch einen Ausschnitt aus der Komposition an und überprüft eure ersten Vermutungen zu der Komposition.

12 Notiert euch beim Ansehen des Films Informationen zur Kompositionstechnik Stockhausens und stellt sie für ein Kurzreferat über Stockhausen zusammen.

13 Unternehmt eigene Improvisationen und Kompositionen nach dem Vorbild des „HELIKOPTER-STREICHQUARTETTS", indem ihr z. B. Fön und E-Gitarren, Küchenmaschinen und Flöten, Motorroller und Violinen usw. kombiniert. Haltet eure Überlegungen dazu für eine spätere Einführung in eure Komposition schriftlich fest.

14 a) Vergleicht und bewertet die Äußerungen von Stockhausen (s. u.) und Lachenmann (▶ S. 312). Bezieht euch dabei auch auf eure eigenen Kompositionsversuche.

„Es ist ein Symbol für meine musikalische Arbeit seit 45 Jahren, dass ich das Ungespielte und Ungehörte als das Faszinierende in meinem Leben finde. Für jedes neue Werk warte ich, bis ich etwas ahne, in meiner Vision entdecke, das ich noch nie gehört habe, das eben auch noch nie gespielt werden konnte. Neue Instrumente, neue Klangfarben, ganz neue Formkombinationen, neue

Räume, neue Sprachen. [...] Also das wird wohl für mein ganzes Leben weiter so gehen, dass ich für jeden neuen Anfang etwas erwarte von mir selber und von den Mitteln, die ich verwende, was ich noch nie gehört habe und was ungespielt und unerhört ist." (Karlheinz Stockhausen)

b) Nehmt Stellung zu folgender These: Seit etwa 1900 kann man in der Musik zu Recht von einer zunehmenden Emanzipation des Geräuschs sprechen.

Emanzipation der Zeichen

1 a) Bildet Zweiergruppen, macht euch mit den Anweisungen (Abb. rechts) zur Ausführung von Gerhard Stäblers Komposition „AugenTanz" (1999) vertraut und führt euch den Partiturausschnitt (Abb. unten) gegenseitig vor.

Augen zur Nasenspitze

Augen kreisen lassen

Augen geschlossen

Augen geschlossen, dennoch kreisen lassen

Augen bestimmte Zeiteinheiten (hier 5) geradeaus. Die Dauer der Zeiteinheiten jeweils frei bestimmen.

Gerhard Stäbler: AugenTanz

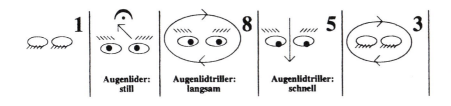

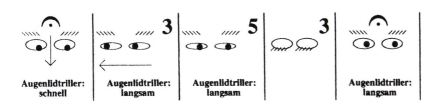

Augenlidtriller: schnell

Augen abwärts, eine Zeitlang (Fermate) schnell mit den Lidern trillern.

© Edition EarPort

„Darum geht es:
– um Hörer, deren Grundsatz es ist, das Offene, Unsichere, Ungeklärte zu genießen,
– Hörer, die Fragen stellen in der Absicht, keine „endgültigen" Antworten zu
5 erwarten. Konsequenz: Eine Musik, deren „Material" das ist, was um uns herum passiert, jetzt, mit seiner Vergangenheit, mit seiner möglichen Zukunft, eine Musik, die gefärbt ist vom Ort, an dem sie entsteht, spezifisch für eine jeweils bestimmte Situation;

– mit Komponisten, die das Unsichere als wichtiges, vielleicht sogar als das entscheidendste Prinzip begreifen und außer der eigenen inneren Welt auch das Außen kennen und mitwirken, eine breite Basis für helle Ohren, weite Augen und wache Sinne zu schaffen, und auf Fragen – als Antwort – neue Fragen auswerfen;
– und mit Hörern, die ihrerseits fordern, dass neue Musik dies voraussetzt und von heute aus das Alte beleuchtet, das zu seiner Zeit einmal dasselbe zu leisten versuchte und daher – mehr oder weniger verborgen – gleich fragendem Geist entsprang." (Gerhard Stäbler)

b) Erläutert, inwiefern Stäbler in „AugenTanz" gängige Vorstellungen von Musik und ihrer Notation grundsätzlich in Frage stellt.

c) Bewertet Stäblers Umgang mit der Notation von Musik mithilfe seiner Äußerungen in „Darum geht es" (▶ S. 315 f.).

d) Vergleicht Stäblers Notation mit der Notenschrift in „Agglomeration" (▶ S. 291) und bewertet die unterschiedlichen Mittel, mit denen die beiden Komponisten ihre Partituren gestalten.

2 ★ Erweitert Stäblers „AugenTanz" zu einer Performance für zwei oder mehr Spieler, indem ihr bestimmten Augen-, Lid- oder Brauenbewegungen bestimmte Klänge zuweist. Ein Spieler übernimmt dabei die Augenbewegungen, der andere bzw. die anderen die direkte Umsetzung der Augen-Anweisungen in Klänge. Erstellt eine Video-Aufnahme eurer Aufführung und diskutiert nach dem Ansehen eure Ergebnisse im Vergleich.

★ ★ Recherchiert und hört weitere Kompositionen Stäblers. Bewertet sie, indem ihr sie an den in „Darum geht es" formulierten Ansprüchen messt.

3 a) Informiert euch genauer über den Begriff „grafische Notation" und gestaltet eine Plakatausstellung zum Thema „Emanzipation der (Noten-)Zeichen in der Musik des 20. und 21. Jahrhunderts" in eurer Schule. Ergänzt eure Ausstellung mit passenden Hörbeispielen, sodass die Plakatausstellung aus „Hörwänden" mit Neuer Musik besteht.

Das Ende der Geschichte?

„Auf jedes Ende folgt wieder ein Anfang, auf jedes Äußerste folgt eine Wiederkehr." (Lü Bu Wei, 300–235 v. Chr., chinesischer Kaufmann, Politiker und Philosoph)

1 a) Nehmt Stellung zu dem Zitat von Lü Bu Wei.
b) Übertragt eure Überlegungen auf die in diesem Kapitel beschriebenen Entwicklungen in der Musik und fasst die Ergebnisse in Form einer Tabelle zusammen:

Alte Gebärde (Tradition)	Veränderung (Modifikation)	Neue Gebärde (Innovation)
Dur-Moll-tonales Tonsystem	Emanzipation der Dissonanz	Zwölftontechnik
...	...	...

2 Bewertet eure Ergebnisse und diskutiert, welche weiteren Möglichkeiten ihr für Veränderungen und Neuerungen seht. Bezieht dabei auch die Definitionen Neuer Musik aus diesem Kapitel sowie eure Ergebnisse aus den Aufgaben der Auftaktseite (▶ S. 291) ein.

3 a) Hört den ersten Satz (Andante molto) aus dem Konzert für Streicher und Pipa (1999) des chinesischen Komponisten Tan Dun. 🎧 CD 6 / 09
b) Informiert euch über die Geschichte der Pipa und diskutiert, wie sich das Zusammenspiel von Tradition, Modifikation und Innovation an Tan Duns Komposition beschreiben lässt. Lassen sich auch hier Emanzipationen beobachten?

4 Erstellt mithilfe der Angaben in diesem Kapitel eine zeitliche Übersicht über die verschiedenen Entwicklungen der Neuen Musik im 20. und 21. Jahrhundert.

Infobox

Tan Dun (*1957) ist ein in New York lebender chinesischer Komponist von Orchesterwerken, Opern und Filmmusiken, der sich in seinen Arbeiten intensiv mit der Verbindung von europäischen und asiatischen Elementen beschäftigt. Einem größeren Publikum wurde er durch seine Filmmusik zu „Tiger and Dragon" (2000) bekannt.

Baumwollpflücker in den USA um 1900

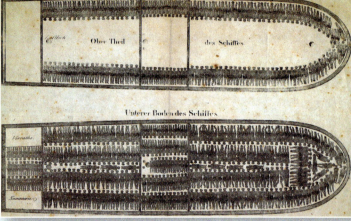
Lageplan eines Sklavenschiffes nach Amerika

Plakat eines Sklavenhändlers

1. Beschreibt die Lebensumstände der Sklaven. Die Abbildungen helfen euch dabei.

2. Übersetzt mithilfe des Englischwörterbuchs das Plakat. Bewertet die gesellschaftliche Stellung der Sklaven.

Vorformen des Jazz

Ein Vermengungsprozess

Wir schreiben das Jahr 1619, als die ersten Sklaven, die aus ihrer Heimat in Afrika verschleppt wurden, das nordamerikanische Festland in Virginia erreichten: Mit der Eroberung und Kolonisierung der Neuen Welt suchten die überwiegend europäischen Siedler nach günstigen Arbeitskräften, die sie sowohl in privaten Bereichen als Hausbedienstete und Knechte als auch in landwirtschaftlichen Bereichen der Plantagenarbeit einsetzen konnten. Vor allem die Massenproduktion an Baumwolle führte zu einem professionell organisierten System der Sklaverei, bei der Millionen von Menschen aus ihren Mutterländern in Afrika gewaltsam entführt und auf Sklavenschiffe verfrachtet wurden (▶ **Abbildung links**). Diejenigen, die die unmenschliche, zwei- bis viermonatige Verschleppung über Land und zu Wasser überlebten, wurden auf dem Sklavenmarkt in den Zielhäfen Nordamerikas meistbietend als Arbeitskräfte verkauft. Sklavenfamilien entstanden, sodass im Jahr 1850 die Zahl an Sklaven in den Vereinigten Staaten von Amerika – bei 23 Millionen Einwohnern – auf 3,2 Millionen gewachsen war.

Die überwiegend christlichen Siedler sahen es als Aufgabe an, die Sklaven von ihrem vermeintlich „heidnischen Irrglauben", der sich in vielen rituellen Ausdrucksformen zeigte, zu befreien. In dieser Situation gelang es den Afroamerikanern, Elemente ihrer afrikanischen Lebensgewohnheiten zu bewahren und sie mit den Kunstformen der europäischen Siedler zu verbinden. Im musikalischen Bereich entstanden als Ausdruck des religiösen Empfindens *Spirituals*, die angepasst an die christliche Liturgie später auch *Gospels* (engl.: God spell = Gottes Wort) genannt wurden. Um die Sklavenarbeit erträglicher zu machen, wurden *Field Hollers* und *Worksongs* gesungen, während sich im *Blues* das Lebensgefühl der Schwarzen Nordamerikas ausdrückte. Die so entstehenden neuen musikalischen Formen, die mit dem *Ragtime* als Vorformen des Jazz gelten, werden oft als Ergebnis eines kulturellen Amalgamierungsprozesses bezeichnet. Als Amalgam (mlat.: amalgamare = vermischen, verbinden, vereinen) wird in der Chemie die Legierung von Quecksilber mit einem anderen Metall bezeichnet, dessen Verbindung schwer umkehrbar ist.

3 Untersucht das Verhältnis des Anteils der Sklaven an der Gesamtzahl an Einwohnern im Jahr 1850.

4 Erklärt mit eigenen Worten, warum die genannten Vorformen des Jazz als Ergebnis eines Amalgamierungsprozesses bezeichnet werden.

How Blue is the Blues?

Backwater Blues

Arrangement: Burkhard F. Fabian

© Folksways Music Publ. Inc., New York. Für Deutschland: Essex Musikvertrieb GmbH, Hamburg

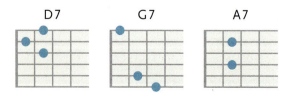

Gitarrengriffe zum Backwater Blues

1 Beschreibt, welche gestalterischen Möglichkeiten ihr habt, wenn ihr den Backwater Blues aufführen wollt. Probiert sie aus.

Die schwarzen Bluessängerinnen und -sänger reisten viel umher und berichteten häufig von Erlebnissen aus ihrem Leben, indem sie meist aus dem Stegreif einen Blues sangen und in ihm ihre Eindrücke schilderten. Das Wort *Blues* leitet sich vom englischen Wort „blue" ab (= trüb, schwermütig).

2 Erklärt, was mit der Redewendung „I've got the blues" gemeint ist.

Der vorliegende Backwater Blues beschreibt ein über viele Tage dauerndes Unwetter, bei dem 1927 der Mississippi über die Ufer trat und das in einer Tiefebene liegende New Orleans überflutete.

New Orleans nach dem Hurrikan „Katrina" (2005)

2. ||: I woke up this mornin' can't even get out my door. :||
There's enough trouble to make a poor girl wonder where she wants to go.
3. ||: They rowed a little boat about five miles 'cross the pond. :||
I packed all my things, throwed 'em in, an' they rowed me along.
4. (s. oben)
5. ||: Then I went and stood upon some high old lonesome hill :||
Then looked down on the house were I used to live.
6. ||: Backwater blues done caused me to pack my things an' go. :||
'cause my house fell down and I can't live there no mo'.
7. ||: Mmm, I can't move no more. :||
There ain't no place for a poor old girl to go.

Bessie Smith (1936)

3 Untersucht den Liedtext und arbeitet die Gefühlsbeschreibungen heraus. Nehmt dazu ein Englischwörterbuch zu Hilfe.

4 Recherchiert die Biografie von Bessie Smith und arbeitet die Bedeutung dieses Blues für die Entwicklung der Tonträgerindustrie heraus.

5 Im Hörbeispiel singt die Bluessängerin Bessie Smith (1927) den Backwater Blues vermutlich anders, als ihr es getan habt. Beschreibt und erklärt, wie Smith Trauer und Leid mit ihrem Gesang Ausdruck verleiht. Die Grafik zur „Hot Intonation" (▶ S. 322) hilft euch dabei.

Die Tonbildung im Blues

6 Beschreibt mithilfe der folgenden Grafik mit eigenen Worten die verschiedenen Möglichkeiten der Tonbildung beim Bluesgesang.

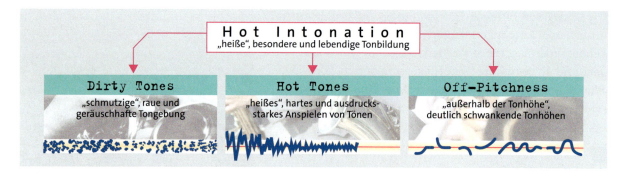

7 Schreibt einen eigenen Liedtext zum Backwater Blues, in dem ihr über persönliche Erfahrungen und Erlebnisse erzählt. Versucht euren Text nun „bluesmäßig" zum Klassenorchester zu singen.

8 Begleitet euch mit dem folgenden Bluesschema:

Zwölftaktiges Bluesschema des Backwater Blues in D-Dur und jeweilige Stufen

D^7	D^7	D^7	D^7	/	G^7	G^7	D^7	D^7	/	A^7	G^7	D^7	D^7
I	I	I	I		IV	IV	I	I		V	IV	I	I

D-Moll-Pentatonik

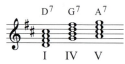

Die Dreiklänge der Dur-Kadenz (hier D-Dur) bestimmen die wichtigsten Bluesakkorde. Sie werden meistens zu Septakkorden erweitert (▶ S. 426 f.).

Durch den freien Gebrauch der Tonhöhen (siehe „Off-Pitchness") erniedrigen sich die Stufen III und VII der Durtonleiter.
Daher tauchen in der Melodie des Backwater Blues die Töne der pentatonischen Tonleiter in Moll (Fünftonleiter, Moll-Pentatonik) gehäuft auf: Sie bestimmt in vielen Bluesstücken das Tonmaterial der Melodie.

9 Benennt die Töne der erniedrigten III. und VII. Stufe im Backwater Blues.

10 Macht euch mit der pentatonischen Tonleiter vertraut und spielt sie zur Begleitung des Backwater Blues:
  ★ Improvisiert reihum mit einzelnen Tönen der D-Moll Pentatonik. Wechselt euch dabei alle zwei Takte ab.
  ★★ Improvisiert mit den Tönen der Pentatonik so, dass sich ein zweitaktiger Wechsel als „Call-and-Response" entwickelt. (▶ **Improvisation S. 173**)

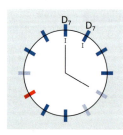

Bluesschema-Uhr

11 Übertragt die Bluesschema-Uhr in euer Heft und beschriftet sie anstelle der Uhrzeiten mit den Akkorden. Jede volle Stunde steht für einen Takt. Beginnt bei 12 Uhr.

12 Tragt auf der Innenseite des Kreises die Stufen der Akkorde ein.

13 Recherchiert weitere Bluesstücke und tragt Akkorde und Stufen in eine Bluesschematik ein.

14 Prüft, ob das Schema immer gleich bleibt oder variiert.

Cakewalk und Ragtime

Gegen Ende des 19. Jahrhunderts setzte sich in den USA der Cakewalk als Gesellschaftstanz durch. Der Name geht auf von Plantagenbesitzern ausgerichtete Tanzwettbewerbe zurück, bei denen die Sklaven sonntags gegeneinander antraten. Das Gewinnerpaar erhielt einen Kuchen (engl. cake). Die Tanzmode stilisierte den affektierten Promenadengang der Weißen, die sich auffallend modisch und exklusiv kleideten. Als Hauptmusik für den Cakewalk galt der Ragtime, bei dem man europäische Salonmusik mit synkopenreichen Melodien kombinierte. Man empfand, dass diese den herkömmlichen Melodiefluss unterbrechenden Synkopen den Takt „zerreißen". So entstand die Bezeichnung für die Musik: „rag(ged) time" (engl. zerrissener Takt, zerrissene Zeit). Anfang des 20. Jahrhunderts erreichte die Beliebtheit des Cakewalk seinen Höhepunkt, Hunderte von Ragtimes wurden für das bevorzugte Ragtimeinstrument, das Klavier, komponiert. Der frühe Jazz war von wichtigen musikalischen Merkmalen geprägt, die der Ragtime verbreitete: synkopierte Melodieführung und Wechselbässe im Wechsel mit Akkorden (s. u.).

Infobox

Scott Joplin (1868–1917), der „King of Ragtime", komponierte als virtuos ausgebildeter klassischer Pianist sehr viele Ragtimes. Seine bekanntesten sind der „Maple Leaf Rag" und „The Entertainer".

Infobox

Bei einer **Synkope** wird ein Akzent auf eine normalerweise unbetonte Zählzeit verlagert. Diese kann auf dem Downbeat oder dem Offbeat (▶ S. 161) liegen.

Scott Joplin: The Entertainer

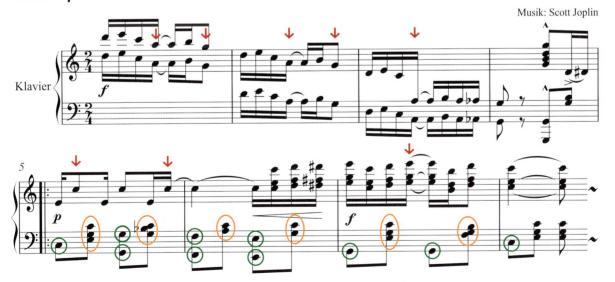

Legende: Synkopen, Wechselbässe, Akkorde

324 Vorformen des Jazz

CD 6 / 11

Cakewalk
Suchen • Im Web

1 ★ Schreitet paarweise zur Musik durch den Raum und probiert aus, wie man sich „affektiert" bewegen könnte.
★★ Entwickelt aus den Bewegungen zur Musik einen Tanz.
★★★ Recherchiert im Internet Cakewalktänze, kombiniert sie mit eigenen Ideen und entwickelt eine Tanzchoreografie zur Musik.

Stomp ist eine Percussion-Band, die 1991 das erste Mal auftrat und seitdem sehr erfolgreich große Bühnen auf der ganzen Welt bespielt. Das „Stomp-Prinzip" besteht aus einer Perfomance, bei der Alltagsgegenstände rhythmisch zum Klingen gebracht werden. Dabei unterliegt die Aufführung einer szenischen wie musikalischen Ordnung, durch die oft humorvolle Geschichten erzählt werden.

Stomp-Musiker im Restaurant Vau in Berlin

Stomp
Suchen • Im Web

2 Erarbeitet einen Kurzvortrag, der eure Klasse über Konzept und Aufführungen der Gruppe Stomp informiert.

Entertainer Stomp

Musik: Scott Joplin
Arrangement: Burkhard F. Fabian

3. ★ Stellt dar, welche weiteren gestalterischen Möglichkeiten ihr bei einer Aufführung des „Entertainer Stomp" zum Beispiel beim nächsten Schulkonzert habt.
   ★★ Erarbeitet euch anhand der Aufnahme des „Entertainers" weitere Teile des Ragtimes für eine „Stompaufführung".

 CD 6 / 11

4. Spielt euch den Wechselbass des „Entertainer Stomp" getrennt von den anderen Stimmen vor und beschreibt, wie er aufgebaut ist.

William Byrd (ca. 1543-1623) war einer der erfolgreichsten Komponisten Englands zu Zeiten von Königin Elisabeth I. (S. 333)

Die Fugger waren eines der reichsten Familienunternehmen der Geschichte. **Jakob Fugger** (1459-1525) beeinflusste durch seinen Reichtum sogar die Wahl von Monarchen.

Claudio Monteverdi (S. 333)

Orlando di Lasso (S. 333)

Ottaviano dei Petrucci (1466-1539) erfand den Notendruck.

Die **Medici** waren eine der reichsten und einflussreichsten Familien. Mit ihrem Mäzenatentum förderten sie Literatur, Kunst und Musik.

London
Mons
St. Quentin
Augsburg
Mantua
Venedig
Florenz
Rom

Josquin Desprez (ca. 1450-1521) war ein franko-flämischer Komponist.

Die „Mona Lisa" ist **Leonardo da Vincis** bekanntestes Gemälde.

Giovanni Pierluigi da Palestrina (S. 330f.)

Musiker und Mäzene

1 Findet weitere Ereignisse, die ihr dieser Karte hinzufügen könntet.

2 Es gab zu jeder Zeit Städte, in denen viele Musiker lebten und in denen bedeutende Werke entstanden. Im 16. Jahrhundert war das Florenz. Fertigt ein Plakat zur Familie Medici an und legt dabei den Schwerpunkt auf deren Beziehung zur Musik.
- ★ Schildert den Einfluss der Familie auf die Stadt Florenz.
- ★★ Findet Gemeinsamkeiten der Städte Florenz (16. Jahrhundert), Wien (19. Jahrhundert) sowie Chicago und New York (20. Jahrhundert). Beschäftigt euch mit der Frage, warum diese Städte in der angegebenen Zeit einen perfekten Nährboden für die Kunst darstellten.

| Medici |
| Suchen ⊙ Im Web |

Musik und Kirche

Schon im 4. Jahrhundert nahm der Gesang in der katholischen Kirche eine herausragende Stellung ein. Der nach Papst Gregor I. (ca. 540–604) benannte gregorianische Choral half dabei, den christlichen Glauben in der damals bekannten Welt zu verbreiten. Mönche lernten die gregorianischen Choräle in der Schola Cantorum in Rom. Nach ihrer Ausbildung reisten sie in alle Winkel der damals bekannten Welt und gaben die Gesänge und damit die Glaubenssätze der Kirche an Glaubensbrüder in anderen Klöstern weiter. Grundlage dieser Gesänge sind Bibeltexte. Sie wurden ausschließlich in Latein gesungen. Aus diesem Grund konnte der Inhalt der Gesänge nur von wenigen Menschen verstanden werden. Zu dieser Zeit waren das vor allem Geistliche.

Der gregorianische Choral wird einstimmig und ohne Begleitung gesungen. Die Rezitation steht dabei im Mittelpunkt und nichts soll davon ablenken. Er unterscheidet sich in vielen Merkmalen vom evangelischen Choral Johann Sebastian Bachs (▶ S. 351). Ein gregorianischer Choral darf nicht ausschließlich als Gesang verstanden werden, denn er ist Gebet. Noch heute beten die Mönche vieler Klöster täglich in dieser Form. Das Foto auf Seite 328 zeigt die Mönche des Klosters Heiligenkreuz beim Singen eines gregorianischen Chorals.

Infobox

Polyphonie heißt Mehrstimmigkeit. Die einzelnen Stimmen haben dabei einen eigenen Charakter und sind melodisch sowie rhythmisch selbstständig.

Kyrie eleison (griech.) bedeutet „Herr erbarme dich". Es ist ein Bestandteil des christlichen Gottesdienstes.

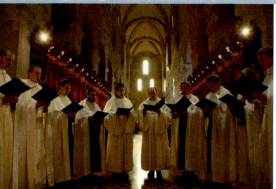

Mönche des Klosters Heiligenkreuz beim Singen eines gregorianischen Chorals

In den folgenden Jahrhunderten verlagerte sich das Verhältnis zwischen Text und Musik vom gregorianischen Choral immer weiter in Richtung mehrstimmiger Musik. Im 16. Jahrhundert erdachten Komponisten Wege, um eine Melodiestimme mithilfe von weiteren Singstimmen oder durch Instrumente zu begleiten. Diese Art von Musik war damals sehr modern und entsprach dem Geschmack der Zeit.

1 Bearbeitet den Text mithilfe einer Lesemethode (▶ Werkzeugkasten: Mit Buchtexten arbeiten, S. 332).

2 ★ Sammelt stichpunktartig Informationen zu Papst Gregor I. und zur Schola Cantorum.
★★ Bereitet ein musikalisches Kurzreferat (▶ Werkzeugkasten, S. 115 f.) zum gregorianischen Choral vor.

Streitfall in der Kirche

Über den Einsatz von polyphoner Musik in der Kirche wurde heftig gestritten. Die folgenden Quellen spiegeln diese Diskussion:

> Diese Herren haben Sängerkapellen und das ist ein rechter Krawall. Denn da steht ein Sänger mit einer Stimme wie ein Kalb, die anderen schreien mit ihm wie Hunde um die Wette und man versteht nicht, was sie singen. Lasst doch die mehrstimmigen Gesänge und singt die gregorianischen
> 5 Melodien, die die Kirche vorgeschrieben hat.
> (Girolamo Savonarola, Florenz im 15. Jahrhundert)

> So hat Gott das Evangelium auch durch die Musik gepredigt, wie man an Josquin [Josquin Desprez, Komponist] sehen kann. Seine Kompositionen fließen fröhlich, willig und milde und sind nicht durch Regeln gezwungen und genötigt. (Martin Luther)

> Auf Befehl des Hochw. Kardinals Vitellozi waren wir im Hause dieses Hochw. Herrn versammelt, um einige Messen zu singen und auszuprobieren, ob man die Worte verstehen kann, wie die Hochw. Herren wünschen.
> (Auszug aus den Akten der päpstlichen Kapelle, 28.04.1565)

Was hört man in den Klöstern, den Stiftskirchen, in den meisten Kirchen überhaupt anderes als den Klang der Stimmen? Zur Zeit des heiligen Paulus wurde nicht gesungen, sondern der Text vorgetragen. Der Gesang ist erst später zugelassen worden, aber so, dass er nichts anderes war als
5 ein deutlich modulierter Vortrag, so wie er sich bis heute in der Gesangsweise des Paternoster erhalten hat. (Erasmus von Rotterdam, 1517)

Aus den Kirchen sollen alle Musikstücke, bei denen im Orgelspiel oder im Gesang irgendetwas Ausschweifendes oder Unreines eingemischt ist [...] verbannt sein, damit das Haus Gottes wahrhaft ein Haus des Gebetes sei.
(Beschluss des Konzils von Trient, 17.09.1562)

Es freut mich, dass Sie für unsere Sängerknaben zwei gute Lehrer [...] besorgt haben. Und ich möchte, dass Sie mit dem Kapellmeister sprechen, dass die Worte so verständlich wie möglich sind; wie Sie wissen, hat das Konzil das angeordnet.
(Erzbischof Borromeos von Mailand, 20.01.1565)

Deshalb möchte ich, dass Sie in meinem Namen Ruffo [Vincenzo Ruffo, Mailänder Domkapellmeister] anweisen, eine Messe zu komponieren, die so deutlich wie möglich ist, [...]
(Erzbischof Borromeos von Mailand, 10.03.1565)

3 Stellt mithilfe einer Tabelle Argumente einander gegenüber, die für und gegen den Einsatz polyphoner Musik in der Kirche stehen. Bezieht euch dazu auf die Quellentexte und findet darüber hinaus eigene Argumente.

4 ★ Bildet Gruppen und bereitet eine Präsentation zum Inhalt dieser Seite vor der Klasse vor.
★★ Plant eine Podiumsdiskussion (▶ **Werkzeugkasten, S. 268 f.**) bei der ihr die Frage diskutiert, ob polyphone Musik in der Kirche gespielt werden sollte.

Missa Papae Marcelli

Palestrina versuchte zu beweisen, ❖ dass es möglich ist, ❖ ein polyphones Musikstück zu komponieren, ❖ dessen Text verständlich ist. ❖ Er widmete ❖ die so entstandenen Messen ❖ seinem verstorbenen Förderer ❖ Papst Marcellus II. ❖

5 Führt ein Experiment zur Textverständlichkeit durch. Die Klassenmitglieder, die nicht lesen, bewerten dabei die Verständlichkeit des Textes mit Schulzensuren (von 1 = sehr verständlich bis 6 = nicht verständlich). Sechs Klassenmitglieder lesen den Text gemeinsam vor.
   a) Alle Vorleser atmen nach den Atemzeichen im Text.

> **Beispiel zu Aufgabe 1a:**
> Vorleser 1:   Palestrina versucht zu beweisen, ❖ dass es möglich ist, ❖ ein …
> Vorleser 2:   Palestrina versucht zu beweisen, ❖ dass es möglich ist, ❖ ein …
> Vorleser 3:   Palestrina versucht zu beweisen, ❖ dass es möglich ist, ❖ ein …
> Vorleser 4:   Palestrina versucht zu beweisen, ❖ dass es möglich ist, ❖ ein …
> Vorleser 5:   Palestrina versucht zu beweisen, ❖ dass es möglich ist, ❖ ein …
> Vorleser 6:   Palestrina versucht zu beweisen, ❖ dass es möglich ist, ❖ ein …

   b) Die Atemzeichen müssen nicht beachtet werden.

> **Beispiel zu Aufgabe 1b:**
> Vorleser 1:   Palestrina versucht zu beweisen, dass es möglich ist, ein …
> Vorleser 2:   Palestrina versucht zu beweisen, dass es möglich ist, ein …
> Vorleser 3:   Palestrina versucht zu beweisen, dass es möglich ist, ein …
> Vorleser 4:   Palestrina versucht zu beweisen, dass es möglich ist, ein …
> Vorleser 5:   Palestrina versucht zu beweisen, dass es möglich ist, ein …
> Vorleser 6:   Palestrina versucht zu beweisen, dass es möglich ist, ein …

   c) Ihr versucht dabei in einer unterschiedlichen Stimmhöhe vorzutragen. Alle Vorleser atmen nach den Atemzeichen im Text.

> **Beispiel zu Aufgabe 1c:**
> Vorleser 1:   Palestrina versucht zu beweisen, ❖ dass es möglich ist, ❖ ein …
> Vorleser 2:   Palestrina versucht zu beweisen, ❖ dass es möglich ist, ❖ ein …
> Vorleser 3:   Palestrina versucht zu beweisen, ❖ dass es möglich ist, ❖ ein …
> Vorleser 4:   Palestrina versucht zu beweisen, ❖ dass es möglich ist, ❖ ein …
> Vorleser 5:   palestrina versucht zu beweisen, ❖ dass es möglich ist, ❖ ein …
> Vorleser 6:   Palestrina versucht zu beweisen, ❖ dass es möglich ist, ❖ ein …

d) Ihr versucht dabei in einer unterschiedlichen Stimmhöhe vorzutragen. Die Atemzeichen müssen nicht beachtet werden.
e) Ihr beginnt zeitversetzt zu lesen. Alle Vorleser atmen nach den Atemzeichen im Text.

Beispiel zu Aufgabe 1e:

Vorleser 1:	Palestrina versuchte zu beweisen, ❖ dass es möglich ist, ❖ ein ...
Vorleser 2:	Palestrina versuchte zu beweisen, ❖ dass es möglich ist, ❖ ein ...
Vorleser 3:	Palestrina versuchte zu beweisen, ❖ dass es möglich ist, ❖ ein ...
Vorleser 4:	Palestrina versuchte zu beweisen, ❖ dass es möglich ist, ❖ ein ...
Vorleser 5:	Palestrina versuchte ...
Vorleser 6:	Palestrina versuchte zu beweisen, ❖ dass es möglich ist, ❖ ein ...

f) Ihr beginnt zeitversetzt zu lesen. Die Atemzeichen müssen nicht beachtet werden.
g) ★ Wertet den Versuch aus, indem ihr begründet entscheidet, wann der Text am besten und wann am schlechtesten verstanden werden konnte.
★★ Vergleicht alle Versuchsdurchführungen miteinander, indem ihr die Textverständlichkeit bewertet.
★★★ Findet mögliche Versuchsfehler und formuliert allgemeine Kriterien für die Textverständlichkeit.

6 Hört euch das „Kyrie" aus der Messe an. Ihr habt verschiedene Techniken kennengelernt, mit denen der Text in einem Musikstück verständlich wird. Welche Techniken verwendet Palestrina?   CD 6 / 12

7 Komponiert ein polyphones Sprechstück:
a) Entwickelt eine Einzelstimme eurer polyphonen Sprechkomposition. Verwendet als Grundlage den Text auf ▶ S. 330. Schreibt diesen auf ein Stück Endlospapier, sodass der gesamte Text in einer Zeile ist.
b) Zeichnet über jede Silbe des Textes einen Strich. Legt durch die relativen Höhen der Striche die Stimmhöhe eurer Sprechmelodie fest.
c) Verseht eure Einzelstimme mit Betonungen. Zeichnet dazu einen Akzent (>) über die jeweilige Silbe. Diese müsst ihr beim Vortrag besonders deutlich betonen.
d) Schreibt eure Einzelstimme (Text und Silbenstriche) mehrmals versetzt untereinander. Lasst die einzelnen Stimmen versetzt beginnen. Achtet darauf, dass die Silben der Wörter genau untereinanderstehen.
e) Findet ein schlüssiges Ende und zeichnet an dieser Stelle einen senkrechten Strich in eure Sprechstückpartitur.
f) Übt euer Stück in der Gruppe und tragt es eurer Klasse vor. Bewertet die Textverständlichkeit mit Schulzensuren (von 1 = sehr verständlich bis 6 = nicht verständlich).

Beispiel zu Aufgabe 5

≥ − ≥ − ≥ _ _ ≥ _ ≥ −
Palestrina widmete seine Messen

≥ − ≥ − ≥ _ _
Palestrina widmete

≥ − ≥
Palestri

Werkzeugkasten

Mit Buchtexten arbeiten

Material: Klarsichtfolie ohne Marmorierung, wasserlöslicher Folienstift, Notizblatt

Vorbereitung: Schneidet eine Klarsichtfolie an der linken und unteren Seite so zu, dass ihr sie von oben als Überzug über eine Buchseite stülpen könnt. Die Folie darf nicht überstehen.

Einzelarbeit

1. Lest die Überschrift und alle Teilüberschriften des zu bearbeitenden Textes und legt danach das Buch zur Seite.

2. Sammelt nun auf einem Notizblatt stichpunktartig und ungeordnet alle Vorinformationen, die ihr bereits zum Thema des Textes habt.

3. Stülpt die Klarsichtfolie über die Buchseite. Lest den Text aufmerksam und unterstreicht die wichtigsten Begriffe mit eurem Folienstift auf der aufgelegten Folie. Ihr solltet maximal drei Wörter in Folge markieren. Umkreist dabei unbekannte Wörter und schlagt sie nach, wenn sich ihre Bedeutung nicht aus dem Text ergibt.

4. Ergänzt euer Notizblatt durch die neu gewonnenen Informationen, indem ihr diese mit einer anderen Farbe auf dem Blatt ergänzt.

Partnerarbeit

5. Tauscht mit eurem Banknachbarn die Folie aus. Vergleicht die unterstrichenen Passagen mit euren Unterstreichungen und diskutiert darüber. Ergänzt eure Notizen gegebenenfalls mit einer weiteren Farbe.

Präsentation

6. Stellt eure Lernergebnisse der Klasse vor. Entscheidet euch für eine der folgenden Präsentationsformen:

   – Lest eine Stichpunktsammlung vor.
   – Lest einen selbst gestalteten Fließtext vor.
   – Stellt die Informationen mithilfe eines Plakats der Klasse grafisch vor.
   – Werdet zu Experten und spielt die Rolle eines Sachverständigen. Bereitet euch so vor, dass ihr auf Fragen möglichst ohne Notizen antworten könnt.
   – Haltet einen frei gesprochenen Vortrag (▶ **Werkzeugkasten: Der freie Vortrag, S. 353**) über das Thema.
   – Stellt euch vor, ihr sollt Nachhilfeunterricht geben, und bereitet das Thema so auf, dass euer Schüler es versteht. Berichtet der Klasse, welche Strategien ihr dazu verwenden wollt.

Claudio Monteverdi – Ein Musikersteckbrief

Steckbrief

Name: Claudio Monteverdi

Geburtstag: 15.05.1567

Sterbedatum: 29.11.1643

Instrument: Viola, Gesang

musikalische Erfolge: „L'Orfeo" (1607)

Besonderheiten:
- Monteverdi gilt als italienischer Komponist, da er in Cremona geboren wurde.
- Sein Werk „L'Orfeo" gilt als frühes Werk der musikalischen Oper. Zu dieser Zeit war er bei Vincenzo I. Gonzaga, dem Herzog von Mantua angestellt, der ihn über 20 Jahre beschäftigte. Der kunstliebende Fürst ermöglichte die Aufführung, indem er Monteverdi die benötigten Musiker zur Verfügung stellte.
- Von Monteverdis Werken ist etliches verloren gegangen.
- Im Jahre 1613 wurde Monteverdi Kapellmeister im Markusdom zu Venedig. Damit trat er in den Dienst der Kirche. Er engagierte neue Musiker und erreichte, dass die Orchestermusiker Monatslöhne erhielten.

8 Schildert das Verhältnis Monteverdis zu seinen Mäzenen.

9 ★ Stellt analog zum Steckbrief Monteverdis einen Musikersteckbrief zu „Orlando di Lasso" her.
★★ Erstellt analog zum Steckbrief Monteverdis einen Musikersteckbrief zu „William Byrd" und erläutert dessen Beziehung zur englischen Krone.

10 Hört euch die Eröffnung von Monteverdis Oper „L'Orfeo" an.
a) Beschreibt die Wirkung der Musik mit Adjektiven (▶ **Werkzeugkasten: Musik beschreiben mit Adjektiven, S. 380 f.**).
b) Welche Instrumente sind für diese Wirkung verantwortlich?
c) Das musikalische Motiv des Anfangs wird in anderer Besetzung wiederholt. Vergleicht die Klangwirkung beider Teile.
d) Stellt Vermutungen darüber an, was Monteverdi mit der Ouvertüre erzielen wollte.

🎧 CD 6 / 13

Von der Schwierigkeit, Klangeindrücke aufzuschreiben

Klangeindrücke aufzuschreiben ist viel komplexer als beispielsweise das Festhalten von Sprache. Seit über 2 000 Jahren wird die Notenschrift perfektioniert, es gibt jedoch noch immer Klangaspekte, die nicht niedergeschrieben werden können. Eine musikalische Information besteht neben den verschiedenen Lauten einer Gesangsstimme aus der Tonhöhe, der Tonlänge, dem Tempo, der Lautstärke, der Besetzung, der Klangfarbe, dem Vortragscharakter und der Betonung.

Kein schöner Land

1 Im obigen Text sind viele Parameter genannt, mit denen der Klang eines Musikstücks beschrieben werden kann. Singt das Lied und verändert gezielt einzelne Parameter.
   a) Singt das Lied sehr leise und danach sehr laut.
   b) Singt das Lied sehr langsam und danach sehr schnell.
   c) Fertigt Blätter mit Spielanweisungen an. Auf den DIN A4-Blättern muss ein musikalischer Parameter und eine Beschreibung stehen.
   ★ Singt das Lied mehrfach hintereinander. Kurz vor dem Ende eines Durchgangs hält ein Klassenmitglied seine Spielanweisung hoch. Versucht beim jeweils nächsten Lieddurchgang die Spielanweisung musikalisch umzusetzen.
   ★★ Haltet drei Spielanweisungen unterschiedlicher Parameter gleichzeitig nach oben und versucht diese musikalisch umzusetzen.
   d) Jeweils eine Gruppe singt das Lied. Die restliche Klasse versucht, die musikalisch umgesetzten Parameter zu definieren.

Die Entwicklung der Notenschrift

Gesetzte Noten können schneller erfasst werden

Stefan Schickhaus, wie kommt man zu Ihrem Beruf?
Ich habe in Mainz Musikwissenschaft studiert. Dieses Studium war damals sehr praxisorientiert und ich kam sowohl mit dem Notensatz als auch mit der Musikkritik in Berührung. Noch während des Studiums habe ich dann mit einem Studienkollegen eine Firma für Notensatz gegründet.

Wer sind die Auftraggeber Ihrer Firma?
Für ein Schulbuch habe ich vorher ehrlich gesagt noch nicht gearbeitet. Für Lehrwerke wie beispielsweise Instrumentalschulen schon, oder für wissenschaftliche Arbeiten, in die Noten eingefügt werden sollen.
In der Regel sind meine Auftraggeber Musikverlage. Die Verlage stellen die Noten her. Sie haben entweder einen Fundus von älteren Werken, zum Beispiel der Beethoven- oder Mendelssohn-Sinfonien, und legen die von Zeit zu Zeit wieder auf. Oder sie arbeiten mit zeitgenössischen Komponisten zusammen. Die Verlage bekommen in diesem Fall die Noten von den Komponisten handschriftlich, geben sie an uns Notensetzer weiter und wir bringen die Kompositionen in die Form, die der Verlag verkaufen kann.

Sie sprechen die älteren Werke an. Beispielsweise haben Sie Beethovens Oper Fidelio umgesetzt. Das gab es doch vorher schon in Druckform. Warum macht der Verlag das nochmal?
Diese Klassiker werden in regelmäßigen Abständen von ca. 50 Jahren wieder aufgelegt, weil Musikwissenschaftler neue Erkenntnisse gewonnen haben. Forschende Musikwissenschaftler, die beispielsweise in Archiven arbeiten und Handschriften oder Quellen auswerten, kommen immer wieder

Stefan Schickhaus bei der Arbeit an einem Notensatz

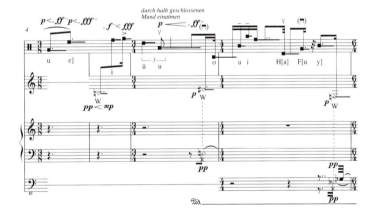

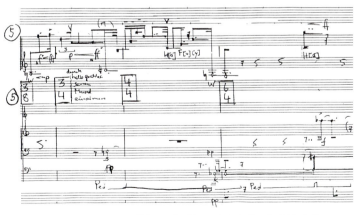

Helmut Lachenmann, GOT LOST © by Breitkopf & Härtel, Wiesbaden; die gleiche Stelle gesetzt (oben) und in der Originalhandschrift Helmut Lachenmanns (unten).

zu neuen Schlüssen. Beethoven hatte eine sehr schreckliche Handschrift. Zu Beethovens Zeiten wurden die Noten von Kopisten kopiert. Dabei haben sich Fehler eingeschlichen.

Könnte man nicht die Handschriften der Komponisten mit einem Kopiergerät kopieren und so viel Arbeit sparen?
Mit der Handschrift von Beethoven zum Beispiel könnte kein Musiker etwas anfangen. Er hat durchgestrichen, verbessert und ausgekratzt. Mozart hatte hingegen eine sehr schöne Handschrift. Er korrigierte sich kaum. Mozarthandschriften könnte man durchaus spielen, Beethovenhandschriften auf keinen Fall. Gesetzte Noten können jedoch generell schneller erfasst werden.

Welche Art von Musik bearbeiten Sie am liebsten?
Unsere Firma wird vorzugsweise mit der Bearbeitung von zeitgenössischer Musik beauftragt. Das ist sicherlich das Anspruchsvollste, jedoch auch einträglicher als der Notensatz einer klassischen Komposition. Ich persönlich setze jedoch einen Beethoven lieber, da das viel leichter von der Hand geht. Man sieht einen Takt und hat ihn sofort erfasst. Dagegen sitzt man bei einer Komposition von Helmut Lachenmann (▶ Kapitel „Neue Musik", S. 311 ff.) erst mal vor dem Takt und grübelt, was damit gemeint ist (▶ S. 335).

Vielen Dank für das Interview!

CD 6 / 14

1 Hört euch einen Teil des Interviews mit Herrn Schickhaus an und ...
★ ... schildert anschließend die Entwicklung des Notensatzes.
★★ ... beschreibt die unterschiedlichen Verfahren des Notendrucks.

CD 6 / 15

2 In einem weiteren Interviewauszug spricht Herr Schickhaus über die Fähigkeiten, die ein Notensetzer besitzen muss. Beschreibt diese und überlegt, ob ihr für den Beruf des Notensetzers geeignet seid.

3 Bearbeitet das abgedruckte Interview mit folgenden Schritten.
a) Überfliegt den Interviewtext in Einzelarbeit.
b) Lest das Interview mit einem Partner, indem einer die Fragen und der andere die Antworten liest.
c) Präsentiert das Interview im Partnerteam der Klasse ...
★ ..., indem ihr den Text ablest.
★★ ... und formuliert Fragen und Antworten völlig frei.
★★★ ... und formuliert völlig frei. Beziht dabei die Hördokumente aus Aufgabe 1 und 2 mit ein.

4 Seht euch die beiden folgenden Notationen an. Oben seht ihr die korrekte Version aus Beethovens Fidelio. In der unteren Abbildung sind Fehler eingebaut.
a) Findet die Unterschiede und beschreibt die Stellen im Notentext. Der ▶ Werkzeugkasten: Orientierung im Notentext, S. 340 f. hilft euch dabei, die Stellen präzise zu benennen.

b) Beschreibt, worin der jeweilige Fehler besteht.
- ★ Welche Probleme könnten durch die falsche Darstellung beim Musizieren entstehen?
- ★★ Versucht auf der Grundlage eurer Beobachtungen Regeln zum korrekten Notensatz zu formulieren.

Erster Aufzug: Nr. 3 Quartett: Mir ist so wunderbar (Marzelline, Leonore, Rocco, Jaquino) aus: Ludwig van Beethoven: Fidelio op. 72 – Oper in zwei Aufzügen, Joseph Sonnleithner und Friedrich Treischke nach Jean-Nicolas Bouilly – Revidiert nach den Quellen von Helga Lühning und Robert Didion – Klavierauszug von Hans-Georg Kluge, BA 9011a, Seite 33, Takt 1–8 © Beethoven-Haus, Bonn – © G. Henle Verlag, München – © Bärenreiter-Verlag Karl Vötterle GmbH & Co. KG, Kassel

Von der Neumenschrift zur grafischen Notation

Neumenschrift

Entstehung	Die **Neumenschrift** (Neume = grch.: Wink) wurde im 9. Jahrhundert entwickelt. Sie wurde von christlichen Mönchen verwendet, um deren Gesänge als Erinnerungshilfe zu notieren. Es gibt verschiedene Arten von Neumenschriften. Die Zeichen unterscheiden sich regional sehr stark.
fixierte Parameter	Neumen geben den ungefähren Melodieverlauf an, also lediglich Tendenzen über die Länge der einzelnen Passagen.

800

Mensuralnotation

Entstehung	Die **Mensuralnotation** (Mensura = lat.: messen, Maß) stammt aus dem 13. Jahrhundert. Sie wurde zum ersten Mal von dem Musiktheoretiker Franco von Köln beschrieben.
fixierte Parameter	Neben der relativen Tonhöhe der Einzeltöne zueinander kann mit der **Mensuralnotation** die Tondauer dargestellt werden.

900

Liniensystem

Entstehung	Das **Liniensystem mit Terzabstand** entwickelte sich ab dem 10. Jahrhundert. Es wurden zunächst zwei Notenlinien zwischen die Neumenschrift eingezogen, um so die Tonhöhe der einzelnen Töne besser darstellen zu können. Guido von Arezzo erweiterte das Liniensystem auf insgesamt vier Linien, die sich im Terzabstand zueinander befanden.
fixierte Parameter	Die Tonhöhen der einzelnen Töne können genau bestimmt werden.

1200

Die Entwicklung der Notenschrift

Heutige Notenschrift

Entstehung	Die **heute gebräuchliche Notenschrift** festigte sich ab dem 15. Jahrhundert. Sie wurde und wird stets weiterentwickelt.
fixierte Parameter	Sie beschreibt Besetzung, exakte Tonhöhe, Tondauer, Spielweise sowie Tempo der Musik.

1800

2000

Grafische Notation

Entstehung	Es gibt zahlreiche Formen von **grafisch erweiterten Notenschriften**. Die Abbildung zeigt die Partitur des Helikopter-Streichquartetts von Karlheinz Stockhausen (1928–2007). Zur Besetzung dieses Stücks gehören neben einem normalen Streichquartett auch vier fliegende Hubschrauber samt Piloten. Stockhausen erweitert die Notenschrift durch ein zusätzliches Liniensystem (▶ Kapitel „Neue Musik", S. 313 f.)
fixierte Parameter	Der Komponist versucht, möglichst alle Parameter der Musik vorzugeben. Aber: Je mehr Informationen in einem Notentext stehen, desto unübersichtlicher wird das Notenbild.

© Stockhausen-Stiftung für Musik, 51515 Kürten (www.stockhausen.org)

5 Kommentiert folgende Aussage (frei nach Stockhausen): Je weiter sich die Notenschrift entwickelt, desto eher ist der Musiker nicht mehr Künstler sondern „Abspielmaschine".

6 Erschließt über dieses Musikbuch weitere Möglichkeiten, Musik aufzuschreiben. Verwendet zur Sammlung eine Tabelle und richtet euch nach folgender Vorlage.

Fundseite im Buch	Beschreibung der Notenschrift	Erfasste Parameter
?	?	?

340 Musiker und Mäzene

Werkzeugkasten

Orientierung im Notentext

1. Ihr findet die grundsätzlichen Informationen zu einem Stück eigentlich immer an der gleichen Stelle. Der Titel (1) des Werkes steht ganz oben auf der ersten Seite. Der Komponist (2) steht am rechten Blattrand. Wenn ein Tempo angegeben ist, findet ihr es links direkt über dem ersten Notensystem und die beteiligten Instrumente oder Singstimmen (3) sind vor den jeweiligen Systemen angegeben.

Johannes-Passion

2. Zur Orientierung innerhalb des Notentextes zählt man alle Takte der Reihe nach durch. Häufig stehen an markanten Stellen Taktangaben. Meist steht die Taktzahl am Zeilenanfang.

Ich möchte gerne den Takt 4 betrachten.

3. Wenn ihr einen Takt angeben wollt, der sich mitten im Notentext befindet, könnt ihr von der letzten Taktangabe an weiterzählen.

Ich beschäftige mich mit Takt 8.

4. Wenn ihr auf einen besonderen Ton innerhalb eines Taktes hinweisen wollt, könnt ihr zusätzlich die Zählzeit innerhalb des Taktes nennen.

Schaut euch bitte den Ton auf der Zählzeit 2 des 16. Taktes an.

5. Falls das Werk einen Text hat, kann auch dieser der Orientierung dienen.

   Schaut euch den Ton auf dem Wort „dein" in der Alt-Stimme an.

6. Orientierungspunkte können auch musikalische Zeichen, beispielsweise Angaben zur Dynamik oder Wiederholungszeichen sein.

   Wir singen das Stück ab der ersten Fermate.

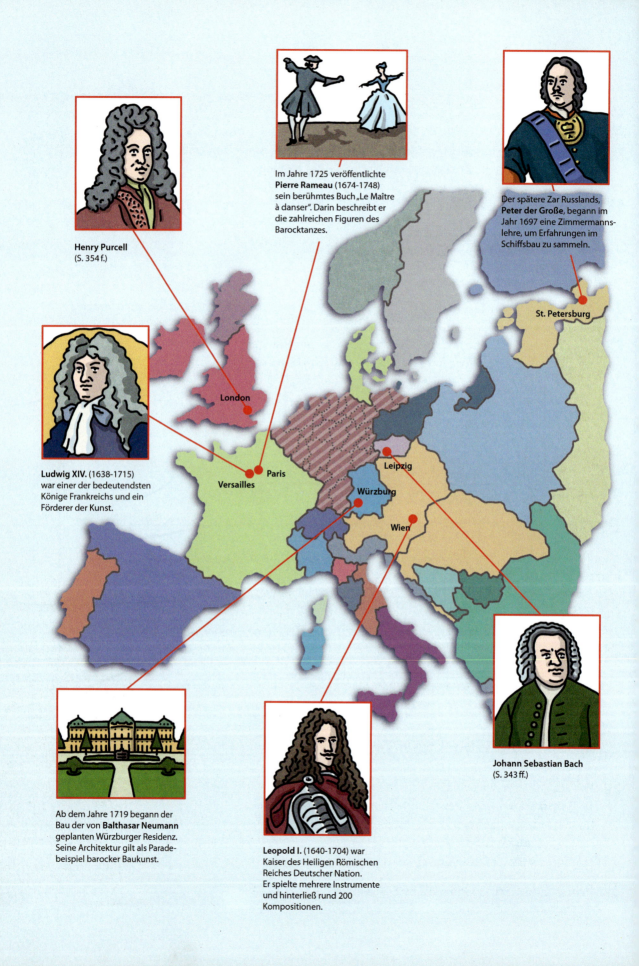

Musik und die Mächtigen der Zeit

1. Die auf der linken Seite dargestellten Herrscher haben eine starke Beziehung zur Musik. Erarbeitet mithilfe des Internets ein Kurzreferat (▶ Werkzeugkasten, S. 115 f.) zu einem der folgenden Themen:
   - ★   Der Inhalt der Oper „Zar und Zimmermann"
   - ★★ Musik am Hof von Ludwig XIV.
   - ★★ Leopold I. als Komponist
   - ★★★ Realität und Fiktion in Lortzings Oper „Zar und Zimmermann"

2. Hört euch einen Ausschnitt aus einem Interview mit Milo Momm an. Er ist Tänzer und beschäftigt sich mit der Rekonstruktion barocker Tänze. Beschreibt danach den Aufbau des „Maître à dancer".

 CD 6 / 16

Spurensuche in Leipzig: Johann Sebastian Bach

Johann Sebastian Bach lebte und arbeitete seit 1723 in Leipzig. Die Stadt Leipzig ist noch heute auf vielerlei Weise mit ihrem berühmten Bürger verbunden. Um Bachs Einflüsse auf die heutige Zeit zu erkunden, haben wir eine Telefonumfrage mit verschiedenen, zufällig ausgewählten Bürgern der Stadt Leipzig gemacht und jeweils die gleiche Frage gestellt:

„Was sagt Ihnen der Name Johann Sebastian Bach?"

 Bach und die Leipziger

3. Hört euch die Interviews an.   CD 6 / 17
   a) Entnehmt den Interviews Informationen über Johann Sebastian Bach.
   b) In den Interviews tauchen verschiedene Orte der Stadt Leipzig auf. Lokalisiert sie auf der Karte.
   c) Wie schätzt ihr heute den Stellenwert Bachs in Leipzig ein?

4. Befragt Personen in eurem Umfeld zu den Nachwirkungen Bachs in unserer Zeit.

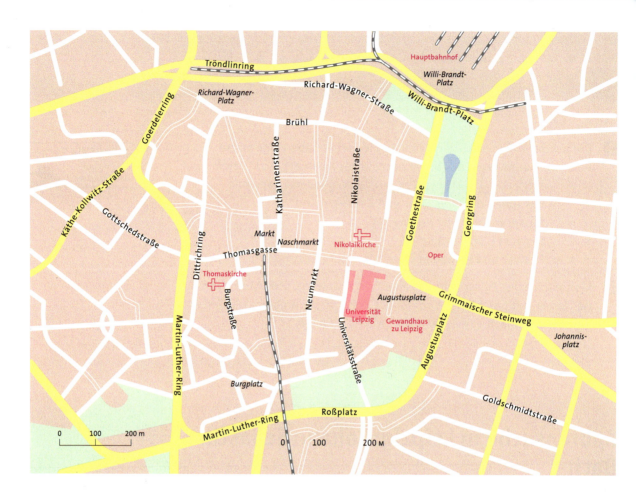

5 Recherchiert Informationen über Johann Sebastian Bach.

Vom Tanzsaal in den Konzertsaal: die Suite

Eine Suite ist eine mehrsätzige Komposition und besteht aus einer Aneinanderreihung von Tänzen verschiedenen Charakters. Die ursprünglich vier Tänze einer barocken Suite waren Allemande, Courante, Sarabande und Gigue. Diese Abfolge wurde im Laufe der Zeit erweitert und verändert. Später trat das tatsächliche Tanzen immer weiter in den Hintergrund, außerdem wurde die Suite durch tanzfreie Sätze ergänzt. Die Musik wurde zudem kunstvoller. Damit rückte das Hören in den Mittelpunkt. Der Grundgedanke der Aneinanderreihung von relativ kurzen Stücken verschiedenen Charakters blieb jedoch erhalten.

Der Aufbau einer Suite lässt sich beispielhaft anhand der Orchestersuite in h-Moll von Johann Sebastian Bach aufzeigen.

Sätze	Taktart	Schlagmuster	Tempo	Erläuterung
Ouvertüre	beginnend mit 4/4, dann wechselnd		zu Beginn largo (langsam), dann wechselnd	Die Ouvertüre ist ein Instrumentalstück zur Eröffnung. Ouvertüre bezeichnet auch das Einleitungsstück für Bühnenwerke. (▶ S. 112)
Rondo	2/2		moderato (mäßig)	Der aus dem französischen Wort Rondeau abgeleitete Begriff bezeichnet in dieser Zeit eine musikalische Form: Ein sich wiederholender Abschnitt, genannt Ritornell, wird jeweils zwischen neuen Teilen gespielt: A (= Ritornell) – B – A – C – A – D – A – …
Sarabande	3/4		largo (langsam)	Sarabande ist ein höfischer Schreittanz. Sie entwickelt sich aus dem spanischen Paartanz, steht im Dreiertakt und wird ohne Auftakt gespielt.
Bourrée	2/2		allegro (schnell)	Dieser ursprünglich altfranzösische Tanz steht immer im Vierertakt oder 2/2-Takt und beginnt mit einem Auftakt. Die Melodie hat zumeist ein synkopisches Element (▶ S. 323).
Polonaise	4/4		moderato (mäßig)	Polonaise ist ein feierlicher Schreittanz. Dementsprechend ist auch das Tempo einer Schreitbewegung angepasst. Den Namen hat der Tanz von seinem Herkunftsland Polen. Ab dem 18. Jahrhundert wurden Polonaisen nicht mehr im Vierer- sondern im Dreiertakt komponiert.
Menuett	3/4		adagio (ruhig)	Das Menuett leitet sich von einem französischen Volkstanz ab. Die Form eines Menuetts ist meistens A – B – A.
Badinerie	2/4		allegro (schnell)	Der Begriff bedeutet so viel wie Spaß oder Tändelei. Diesen Charakter erhält der Tanz vor allem durch seine schnelle und beschwingte Art.

CD 6 / 18–24

1. Hört euch die einzelnen Sätze der Suite in ungeordneter Reihenfolge an und bearbeitet in Einzelarbeit die folgenden Aufträge:
   a) Dirigiert zur Musik und wählt dazu das passende Schlagmuster aus.
   b) Bestimmt das Tempo des Satzes.
   c) Um welchen Satz handelt es sich? Nehmt die Tabelle zur Hilfe.
   d) ★ Formuliert eine Begründung für eure jeweilige Zuordnung und bereitet euer Statement vor.
   ★★ Belegt eure Ausführungen, indem ihr die jeweilige Melodie vorsingt und dazu dirigiert.

2. Sucht in diesem Buch Lieder in verschiedenen Taktarten. Singt diese und dirigiert dazu.

Französisches Zimmer (Rondo)   Spanisches Zimmer (Sarabande)   Altfranzösisches Zimmer (Bourrée)   Polnisches Zimmer (Polonaise)

3. Bucht man in einem Hotel eine Reihe von nebeneinanderliegenden Zimmern, so spricht man auch dort von einer Suite (vgl. Abbildung).
   ★ Zeichnet die musikalische Hotelsuite in euer Heft und erweitert die Zimmerreihe.
   ★★ Verwendet dieses Bild, um die Informationen zu den einzelnen Sätzen einer Suite mithilfe der Mnemotechnik zu lernen (▶ Werkzeugkasten: Der freie Vortrag, S. 353).
   ★★★ Haltet einen freien Vortrag über die verschiedenen Tänze der Suite. Ergänzt selbstständig recherchierte Informationen.

Geht auf die Suche
z. B. zu Hause,
in der Bibliothek

Bachs Badinerie aus der Orchestersuite in h-Moll
(Ausschnitt aus einem Klavierauszug)

4 Erarbeitet den Mitspielsatz in kleinen Gruppen.
   a) Klatscht den Rhythmus.
   b) Verteilt die Stimmen auf die Gruppenmitglieder. Stimmen können dabei auch doppelt belegt werden.
   c) Findet passende Instrumente, um den Mitspielsatz zu musizieren.
   d) Übt den Mitspielsatz.
   e) Spielt den Mitspielsatz zu den Anfangstakten von Bachs Badinerie.

 CD 6 / 22

Mitspielsatz zu Bachs Badinerie

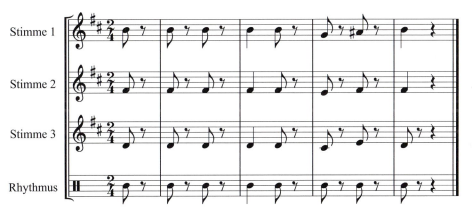

Johann Sebastian Bach: Die Johannes-Passion

Passion bezeichnet die Leidensgeschichte Jesu Christi, wie sie von den vier Evangelisten im Neuen Testament der Bibel erzählt wird. Seit frühen Zeiten wurde sie auch mit Musik versehen und für den Einsatz in den Gottesdiensten der Passionszeit (Aschermittwoch bis Karsamstag) komponiert. Heute werden Passionen meist als eigenständige Konzerte aufgeführt.

Johann Sebastian Bachs Johannes-Passion, genauer gesagt „Passio Secundum Johannem" (BWV 245), wurde zum ersten Mal im Jahre 1724 in Leipzig aufgeführt. Grundlage ist die Passionsgeschichte nach dem Evangelisten Johannes. Der Komponist veränderte sein Werk jedoch viele Male. Heute sind nicht mehr alle Fassungen vollständig erhalten. Es wird meist eine Mischung aus unterschiedlichen Versionen der Johannes-Passion aufgeführt.

Der Bericht über das Leiden und Sterben des Jesus von Nazareth erfolgt aus unterschiedlichen Blickwinkeln. Zum einen gibt es die erzählende Perspektive, die durch ein Rezitativ oder durch sogenannte Turbae dargestellt wird. Hier wird der Handlungsverlauf des Bibeltextes wiedergegeben.
In der betrachtenden Perspektive gewinnen die Zuhörer zum anderen einen Eindruck vom Gefühlsleben der handelnden Personen. Die Handlung wird also interpretiert oder gar kommentiert. Musikalisch setzt Bach das mit Mitteln der Affektenlehre um. Dies wird vor allem in den Arien hörbar.
In der Andachtsperspektive der Gemeinde wird ein religiöser Schluss aus dem bereits Gehörten gezogen. Dies geschieht in Form von Chorälen. Deren Texte stammen nicht aus der Bibel, sondern sind eigenständige Dichtungen.

Infobox

Rezitativ: eine der Sprache nahestehende Gesangsart, die meist in Bühnenstücken verwendet wird, um Text deutlich zu transportieren. Dadurch wird dem Zuhörer die Handlung vermittelt.

Turba (lat.: Menge; Pl. Turbae): ein Chorstück, das innerhalb eines geistlichen Musikwerkes eine Menschengruppe darstellt.

Homophonie: Alle Stimmen eines Musikstückes haben annähernd den gleichen Rhythmus. Eine Melodie steht dabei im Vordergrund und wird von den anderen Stimmen begleitet.

Polyphonie: Alle Stimmen eines Musikstückes sind eigenständig und oft in einem gegengesetzten Rhythmus. Es gibt keine dominante Stimme.

Die **Affektenlehre** ist die Lehre vom Zusammenhang zwischen menschlichen Gefühlen und Musik. Beispielsweise lässt sich ein Affekt wie Freude durch Dur-Tonarten, schnelles Tempo und konsonante, große Intervalle musikalisch darstellen. Affektenlehre war im Barock ein Teilgebiet der Musiktheorie.

Choral bezeichnet zu Zeiten Bachs ein deutschsprachiges Kirchenlied, das vor allem durch den Reformator Martin Luther Eingang in den evangelischen Gottesdienst gefunden hat. Als Gemeindelied ist es Symbol des christlichen Glaubens.

Johann Sebastian Bach: Die Johannes-Passion

1 ★ Stellt alle Informationen zur Passion im Allgemeinen stichpunktartig zusammen.
★★ Erarbeitet ein Kurzreferat zur Passion und stellt es der Klasse vor (▶ **Werkzeugkasten, S. 115 f.**).

2 In manchen Orten werden Passionsspiele aufgeführt.
a) Informiert euch darüber und findet gegebenenfalls Passionsspiele in eurer Nähe.
b) Zeigt Unterschiede und Verbindungen zwischen einer musikalisch umgesetzten Passion und einem Passionsspiel auf.

3 Sammelt alle Fachbegriffe auf der Seite 348 und fertigt dazu eine Lernkartei an.
a) Legt kleine Karteikarten bereit.
b) Schreibt jeweils einen Fachbegriff auf die Vorderseite.
c) Erklärt den Begriff auf der Rückseite der Karte.
d) Erweitert eure Lernkartei im Laufe der nächsten Monate durch weitere Begriffe.

Nun könnt ihr mithilfe der Karteikarten lernen, indem ihr die Vorderseiten lest und dazu selbst die Erklärung bietet. Danach überprüft ihr eure Definition mithilfe des Erklärungstextes auf der Rückseite. Ihr könnt euch auch gegenseitig abfragen.

erzählende Perspektive durch das Rezitativ   CD 6 / 25

Das Hörbeispiel ist ein Rezitativ. Der Evangelist schildert, wie Jesus zum Hohenpriester gebracht wird. Später wird er wegen Gotteslästerung verhaftet.

CD 6 / 26 🎧   erzählende Perspektive durch Turbae

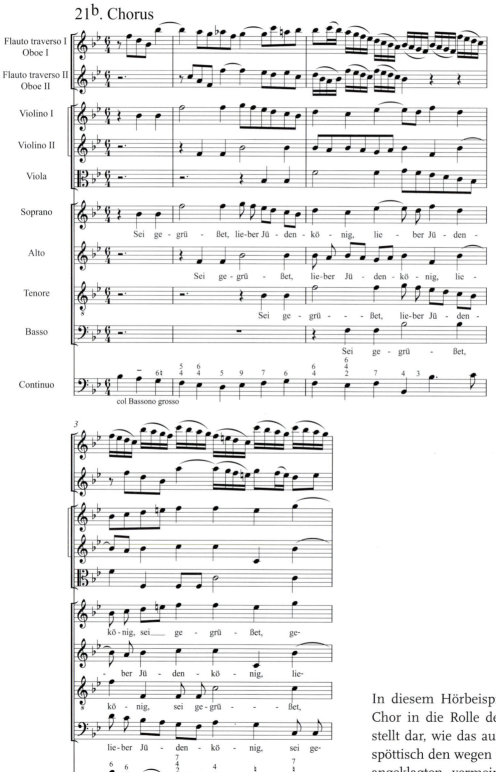

In diesem Hörbeispiel schlüpft der Chor in die Rolle des Volkes. Bach stellt dar, wie das aufgebrachte Volk spöttisch den wegen Gotteslästerung angeklagten vermeintlichen Judenkönig begrüßt.

Andachtsperspektive der Gemeinde durch den Choral

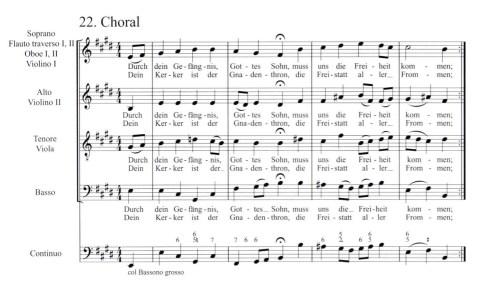

Die Choräle einer Passion sind oft Kirchenlieder, die ganz oder teilweise übernommen werden. Bachs evangelischer Choral unterscheidet sich fundamental vom gregorianischen Choral (▶ S. 327 f.). Der andächtige Chor unterbricht die Gerichtsverhandlung in der über Jesus von Nazareth entschieden wird.

Infobox

Die musikalische Umsetzung eines geistlichen Textes wird **Oratorium** genannt. Der Handlung liegen zumeist Bibeltexte zugrunde, die auf mehrere Personen verteilt sind.

betrachtende Perspektive durch die Arie

Die Arie „Es ist vollbracht" wird durch ein Orchestervorspiel mit einer Viola da Gamba, kurz Gambe, eingeleitet. Der solistische Gesang drückt Andacht und Trauer aus und kündigt, nach langem Leiden, den Tod Jesu an.

4 ★ Skizziert die Leidensgeschichte Jesu mithilfe dieser Seiten.
★★ Ergänzt eure Beschreibung durch weitere Quellen.
★★★ Arbeitet die inhaltlichen Unterschiede zwischen der Passionsgeschichte nach Johannes und der nach Matthäus heraus.

CD 6 / 27

5 Der Choral stellt die Andachtsperspektive der Gemeinde dar. Beschreibt, durch welche Mittel der Choral besinnlich wirkt.

6 Grenzt Bachs Choral vom gregorianischen Choral (▶ S. 327 f.) ab. Benennt grundsätzliche Unterschiede.

CD 6 / 25 – 28

7 Hört euch die vier Hörbeispiele an und untersucht sie mit Blick auf die Textverständlichkeit.
a) Bewertet die Titel bezüglich des Kriteriums der Textverständlichkeit. Verwendet zur Bewertung Schulzensuren (1 = sehr verständlich, 6 = nicht verständlich).
b) Findet musikalische Merkmale, die für die Textverständlichkeit verantwortlich sind, und bildet „Je-desto-Sätze".
c) Erklärt, warum es wichtig ist, dass bestimmte Teile der Passion gut verständlich sind, und warum bei anderen der Text weniger wichtig ist.

CD 6 / 29 – 32

8 Euch werden vier verschiedene Teile aus einem Oratorium vorgespielt. Entscheidet, ob es sich dabei um ein Rezitativ, eine Arie, eine Turba oder einen Choral handelt.

9 Auf einige Menschen wirkt die Johannes-Passion sehr ergreifend. Wie erklärt ihr euch dies?

Werkzeugkasten

Der freie Vortrag

Mnemotechniken sind Gedächtnisstrategien. Mit ihrer Hilfe und ein wenig Training wird es euch leichtfallen, euch Lerninhalte langfristig zu merken.

1. Portioniert die Informationen, die ihr lernen und vortragen wollt, in überschaubare Abschnitte. Jeder Abschnitt darf nur einen zentralen Gedanken beinhalten.

2. Fertigt zu jedem Sinnabschnitt des Textes eine Skizze an. Benutzt dafür jeweils eine Karteikarte. Je witziger und fantasievoller eure Skizzen sind, desto besser.
   Hier ein Beispiel:

Henry Purcell wurde 1659 in Westminster (England) geboren.

Er erhielt eine Ausbildung als Chorknabe und wurde schon mit jungen Jahren Organist der Westminster Abbey.

Er arbeitete vor allem als Kirchenmusiker und komponierte zahlreiche geistliche Musikstücke.

Purcell schrieb aber auch weltliche Musik.

In einer seiner bekanntesten Oper geht es darum, dass Hexen die Liebe zwischen zwei Menschen zerstören wollen.

3. Betrachtet nacheinander, immer in der gleichen Reihenfolge, eure Grafiken und stellt euch in Gedanken die Information vor, die ausgedrückt werden soll. Versucht dieses Gedankenbild so lebendig wie möglich werden zu lassen. Je mehr Sinneseindrücke ihr mit der Situation in Verbindung bringt, desto besser.

4. Trainiert euren Vortrag. Verwendet dafür die Karten als Gedankenstütze. Sie werden euch helfen, die inneren Bilder wieder hervorzurufen.

Henry Purcell: Trumpet Tune

Henry Purcell wurde 1659 in Westminster (England) geboren. Er erhielt eine Ausbildung als Chorknabe und wurde schon mit jungen Jahren Organist der Westminster Abbey. Er arbeitete vor allem als Kirchenmusiker und komponierte geistliche Musikstücke, Purcell schrieb aber auch zahlreiche weltliche Musik. In seiner bekanntesten Oper geht es um Hexen, die die Liebe zwischen zwei Menschen zerstören wollen. Diese Oper heißt „Dido and Aeneas". Eines von Purcells herausragenden Kompositionen ist das „Te Deum". Das ist der feierliche Anfangsteil eines Gottesdienstes. Purcell setzte für seine Interpretation zum ersten Mal ein Orchester ein.

Henry Purcell starb im Alter von 36 Jahren. Trotzdem war er zu diesem Zeitpunkt schon so etwas wie ein Star in England (▶ S. 265 ff.). Im Jahre 1946 verwendete der englische Komponist Benjamin Britten ein musikalisches Thema Purcells als Grundlage für sein Werk „The Young Person's Guide to the Orchestra".

1 Haltet mithilfe der Mnemotechnik einen freien Vortrag über Henry Purcell (▶ Werkzeugkasten, S. 353).

2 Sucht im Internet nach Werken des Komponisten Henry Purcell. Hört sie und wählt das Stück aus, das euch persönlich am besten gefällt. Stellt dieses Stück der Klasse vor und begründet eure Wahl mithilfe des Vokabulars aus dem ▶ Werkzeugkasten, S. 144 f.

„Trumpet Tune" ist ein Instrumentalwerk, das Henry Purcell im Jahre 1696 komponierte. Heute dient es häufig als festliche musikalische Eröffnung. Das Stück besteht im Wesentlichen aus drei Abschnitten. Ein beschwingtes Trompetenmotiv umrahmt einen besinnlichen Zwischenteil. Das zu dieser Seite passende Hörbeispiel enthält nur den ersten Abschnitt des Werkes. Die Aufgaben beziehen sich auch nur auf diesen Teil.

CD 6 / 33

3 Hört das Stück „Trumpet Tune" und beschreibt die Musik mit Adjektiven (▶ Werkzeugkasten, S. 380 f.).

4 Es werden mehrere Motive verwendet. Das erste wird mit dem Buchstaben A, das zweite mit B und jedes weitere Motiv mit einem Folgebuchstaben benannt.
  a) Hört euch das Stück an und führt die Teile in der richtigen Reihenfolge auf. CD 6/33
  b) Unterstreicht den betreffenden Buchstaben, wenn eine kleine Gruppe von Instrumentalisten spielt; umkreist den Buchstaben, wenn der Abschnitt vom gesamten Orchester gespielt wird.

5 Musiziert den Mitspielsatz gemeinsam. Er passt zum A-Teil.

6 Verfasst einen kurzen Text, in dem ihr das Stück analysiert. Verwendet dazu auch die Ergebnisse der Aufgaben 3 und 4.

7 Versetzt euch in die Rolle eines Eventmanagers: Ihr wählt als Eröffnungsmusik für eine Preisverleihung das Stück „Trumpet Tune".
  a) Begründet eure Musikwahl ausführlich gegenüber eurem Auftraggeber. Verfasst dazu einen Text.
  b) Findet mehrere Werke, die als Alternative zu Purcells „Trumpet Tune" bei der Preisverleihung gespielt werden könnten.
  c) Zu welchen Veranstaltungen passt das Stück „Trumpet Tune" nicht? Begründet eure Entscheidung.
  d) Hört euch im Internet verschiedene Versionen des Stückes an und entscheidet euch für eine Interpretation, die besonders gut zur Preisverleihung passt. Begründet eure Entscheidung.

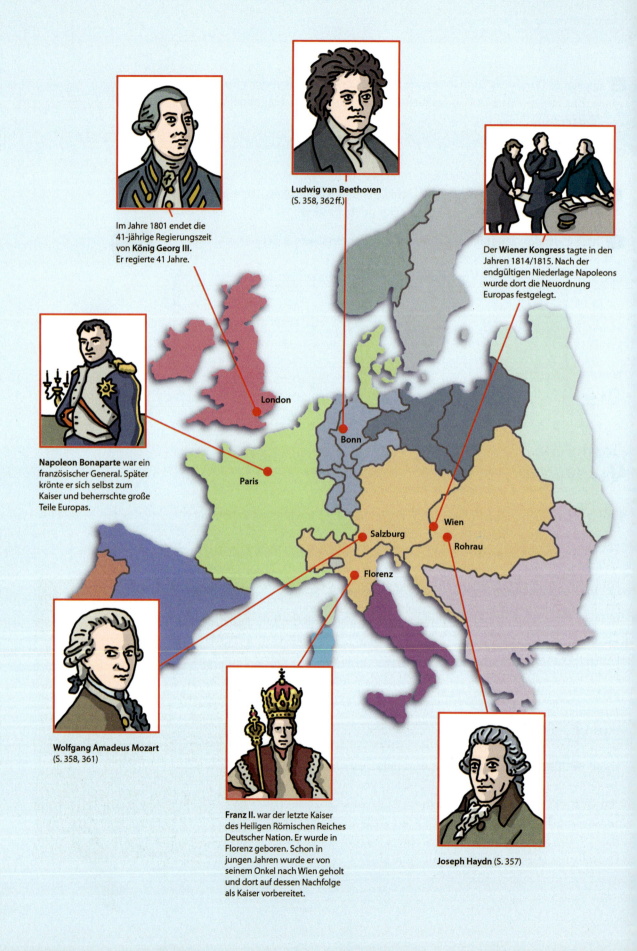

Alle Welt blickt nach Wien

1. Stellt Vermutungen darüber an, warum zur damaligen Zeit viele Musiker in Wien lebten, sodass die ganze Epoche als „Wiener Klassik" bezeichnet wird.
2. Die Zeit um das Jahr 1800 war stark durch Napoleon geprägt. Informiert euch über Napoleons Bezug zur Wiener Klassik.

| Napoleon |
| Suchen   ⊙ Im Web |

Drei Wiener Komponisten

Joseph Haydn (1732 – 1809) – Ein Leben in Abgeschiedenheit

Haydn wurde in Rohrau in Niederösterreich geboren. Seine Jugend verbrachte er als Chorknabe am Stephansdom in Wien. Mit dem Stimmbruch war Haydn gezwungen, eine Vielzahl von Tätigkeiten auszuüben, um seinen Lebensunterhalt zu verdienen.

Im Jahre 1761 trat er in den Dienst der Familie Esterházy. Von da an begleitete er Jahrzehnte lang die Familie und lebte meist in Eisenstadt fernab einer kulturellen Metropole. Haydn hatte die Freiheit, sich am Hofe der Familie Esterházy frei zu entwickeln. Das gelang ihm vor allem mit seinen Streichquartetten. Mozart und Haydn schätzten einander sehr. Der jüngere Mozart widmete Haydn sogar ein Streichquartett.

In seinem letzten Lebensabschnitt unternahm Joseph Haydn zwei Reisen nach England. Dort entstanden einige seiner bekanntesten Werke. In England war es Joseph Haydn auch möglich, viele Werke anderer Komponisten zu hören.

In seinen letzten Jahren konnte Haydn wegen seines schlechten Gesundheitszustands nicht mehr komponieren. Er starb in Wien und hinterließ zahlreiche Kompositionen, von denen das „Kaiserquartett", die 94. Sinfonie („Surprise") und das Oratorium „Die Schöpfung" nur einige sind.

Wolfgang Amadeus Mozart (1756 – 1791) – Ein viel beschäftigter Musiker ohne Anstellung

Bereits als Kind tourte Wolfgang Amadeus Mozart gemeinsam mit seiner Schwester Nannerl durch Europa. Die beiden musikalischen Wunderkinder gaben Konzerte in den Fürstenhäusern von Wien, Köln, Brüssel, Paris und London.

Ab 1781 lebte er als freischaffender Komponist in Wien. Mozart versuchte zwar, eine sichere Anstellung zu bekommen, doch gelang ihm dies nicht. Allerdings verdiente er durch Auftragskompositionen viel Geld. Er tat sich in fast allen Gattungen der Musik hervor. Neben vielen Solokonzerten sowie Sinfonien wird heute vor allem die „Zauberflöte" häufig aufgeführt. Wolfgang Amadeus Mozart übte trotz seiner relativ geringen Lebensspanne einen großen Einfluss auf die Komponisten seiner Zeit aus. Er war beispielsweise ein Vorbild von Ludwig van Beethoven, der eigens nach Wien reiste, um bei Mozart Kompositionsunterricht zu erhalten.

Mozart hinterließ gut 600 Werke, die Ludwig von Köchel in dem nach ihm benannten Köchelverzeichnis chronologisch ordnete und 1862 erstmals veröffentlichte.

Ludwig van Beethoven (1770 – 1827) – Musik im Kopf

Beethoven wurde in Bonn geboren. Sein Vater war vom Wunderkind Mozart begeistert, sodass er alles daransetzte, aus seinem Sohn Ludwig ebenfalls ein solches zu machen.

Beethoven ging nach Wien, um seine Ausbildung bei Mozart zu erhalten. Dazu kam es jedoch nicht. Bei Beethovens zweitem Wienbesuch war Mozart bereits gestorben und Komponisten wie Haydn und Salieri unterrichteten den jungen Musiker.

Er arbeitete fast sein ganzes Leben als freischaffender Komponist, was für die damalige Zeit unüblich war. Beethoven tat dies allerdings bewusst, da er keine feste Anstellung bei der Kirche oder am Hof wollte.

Mit zunehmendem Alter litt er unter einer sich verstärkenden Hörschwäche. Diese versuchte er durch die Errungenschaften der damaligen Technik auszugleichen. Beispielsweise verwendete er Hörrohre, um den Schall zu verstärken. Gegen Ende seines Lebens hörte Ludwig van Beethoven nichts mehr. Trotzdem komponierte er weiter.

1. Erstellt jeweils einen Steckbrief der drei Komponisten.
2. Erstellt einen Zeitstrahl und zeichnet darin die Lebensspannen der drei Komponisten ein.
3. Stellt biografische Verbindungen der drei Komponisten dar.

4 Richtet eine Info-Hotline ein, die über die drei Komponisten informiert.
  a) Jeweils eine Vierergruppe besetzt eine Info-Hotline und bereitet sich auf die Fragen der „Anrufer" vor.
  b) Besorgt euch weitere Informationen zu den Komponisten aus dem Internet oder aus Büchern.
  c) Erarbeitet Fragen zu den Komponisten und fertigt gleichzeitig Musterlösungen an.
  d) Stellt euch gegenseitig die Fragen, indem ihr eine bestimmte Hotlinegruppe „anruft". Kann diese nicht antworten, verbindet sie zur nächsten Hotline.

Quellen zu den drei Wiener Komponisten

Viele Informationen über das Leben der Komponisten haben wir aus deren Briefen. Daraus lassen sich Daten bezüglich ihres Aufenthaltsortes, der Entstehung ihrer Werke oder ihrer Beziehung zu Zeitgenossen ableiten.

5 Es gab ein Unglück im Wiener Musikarchiv. Die handschriftlichen Briefe der Komponisten Mozart, Beethoven und Haydn sind durcheinandergeraten.
  a) Lest die Briefe (S. 360), gebt ihnen eine Überschrift und fasst den Inhalt kurz zusammen.
  b) Gleicht sie mit euren Informationen über die drei Komponisten ab und versucht, ihre jeweiligen Verfasser zu ermitteln.
  c) Begründet eure Zuordnung.

1

Prag, 4. November 1787.

Liebster, bester Freund!
Ich hoffe, Sie werden mein Schreiben erhalten haben. Den 29. October ging meine Opera D. Giovanni in Scene und zwar mit dem lautesten Beifall. Gestern wurde sie zum vierten Mal (und zwar zu meinem Benefice) aufgeführt. Ich gedenke den 12. oder 13. von hier abzureisen,

2

Bologna, 22. September 1770
Die 6 Menuett von Haiden gefallen mir besser als die ersten 12, wir haben sie der Gräfin oft machen müssen, und wünscheten, dass wir im stande wären den deutschen menuetten gusto in Italien einzuführen, indem ihre Menuette bald so lange wie eine ganze Sinfonien dauerte. Verzeihe mir dass ich so schlecht schreibe allein ich kunte es schon besser, aber ich eile.

3

München, 11. Oktober 1777.
Ich habe eine unaussprechliche Begierde wieder einmal eine Oper zu schreiben. Der Weg ist weit, das ist wahr; wir sind aber auch noch weit entfernt von der Zeit wo ich diese Oper schreiben sollte; es kann sich bis dorthin noch viel verändern. Ich glaube, annehmen könnte man sie doch. Bekomme ich unter der Zeit gar keinen Dienst, eh bien, so hab ich doch die Ressource in Italien. Ich habe doch im Carneval meine gewisse 100 Ducaten; wenn ich einmal zu Neapel geschrieben habe, so wird man mich überall suchen. Es gibt auch, wie der Papa wohl weiß, im Frühling, Sommer und Herbst da und dort eine Opera buffa, die man zur Uebung und um nicht müßig zu gehen, schreiben kann. Es ist wahr, man bekömmt nicht viel, aber doch etwas, und man macht sich dadurch mehr Ehre und Kredit, als wenn man hundert Conzerte in Deutschland gibt, und ich bin vergnügter, weil ich zu componieren habe, welches doch meine einzige Freude und Passion ist.

4

An Breitkopf und Härtel.
Vien am 8ten August 1809
vieleicht könnten sie mir eine Ausgabe Von Göthe's und Schillers Vollständigen Werken zukommen laßen. Von ihrem litterarischen Reichthum, geht so wasso bey ihnen ein, und ich schike ihnen dann für mancherley D. g. etwas, Was ausgeht in alle Welt. Die zwei Dichter sind meine Lieblings Dichter so wie Ossian, Homer Welchen Letztern ich leider nur in übersezungen lesen kann. da sie dieselben +Göthe und Schiller+ so bloß nur aus ihrer literarischen schazkammer Ausschütten zu brauchen, so machen sie mir die gröste fRreude wenn sie mir sie bald schicken damit, um so mehr, da ich hoffe den Rest des Sommers noch in irgen[d] einem Glücklichern Landwinkel zubringen zu können.

5

Wien am 5. März 1818.
„Mein lieber Ries!
Trotz meinen Wünschen war es mir nicht möglich dieses Jahr nach London zu kommen; ich bitte Sie der philharmonischen Gesellschaft zu sagen, dass mich meine schwächliche Gesundheit daran verhindert; ich hoffe aber, dieses Frühjahr vielleicht gänzlich geheilt zu werden, und alsdann von dem mir neu gemachten Antrage der Gesellschaft im Spätjahre Gebrauch zu machen und alle Bedingungen derselben zu erfüllen.

6

6. Juli 1776
... ich konnte als Chef eines Orchesters Versuche machen, beobachten, was den Eindruck hervorbringt, und was ihn schwächt, also verbessern, zusetzen, wegschneiden, wagen; ich war von der Welt abgesondert. Niemand in meiner Nähe konnte mich an mir selbst irre machen und quälen, und so musste ich original werden.

6 Fertigt eine Tabelle an und ordnet darin den drei Komponisten die neu gewonnenen Erkenntnisse zu, die ihr aus den Quellentexten entnehmen konntet.

Mozart – Mythos und Realität

Es gibt kaum einen Komponisten, über den so viele Mythen kursieren wie über Wolfgang Amadeus Mozart. Obwohl die Wissenschaft die Fakten seit Langem kennt, bleiben diese falschen Vorstellungen hartnäckig bestehen.

Mythos	Realität
Mozart soll Zeit seines Lebens sehr arm gewesen sein. Oft ist zu lesen, dass die Familie Mozart permanent am Existenzminimum lebte.	Mozart war sehr fleißig und konnte sich die meiste Zeit seines Lebens nicht über ausbleibende Kompositionsaufträge beschweren. Er ging aber sehr verschwenderisch mit Geld um und war deswegen oft in Geldnöten. Sein Jahreseinkommen wird in einigen Quellen jedoch auf umgerechnet heutige 125 000 Euro geschätzt.
Mozart erhielt in der Blüte seines Lebens von einem dunkel gekleideten Mann, der an seine Tür klopfte, den Auftrag, eine Totenmesse zu schreiben. Kurz darauf starb er und konnte die Arbeiten an der Messe nicht vollenden. Es wird gesagt, der Tod selbst habe den Auftrag für Mozarts eigene Totenmesse gegeben.	Es war damals durchaus üblich, beim Tod einflussreicher Persönlichkeiten ein Requiem in Auftrag zu geben. Der grau gekleidete Mann war nachweislich Franz Anton Leitgeb, der als Abgesandter des Grafen Walsegg das Requiem für dessen kürzlich verstorbene Frau bestellte.
Mozart soll bei seinem Tod so arm gewesen sein, dass er aus Geldmangel in einem anonymen Massengrab beerdigt wurde.	Mozart wurde tatsächlich in einem Massengrab bestattet, doch nicht unbedingt aus Geldnöten. Es war Teil der damals gültigen Begräbnisordnung, dass die Verstorbenen nach der Einsegnung und wegen der drohenden Seuchengefahr nachts und in aller Stille aus der Stadt gebracht werden mussten.
Seit jüngster Zeit hält sich ein weiterer Mythos, der besagt, das Hören von Mozarts Musik mache schlau. Kinder sollen demnach schon im Mutterleib von der intelligenzfördernden Musik Mozarts profitieren. Über den „Mozart-Effekt" wurden viele Bücher geschrieben, die zum intelligenzfördernden Umgang mit Musik anleiten.	Diese Behauptung geht auf eine Studie der University of California, Irvine, zurück. Die Forscher stellten im Jahre 1993 fest, dass Menschen nach dem Hören der Musik Mozarts eine Zeit lang bessere IQ-Testergebnisse erzielten. Dieses Ergebnis konnte in späteren Studien nicht wiederholt werden. Es handelte sich demnach bei der ersten Studie um einen Zufall und den „Mozart-Effekt" gibt es nicht.

1 Wie konnten solche geschichtlich falschen Mythen entstehen? Schaut euch die Beispiele an und versucht jeweils eine Erklärung zu finden.

Infobox

Die Heilige Messe für einen Verstorbenen wird **Requiem** genannt. Textgrundlage und Abfolge einer Totenmesse sind immer gleich. Als Requiem wird sowohl der Gottesdienst selbst als auch die komponierte Musik dazu bezeichnet.

2 Es kommt vor, dass Verwandte eines Künstlers nach dessen Tod Tagebucheinträge schwärzen oder Briefe vernichten. Welche Gründe könnten sie dafür haben?

3 Vielleicht kennt ihr weitere Beispiele für diese Art von Mythen, die sich auf andere Musiker beziehen?
   a) Erstellt eine ähnliche Tabelle. Besonders die Umstände des Todes bieten Nährboden für viele Mythen (▶ S. 265 ff.).
   b) Stellt Vermutungen darüber an, warum sich vor allem Gerüchte um den Tod eines Stars spinnen.

Beethovens Sinfonie Nr. 5

Beethoven vollendete neun Sinfonien. Vor allem die letzte, mit der darin vorkommenden Europahymne „Ode an die Freude", und die fünfte Sinfonie, mit ihrem Anfangsmotiv, sind vielen Menschen geläufig.

Seit dem 18. Jahrhundert ist die Sinfonie eine beliebte Gattung der Instrumentalmusik. Die in Wien lebenden Komponisten Haydn, Mozart und Beethoven komponierten zahlreiche Werke.

Es gibt unterschiedliche Ausprägungen der Sinfonie. Einige grundsätzliche Formelemente sind jedoch meist erkennbar. So hat eine Sinfonie meist vier Sätze.

Geht auf die Suche z. B. zu Hause, in der Bibliothek

4 Schreibt eine Infobox zur Sinfonie. Recherchiert fehlende Informationen.

5 Beethoven weicht mit seiner neunten Sinfonie vom herkömmlichen Aufbau der Sinfonie ab. Worin besteht diese Abweichung?

Der Aufbau der Sonatenhauptsatzform war vor allem zur Zeit der Wiener Komponisten Mozart, Haydn und Beethoven modern und gebräuchlich. (▶ S. 75)

Formteil	Themen	Tonart	Beispiel (5. Sinfonie)
Exposition	1. Thema	Tonika	c-Moll
	2. Thema	in Dur-Sätzen: Dominante	–
		in Moll-Sätzen: Tonika-Parallele	Es-Dur
	Schlussgruppe	in Dur-Sätzen: Dominante	–
		in Moll-Sätzen: Tonika-Parallele	Es-Dur
Durchführung	alle Themen	alle Tonarten möglich	

Formteil	Themen	Tonart	Beispiel (5. Sinfonie)
Reprise	1. Thema	Tonika	c-Moll
	2. Thema	Tonika	c-Moll
	Schlussgruppe	Tonika	c-Moll
(Coda)	alle Themen	alle Tonarten	

6 Hört den ersten Satz von Beethovens fünfter Sinfonie und versucht rein intuitiv durch ein Handzeichen anzuzeigen, wann ein neuer Teil beginnt.

CD 6 / 34

In der Exposition werden die Themen vorgestellt. Dabei ist festgelegt, in welcher Tonart die Themen gesetzt werden müssen. Das erste Thema steht immer in der Grundtonart. Bei Beethovens fünfter Sinfonie ist das c-Moll (siehe Abb. 1, S. 364).

7 Übertragt die ersten beiden Takte des ersten Themas der Violine 1 in euer Heft.

8 Schaut euch das Notenbild an. Welche Instrumente spielen das rhythmische erste Thema des ersten Satzes?

Das zweite Thema von Beethovens fünfter Sinfonie ist weniger rhythmisch und eher sanglich. Es steht in der parallelen Dur-Tonart Es-Dur (siehe Abb. 2, S. 364).

9 Übertragt die ersten vier Takte des zweiten Themas in euer Heft. Wählt dazu eine beliebige Stimme aus der Partitur aus.

10 Schaut euch das Notenbild an. Welche Instrumente spielen das liedhafte zweite Thema des ersten Satzes?

11 Welche Instrumente spielen das erste Thema noch immer?

Die Schlussgruppe bestärkt die neue Tonart. Hier spielt das Orchester überwiegend im gleichen Rhythmus und sehr laut (siehe Abb. 3, S. 365).

12 Beschreibt den Stimmverlauf der Violinen gegenüber dem restlichen Orchester.

In der Durchführung beweist der Komponist sein Können, indem die Themen durch unterschiedliche Tonarten geführt werden (siehe Abb. 4, S. 365). An dieser Stelle wird mit dem Grundmaterial, den Themen, musikalisch gearbeitet. In der Partitur erkennt man die Durchführung meist an den zahlreichen Vorzeichen.

13 Beschreibt Beethovens Einsatz des ersten Themas zu Beginn der Durchführung.

Reprise bedeutet so viel wie „Wiederaufnahme". Das bezieht sich auch auf das Wiederauffrischen der ursprünglichen Themen (siehe Abb. 5, S. 365).

14 Beschreibt Gemeinsamkeiten und Unterschiede zwischen dem Anfang der Reprise und dem Beginn des Stückes mit der Vorstellung des ersten Themas.

Manchmal ist die Sonatenhauptsatzform durch eine Coda erweitert. Darin kann sich das thematische Material des Satzes wieder entwickeln. Beethoven beschließt den ersten Satz mit einer langen Coda.

15 Welches Instrument spielt den Rhythmus des ersten Themas zu Beginn der Coda weiter?

16 Macht eine Hörübung, indem ihr den Notenschnipseln die passenden Hörbeispiele zuordnet.

Ludwig van Beethoven: Ausschnitte aus der Sinfonie Nr. 5, erster Satz

Beethovens Sinfonie Nr. 5

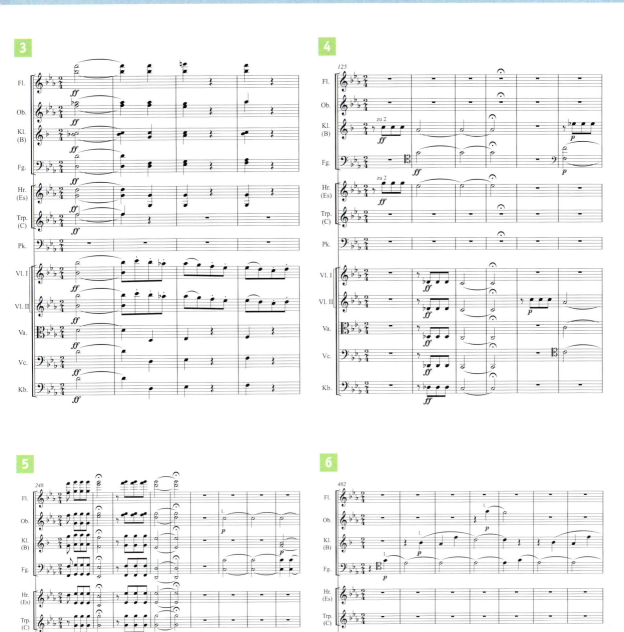

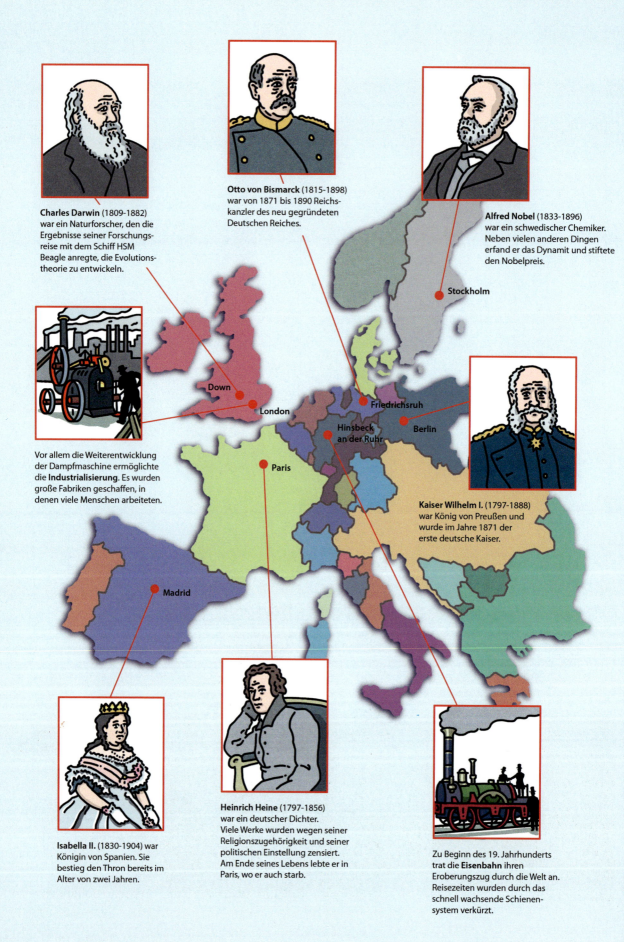

Sehnsucht und Wahn

1. Gerade die Entdeckungen von Charles Darwin veränderten die Welt. Erklärt, auf welche Gebiete des Lebens sie Einfluss nahmen.

2. Welche Möglichkeiten bot die Erfindung der Eisenbahn den Musikern des 19. Jahrhunderts?

3. Im Zeitalter der Romantik (19. Jahrhundert) erlebte Europa große gesellschaftliche und technische Umwälzungen. In der Kunst, der Literatur und der Musik fanden die Menschen eine Möglichkeit, sich von diesen Veränderungen zurückzuziehen.
   a) Schildert die größten Umwälzungen der Zeit.
   b) Warum bieten gerade die Künste eine Rückzugsmöglichkeit?
   c) Fallen euch Beispiele aus unserer Zeit ein? Findet Gründe dafür.
   d) Ein Thema der romantischen Kunst ist das Fantastische. Versucht auf der Grundlage der zusammengetragenen Informationen Erklärungen dafür zu finden.

Das Thema Sehnsucht in der Malerei

Das Gemälde „Der Mönch am Meer" (Abb. 1) stammt vom Maler Caspar David Friedrich (1774–1840). Es gilt als typisches Beispiel für die Epoche Romantik.

Das Bild „Black on Grey" (Abb. 2) wurde von Mark Rothko (1903–1970) gemalt. Viele von Rothkos Bildern bestehen aus wenigen großflächig aufgetragenen Farben.

1 Typische Themen der Romantik sind Sehnsucht, Liebe und das Fantastische. Versucht, diese Merkmale mit dem Gemälde „Mönch am Meer" zu verbinden.

2 Überlegt, ob das Bild aus dem 20. Jahrhundert von Mark Rothko auch mit den Merkmalen der Romantik verbunden werden kann.

3 Wie wirken die Bilder auf euch? Schildert eure Emotionen.

4 Versetzt euch in die Rolle eines Museumsdirektors. In eurem Haus werden beide Bilder in zwei benachbarten Räumen ausgestellt. Ihr sollt in beiden Räumen für die passende Hintergrundmusik sorgen.

   a) Welche Art von Musik passt zum jeweiligen Bild? Bezieht dabei auch die Ergebnisse von Aufgabe 3 mit ein.
   b) ★ Wählt Musik aus und stellt sie der Klasse vor. Begründet dabei eure Auswahl.
       ★★ Erzeugt die Klangatmosphäre in den beiden Ausstellungsräumen selbst. Entwickelt die passende Hintergrundmusik, indem ihr sie auf euch zur Verfügung stehenden Instrumenten spielt. Stellt das Ergebnis der Klasse vor und interpretiert euer Werk.

Franz Schubert

Franz Schubert (1797–1828) war von einem großen Freundeskreis umgeben, der ihn auch finanziell unterstützte. Dieser bestand vor allem aus Dichtern, Malern und Musikern. Auf Abendveranstaltungen präsentierten sich einzelne Künstler gegenseitig ihre Werke oder diskutierten über Kunst, Literatur und Musik. Schuberts Freunde nannten diese Treffen „Schubertiaden".
Schubert war ein sehr produktiver Komponist, wie aus dem folgenden Quellentext hervorgeht:

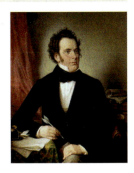

Über Franz Schubert

„Allein nicht nur unzählige Lieder, welche alle ohne Ausnahme sich bereits durch originelle Behandlung, Tiefe der Empfindung, und einen unbeschreiblichen Reichthum an Melodie auszeichnen,
5 sondern auch einige größere Compositionen gehören der ersten, so ungemein fruchtbaren Periode Schuberts an. Eine große, sehr melodische Symphonie componirte er bereits im Jahre 1813, eine vollständige Messe, die von ihm selbst in der
10 Pfarrkirche im Lichtenthal dirigirt wurde, im Jahre 1814, im Jahre 1815 entstanden abermahl zwey Symphonien, und aus derselben Zeit stammen die Operetten, der Spiegelritter, des Teufels Lustschloss und Claudine von Villabella, so wie man-
15 che Cantaten, zu denen er sich gelegenheitlich aufgefordert fand, und Quartette für Streich-Instrumente, in denen er sich nebenher versuchte."
(Joseph von Spaun)

Franz Schubert vertonte rund 600 Gedichte zum Beispiel von Heinrich Heine und Johann Wolfgang von Goethe und prägte dadurch maßgeblich die Gattung des Kunstlieds. Das Kunstvolle dieser Gattung ist die Verbindung von Musik und Wort. Die Singstimme sowie die Begleitung des Klaviers verstärken und interpretieren zugleich die Textaussage.

Infobox

Ein **Kunstlied** zeichnet sich durch die oft enge Beziehung zwischen dem Text des Liedes und der Musik aus. Von daher unterscheidet es sich vom Volkslied, obwohl die Übergänge fließend sind. Kunstlieder werden meist von einer Sängerin oder einem Sänger vorgetragen und mit Klavier begleitet. Sowohl die Gesangsstimme als auch die Klavierstimme interpretieren den meist lyrischen Text des Kunstlieds.

1. Informiert euch über die „Schubertiaden" und haltet ein Kurzreferat darüber. Zieht auch die Abbildung hinzu.

2. Recherchiert Informationen zum Volkslied. Fertigt eine Tabelle an, in der ihr die Gattung des Kunstlieds mit dem Volkslied vergleicht. Findet sinnvolle Kategorien für euren Vergleich.

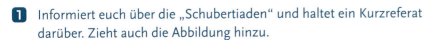

Schubert und Schubart – „Die Forelle" im Vergleich

Eines von Franz Schuberts bekanntesten Liedern ist „Die Forelle". Er komponierte es im Jahre 1816. Als Grundlage diente Schubert ein Gedicht des 1791 verstorbenen Dichters Christian Friedrich Daniel Schubart.

Es existieren fünf verschiedene Fassungen des Liedes, die sich jedoch nur leicht unterscheiden. Viel später, im Jahre 1820, veröffentlichte Schubert ein Klavierquintett, dessen vierter Satz in Form eines Variationensatzes komponiert ist. In seinem Zentrum steht die Melodie des Kunstlieds „Die Forelle".

3 Hört euch das Lied „Die Forelle" an. Schildert, inwiefern die Melodie der Singstimme die Aussage des Textes musikalisch verstärkt.

4 Beschreibt, inwiefern die Klavierbegleitung den Text musikalisch verstärkt.

5 Hört euch das Lied „Die Forelle" an und vergleicht den Liedtext Schuberts mit der Textvorlage Schubarts.
   a) Verfolgt den Text der Gedichtvorlage und achtet auf Abweichungen Schuberts von dieser Vorlage.
   b) Der Komponist nimmt Änderungen am Liedtext vor. Benennt sie.
   c) Diskutiert mögliche Beweggründe für diese Veränderungen.

Christian Friedrich Daniel Schubart: Die Forelle

1. In einem Bächlein helle,
   Da schoss in froher Eil'
   Die launige Forelle
   Vorüber wie ein Pfeil.
   Ich stand an dem Gestade
   Und sah in süßer Ruh'
   Des munter'n Fische Bade
   Im klaren Bächlein zu.

2. Ein Fischer mit der Rute
   Wohl an dem Ufer stand,
   Und sah's mit kaltem Blute,
   Wie sich das Fischlein wand.
   So lang dem Wasser Helle,
   So dacht ich, nicht gebricht,
   So fängt er die Forelle
   Mit seiner Angel nicht.

3. Doch plötzlich ward dem Diebe
   Die Zeit zu lang. Er macht
   Das Bächlein tückisch trübe,
   Und eh' ich es gedacht,
   So zuckte seine Rute,
   Das Fischlein zappelt dran,
   Und ich mit regem Blute
   Sah die Betrogene an.

4. Die ihr am goldenen Quelle
   Der sicheren Jugend weilt,
   Denkt doch an die Forelle,
   Seht ihr Gefahr, so eilt!
   Meist fehlt ihr nur aus Mangel
   Der Klugheit, Mädchen, seht
   Verführer mit der Angel!
   Sonst blutet ihr zu spät!

6 Hört euch das Lied „Die Forelle" an und vergleicht die Klavierbegleitung der ersten beiden Strophen des Liedes mit der Gestaltung der letzten. Findet eine Begründung für die Unterschiede.   🎧 CD 7 / 01

7 Hört euch den vierten Satz des Forellenquintetts an. Er besteht aus der Vorstellung des Themas und fünf Variationen. Ordnet die Notentexte (Abb. 1–4) den Variationen 1 bis 5 zu.   🎧 CD 7 / 02

8 Worin besteht jeweils die Variation? Fertigt eine Tabelle an und richtet euch dabei nach der Vorgabe.

	Variation 1	Variation 2	Variation 3	Variation 4	Variation 5
Abbildungsnummer im Buch	?	?	?	?	?
Spielende Instrumente	?	?	?	?	?
Melodiespielendes Instrument	?	?	?	?	?
Art der Variation	?	?	?	?	?

9 Beim vierten Satz des Forellenquintetts handelt es sich um eine Melodie-Variation. Beschreibt diesen Begriff anhand des Stückes.

372 Sehnsucht und Wahn

Quintett
Suchen • Im Web

10 Die Besetzung von Schuberts Forellenquintett ist ungewöhnlich. Zeigt die Unterschiede zu anderen Quintettbesetzungen auf.

11 Ihr komponiert selbst.
 ★ Erfindet eine zeitgemäße Version zum Text der „Forelle" (S. 370).
 ★★ Erfindet eine neue Version der „Forelle", die auch mit Motiven des Originals arbeitet.

12 Präsentiert eure Ergebnisse in der Klasse.

Clara und Robert Schumann

In der Romantik prägen unter anderem Kunstlieder und Virtuosentum die Musikkultur im deutschsprachigen Raum. Ein Beispiel dafür sind Clara (1819–1896) und Robert Schumann (1810–1856). Beide waren Pianisten, doch Robert Schumann schädigte sich durch den missglückten Einsatz einer Übemethode einen Finger dauerhaft. Dadurch blieb ihm eine Karriere als Pianist versagt. Clara hingegen wurde eine berühmte Pianistin und komponierte vor allem Klavierwerke. Bereits als „Kinderstar" bereiste sie zusammen mit ihrem Vater das Land. Recht bald erkannte ihr Vater, der sie als strenger Lehrer unterrichtete, ihr musikalisches Talent. Er räumte ihrer Ausbildung zur Klaviervirtuosin oberste Priorität ein, während er Claras Bildung auf anderen Gebieten vernachlässigte. Später wurde sie eine beachtete Klaviervirtuosin. Weitere Virtuosen der Zeit waren beispielsweise Franz Liszt (1811–1886) oder Niccolò Paganini (1782–1840).

Robert Schumann betätigte sich als Verleger und veröffentlichte zahlreiche Werke fast aller Gattungen der Instrumentalmusik. Sein kompositorischer Schwerpunkt lag jedoch im Kunstlied und Klavierwerk.

Nachdem Robert Schumann nach langem Aufenthalt in einer Nervenheilanstalt starb, widmete Clara ihr Künstlerleben vor allem der Verbreitung der Werke ihres Mannes. Sie reiste fortan als gefeierte Pianistin durch Europa und spielte die Klavierwerke ihres Gatten.

In späteren Jahren gab Clara Schumann das Komponieren auf. Dass eine Frau komponierte, entsprach nicht dem Rollenverständnis der damaligen Zeit (▶ S. 197 ff.). Ihre Konzerttätigkeit wurde von ihrem Mann nur geduldet, weil sie durch ihre Einnahmen als Pianistin einen großen Beitrag zum Familieneinkommen beitrug.

Clara Schumann (geborene Wieck) am Klavier

1 Bearbeitet den Text:
  a) Überfliegt den Text und klärt unbekannte Formulierungen.
  b) Gliedert den Text und formuliert Überschriften, die ihr auf ein Blatt schreibt.
  c) Tauscht das Blatt mit eurem Nachbarn aus und schreibt zu dessen Überschriften eine kurze Erläuterung.
  d) Diskutiert mit eurem Nachbarn über eure Ergebnisse und findet eine einheitliche, gemeinsame Lösung.
  e) Haltet mit euren Aufzeichnungen einen kurzen Vortrag vor der Klasse und wechselt euch beim Sprechen ab.
      ★   Verwendet als Hilfe eure Aufzeichnungen und das Buch.
      ★ ★   Verwendet als Hilfe eure Aufzeichnungen.
      ★ ★ ★   Haltet den Vortrag völlig frei.

2 Hört einen Ausschnitt aus dem Klaviertrio op. 17 von Clara Schumann und beschreibt es mit Adjektiven.

Geht auf die Suche z. B. zu Hause, in der Bibliothek

3 Zieht Parallelen zwischen den Biografien von Clara Schumann und Fanny Hensel (▶ S. 207 ff.).

Schneller, höher, weiter: Virtuosen

Im 19. Jahrhundert gab es zahlreiche Virtuosen, also Musikerinnen und Musiker, die ihr jeweiliges Instrument technisch perfekt beherrschten. Sicherlich hatte dies auch damit zu tun, dass sich die Qualität der Instrumente, wie beispielsweise die des Klaviers, in spezifischer Weise entwickelt hatte. Im Gegensatz zu früheren Zeiten waren nun Kunststücke auf allen Ebenen der Musik möglich. Dies lässt sich auch an manchen Kompositionen dieser Zeit ablesen. Es ging neben der musikalischen Qualität der Werke vor allem darum, dass der jeweilige Musiker brillieren konnte. Die Virtuosen spielten daher besonders schwierige Werke, die den Zuschauern den Atem anhalten ließen.

Franz Liszt (1811–1886, Abb. 1) war Komponist und Pianist. Er arbeitete auch als Dirigent, Schriftsteller und Theaterleiter. Franz Liszt war vor allem als Virtuose bekannt. Er focht beispielsweise über einen längeren Zeitraum einen musikalischen Wettstreit mit dem Klaviervirtuosen Sigismund Thalberg aus, der auch in der Presse ausgetragen wurde.

Niccolò Paganini (1782–1840, Abb. 2) war Violinist. Neben seinen außerordentlichen Fähigkeiten als Geiger lag sein Talent in der Darstellung seiner selbst. Er inszenierte bewusst eine Mystifizierung seiner Person. Dazu gehörte auch, dass er seine Noten geheim hielt. Erst wenige Augenblicke vor Beginn des Konzerts wurden diese an das ihn begleitende Orchester ausgeteilt. Es entstand bald das Gerücht, er sei mit dem Teufel im Bunde, was durch die stets schwarze Kleidung bei Auftritten unterstützt wurde. Viele Zeitgenossen nahmen dies wahr:

„Bei Paganini zeigt sich das Dämonische im hohen Grade, wodurch er denn auch so große Wirkung hervorbringt."
(Johann Peter Eckermann im Gespräch mit Johann Wolfgang von Goethe, 2. März 1831)

„Paganini ist ein Wunder. Mag er ein Teufel sein oder ein Engel, gewiss ist nur, dass er ein musikalisches Genie ist."
(Gazetta di Genova, 10. September 1814)

„Man munkelt, dass er seine Seele dem Bösen verschrieben und dass jene vierte Saite [die Saite auf der man die höchsten Töne spielen kann], der er so zauberische Weisen entlockt, der Darm seines Weibes sei, das er eigenhändig erwürgt habe." (Franz Liszt, 1840 in seinem Nachruf auf Paganini)

1. Fallen euch musikalische Virtuosen der Gegenwart ein? Sammelt Informationen und stellt sie vor.
2. Tragt Informationen zu Musikern zusammen, die mit einem Image (z. B. des Dämonischen) spielen.
3. Gibt es auch Virtuosen im Sport oder in anderen Bereichen? Sammelt Beispiele und begründet eure Auswahl.
4. Findet Beispiele für Wettstreite in der heutigen Musik zwischen Künstlern.
5. Hört euch jeweils ein Stück von Franz Liszt und Niccolò Paganini an und erstellt dazu eine Tabelle. Richtet euch nach der Vorlage.

CD 7 / 04, 05

	Titel	Beschreibung des Höreindrucks mithilfe von Adjektiven (▶ S. 380 f.)	Virtuose (schwere) Elemente
Franz Liszt	Rhapsodie espagnole	?	?
Niccolò Paganini	Sonate für Violine und Gitarre, op. 3, Nr. 3	?	?

Richard Wagner

Richard Wagner (1813–1883) führte die Entwicklung der Oper von der Nummernoper zur durchkomponierten Form (▶ Infobox S. 376). Wo andere Komponisten kleine Teilstücke in Form von Arie, Chor und Rezitativ nach kurzen Unterbrechungen aneinanderreihen, beginnt bei Wagner das Orchester zu spielen und endet erst nach dem gesamten Akt. Die einzelnen Teile sind miteinander verwoben. Gesprochen wird nicht mehr.

Richard Wagner

Der Komponist setzte in seinen Opern die Leitmotivtechnik ein. Er ordnete Personen, Gefühlen oder Gegenständen ein bestimmtes Motiv zu, um damit das Bühnengeschehen musikalisch zu unterstützen, zu interpretieren und umzudeuten. Das hat zur Folge, dass viele Menschen sich den Zugang zu Wagners Werken erarbeiten müssen.

Infobox

Bei **Nummernopern** sind die einzelnen Teilstücke nummeriert und musikalisch abgeschlossen. Sie werden durch Rezitative verbunden. Im Gegensatz dazu steht die **durchkomponierte Oper**, bei der die einzelnen Teile ineinander übergehen.

1 In den Werken Richard Wagners wird die Leitmotivtechnik eingesetzt. (▶ S. 149 ff.)
   a) Recherchiert und verfasst eine Infobox zum Begriff „Leitmotiv".
   b) Erfindet jeweils ein mögliches Beispiel, in dem die Leitmotive das Bühnengeschehen musikalisch unterstützen, interpretieren und umdeuten. Richtet euch nach der Mustertabelle.

Bühnengeschehen	Bedeutung des Leitmotivs	Wirkung
?	?	?

2 Führt ein Projekt zum Thema „Leitmotiv" durch:
   a) Erfindet selbst kurze Melodien, die als Leitmotive für Personen, Gefühle oder Gegenstände stehen und …
      ★   … spielt diese auf Instrumenten.
      ★★ … fixiert sie in Notenschrift und spielt sie auf Instrumenten.
   b) Erfindet eine kurze Geschichte und spielt dazu die passenden Leitmotive.
   c) Stellt der Klasse eure Leitmotive vor.
   d) Präsentiert euer Ergebnis der Klasse, …
      ★   … indem ihr eure Geschichte vorlest und dazu die Leitmotive spielt.
      ★★ … indem ihr eure Geschichte als Schauspiel darstellt und dazu die Leitmotive spielt.
   e) Gestaltet mit euren Arbeitsergebnissen eine Schulaufführung (beispielsweise zu einem Elternabend oder Schulfest). Führt dazu das Publikum zuerst mit einem kurzen Vortrag in die Leitmotivtechnik Wagners ein, beschreibt eure Arbeit und führt dann euer Werk auf.

3 Vergleicht Wagners Leitmotivtechnik mit dem Aufbau der Musik zum Film „Herr der Ringe" von Howard Shore. (▶ S. 149 ff.)

4 Hört euch den „Ritt der Walküre" aus Wagners Opernzyklus „Der Ring des Nibelungen" an. CD 7 / 06
  a) Benennt die dominierenden Instrumente.
  b) Beschreibt die Musik mit Adjektiven (▶ Werkzeugkasten, S. 380 f.).

Richard Wagner – Kritik an einem Künstler?

Als der Dirigent Zubin Mehta im Jahre 1981 als Zugabe in einem Konzert in Israel ein Werk von Richard Wagner spielte, kam es zu Protesten vonseiten der Zuhörer. Es war das erste Werk Wagners, das in dem 1948 von Juden gegründeten Staat gespielt wurde. Verantwortlich dafür ist Wagners Einstellung zu Juden.

Die Bedeutung Richard Wagners für die europäische Musikgeschichte wird wahrscheinlich heute kaum angezweifelt. Trotzdem gibt es Kritik an seiner Person. Dafür sind Schriften verantwortlich, in denen Wagner Stellung gegen Juden bezieht.

Den Aufsatz „Das Judenthum in der Musik" schrieb er im Jahre 1850. Die folgenden Zitate sind diesem Dokument entnommen:

„Der Jude ist nach dem gegenwärtigen Stande der Dinge dieser Welt wirklich bereits mehr als emanzipiert: Er herrscht, und wird so lange herrschen, als das Geld die Macht bleibt, [...].

Zubin Mehta

5 Diese Kräfte gewinnen wir [...] aus [...] der uns innewohnenden unwillkürlichen Empfindung, die sich uns als instinktmäßiger Widerwille gegen das jüdische Wesen äußert: An ihr, der unbesieglichen, muss es uns, wenn wir sie ganz unumwunden eingestehen, deutlich werden, was wir an jenem Wesen
10 hassen; [...].

Der Jude [...] fällt uns im gemeinen Leben zunächst durch eine äußere Erscheinung auf, die [...] etwas [...] Fremdartiges hat: Wir wünschen unwillkürlich mit einem so aussehenden Menschen nichts gemein zu haben.

15 Wir können uns auf der Bühne keinen antiken oder modernen Charakter, sei es ein Held oder ein Liebender, von einem Juden dargestellt denken, ohne unwillkürlich das bis zur Lächerlichkeit Ungeeignete einer solchen Vorstellung zu empfinden.

Hören wir einen Juden sprechen, so verletzt uns unbewusst
20 aller Mangel rein menschlichen Ausdrucks in seiner Rede: die kalte Gleichgültigkeit des eigentümlichen „Gelabbers" [...]."

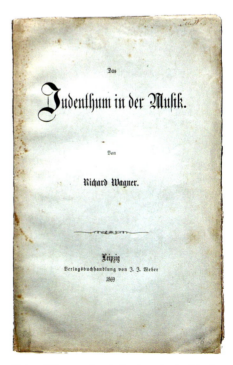

Richard Wagner: Das Judenthum in der Musik

> **Infobox**
>
> **Antisemitismus** bedeutet die Ablehnung oder Feindschaft gegenüber Juden.
>
> **Zubin Mehta** (*1936): aus Indien stammender Dirigent. Er dirigierte unter anderem an der Metropolitan Opera in New York, an der Wiener Staatsoper, an der Bayerischen Staatsoper und der Mailänder Scala.

Vor dem Hintergrund solcher Äußerungen überrascht es, dass Wagner jüdische Freunde hatte. Beispielsweise beauftragte er den Juden Hermann Levi mit der Uraufführung seiner letzten Oper „Parsifal". Nach Wagners Tod leitete Levi an der Seite von Cosima Wagner die Bayreuther Festspiele.

Jahre nach seinem Tod rückte Adolf Hitler sein Wagner-Bild in den Fokus seiner menschenverachtenden Ideologie. Er stellte Wagner als Inbegriff der deutschen Kunst dar und griff dabei auf Wagners herabsetzende Äußerungen gegenüber den Juden zurück.

Einen ähnlichen Sachverhalt findet man bei einigen Musiken aus unserer Zeit. Er stellt Menschen vor ein ethisches Problem:

Darf man das künstlerische Werk eines Menschen mögen und verehren, obwohl der Mensch selbst mit seinen Haltungen und Handlungen moralisch höchst fragwürdig ist?

5 Bearbeitet den Text mit einer Lesemethode. (▶ **Werkzeugkasten: Mit Buchtexten arbeiten, S. 332**)

6 Deckt Widersprüche in Wagners Haltung zum Judentum auf und nehmt kritisch Stellung zu seinen Aussagen.

7 Findet Musiker, deren Musik ihr mögt, mit deren Leben oder Ansichten ihr euch jedoch nicht identifizieren könnt.

8 Führt eine Podiumsdiskussion (▶ **Werkzeugkasten, S. 268 f.**):
„Darf man das künstlerische Werk eines Menschen mögen und verehren, obwohl der Mensch selbst mit seinen Haltungen und Handlungen moralisch höchst fragwürdig ist?"

Geht auf die Suche z. B. zu Hause, in der Bibliothek

Transformation von Musik

Es gibt viele Arten und Weisen, mit Musik umzugehen. Sie kann beispielsweise als Inspirationsquelle für andere Kunstwerke dienen. In diesem Projekt wandelt ihr ausgewählte Musikstücke von Richard Wagner in drei Arten, Bewegung, Bildende Kunst und Literatur, um.

Titel-Nr.	Titel	Auszug aus:
CD 7 / 06	Ritt der Walküre	Der Ring des Nibelungen (Die Walküre)
CD 7 / 07	Matrosenchor	Der fliegende Holländer
CD 7 / 08	Im Treibhaus	Wesendonck-Lieder
CD 7 / 09	Präludium zum 3. Akt	Lohengrin
CD 7 / 10	Der diese Liebe mir ins Herz gelegt	Der Ring des Nibelungen (Die Walküre)

CD 7 / 06 – 10

1 Hört euch die Titel an und beschreibt sie mit Adjektiven (▶ S. 380 f.)

2 Transformation von Musik in ein Standbild (in einer Gruppe)
   a) Informiert euch mithilfe des ▶ Werkzeugkastens, S. 123 f. über die Methode.
   b) Entwickelt ein Standbild zu einem der Titel.

3 Transformation von Musik in Bewegung (in einer Gruppe)
   a) Wählt einen Titel aus.
   b) Überlegt euch, welche Bewegungen zum Titel passen. Begründet eure Auswahl.
   c) Übt die Bewegung zur Musik und verbessert euch gegenseitig.

4 Transformation von Musik in ein Bild (in Einzelarbeit)
   a) Wählt einen Titel aus.
   b) Überlegt euch, wie ihr den Titel in Form eines Bildes darstellen könnt. An dieser Stelle könnt ihr euch Notizen oder Skizzen machen.
   c) Malt oder zeichnet ein Bild zum ausgewählten Titel.

5 Transformation von Musik in ein Gedicht (in Einzelarbeit)
   a) Wählt einen Titel aus.
   b) Gebt dem Titel ein persönliches Motto oder eine Überschrift.
   c) Verfasst ein Gedicht zum Titel. Das Reimschema dürft ihr frei wählen.

6 a) Stellt euch die Ergebnisse der Aufgaben 2 bis 5 gegenseitig vor. Nennt dabei nicht den Titel des zugrunde liegenden Stücks.
   b) Die zusehenden Schülerinnen und Schüler ordnen den Präsentationen die zugrunde liegenden Werke zu. Begründet dabei eure Zuordnung.

7 Plant eine Aufführung an eurer Schule, in der ihr eure Arbeitsergebnisse der Öffentlichkeit präsentiert. Diese kann beispielsweise im Rahmen eines Elternabends oder eines Schulfestes stattfinden.

Werkzeugkasten

Musik beschreiben mit Adjektiven

1. Hört das Stück sehr aufmerksam und lasst es auf euch wirken. Nehmt dazu eine Hörhaltung ein. Schließt beispielsweise die Augen und legt euren Kopf auf den Tisch.

6
funky
lustig
freudig
fröhlich
glücklich
munter
sonnig
strahlend
(quietsch)fidel
singend
funkig

7
begeistert
beflügelt
tänzerisch
leidenschaftlich
leicht
aufgewühlt
aufregend
hüpfend
ruhelos
schwebend
bäuerlich

5
humorvoll
verspielt
launig
witzig
kindlich
beschwingt
zart
leicht
springend
futuristisch
unnatürlich

8
kraftvoll
robust
disharmonisch
aggressiv
schwerfällig
majestätisch
gewaltig
erhaben
wild
satt
stampfend
fett
stählern
hart

4
warm
wohlig
gemächlich
behaglich
harmonisch
friedlich
ruhig
mild
cool
groovig
weich

1
erhebend
andächtig
anbetend
ehrfurchterregend
würdevoll
strahlend
feierlich
natürlich
ernst

2
plump
monoton
trübe
maschinell
traurig
sägend
tragisch
kummervoll
frustriert
melancholisch
düster
schwer
dunkel

3
entrückt
spacig
träumerisch
nachgiebig
zärtlich
gefühlvoll
sehnsüchtig
sehnend
flehend
klagend
plätschernd
geradlinig
zielgerichtet

2. Nun könnt ihr die Wirkung der Musik beschreiben. Das geht am besten mit einem festen Stamm von Adjektiven. In diesem Adjektivzirkel findet ihr viele Wörter, die Musik beschreiben können. Gegensätzliche Adjektive stehen sich gegenüber.

3. Macht euch beim dritten Hören Notizen zur Klangfarbe des ganzen Stückes oder eines einzelnen besonders auffälligen Instrumentes. Wundert euch nicht, wenn ihr euch nicht eindeutig auf bestimmte Klangfarben einigen könnt. Jeder von uns nimmt die Klangfarben einer Musik anders wahr.

> scharf – spitz – scheppernd – kratzend – hohl – metallisch – hölzern – blechern – weich – hart ...

4. Andere musikalische Merkmale eines Stückes lassen sich leichter beschreiben. Dabei könnt ihr euch an diesem Schema orientieren.

Tonhöhe:
- hoch
- tief
- gleichbleibend
- wellenartig
- aufsteigend
- absteigend
- springend

Rhythmus:
- gleichmäßig
- ungleichmäßig
- hüpfend
- tänzerisch
- durchgehend
- zerrissen
- stockend
- rollend

Dynamik (Lautstärke):
- laut (*forte*)
- leise (*piano*)
- lauter werdend (*crescendo*)
- leiser werdend (*decrescendo*)

Tempo (Geschwindigkeit):
- langsam (*lento*)
- gehend (*andante*)
- schnell (*presto*)
- schneller werdend (*accelerando*)
- langsamer werdend (*ritardando*)

5. Versucht die Wirkung der Musik (Schritt 2) mithilfe der musikalischen Merkmale (Schritt 3 und 4) zu begründen.

6. Ordnet eure Ergebnisse und tragt sie vor. Die ersten Sätze einer Musikbeschreibung benennen in der Regel den Namen des Komponisten, das Tempo des Stückes sowie die verwendeten Instrumente. Bei einer Verschriftlichung können zum Beispiel folgende Wendungen benutzt werden:

Das Musikstück (Werkname) stammt von dem Komponisten (Name des Komponisten).
Die Tempobezeichnung des Stückes lautet (Tempo).
Die folgenden Instrumente kann man deutlich hören: (Auflistung der Instrumente).

Aufbrüche

1. Überlegt mögliche Antworten zu folgender Frage: „Wie beeinflusst Krieg das kulturelle Leben?"
2. Worin liegt die Chance einer Weltausstellung für Musiker und Komponisten der jeweiligen Zeit?
3. Warum sind Weltausstellungen heute nicht mehr so bedeutend für Künstler?

Ein Vergleich zwischen Malerei und Musik

Die französische Malerin Berthe Morisot (1841–1895) gilt als eine der einflussreichsten Künstlerinnen des 19. Jahrhunderts. Sie malte vor allem Szenen aus ihrem familiären Umfeld, in deren Mittelpunkt oft ihre Tochter Julie Manet steht.

Berthe Morisot: Selbstbildnis mit Julie

Berthe Morisot: Eugen Manet und seine Tochter im Garten

4. a) Beschreibt die Bilder.
   b) Lest den Lexikonartikel zum Impressionismus. Welche dort beschriebenen Merkmale erkennt ihr in den Bildern?

CD 7 / 11

5 Beschreibt das Stück „Canope" von Debussy mit Adjektiven (▶ **Werkzeugkasten, S. 380 f.**).

6 Nennt gemeinsame Merkmale von Bild und Musik.

7 Versucht anhand dieser Musterbeispiele Kriterien für die gesamte Epoche abzuleiten.

8 Überprüft die Kriterien, indem ihr weitere impressionistische Werke betrachtet oder hört.

9 Auf dieser Seite ist ein Lexikonartikel zum Impressionismus abgedruckt. Überprüft eure Kriterien anhand dieses Artikels.

| Impressionismus |
| Suchen ○ Im Web |

Impressionismus

[der], eine Richtung in der Kunst, die um die Mitte des 19. Jh. in Frankreich aufkam. Der Impressionismus zielte darauf ab, den augenblicklichen Eindruck eines Geschehens oder Zustands möglichst getreu im Kunstwerk wiederzugeben. Die impressionistischen Maler arbeiteten vorwiegend im
5 Freien. Ihre Bilder erfassten die Einflüsse des Lichtes und der Luft. Die Umrisse der dargestellten Gegenstände bleiben unscharf; mitunter wurde der flüchtige Eindruck durch eine Vielzahl nebeneinandergesetzter winziger Farbtupfer festgehalten. Bedeutende Maler des Impressionismus waren *Cézanne, Degas, Manet, Monet, Renoir* und *Liebermann*. Die impressio-
10 nistischen Bildhauer gestalteten die Oberflächen ihrer Plastiken so, dass sich ein Spiel von Licht und Schatten ergab; ihr berühmtester Vertreter war *Rodin*. – In der Literatur wird der 1890 – 1910 von einigen Dichtern vertretene Stil der Umsetzung alles Gegenständlichen in Empfindungen Impressionismus genannt (z. B. das Frühwerk von *R. M. Rilke*). – In der Musik
15 gelten besonders *Débussy* und *Ravel* als Impressionisten.

Farben in der Musik

Claude Debussy (1862–1918) geht mit seiner Musik in vieler Hinsicht neue Wege. Im Vergleich zur Musik der vergangenen Jahrhunderte ist für ihn der Klang wichtiger als die Form der Musik. Er löst sich damit ein Stück weit von der Festlegung auf bestimmte Tonarten. Ebenfalls verändert sich die traditionelle Aufteilung von Werken in verschiedene Teilstücke. Beispielsweise gibt es oft keine ins Auge springende Aufgliederung in Strophe und Refrain oder A- und B-Teil wie beim Lied. Einige dieser Veränderungen sieht man bereits im Notenbild, das sich von der bis dahin gebräuchlichen Darstellungsart unterscheidet. Da bei der Musik von Claude Debussy vor allem der Klang wichtig ist, sind im Notentext viele Spielanweisungen zu finden, die dem Musiker genau anzeigen, wie er die einzelnen Töne zu spielen hat.

Canope

386 Aufbrüche

1 Findet im Notentext Spielanweisungen. Fertigt eine Tabelle an. Richtet euch dabei nach der Vorgabe.

Bezeichnung	musikalisches Zeichen	Bedeutung
crescendo	&lt;	lauter werden

2 Wählt einen Takt aus dem Musikstück „Canope" aus und musiziert ihn mit einer Gruppe. Denkt daran, dass untereinanderstehende Takte, die durch einen Taktstrich verbunden sind, gleichzeitig gespielt werden.
  a) Schreibt die Noten des Taktes ab (▶ **Werkzeugkasten: Notenschreiben für Fortgeschrittene, S. 387**) und beschriftet die einzelnen Noten mit deren Notennamen.
  b) Teilt die einzelnen Töne so untereinander auf, dass jedes Gruppenmitglied maximal zwei Töne zur gleichen Zeit zu spielen hat.
  c) Probt den Takt gemeinsam, sodass ihr ihn später der Klasse vorspielen könnt. Dazu könnt ihr alle euch zur Verfügung stehenden Instrumente verwenden.

3 Wodurch gelingt es Debussy, „den augenblicklichen Eindruck eines Geschehens oder Zustands möglichst getreu im Kunstwerk wiederzugeben" (▶ **S. 384**)?
  a) Zu Lebzeiten Debussys herrschte eine große Begeisterung für die ägyptische Kultur. Informiert euch über die Ägyptomanie des 19. Jahrhunderts.
  b) Eine Kanope ist ein Gefäß, in dem man die inneren Organe von ägyptischen Pharaonen bestattete (siehe Abbildung). Informiert euch über die Hintergründe dieses Begräbniskultes.
  c) Hört euch das Stück an und erstellt ein Polaritätsprofil (▶ **S. 45**) mit den Kategorien hart – weich, lieblich – kühl, fröhlich – traurig, harmonisch – disharmonisch, real – entrückt und tanzend – statisch.
  d) Beantwortet die Ausgangsfrage dieser Aufgabe ausführlich in Form eines Aufsatzes. Bezieht in eure Antwort alle Teilergebnisse dieser Aufgabe mit ein.

4 Recherchiert Informationen zum Komponisten Claude Debussy und schreibt einen Musikersteckbrief.

5 ★ Ordnet die einzelnen Abschnitte in „Musik in Raum und Zeit" (▶ **S. 240–388**) in chronologischer Reihenfolge und haltet die verschiedenen Stationen der Musikgeschichte auf einem Zeitstrahl fest.
  ★★ Ergänzt euren Zeitstrahl mit eigenen Daten aus dem Abschnitt „Musik anderswo" (▶ **S. 288–240**).

?	17./18. Jahrhundert	18./19. Jahrhundert	?
	Musik und die Mächtigen der Zeit	**Alle Welt blickt nach Wien**	

Farben in der Musik 387

Werkzeugkasten

Notenschreiben für Fortgeschrittene

Um Noten leserlich und eindeutig aufzuschreiben, gilt es, bestimmte Regeln zu beachten. Die wichtigsten können mithilfe dieses Werkzeugkastens trainiert werden. Es gibt zudem auch Computersoftware, mit der man Noten aufschreiben kann. (▶ S. 335 f.)

„Notensatzprogramm freeware"
Suchen ○ Im Web

1. Legt Bleistift und Radiergummi sowie ein Lineal zum Zeichnen der Taktstriche bereit.

2. Schreibt den passenden Notenschlüssel, gegebenfalls die Vorzeichen und danach die Taktangabe an den linken Rand der Notenzeile.

   Hinweis: Eine gute Notenschrift zeichnet sich dadurch aus, dass Noten mit größerem Notenwert auch mehr Platz im Takt einnehmen. So kann der Musiker später deutlicher sehen, wie lang er die einzelnen Noten spielen muss. Plant jetzt eure Takteinteilung.

3. Schätzt, wie groß die Takte in dieser Notenzeile werden und wie viele ihr in der Notenzeile unterbringen könnt. Zieht dann die Taktstriche mit dem Lineal.

4. Tragt die Notenköpfe in die vorbereiteten Takte ein. Vermeidet dabei große „Kugelnotenköpfe". Ein kleiner Punkt reicht eigentlich schon als Notenkopf einer Viertel- oder Achtelnote. Alle hohlen Notenwerte sind leicht oval in Richtung der Notenlinien.

5. Fügt jetzt die Notenhälse an. Dabei gilt folgende Regel: Bis zur Note auf der mittleren Notenlinie berühren die Notenhälse den Notenkopf an der rechten Seite und zeigen nach oben. Ab der Mittellinie zeigen sie nach unten und berühren den Notenkopf an der linken Seite.
   Weiterhin gilt, dass die Notenhälse so lang sein sollen, wie das Notensystem hoch ist.

6. Sollen gleiche Noten innerhalb eines Systems zur gleichen Zeit erklingen, müssen sie mit einem Notenhals verbunden werden (Bsp. a). Bei Noten von unterschiedlicher Länge macht die Lage der Noten deren Länge deutlich. Man kann Übersichtlichkeit erzeugen, indem die Notenhälse der hohen Töne nach oben, die der tiefen Töne nach unten reichen (Bsp. b).

7. Schreibt zum Schluss Spielanweisungen hinein. Auch hier entscheidet das eingestrichene h darüber, ob die Spielanweisungen unter oder über die Noten geschrieben werden.

Musiklehre

Poker um Musik

1. Die Karten sind so viel wert wie die Fähigkeiten, mit den abgebildeten Themen umzugehen. Auf welche eurer fünf Karten werden es die Gegner am ehesten abgesehen haben? Begründet eure Vermutung.

2. Ihr wollt eure Karten in die Form einer „Straße" bringen. Überlegt euch eine sinnvolle Reihenfolge, in der ihr euch mit den abgebildeten Themen nacheinander beschäftigen würdet. Erkundigt euch bei Bedarf in diesem Buch, was es mit den Themen auf sich hat.

3. Es steht als Gewinn das Saxofon auf dem Spiel. Allerdings dürfen bei diesem Poker nur Karten ausgespielt werden, deren Themen in irgendeinem Zusammenhang mit dem Saxofon stehen. Formuliert für jede Karte einen solchen Zusammenhang, beispielsweise: „Ein Saxofonist muss sich mit Takt und Rhythmus auskennen, damit ..."

Tonschritte

Stammtöne

Die meisten deutschen Kinder- und Volkslieder, aber auch viele internationale Pop- und Rocksongs, kommen mit nur sieben verschiedenen Tönen aus.

CD 7 / 12

1 Die vier zu hörenden Musikbeispiele sind jeweils dreigeteilt:

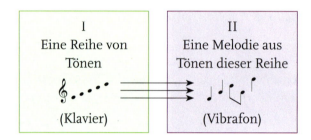

In einem der vier Hörbeispiele werden für die Melodie auch andere Töne als nur die aus der anfänglichen Reihe (I) benutzt. Findet heraus, in welchem.

Die Reihe, die ihr auf dem Klavier gehört habt, beruht auf sieben unterschiedlichen Tönen (der achte entspricht wieder dem ersten). Diese wurden in der europäischen Musik bereits im Mittelalter verwendet. Sie werden „Stammtöne" genannt. Von ihnen stammen weitere Töne ab.

Im Mittelalter hieß der Ton h zunächst noch b. Eine Unterscheidung in das tiefere und das höhere b hat bei dem Letzteren eine eckige Schreibweise („b quadratum") mit sich gebracht, sodass der Buchstabe später als h gelesen worden ist. Aber im Englischen wird der Ton bis heute b genannt. Bedenkt man dies mit, so ist die Folge der Stammtöne leicht verständlich: Es handelt sich um einen Ausschnitt von A bis G aus unserem Alphabet. Er beginnt danach erneut bei A und kann endlos aneinandergereiht werden.

Die Stammtöne entsprechen den weißen Tasten eines Klaviers oder Keyboards.

2 Führt die folgenden Übungen auf den weißen Tasten einer Klaviatur aus und beschreibt die dabei entstehenden Klänge:
   a) Spielt nacheinander jede weiße Taste von tief nach hoch (links nach rechts).

b) Gleitet mit eurem rechten Handrücken auf der Klaviatur hinauf, sodass dieselben Töne dicht nacheinander erklingen.
c) Greift mit einer Hand gleichzeitig zwei Töne, die nicht direkt nebeneinanderliegen, und wandert in dieser Weise aufwärts.
d) Drückt mindestens fünf benachbarte Töne gleichzeitig.

3 Führt die Schritte a) bis d) nun auf den schwarzen Tasten aus und vergleicht jeweils den Höreindruck mit dem des Stammton-Spiels.

Da sich die Stammtonreihe endlos fortsetzt, könnte man eigentlich bei jedem der sieben Töne mit dem Aufzählen beginnen. In der westlichen Musiktradition bevorzugt man die Zählung von C bis zum nächsten C, weil sich viele Lieder in diesem Tonraum bewegen.

4 Merkt euch anhand der Abbildung des Klaviers, wo der Ton C liegt. Spielt und zählt dabei alle Cs auf dem Klavier oder Keyboard in eurer Klasse.

5 Jedes Klassenmitglied nennt reihum einen Ton der Stammtonreihe. Stoppt die Zeit für einen Klassendurchlauf und versucht, euch zu verbessern.

6 Sagt die Stammtonreihe abwechselnd vorwärts und rückwärts auf.

Halbtöne

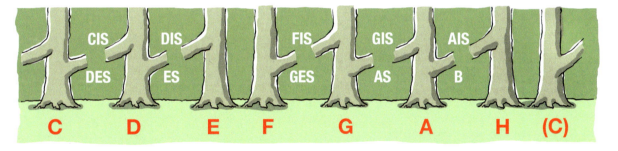

Für manche Lieder und Stücke, vor allem solche, die aus sehr kleinen Melodieschritten bestehen, braucht man mehr Töne, als in der Stammtonreihe vorhanden sind. Diese zusätzlichen Töne liegen zwischen den Stammtönen und halbieren deren Abstand. Auf der Klaviatur sind es die schwarzen Tasten. Sie werden als erhöhte oder erniedrigte Tonstufen von den benachbarten Stammtönen abgeleitet und entsprechend benannt. Beispielsweise wird der Ton Fis (schwarze Taste) als erhöhtes F (weiße Taste) verstanden.

Wir brauchen die schwarzen Tasten manchmal aber auch für die Lieder, die zunächst mit den sieben Stammtönen ausgekommen sind. Wenn nämlich von einem anderen Anfangston aus begonnen wird, erklingt eine gewohnte Melodie oft verfremdet, solange man versucht, sie nur auf den weißen Tasten zu spielen.

1 Ihr seid ein vierköpfiger Chor mit Dirigent. Singt den Kanon zwei- oder vierstimmig. Studiert den Kanon „Frère Jacques" ein. Der Dirigent zeigt an, wann die unterschiedlichen Stimmen einsetzen.

Kanon: Frère Jacques

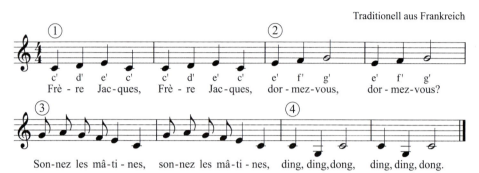

Traditionell aus Frankreich

2 Ihr seid Instrumentalisten und Sänger in einer Band. Spielt nur den Beginn (bis „Jacques") auf einem Klavier, Keyboard oder einem chromatischen Glockenspiel. Singt die entsprechenden Töne dazu.

3 Ein Sänger aus eurer Gruppe beklagt sich, das Lied sei zu tief für seine Stimme.
  a) Fangt also einen Stammton höher an und hört auf den Unterschied zum euch bekannten Melodieanfang. Holt euch dafür den benötigten Anfangston auf dem Klavier ab.
  b) Spielt dafür gegebenenfalls noch einmal von dem Ton C aus.
  c) Ersetzt den „falsch" klingenden Ton durch eine schwarze Taste, bis eure Ohren mit dem Ergebnis zufrieden sind.

4 ★ Ein Bandmitglied von euch versetzt sich in die Rolle einer Gitarristin. Sie möchte lieber mit E beginnen, weil ihr dieser Gitarrengriff besser liegt. Spielt also von E aus und passt wieder den Tonvorrat mithilfe von schwarzen Tasten an.
★ ★ Führt das Ganze zur Übung von allen Stammtönen aus durch.
★ ★ ★ Spielt weiter bis „vous" und wiederholt hierbei die Arbeitsschritte 2 bis 4.

Dass es in Aufgabe 3 zu „falsch" klingenden Melodietönen kam, erklärt sich durch die unregelmäßige Anordnung der sieben weißen und fünf schwarzen Tasten. Wie im Bild der Baum-„Stämme" mit ihren Ästen (s. o.) haben auch die Stammtöne manchmal erhöhte und erniedrigte

Ganzton-Abstand

Halbton-Abstand

Töne neben sich und manchmal stehen sie direkt neben dem nächsten Stammton. Daraus resultiert entweder ein Ganzton- oder ein Halbton-Abstand zweier benachbarter Stammtöne.

Die benachbarten Stammtöne ergeben zusammen Klänge von unterschiedlicher Schärfe, je nachdem, ob sie im Ganzton- oder Halbton-Abstand zueinander liegen.

5 An zwei Stellen liegen weiße Tasten unmittelbar nebeneinander. Zählt, wie weit diese Tastenpaare vom Ton C entfernt sind. Gezählt werden dabei alle Stammtöne einschließlich des beginnenden Tones C.

6 Spielt verschiedene Stammtöne im Ganzton- und im Halbton-Abstand. Beurteilt, welchen der beiden Zusammenklänge eure Ohren als angenehmer empfinden.

7 Findet nur durch das Hören heraus, ob es sich um einen Ganzton- oder um einen Halbton-Abstand handelt.
   a) Ihr hört hierfür verschiedene Beispiele für benachbarte Stammtöne. Haltet zwei vorbereitete Karten mit dem Buchstaben G (für Ganzton) bzw. H (für Halbton) bereit und hebt die passende Karte nach dem jeweiligen Hörbeispiel.
   b) Lasst euch von eurem Nachbarn benachbarte Stammtöne vorspielen und teilt euer Hörergebnis mündlich mit.

Dur und Moll

In den meisten Liedern und Stücken, die euch begegnen, werden nur ein bis zwei schwarze Tasten verwendet. Welche diese sind, wird durch die Tonart vorgegeben. Die Angabe einer Tonart besteht aus einem Tonnamen und einem Tongeschlecht. Zum Beispiel heißt

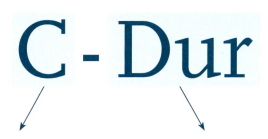

, dass der wichtigste Ton der betreffenden Musik das C ist. Er kommt dort häufig vor und sehr wahrscheinlich erscheint er auch als Schlusston.

, dass man sich unter den beiden heute üblichen Tongeschlechtern „Dur" und „Moll" für das Erste entschieden hat. In Dur und Moll ist die Verteilung der Ganz- und Halbtonschritte unterschiedlich und das wirkt sich sehr auf den Charakter des Stückes aus.

Musiklehre

C-Dur

Halbtonschritte: 3./4.   7./8.

a-Moll „äolisch"

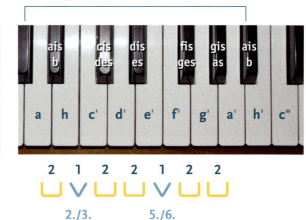

2./3.   5./6.

Hilfreich für das Merken der Schrittfolgen in Dur und Moll sind auch die Lernformeln

2212221 und **2122122**.

Dabei steht die 1 für den Halbtonschritt, die 2 für den Ganztonschritt (= doppelter Halbtonschritt).

In westlichen Musikkulturen ist es verbreitet, Dur als „heiter" und Moll als „traurig" klingend zu empfinden. Schon vor mehr als 200 Jahren schrieb der Komponist Lorenz Christoph Mizler (1711–1778),

„dass, alle Dur=Thone munter scharff und lustig, hingegen alle Moll=Thone, sittsam angenehm und traurig klingen, welches die Erfahrung beweiset."

CD 7 / 13–17

1 Hört die Schlüsse der fünf Stücke an. Singt jeweils den letzten Melodieton nach und findet ihn auf einem Tasteninstrument. Benennt ihn.

2 a) Singt jeweils die gesamte Melodie des Ausschnitts zur CD mit.
b) Bestimmt den Schlusston des Stückes am Klavier. Stellt fest, ob die Tonart zu euren Stimmlagen gepasst hat oder ob sie zu tief bzw. zu hoch für euch lag.
c) Wählt einen entsprechend höheren oder tieferen Ton am Klavier zur Orientierung und singt dieselbe Melodie versetzt, bis ihr die für euch angenehme Stimmlage gefunden habt.

3 a) Versucht zu bestimmen, in welchem Tongeschlecht (Dur oder Moll) die fünf Musikstücke enden. Geht dafür nach einer der beiden Möglichkeiten vor:
– Orientiert euch an den Adjektiven, mit denen L. Chr. Mizler die Tongeschlechter aufgrund seiner eigenen Erfahrung beschreibt.
– Spielt Dur- und Moll-Tonleitern und formuliert eigene Adjektive für die beiden Tongeschlechter, um die Hörbeispiele auf der CD zuzuordnen.
b) Diskutiert, welche Eigenschaften in der Musik – außer der Wahl der Töne – noch einen Einfluss auf die Stimmung haben werden.

4 Lest das Zitat von L. Chr. Mizler noch einmal. Für welches moderne Wort steht „Thone"? Nennt Musikbeispiele, die auf die anderen Adjektive zutreffen, welche Mizler nennt.

5 Legt eine Tabelle an, in der ihr die Abhängigkeit verschiedener Instrumente von Tonarten erfasst. Erkundigt euch, …
   a) … um welche Instrumente der Blockflötenfamilie es sich auf dem Foto handelt und welche Tonarten mit diesen gut spielbar sind.
   b) … welche die gängigen Griffe auf einer Gitarre sind und welche unterschiedlichen Anforderungen es hierbei gibt.

6 Fasst in einem kurzen Statement zusammen, welchen Sinn es hat, dass es in der Musik unterschiedliche Tonarten gibt.

Nur C-Dur und a-Moll kommen ohne schwarze Tasten aus. Für alle anderen Tonarten müssen wir weiße durch benachbarte schwarze ersetzen, damit die Halbtonschritte an den richtigen Stellen sind.
Beispiel: G-Dur benötigt entsprechend den in der Stammton-Reihe noch nicht vorhandenen zweiten Halbtonschritt vor dem oberen g. Statt f muss fis gespielt werden.
In der Abbildung auf ▶ Seite 394 (Klaviatur C-Dur) ist zu erkennen, dass jede schwarze Taste grundsätzlich zwei Tonnamen haben kann; entscheidend ist, von welchem der benachbarten Stammtöne sie abgeleitet ist. Nach unten (links) versetzte Töne erhalten den Zusatz „es" und nach oben versetzte den Zusatz „is" im Namen.

7 Nennt die drei Ausnahmen, die es bei den standardmäßigen Ergänzungen der schwarzen Tastennamen mit -is oder -es gibt.

8 Erläutert, ob man im oben genannten Beispiel zur G-Dur-Tonleiter die benötigte schwarze Taste auch „ges" nennen könnte.

9 Nennt die erforderlichen schwarzen Tasten in den Tonarten
   a) F-Dur und D-Dur,
   b) d-Moll, e-Moll und g-Moll.
   Nehmt hierfür die Merkformeln „2212221" und „2122122" zu Hilfe (▶ S. 394).

10 Informiert euch darüber, wie unterschiedliche Tonarten von Menschen mit einem sogenannten „absoluten Gehör" wahrgenommen werden.

Absolutes Gehör + Tonarten
Suchen ⊙ Im Web

Dreierlei Moll

Das Tongeschlecht Moll kommt in drei verschiedenen Varianten vor:
– äolisches Moll
– harmonisches Moll
– melodisches Moll

Dabei bleiben die meisten Töne unverändert. Nur die von unten aus gezählte 6. und 7. Stufe variieren um einen Halbton.

1 Hört die drei Tonleitern und singt sie mehrmals nach. Beschreibt genau, was sich jeweils verändert und wie diese Veränderung auf euch wirkt.

a-Moll „äolisch"

Spricht man ohne weitere Präzisierungen von Moll, so ist in der Regel **äolisches Moll** (oder auch „natürliches Moll") gemeint. Das a-Moll, das ohne schwarze Tasten auskommt, ist äolisches Moll. Es hat die standardmäßigen Halbtonschritte zwischen der 2./3. und 5./6. Stufe.

Beim **harmonischen Moll** wird der Ton auf der 7. Stufe erhöht:
Anstelle von g' erklingt gis'. Die Erhöhung geschieht, damit von dort aus die 8. Stufe – wie bei Dur – durch einen möglichst kleinen Schritt erreicht werden kann (▶ **Leitton, s. Versetzungszeichen, S. 403 f.**). Im harmonischen Moll entsteht auf diese Weise ein übermäßiger Tonschritt, hier zwischen den Tönen f und gis.

a-Moll harmonisch

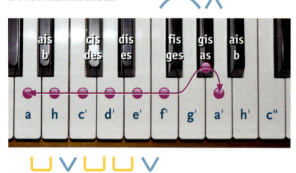

Im **melodischen Moll** ist außer der 7. auch die 6. Stufe erhöht. Das Besondere an dieser Tonart ist, dass sich die Auswahl der Töne mit der Melodierichtung ändert. Ist die Melodie abwärtsgerichtet, so sind sowohl die 7. als auch die 6. Stufe nicht mehr erhöht. Am Beispiel von a-Moll ist zu sehen, dass die abwärtsgerichtete Melodie wieder mit den Stammtönen auskommt – wie im äolischen Moll.

a-Moll melodisch

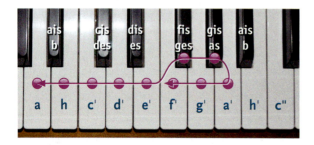

Infobox

Ein **übermäßiger Tonschritt** entspricht drei Halbtonschritten (siehe Abb. a-Moll harmonisch). In westeuropäischer Musik kommt er eher selten vor. Im orientalischen Raum gibt es Tonabstände, die ihm sehr ähnlich sind (▶ **Musik in Bali, S. 232 ff.**). Daher wird der übermäßige Tonschritt gerne eingesetzt, um entsprechende Assoziationen anzuregen (z. B. in Filmmusik).

2 Spielt die drei verschiedenen a-Moll Tonleitern, so wie sie auf den Klaviaturen abgebildet sind, jeweils aufwärts und abwärts auf einem Instrument. Bestimmt nur durch das Hören, ob es ich um äolisches, harmonisches oder melodisches Moll handelt.

3 ★ Spielt eine Tonleiter in natürlichem d-Moll und orientiert euch dabei an der Merkformel 2122122.
★ ★ Benennt die schwarze Taste, die für d-Moll benötigt wird, indem ihr sie von dem richtigen Stammton ableitet.
★ ★ ★ Spielt harmonisches und melodisches d-Moll.

4 Singt eine Tonleiter in harmonischem a-Moll nach und konzentriert euch dabei auf den übermäßigen Tonschritt. Hört, in welchem der drei Musikbeispiele ein solcher übermäßiger Tonschritt vorkommt.

Tanz in dreierlei Moll

Musik: Robert Lang

Musik notiert

Das Notensystem

Viele Musik wird mündlich vermittelt: durch Zuhören und Nachmachen oder durch gemeinsames Improvisieren. Möchte man sich darüber verständigen, wie die Musik gemacht ist, z. B. beim Proben an einem Song, so benötigt man ein Grundwissen über Tonnamen, Tonarten und Rhythmus. Dieses muss nicht unbedingt an einem Notensystem, sondern kann auch direkt am Instrument erlernt worden sein.
Als Merk- und Verständigungshilfe bieten sich Noten jedoch in vielen Situationen an. Vor allem wenn Musik länger und komplizierter und ihre Ausfüh-

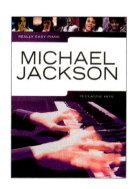

Errol Garner

seit seiner Kindheit erblindet: Andrea Bocelli

rung sehr genau festgelegt ist, werden Noten gerne in Anspruch genommen. Außerdem liegt uns manche Musik, die wir singen oder spielen wollen, überhaupt nur in gedruckter Form vor.

Manche Musikerpersönlichkeiten kamen ganz ohne Notenkenntnisse aus, wie z. B. der Jazzpianist Errol Garner oder der Pop-Star Michael Jackson. Sie konnten sich ihre Musik sehr gut innerlich vorstellen und direkt mit Stimme oder Instrument zum Klingen bringen. Aber auch sie benötigten Hilfe von Kollegen, wenn ihre Musik später mit Noten festgehalten und auch in dieser Form auf den Markt gebracht werden sollte. (▶ **Musikindustrie, S. 214 ff.**)

Ihr könnt durch das Verständnis des Notensystems:
– Musik direkt aus Lieder- oder Songbüchern einstudieren
– Melodien, die ihr selbst erfunden habt, schriftlich festhalten
– den Eigentümlichkeiten und Unterschieden, die ihr in Musik hört, auf den Grund gehen
– leichter ein Instrument erlernen

1 Diskutiert die Bedeutung der schriftlichen Vermittlung von Musik. Setzt euch dabei mit der Annahme auseinander, dass Musik eine „Zeitkunst" sei.

2 Erkundigt euch, in welchen Musikstilen Noten exakt verbindlich sind und in welchen sie als bloße Orientierungshilfe dienen.

3 Immer wieder sind auch blinde Menschen zu großen Musikern geworden. Bringt weitere drei dieser Namen in Erfahrung und informiert euch, mit welcher Art von Notation sich Blinde heutzutage behelfen können.

Hilfslinien

Unser Notensystem hat fünf Notenlinien. Dieses System hat sich im 14. Jahrhundert entwickelt, nachdem vorher Notensysteme mit weniger Linien verwendet worden waren. (▶ S. 335 ff.) Mit fünf Linien wollte man dem Umfang einer Singstimme entsprechen. Inzwischen ist es üblich, das Notensystem stellenweise nach oben oder unten zu erweitern, etwa für Instrumente, die über einen menschlichen Stimmumfang weit hinausgehen. Das geschieht mit kurzen sogenannten Hilfslinien (s. Abb.).

Es wird im Wechsel entweder zwischen oder auf den Linien notiert. Das Notensystem ist auf die Stammtöne ausgerichtet. Ob diese jedoch einen Halb- oder Ganzton auseinanderliegen, ist nicht sichtbar.

Der zeitliche Verlauf wird durch senkrechte Taktstriche gegliedert. Für die Takte wird einheitlich festgelegt, wie lang sie sind, d. h. welche Notenwerte hineinpassen. Verbinden die Taktstriche mehrere Notensysteme, so werden die untereinanderliegenden Takte zeitgleich gespielt. Das sieht man häufig in Orchester-Partituren oder auch in Klaviernoten. (▶ **Klavierauszug Arie des Belmonte, S. 119**)

Notensysteme für Rhythmusinstrumente

Manche Rhythmusinstrumente werden auf genaue Tonhöhen gestimmt, beispielsweise Pauken in einem Orchester. Bei einem Schlagzeug aus Pop oder Jazz ist die Tonhöhe hingegen weniger wichtig als der charakteristische Klang des Instruments. Daher hat bei ihm das Notensystem mit seinen fünf Linien eine andere Funktion: Jede Linie ist für ein Einzelinstrument wie beispielsweise Bassdrum oder Hi-Hat reserviert (s. Abb. 1). Wird nur auf einem einzigen Instrument wie etwa einer Handtrommel gespielt, so reicht auch eine einzelne Notenlinie aus. Notenköpfe werden dann oft durch Kreuze oder schräge Striche ersetzt (Abb. 2).

Abb. 1

Abb. 2

4 Klatscht den angegebenen Rhythmus (Abb. 2) gemeinsam.

5 Erfindet eine Melodie zu diesem Rhythmus und singt diese.

6 Spielt den Rhythmus als Begleitung zu „Die Moorsoldaten" (▶ **Liederanhang, S. 445)**.

7 Erfindet zu diesem Lied einen eigenen Begleitrhythmus, den ihr auch aufschreiben könnt, und präsentiert ihn der Klasse.

Notenschlüssel

Affenkinder, Merengue

Musik: Werner Thomas-Mifune

© Edition Kunzelmann GmbH, CH 8134 Adliswil/Zürich

1 Hört euch den Beginn des Stückes „Affenkinder" an und bestimmt die Instrumente.

2 Die Instrumente setzen nacheinander ein. Vergleicht man die Höhe der jeweils ersten zwei Töne im Notensystem, so scheinen beide Stimmen am Beginn identisch zu sein. Überprüft mit euren Ohren, ob die Melodien beider Instrumente tatsächlich auf derselben Tonhöhe beginnen oder nicht.

Instrumente mit hohen, mittleren und tiefen Stimmlagen nutzen das standardmäßige Notensystem mit seinen fünf Notenlinien. Um bei sehr hohen und sehr tiefen Tönen allzu viele Hilfslinien zu vermeiden, passt man kurzerhand das ganze Notensystem an die verschiedenen Stimmlagen an. Dies geschieht mit Notenschlüsseln. Sie „entschlüsseln" die tatsächlichen Tonhöhen, die sich hinter den Noten verbergen.

 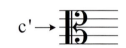 

Es gibt drei verschiedene Notenschlüssel. Jeder von ihnen markiert eine bestimmte Notenlinie und legt deren Tonhöhe fest. Der G-Schlüssel bestimmt die Tonhöhe g'. Er nennt sich Violinschlüssel und wird für hohe Stimmen und hoch spielende Instrumente – wie auch die Violine – verwendet.
Der F-Schlüssel legt die Tonhöhe f fest. Er nennt sich auch Bassschlüssel, da vor allem tief spielende Instrumente ihn verwenden.
Seltener wird der C-Schlüssel verwendet. Er markiert das c' und damit einen mittleren Bereich zwischen Violin- und Bassschlüssel. Der C-Schlüssel war ursprünglich auch für Singstimmen gedacht, wird aber heute hauptsächlich für Instrumente, darunter die Bratsche, verwendet. Daher wird er auch als Bratschenschlüssel bezeichnet.

3 Verwendet die Informationen aus dem Text sowie die Abbildungen auf dieser Seite und fertigt eine Tabelle an. Richtet euch nach der Vorlage.
(▶ Werkzeugkasten, S. 212 f.)

	grafische Abbildung des Schlüssels	diese Notenlinie markiert der Schlüssel meist	folgende Instrumente verwenden den Schlüssel
g'-Schlüssel	?	?	?
c'-Schlüssel	?	?	?
f-Schlüssel	?	?	?

4 Aus welchem Grund sind die Töne g' und c' mit einem Strich versehen? Sucht in diesem Buch nach einer Antwort.

5 Dieselbe Melodie ist in den drei unterschiedlichen Schlüsseln notiert.
  a) Sucht euch den Schlüssel heraus, der euch noch am wenigsten vertraut ist, und notiert die Melodie sowie die zugehörigen Notennamen in eurem Heft.
  b) Spielt die von euch notierte Melodie auf einem Instrument.

6 Schreibt den Melodiebeginn von „Anytime You Need a Calypso" in den beiden anderen Schlüsseln auf (▶ Liederanhang, S. 470).

Musik und Text: Jan Holdstock

© Jan Holdstock

Oktaven im Tonraum

Ein gesundes Gehör kann Frequenzen von etwa 16 Hertz bis 20 000 Hertz (Luftschwingungen pro Sekunde) wahrnehmen. Musiknoten bilden davon nur einen Ausschnitt ab. Das hat mit den Ursprüngen des Notensystems zu tun, das anfangs lediglich dem Umfang einer Singstimme entsprechen musste. Ein doppeltes Notensystem mit Violin- und Bassschlüssel erreicht jedoch immerhin die Töne aller gängigen Orchesterinstrumente und sämtliche 88 Tasten eines Klaviers. Von der unteren Wahrnehmungsgrenze bis ca. 4 000 Hertz können Halb- und Ganztöne somit übersichtlich notiert werden. Natürlich spielen auch die darüberliegenden Frequenzen in der Musik eine große Rolle, denn je nach Instrument schwingen ganz bestimmte Frequenzen als sogenannte „Obertöne" mit und machen so die charakteristische Klangfarbe aus. Sie werden aber nicht im Notensystem berücksichtigt.

> **Infobox**
>
> **Bandbreite** ist der Abstand zwischen den Frequenzen einer gegebenen Ober- und Untergrenze. Der Begriff stammt aus der Akustik und der Elektrotechnik.

> **Infobox**
>
> Der Begriff **Oktave** bezeichnet zweierlei: zum einen den Frequenzbereich, der zwischen einem Ton C und dem nächsthöheren (oder -tieferen) C für Musik zur Verfügung steht; zum anderen den Abstand von acht Tönen, gemessen von einem beliebigen Anfangston aus. (▶ Intervalle, S. 417 ff.)

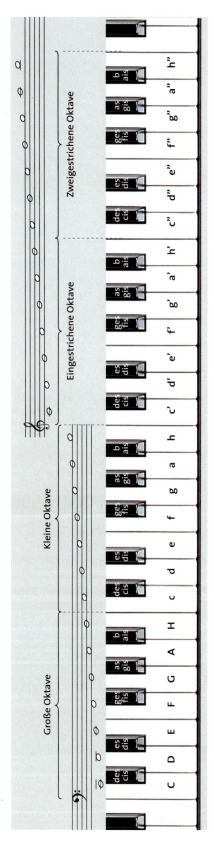

1 Recherchiert die Bandbreite ...
  a) ... eurer MP3-Kopfhörer,
  b) ... eines hochwertigen Studio-Kopfhörers,
  c) ... des UKW- und des Mittelwellen-Rundfunks.

Geht auf die Suche z. B. zu Hause, in der Bibliothek

2 Hört heraus, in welcher Reihenfolge die drei soundbearbeiteten Hörbeispiele mit Hervorhebung
  – hoher
  – mittlerer
  – tiefer Frequenzen auf der CD zu hören sind.

🎧 CD 7 / 25 – 27

Unter Verwendung weniger Hilfslinien haben in einem doppelten Notensystem mit Violin- und Bassschlüssel vier Oktaven Platz. Man unterscheidet von unten nach oben die

große Oktave → Großschreibung des Tonbuchstabens
kleine Oktave → Kleinschreibung des Tonbuchstabens
eingestrichene Oktave → Kleinschreibung + hochgestellten Strich
zweigestrichene Oktave → Kleinschreibung + 2 hochgestellte Striche

Das eingestrichene c' in der Mitte der links abgebildeten Tastatur dient auf Tasteninstrumenten häufig als Orientierung für die Sitzposition. Man nennt es auch das „Schlüssel-" oder „Schlüsselloch-C" und findet es in der Nähe des Klavier-Schlüssellochs.

2 Ihr hört dieselbe Melodie viermal, aber in unterschiedlicher Höhe. Bestimmt die Reihenfolge, in der die vier genannten Oktaven als Tonräume genutzt werden, sowie das jeweilige Instrument.

🎧 CD 7 / 28 – 31

3 Ursprünglich kommt der Name „Schlüssel-C" daher, weil der früher für Gesang hauptsächlich verwendete C-Schlüssel (heute: Bratschenschlüssel) genau dieses eingestrichene c' festlegt. Findet entsprechend die vom Violin- und Bassschlüssel angegeben Tasten in den korrekten Oktaven.

4 Seht mindestens fünf in diesem Buch abgedruckte Lieder durch und fasst zusammen, welche Oktave für Liedmelodien die gebräuchlichste ist.

5 Recherchiert die Position und Spielweise des eingestrichenen c' auf einem Blasinstrument und einem Saiteninstrument eurer Wahl.

Geht auf die Suche z. B. zu Hause, in der Bibliothek

Versetzungszeichen

Töne, die nicht in der Stammtonreihe vorkommen, z. B. die schwarzen Tasten auf einem Klavier, werden im Notensystem entsprechend gekennzeichnet: entweder direkt vor der Note (Versetzungszeichen) oder am Beginn einer Notenzeile (Vorzeichen) mit automatischer Auswirkung auf alle nachfolgenden Stammtöne des betreffenden Namens. Ein Kreuz erhöht, ein b erniedrigt den abgebildeten Stammton um einen Halbton. Ein Auflösungszeichen hebt die Wirkung von # und b auf.
Der historisch früheste Anlass für ein # war der Wunsch mancher Hörer, dass der Schlusston einer Melodie durch einen möglichst kleinen Tonschritt erreicht werden sollte. Daher hat man den vorletzten Ton erhöht und aus einem Ganztonschritt einen Halbtonschritt gemacht, der die Melodie spürbar in den Schlusston leitet. Noch heute heißt ein hinführender Ton dieser Art „Leitton".

Kreuz, b und Auflösungszeichen

Ein durch ein Kreuz erzeugter Leitton (G. P. Palestrina, „Benedictus")

1 Die folgenden Lieder enden in ihrem Original mit einem Halbtonschritt.
   a) Notiert die abgedruckten Melodie-Ausschnitte in eurem Heft. Überprüft bei dem letzten Tonschritt, ob es sich von den Stammtönen her um einen Ganzton handelt, und setzt in diesem Fall vor die vorletzte Note ein Kreuz, um sie zu einem Leitton zu machen.
   b) Spielt jeden Melodie-Ausschnitt ohne und mit Vorzeichen auf einem Instrument und singt ihn nach. Beschreibt dann den Klangcharakter von Leittönen.

Im 18. Jahrhundert wurden # und b immer häufiger auch so gesetzt, dass keine schwarze, sondern eine weiße Taste das Ergebnis war. Einbezogen wurden somit die Töne eis (gesprochen: e-is), his, fes und ces. Es können seither also durchaus Stücke vorkommen, in denen alle sieben Stammtöne erhöht sind. Sogar ein doppelt versetzter Ton ist möglich. Für ihn wurden das Doppelkreuz und das Doppel-b erfunden.

Doppelkreuz und Doppel-b

2 Nennt die Stammtöne, deren Tonhöhen mit denen der versetzten Töne eis, his, fes und ces identisch sind.

3 Findet und benennt alle versetzten Töne in Thomas-Mifunes Stück „Affenkinder" (▶ S. 399).

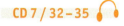

4 Ihr hört „Fälschung und Original" zweier Melodien. Zunächst erklingt jede Melodie mit einem falschen Ton, denn bei diesem fehlt ein nötiges Versetzungszeichen. Danach folgt die korrekte Melodie.

    ★   Schreibt die abgedruckte unvollständige Melodie ab.
    ★ ★   Kreist beim Hören denjenigen Ton in eurem Heft ein, der sich zwischen Fälschung und Original verändert hat.
    ★ ★ ★ Hört, ob sich der Ton, den ihr eingekreist habt, im Original erhöht oder erniedrigt, und notiert das entsprechende Versetzungszeichen.

5 Fasst die Gründe zusammen, die zum Einsatz von Versetzungszeichen führen. Berücksichtigt dabei auch die Informationen auf ▶ S. 391 ff.

Fälschung 1

Fälschung 2

Regeln zur Tonbestimmung

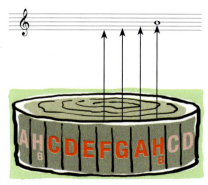

Um Töne richtig bestimmen zu können, benötigt ihr etwas Vorwissen. Erstens müsst ihr die Stammtonreihe kennen (▶ S. 390 f.), zweitens die Notenschlüssel und ihre Funktionen verstehen.

Geht in folgenden Schritten vor:
1. Bestimmt eine Linie des Notensystems mithilfe des vorgezeichneten Notenschlüssels.
2. Zählt von dieser Notenlinie gemäß der Stammtonreihe entweder auf- oder abwärts bis zu dem Ton, der bestimmt werden soll. Die Stammtöne liegen im Wechsel auf und zwischen den Notenlinien.

3. Stellt fest, in welcher Oktave sich der Ton befindet (▶ S. 401f.) und wählt die richtige Schreibweise für den Tonnamen. Beachtet dabei, dass jede neue Oktave mit dem Ton C (bzw. c, c', c") beginnt.

Michael Praetorius

1. Schreibt das Lied ab (▶ **Werkzeugkasten, S. 387**) und bestimmt die einzelnen Töne.
2. Spielt das Lied auf einem Instrument, das mit Tonbuchstaben gekennzeichnet ist (z. B. einem Glockenspiel).
3. Singt das Lied. Verwendet als Text zunächst die Notennamen.
4. Singt das Lied im Kanon.
5. Erfindet einen Text, der zu dieser Liedmelodie passt.

Bassstimme zum Kanon „Heller Schall"

6. Schreibt die Bassstimme ab und geht vor wie in den Aufgaben 1 bis 3.
7. Teilt euch in mehrere Gruppen und singt die Bassstimme zum Kanon.
8. Bestimmt folgende Töne und spielt sie auf einem Instrument:
   a) den sogenannten „Kammerton". Ihn nehmen die Musiker traditionell, um ihre Instrumente zu stimmen.
   b) den tiefsten Ton, der auf einem Violoncello gespielt werden kann.
   c) die drei Töne, die der Sender Freies Berlin (seit 2003: rbb) als Pausenzeichen verwendet hat.
   d) die vier ersten Töne aus einer Fuge (▶ S. 69ff.), die Robert Schumann zu Ehren seines Vorbildes Johann Sebastian Bach komponiert hat.

Tonarten – Tonleitern

Tonarten definieren sich durch
- einen Ton mit zentraler Bedeutung,
- eine Auswahl von Tönen (Tonvorrat).

Im Notensystem sind Tonarten am besten durch Tonleitern darzustellen.

Parallele Tonarten

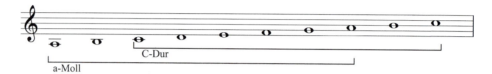

C-Dur und a-Moll (äolisch) haben denselben Tonvorrat. Keine der beiden Tonarten benötigt Vorzeichen. Wenn eine Dur- und eine Molltonart dieselbe Anzahl Vorzeichen hat, spricht man von Parallel-Tonarten. Jede Molltonart liegt eine kleine Terz unterhalb ihrer parallelen Durtonart.

1 Schreibt das Notenbeispiel (Parallele Tonarten) ab und markiert in eurem Heft, zwischen welchen Noten die Halbtonschritte in Dur und in Moll liegen. Nehmt dafür ggf. die Abbildungen der Klaviaturen zu Hilfe (▶ **Dur und Moll, S. 393 ff.**).

2 ★ Erfindet auf dem Notenpapier zwei kurze Melodien mit maximal acht Noten, einmal in C-Dur mit dem Schlusston c' und einmal in a-Moll mit dem Schlusston a'. Spielt und singt die Kompositionen. Überarbeitet die Stellen, die euch noch nicht zufriedenstellen.
★★ Im Fall von a-Moll könnt ihr auch gis' statt g verwenden (harmonisches Moll).

Auf jeder Stufe ist es möglich, eine Dur- oder eine Molltonleiter zu bilden. So kann Musik den instrumentalen und stimmlichen Möglichkeiten optimal angepasst werden.
Die Vorzeichen, die jeweils nötig sind, errechnet man entweder anhand der festen Ganz- und Halbtonreihenfolge, oder man bedient sich eines praktischen Werkzeugs, das die Vorzeichenart und -anzahl für alle Tonarten bereitstellt: des Quintenzirkels. (▶ **Werkzeugkasten, S. 430 f.**)

3 Der Beginn des Songs „About a Girl" (Nirvana) wechselt zwischen e-Moll und der parallelen Durtonart G-Dur.
   a) Hört den Ausschnitt des Originals an und spielt auf einem Instrument die sich abwechselnden Grundtöne e' und g' an der richtigen Stelle mit.
   b) Legt ein Notensystem mit dem passenden Vorzeichen zu G-Dur/e-Moll an und notiert über vier Takte die von euch gespielten Töne e' und g' (in halben Noten).
   c) ★   Erfindet zum Song von Nirvana ein Solo (▶ Jazz, S. 158 ff.) und beachtet dabei das Vorzeichen.
      ★★ Wenn ihr eine kleine Melodie aus ungefähr vier Tönen erfunden habt, die euch gut gefällt, dann notiert diese in eurem G-Dur/e-Moll-Notensystem.

4 Ermittelt, welche parallelen Molltonarten zu D-Dur, E-Dur und B-Dur gehören, und notiert jeweils den Beginn eines Notensystems mit den richtigen Vorzeichen. Überprüft die Ergebnisse am Quintenzirkel.

Modi (Kirchentonarten)

Seit dem 18. Jahrhundert haben sich die Tongeschlechter Dur und Moll im europäischen Kulturraum weitgehend durchgesetzt. Bis dahin waren Dur und Moll jedoch gleichberechtigt neben weiteren Möglichkeiten der Positionierung von Ganz- und Halbtonschritten. Diese Möglichkeiten eröffnen sich, wenn man über c oder a hinaus auch andere Töne zum Ausgangspunkt von Tonleitern nimmt, dabei jedoch auf jegliche Vorzeichen verzichtet. Jede dieser Tonleitern entspricht einem anderen Modus.

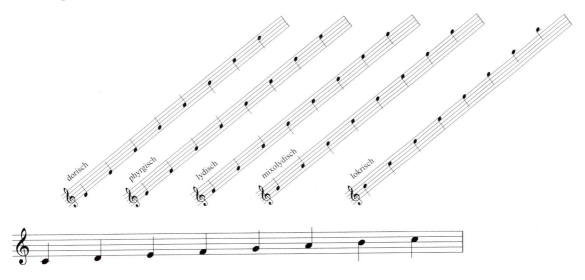

Die Kirchenmusik des Mittelalters wurde ausschließlich in diesen Modi komponiert, daher ist für Modus auch der Begriff Kirchentonart üblich. In der mittelalterlichen Kirchenmusik waren jedem Modus ein bestimmter Charak-

ter und bevorzugte Melodieformeln zugeordnet. Außerdem konnte die Tonleiter eines jeden Modus entweder mit dem 1. oder mit dem 5. Ton beginnen. Im letzteren Falle wurde dem Namen des Modus das Präfix *hypo-* hinzugefügt. Modales Komponieren ist auch in weltlicher Musik verbreitet. In Rock-/Pop- und Filmmusik sowie im Jazz kommt es neben Dur und Moll noch heute vor.

Bsp. 1: Gregorianischer Gesang – Alleluia:

Bsp. 2: Shanty – What Shall We Do …:

Traditionell aus England

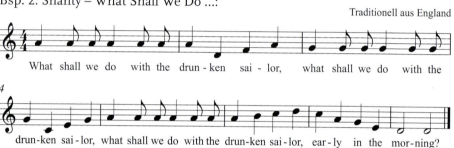

1 Bestimmt die Position der Halbtonschritte in allen Modi.

2 a) Singt das „Alleluia" und markiert in der Melodie eine Stelle, die euch besonders altertümlich vorkommt.
b) Bestimmt den Modus und vergleicht die Position der Halbtonschritte mit denen von Dur. Überprüft, ob der Unterschied im Zusammenhang mit der von euch zuvor markierten Stelle steht.

3 Singt das Lied „What Shall We Do With the Drunken Sailor" und bestimmt den Modus.

4 Notiert alle Modi ausgehend vom Ton e'.

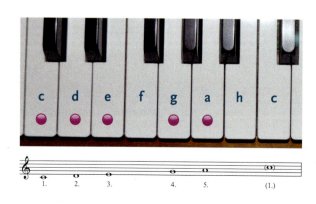

Pentatonik

Fünf Töne umfasst die pentatonische Leiter. Sie ist weltweit in der Musik zahlreicher Kulturen nachweisbar. Auch der Tonvorrat vieler deutscher Volkslieder, vor allem Kinderlieder, geht auf sie zurück.

In Rock- und Jazzmusik wird Pentatonik gerne zum Improvisieren verwendet. (▶ **Blues, S. 320 ff.**)

Eine pentatonische Leiter besteht aus Ganztonschritten und Kleinterzen. Die schwarzen Tasten einer Klaviatur entsprechen genau dem Tonvorrat einer Pentatonik, die vom Ton fis/ges ausgeht.

🎧 CD 7 / 37

1. Hört das Playback oder lasst von jemandem, der Klavier spielen kann, die unten stehende Begleitung spielen. Improvisiert dazu auf den schwarzen Tasten Melodien.

2. Benennt die Töne der schwarzen Tasten, einmal vom fis und einmal vom gis aus. Welche Töne würden die pentatonische Leiter zu einer Dur-Tonleiter ergänzen? Beschreibt den unterschiedlichen Klang beider Leitern.

3. Notiert pentatonische Leitern von den Tönen d', f' und a' aus.

4. Findet ein Volks- bzw. Kinderlied, das mit dem pentatonischen Tonvorrat spielbar ist.

Geht auf die Suche
z. B. zu Hause, in der Bibliothek

5. Findet jemanden, der den sogenannten „Flohwalzer" spielen kann, und stellt fest, ob der Begriff Pentatonik hier eine Berechtigung hat.

Klavierbegleitung zur pentatonischen Improvisation

Die chromatische Tonleiter

Werden alle zwölf Töne unseres Tonsystems hintereinander gespielt, erhält man eine chromatische Tonleiter. Da jeder Ton durch einen Halbtonschritt zum nächsten hinleitet, kann Chromatik einen anhaltenden Zustand gespannter Hörerwartung erzeugen. Über Jahrhunderte haben Komponisten mit aufsteigenden chromatischen Tonleitern experimentiert, um Dramatik zu steigern, und mit absteigenden, um einen Ausdruck von Klage zu bewirken. Die Filmmusik des 20. Jahrhunderts hat diese Erfahrungen übernommen.

1 Spielt die chromatische Tonleiter auf einem Instrument.

2 Hört den Beginn der Ouvertüre von G. Verdis Oper Nabucco. Er enthält einen Ausschnitt aus der chromatischen Tonleiter.
  a) Nennt die Instrumente, welche die Chromatik spielen.
  b) Bestimmt die Töne des Notenbeispiels und setzt die Linie am Ende bis zum g fort.
  c) Beschreibt die Wirkung des Hörbeispiels und benennt gegebenenfalls zusätzliche Eigenschaften der Musik, die zu dieser Wirkung beitragen.

3 Spielt die chromatische Melodie aus dem Notenbeispiel nach und singt dabei mit. Spielt und singt die Melodie anschließend abwärts und beschreibt mögliche Unterschiede im Charakter der Musik.

G. Verdi: Ouvertüre zur Oper Nabucco

Rhythmus

Grundschlag, Metrum und Rhythmus

1 Ihr hört zwei verschiedene Rhythmen. Geht dazu im Raum, bis ihr für euch einen passenden Grundschlag gefunden habt, mit dem ihr eure Füße gleichmäßig nacheinander aufsetzt.

2 Findet beim Gehen heraus, ob jeweils eine ungerade oder eine gerade Zahl von Schritten eine Einheit bilden (z. B. Dreier- und Vierer-Takt).

Musikalische Ereignisse finden in einem zeitlichen Verlauf statt. Dieser kann als „Rhythmus" organisiert sein, das heißt, er wird durch die Ebenen des Grundschlages, des Metrums und des Rhythmus strukturiert.

Als **Grundschlag** (oder „Puls") bezeichnet man eine längere regelmäßige Abfolge gleicher oder ähnlicher Schallereignisse. Beispiel: ein tropfender Wasserhahn

Ein **Metrum** entsteht, wenn der Grundschlag durch wiederkehrende Betonungen in regelmäßige Einheiten unterteilt wird. Diese Einheiten werden „Takte" genannt. Beispiel: Zu jedem vierten Tropfen wird mit der Faust auf einen Tisch geschlagen (= Vierer-Takt).

Ein **Rhythmus** im engeren Sinne entsteht, wenn das bestehende Metrum mit Schallereignissen beliebiger Länge ausgefüllt wird. Beispiel: Zu den Tropfen und Faustschlägen kommt ein Klopfzeichen hinzu, durch das sich ein befreundeter Nachbar zu erkennen geben möchte.

3 Setzt die beschriebenen Ebenen des Rhythmus in die Realität um.

4 Seht euch die Zeichnung an und ordnet den drei Wettkampfteilnehmern die Begriffe Grundschlag, Metrum und Rhythmus zu. Begründet euer Vorgehen.

5 Wählt passende Geräusche und stellt exakt die rhythmische Kulisse dieses Wettkampfes nach. Übt die Gleichzeitigkeit der betreffenden Stellen und präsentiert das Ergebnis euren Mitschülern.

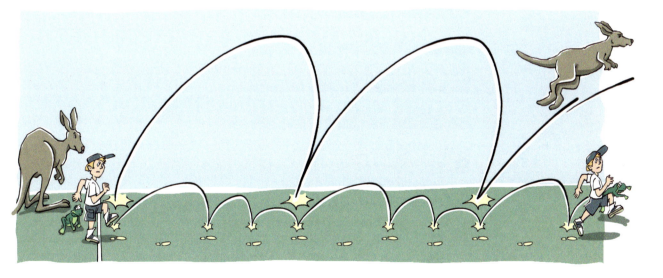

Notenwerte

Bei alltäglichen Zeitverläufen schauen die Menschen entweder auf den genauen Wert nach Uhr und Kalender (absolute Zeit) oder es reicht ihnen, aufgrund von Vergleichen eine Einschätzung vorzunehmen, die keinen Wert in Minuten, Stunden, Tagen usw. benötigt (relative Zeit).

1 Diskutiert anhand folgender Beispiele, ob ihr euch eher am absoluten Zeitwert oder an anderen Maßstäben orientiert:
a) eine Schlange an der Supermarktkasse
b) der Bau eines achtstöckigen Hauses
c) das nahende Weihnachtsfest
d) eine Busstrecke
e) die Jahreszeiten
f) die maximale Spielzeit eures MP3-Players
g) die Schuldauer, wenn es Hitzefrei geben würde.

In der Musiknotation werden Tondauern durch Notenwerte symbolisiert. Diese vermitteln keine absolute Dauer (etwa: 0,4 Sekunden o. Ä.), sondern bilden Verhältnisse ab.

Notenwerte orientieren sich am Metrum. Und da die häufigste Taktart westeuropäischer Musik der Vierer-Takt ist, wird bei der Systematisierung der Notenwerte von einem ganzen Takt ausgegangen, der vier Grundschläge enthält. Vier Viertelnoten füllen den „4/4-Takt". Die übrigen Notenwerte ergeben sich durch Division.

4/4 Takt

Straßen-Abschnitte als Zeitwerte – und entsprechende Notenwerte

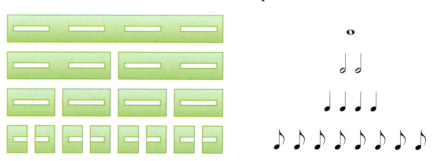

2 Fahrt mit einem kleinen Gegenstand gleichmäßig von links nach rechts über die Straßen-Abschnitte.
Euer Partner erzeugt dazu mit der Stimme einen Ton oder ein Geräusch, das deutlich macht, wann ein neuer Einzelabschnitt befahren wird. Zählt einmal bis 4, bevor es losgeht. Das Tempo beim Vorzählen soll dem Verlauf von vier Vierteln entsprechen.

3 Zeichnet gemäß der Vorlage Straßenabschnitte und schneidet sie nach den Werten von ganzen Noten (1), halben Noten (2), Viertelnoten (4) und Achtelnoten (8) aus. Legt die auf S. 413 stehenden Rhythmen nach und vertont sie wie in Aufgabe 2.

4 a) Legt nun eigene Kombinationen unterschiedlich großer Straßenabschnitte und vertont diese. Die aneinandergereihten Teile sollen insgesamt genau die Länge von vier Vierteln erreichen.

b) Schreibt die Musiknoten der entsprechenden Notenwerte in einen Takt (s. Bsp. unten).

5 Legt in drei Reihen die Straßenabschnitte so, wie sie dem Bild mit dem Wettkampf (▶ S. 411) entsprechen, und schreibt anschließend den Rhythmus in richtigen Notenwerten auf.

6 Nennt Vorteile, die sich daraus ergeben, dass Notenwerte in Verhältnissen und nicht als absolute Zeitwerte angegeben werden.

Damit die Anzahl unterschiedlicher Notenwerte überschaubar bleibt, werden in einem Dreiertakt ebenfalls Viertelnoten verwendet. Ein Dreiertakt mit drei Viertelnoten gilt als voll, auch wenn dies mathematisch widersprüchlich erscheint. (▶ Taktarten, S. 415 f.)
Für jeden Notenwert gibt es einen Pausenwert gleicher Dauer. In manchen Fällen gibt es mehrere Möglichkeiten, ein Stück Musik zu notieren. Es hängt davon ab, wie lange ein Ton des verwendeten Instruments ausklingt (s. Abb. rechts).

derselbe Rhythmus, lang und kurz angeschlagen

Ganze Note	𝅝	4 Schläge	𝄻	Ganze Pause
Halbe Note	𝅗𝅥	2 Schläge	𝄼	Halbe Pause
Viertelnote	𝅘𝅥	1 Schlag	𝄽	Viertelpause
Achtelnote	𝅘𝅥𝅮	1/2 Schlag	𝄾	Achtelpause
Sechzehntelnote	𝅘𝅥𝅯	1/4 Schlag	𝄿	Sechzehntelpause

7 Notiert den Rhythmus des Frosches aus dem Wettrennen (▶ S. 411), instrumentiert für ...
a) ... eine Handtrommel; es sollen nur Viertelnoten und Viertelpausen verwendet werden.
b) ... Claves; es sollen nur Achtelnoten verwendet werden, dazu alle notwendigen Pausen, um den Takt aufzufüllen.

Spezielle Notationen von Tondauern

Manche Rhythmisierungen haben Probleme aufgeworfen und zusätzliche Möglichkeiten der Notation erfordert.

414 Musiklehre

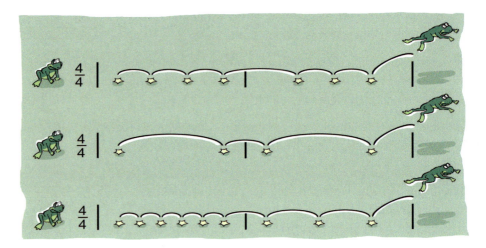

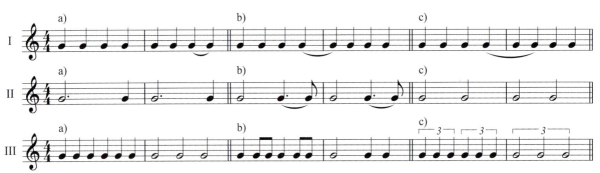

1 a) Klatscht die drei Sprungrhythmen des Frosches gemäß den Bildern.
b) Von den Notenbeispielen ist pro Zeile nur eine Version (a, b oder c) korrekt gemäß dem Frosch-Bild notiert. Findet gemeinsam mit eurem Sitznachbarn heraus, welche.

I Der Haltebogen verbindet einzelne Noten gleicher Tonhöhe miteinander, sodass nur ein einzelner langer Ton erklingt. Dieser Notenverbund hat so viele Schläge wie die Summe aller verbundenen Töne. Auf diese Weise kann auch ein Taktstrich überbrückt werden.

II Ist hinter einer Note ein Punkt gesetzt, so verlängert sich die Tondauer um die Hälfte. Bei diesen eineinhalbfachen Notenwerten spricht man von punktierten Noten.

III Die Triole ist die einzige Möglichkeit, einen durch drei teilbaren Rhythmus grafisch darzustellen. Dazu werden eine Klammer und die Ziffer 3 zu den Noten geschrieben. Dies zeigt an, dass drei gleich lange Töne auf die Zählzeiten von zwei Noten desselben Wertes aufgeteilt werden sollen.

2 Die Abbildungen 1 bis 3 zeigen jeweils ein Beispiel für Haltebögen, Punktierungen und Triolen. Schreibt die Beispiele ab, beschriftet sie in eurem Heft und verfasst eine kurze Erklärung in Form eines Reimes.

Rhythmus

3 Findet eine andere Möglichkeit, die Rhythmen aus den folgenden Notenbeispielen darzustellen. Haltet die Lösung schriftlich fest.

4 Sucht in diesem Buch weitere Beispiele für Haltebögen, Punktierungen und Triolen und benennt die entsprechenden Stellen im Notentext (▶ Werkzeugkasten: Orientierung im Notentext, S. 340 f.).

one – two – three – four!

Taktarten

Takte gliedern Musikstücke in Einheiten gleicher Länge. Die Taktnummerierung ist daher eine gute Orientierung für gemeinsames Üben und Musizieren. Es gibt Taktarten mit unterschiedlichen Anzahlen von Schlägen. Wie bei dem folgenden Basketball-Dribbling beginnt jeder Takt mit einem betonten Schlag.

1 Einer von euch dribbelt mit einem Basketball, die anderen klatschen dazu gleichmäßig, sodass pro Dribbling a) zwei b) vier c) drei Schläge erklingen. Findet beim Dribbeln jeweils ein Tempo, zu dem sich bequem und regelmäßig klatschen lässt.

Wir beginnen noch einmal in Takt 125.

2 Improvisiert mit verschiedenen Taktarten. Dazu braucht ihr als Taktstrich eine Schnur und als Noten einige Stifte.
  a) Legt einen Taktstrich so, dass zwei leere Takte entstehen.
  b) Legt für einen Vierer-Takt zweimal vier Stifte vertikal in die Takte. Zählt bis 4 vor und klatscht diese zwei Takte mehrmals hintereinander, wobei der erste Schlag pro Takt etwas lauter sein soll.
  c) ★ Dreht nun Stifte eurer Wahl um 90 Grad. Diese horizontalen Stifte sollen Pausen symbolisieren. Klatscht das Ergebnis.
    ★ ★ Führt dieselbe Übung mit anderen Taktarten durch.
    ★ ★ ★ Findet einen Gegenstand, der einen halb so großen Notenwert symbolisieren soll (z. B. einen Radiergummi). Ersetzt einen Stift durch zwei dieser kleineren Gegenstände und erfindet auf diese Weise weitere Rhythmen.

Beispiel-Anordnung von Stiften für Aufgabe 2

Im Notentext ist die Taktart direkt hinter dem Notenschlüssel angegeben. Die untere Zahl bezieht sich auf den Notenwert des Pulses und die obere Zahl legt fest, wie viele Noten dieses Wertes einen ganzen Takt ergeben.

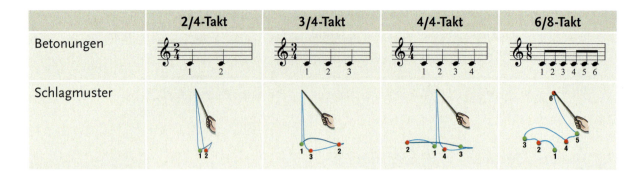

Infobox

Für den 4/4-Takt wird seit dem Mittelalter auch das Zeichen 𝄵 verwendet.

Auch Dirigenten richten sich bei ihren Bewegungen nach Taktarten, wenn sie mit ihren Gebärden Musikensembles anleiten. Den speziellen Verlauf, mit dem der Taktstock geführt wird, nennt man Schlagmuster. In ihm kommt auch zum Ausdruck, dass es außer der Hauptbetonung am Taktanfang noch weitere Betonungen geben kann.

3 Übt die Schlagmuster und führt sie anschließend zu einem Grundschlag aus, den die Mitschüler entweder klatschen oder dribbeln. Als Dirigent entscheidet ihr über das Tempo.

4 Formuliert Merksätze zu den Taktarten und beschreibt darin die Betonungsschwerpunkte.

5 Findet musikbezogene Wörter, die den Taktarten entsprechen (z. B. Kontrabass für 3/4 oder Notenständer für 4/4) und improvisiert daraus Sprechstücke, die ihr mit den passenden Schlagmustern anleitet.

6 Findet in diesem Buch zu jeder Taktart ein Lied. Singt die Lieder und dirigiert dazu.

7 a) Schreibt ein Lied um, indem ihr ihm eine andere Taktart gebt. (▶ **Werkzeugkasten: Noten schreiben, S. 387**)
b) Singt das Lied in der veränderten Taktart und achtet darauf, dass ihr die Betonungen an der richtigen Stelle macht.
c) Tauscht euch über eure Erfahrungen aus.

Auftakte

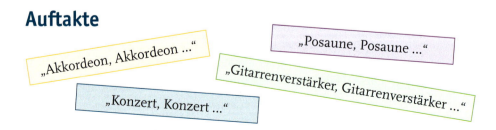

1 a) Sprecht jedes der Wörter einige Male hintereinander und ordnet es einer der Taktarten (2/4, 3/4, 4/4, 6/4) zu.

b) Lasst während des Sprechens von einem Mitschüler den Takt durchzählen (z. B. 1-2-3-1-2-3 usw.) und überprüft, wie sich die Taktgrenzen zu den Wörtern verhalten.

In Takten ist der erste Schlag üblicherweise betont. Manche Lieder und Stücke fangen aber (wie viele gesprochene Wörter auch) genau entgegengesetzt an, also unbetont. In solchen Fällen werden die beginnenden unbetonten Noten noch vor den ersten Taktstrich gesetzt. Es entsteht einmalig ein verkürzter „Auftakt", der weniger Schläge hat, als es die Taktart eigentlich vorschreibt.

Damit die Rechnung der Taktschläge insgesamt aufgeht, werden die vorgelagerten Notenwerte des Auftaktes im letzten Takt wieder abgezogen. Der Abschnitt schließt mit einem scheinbar unvollständigen Takt (▶ „Die Gedanken sind frei", s. o. und S. 450)

2 Hört darauf, ob es sich um einen auftaktigen oder um einen volltaktigen Melodiebeginn handelt. Macht eure Entscheidung dadurch sichtbar, dass ihr entweder aufsteht (Auftakt) oder sitzen bleibt (Volltakt). 🎧 CD 7 / 41–44

3 Notiert den Rhythmus des folgenden Verses auf der mittleren Notenlinie und kürzt den Schlusstakt unter Berücksichtigung des Auftaktes ab:
„Zu Speyer im Saale, da hebt sich ein Klingen,
mit Fackeln und Kerzen ein Tanzen und Springen"
(Ludwig Uhland: Graf Eberstein)

4 Recherchiert die umgangssprachliche Bedeutung, die der Begriff „Auftakt" außerhalb der Musiklehre hat, und findet dazu drei Beispiele.

Von Ton zu Ton

Intervalle

Melodie 1 🎧 CD 7 / 45

CD 7 / 46 Melodie 2

1 Singt die beiden Melodien nach.
   a) Beschreibt, bei welcher Melodie euch das Singen leichter fiel.
   b) Sucht nach möglichen Ursachen für eure Erfahrungen und diskutiert diese. Bezieht die Noten dabei mit ein.

Melodien bewegen sich in kleinen Schritten oder größeren Sprüngen, wenn sie nicht gerade auf einer Tonhöhe verharren. Die Abstände zwischen zwei Tonhöhen werden „Intervalle" genannt und mit lateinischen Begriffen versehen (s. Tabelle). Intervalle prägen den Charakter von Melodien und führen zu sehr unterschiedlichen sing- und spieltechnischen Anforderungen. Auch bei gleichzeitig erklingenden Tönen, beispielsweise auf dem Klavier oder der Gitarre, spricht man von Intervallen.

	Intervall-bezeichnung	Klaviatur	Noten	Ein Liedanfang als Merkhilfe (aufsteigende Melodien)
1. Ton	Prime			Hava Nagila
2. Ton	kleine Sekunde			Kommt ein Vogel geflogen
	große Sekunde			Deutsche Nationalhymne
3. Ton	kleine Terz			Ein Vogel wollte Hochzeit machen
	große Terz			Oh When the Saints
4. Ton	Quarte			O Tannenbaum
	Tritonus/übermäßige Quarte verminderte Quinte			The Simpsons Thema

2 Benennt die Intervalle der Melodien 1 und 2. (S. 417/418)

3 Fertigt ein „Intervall-Lineal" an, das zur Bestimmung aller Intervalle von der Prime bis zur Oktave dient. Es soll an die Größe der Tastatur auf S. 402 angepasst sein, sodass durch Verschieben von jedem Ton der Klaviatur aus das genaue Intervall zwischen zwei Tönen bestimmt werden kann.

Wenn Melodien beschrieben werden, vergleicht man sie häufig mit Bewegungen in der Natur (s. Zitate 1 und 2). Alle Beschreibungen dieser Art beziehen sich indirekt auf die wichtigste Eigenschaft einer Melodie: die individuelle Folge von Intervallen.

Zitat 1:
„... eine rasche und zarte Melodie; wie ein dünnes Bächlein: so als ob man eine Kette von sehr kostbaren Perlen löste ..."
Aus der Oper Franz von Assisi von O. Messiaen, 1983

Zitat 2:
„... streicht die Melodie wie ein leichter Wind über die Ebene"
Aus der Besprechung eines Konzerts mit mittelamerikanischer Gitarrenmusik, 2002

4 Orientiert euch an den obenstehenden Zitaten und beschreibt die Melodien 1 und 2 mit Bildern aus der Natur.

5 ★ Spielt und notiert Melodien aus jeweils acht Viertelnoten, bei denen die Dramatik durch die Größe der Intervalle zum Ausdruck kommt. Die Melodien sollen zu folgenden Bewegungen passen:
- Auftritt eines Kobolds,
- Einschlafen eines Kindes,
- Start eines Raumschiffs in einem Science-Fiction-Film.

★★ Steigert die Wirkung eurer Melodie, indem ihr sie rhythmisiert: Verteilt die vorhandenen Töne auf unterschiedliche Notenwerte. Dabei soll aber der Gesamtwert pro Takt weiterhin 4/4 betragen.

6 Für das Einprägen des Begriffs Quarte könnte „Quartett", für die Oktave „Oktopus" als Eselsbrücke dienen. Recherchiert weitere hilfreiche Fremdwörter, die auf den lateinischen Ordnungszahlen von 1 bis 8 beruhen.

Konsonanz und Dissonanz

> **Infobox**
>
> Als **Konsonanz** bezeichnet man einen Wohlklang, als **Dissonanz** einen Missklang in der Musik.

Schon seit dem Mittelalter haben Komponisten darüber debattiert, welche Intervalle schön klingen und welche nicht. Manche galten sogar über Jahrhunderte als verboten, darunter der Tritonus, der als „diabolus in musica" (Teufel in der Musik) bezeichnet worden ist.

1 Untersucht mithilfe eines chromatischen Glockenspiels oder eines Tasteninstruments, wie jedes der Intervalle in euren Ohren klingt.
- a) Spielt jedes einzelne der in der Tabelle (S. 418/419) angegebenen Intervalle. Die Töne sollen dabei zuerst nacheinander, dann gleichzeitig erklingen.
- b) Teilt die Intervalle zunächst grob in Konsonanzen und Dissonanzen ein.
- c) Bildet nun eine Rangfolge von „sehr angenehm" bis „sehr unangenehm klingend" und ergänzt gegebenenfalls weitere Ausdrücke eurer Beurteilung.
- d) Benennt ein Intervall, das ihr für optimal haltet, um den Schluss eines zweistimmigen Liedes zu bilden.
- e) Markiert solche Intervalle, bei denen ihr zu unterschiedlichen Urteilen kommt, wenn ihr die Töne gleichzeitig oder aber nacheinander spielt.
- f) Vergleicht eure Ergebnisse und haltet fest, wo es Übereinstimmungen gibt und wo nicht.

2 Singt euer „Lieblingsintervall" aus Aufgabe 2 nach. Singt dieses Intervall auch von einem anderen Ton aus als angegeben.

CD 7 / 47

Der Dur-Dreiklang aus Grundton, großer Terz und Quinte kommt in mehrstimmiger Musik sehr häufig vor. So auch in diesem Tusch, der das nächsthöhere c" noch mit einbezieht. Die

Tusch

traditionelle Einteilung von Konsonanzen und Dissonanzen geht nicht von individuellen Einschätzungen der Hörer aus, sondern hat mit diesem Dreiklang zu tun: Die in ihm vorkommenden Intervalle gelten als konsonant:

Prime (zwischen c' und sich selbst)
Terz (zwischen c' und e')
Quarte (?)
Quinte (zwischen c' und g')
Sexte (?)
Oktave (zwischen c' und c")

> **Infobox**
>
> Ein **Tusch** (frz. touche) ist ein kurzes musikalisches Signal, das mit Auftritten und Präsentationen einhergeht.
>
> Die **Quarte** kann unterschiedlich eingestuft werden. Im grundständigen Dreiklang gilt sie als Konsonanz. Wenn sie jedoch von der tiefsten Stimme ausgeht (somit auch in der Zweistimmigkeit), gilt sie als Dissonanz.

3 Ergänzt in der Auflistung, wo in einem Dreiklang Quarte und Sexte zu finden sind.

4 Recherchiert im Internet einen Lehrgang, der in der beschriebenen Weise festlegt, was als Konsonanz und als Dissonanz zu gelten hat. Vergleicht kritisch diesen traditionellen Weg mit eurer persönlichen Einordnung der Intervalle beim Experiment (Aufgabe 4, S. 420).

„Konsonanz und Dissonanz"
Suchen ⊚ Im Web

5 Beim zweistimmigen Singen von Volksliedern wie auch in kommerzieller Volksmusik ist ein bestimmtes Intervall besonders beliebt. Es erklingt zwischen den Stimmen und wird auch für längere Melodieverläufe beibehalten.
  a) Benennt das betreffende Intervall anhand der Noten.
  b) Singt den Liedbeginn und beschreibt die Wirkung des Intervalls.

Musik und Text: Hans-Arno Simon
Satz: Robert Lang

An - ne - lie - se,___ ach An - ne - lie - se,___ wa - rum bist__ du bö - se___ auf mich?

Peter Alexander, Anneliese: Hauptstimme mit darüberliegender zweiter Stimme

© Musik + Media, Siegi Pleyer

Mehrstimmigkeit

Akkorde

1 Ihr hört vier Beispiele für einen mehrstimmigen Akkord.
  a) Ordnet die vier Hörbeispiele in Stile und Zeiten ein.
  b) Stellt für jedes der Hörbeispiele Vermutungen an, warum der Komponist es nicht bei einer Einzelstimme belassen, sondern Mehrstimmigkeit gewählt hat.

CD 7 / 48 – 51

> **Infobox**
>
> Ein **Akkord** ist ein mindestens dreistimmiger Zusammenklang.
> Der **verminderte** und der **übermäßige Dreiklang** erhalten ihren Namen durch die verminderte bzw. übermäßige Quinte, die sich als Summe der zwei Terzen ergibt.
> Im Dur- und Moll-Dreiklang ist das Rahmenintervall hingegen eine reine Quinte.

Grundlegend für die meisten Musikrichtungen westlicher Kultur ist eine Mehrstimmigkeit aus Dreiklängen und deren Erweiterungen. Ein Dreiklang besteht aus zwei übereinandergelagerten Terzen. Da es große und kleine Terzen gibt, können sich vier verschiedene Typen von Dreiklängen ergeben. Am häufigsten sind jedoch der Dur- und der Moll-Dreiklang.

Dreiklangstyp	Dur-Dreiklang	Moll-Dreiklang	Verminderter Dreiklang	Übermäßiger Dreiklang
obere Terz	kleine Terz	große Terz	kleine Terz	große Terz
untere Terz	große Terz	kleine Terz	kleine Terz	große Terz
Klangcharakter				
Beispiel				

2 Spielt auf einem Instrument jeden der vier Dreiklänge (notfalls mit schnell nacheinanderfolgenden Tönen) und beschreibt den jeweiligen Klangcharakter in eurem Heft.

Dreiklang in E-Dur

3 Schreibt die folgenden Dreiklänge in der Art des E-Dur-Dreiklanges (s. Abb. links) in ein Notensystem:
a) G-Dur b) B-Dur c) A-Dur
d) f-Moll e) h-vermindert f) d-übermäßig

★ Spielt euch gegenseitig Dreiklänge vor und versucht, sie auf der Grundlage des von euch genannten Klangcharakters den vier Dreiklangstypen zuzuordnen.

★★ Hört den Ausschnitt aus einer Filmmusik von Philip Glass und bestimmt, welche zwei der vier Dreiklangstypen hier zu hören sind.

Leitereigene Dreiklänge

Komponisten greifen in der Regel zunächst auf den Tonvorrat der gewählten Tonart zu, wenn sie eine Melodie erfinden. In C-Dur beispielsweise besteht die Melodie dann vor allem aus den Tönen der Stammtonleiter. Für die Mehrstimmigkeit lässt sich dasselbe beobachten: Die Dreiklänge beruhen auf demselben Tonvorrat wie die Tonleiter – es sei denn, die Musik ist bewusst so konzipiert, dass sie „fremd" klingen soll.

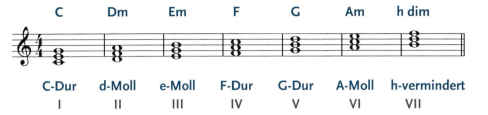

Leitereigene Dreiklänge werden gebildet, indem jeder einzelne Ton der Tonleiter als Grundton eines eigenen Akkordes betrachtet wird. Von dem Grundton aus werden jeweils zwei Terzen übereinandergesetzt. Die Reihenfolge der resultierenden Dreiklangstypen ist in jeder Dur-Tonart identisch.

Bei der Beschriftung von Akkorden wird abgekürzt: Über dem Notensystem steht lediglich ein Großbuchstabe für die betreffende Tonstufe. Ohne Ergänzung ist Dur gemeint, für Moll folgt ein kleines m. (▶ Jazz, S. 158 ff.)

1 Hört den Beginn einer modernen Bearbeitung der Klaviersonate in C-Dur (KV 545) von W. A. Mozart. Das Stück beginnt mit leitereigenen Melodietönen und Akkorden. Hebt die Hand, wenn ihr bemerkt, dass der Tonvorrat der ursprünglichen Tonart verlassen wird. 🎧 CD 7 / 53

2 Übertragt das Notenbeispiel der leitereigenen Dreiklänge in die folgenden Tonarten und beschriftet die Akkorde jeweils:
★ G-Dur   ★★ E-Dur   ★★★ As-Dur

3 Ein leitereigener übermäßiger Dreiklang kommt in Dur nicht vor, jedoch in Moll. Notiert eine Tonleiter in harmonischem a-Moll (▶ Dreierlei Moll, S. 395 ff.) und findet heraus, auf welcher Stufe der übermäßige Dreiklang gebildet werden kann.

Akkord-Umkehrungen

Dreiklänge treten meistens in ihrer einfachsten Form, der Grundstellung, auf. Dabei liegen zwei Terzen übereinander. In C-Dur erscheinen, von unten nach oben gelesen, die Töne c – e – g. Das c als Grundton liegt an unterster Position.

Kehrt man aber die Reihenfolge um, so entstehen Klänge, deren Charakter sich leicht von dem der Grundstellung unterscheidet und die in manchen Musikstilen daher bewusst eingesetzt worden sind.

Ouvertüre aus der Oper „Don Giovanni"

Komplizierte aussehende Akkorde mit vielen Stimmen lassen sich auf einfache Dreiklänge zurückführen, wobei sichtbar wird, ob sie in einer Umkehrung stehen oder nicht. Die Oper „Don Giovanni" von W. A. Mozart beispielsweise beginnt mit den zwei Dreiklängen d-Moll und A-Dur:

d-Moll Grundstellung: A-Dur Sextakkord:

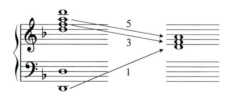
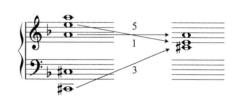

Zuerst müssen alle Tonnamen erkannt werden. Dann wird der tiefste Ton in das obere Notensystem übertragen. Über ihm notiert man die beiden anderen Töne, indem man sie übernimmt oder oktavenweise versetzt. In dieser engen Lage kann gemäß der Tabelle oben die Akkordgestalt als Grundstellung oder eine der Umkehrungen bestimmt werden.

❶ Führt auch die Akkorde 1 bis 4 auf Dreiklänge in enger Lage zurück und bestimmt die Akkordgestalt (Grundstellung bzw. Umkehrungen).

❷ Fertigt einen Test zum Thema Umkehrungen für euren Nachbarn an.
   a) Entwerft einen Aufgabentext, in dem die Anwendung des Wissens zu den Umkehrungen gefordert ist. Ihr könnt beispielsweise Umkehrungen erkennen oder in ein Notensystem schreiben lassen.

b) Fertigt eine Musterlösung zu eurem Test an.
c) Versucht, den Test eures Partners zu lösen.
d) Korrigiert den Test gemeinsam.

In populärer Musik erscheinen Umkehrungen vorwiegend als Ergebnis von Basslinien: Damit beispielsweise die tiefste Stimme gleichmäßig hinabschreiten kann, werden Umkehrungen gebildet.

Tears in Heaven

Musik und Text:
Eric Clapton und Will Jennings

Would you know my name, if I saw you in hea-ven?

C   G   Am   Em   F   C
     (Sext-   (Sext-   (Sext-
     akkord)   akkord)   akkord)

(▶ Liederanhang, S. 459)

© Blue Sky Rider Songs/E C-Music. Rondor Musikverlag GmbH, Berlin. Neue Welt Musikverlag GmbH, Hamburg

3 Hört den Beginn des Songs „Tears in Heaven" von Eric Clapton und achtet auf die abwärtsschreitende Basslinie.
★   Spielt die Begleitakkorde der ersten zwei Takte nach.
★★ Singt dazu den notierten Melodiebeginn.

Die Sextakkorde im Song „Tears in Heaven" hängen mit einer Stimmführungsregel zusammen, die aus der traditionellen Liedbegleitung stammt:
Man ordnet den Akkordtönen von oben nach unten eine Stimme zu (vgl. Abb. 1). Falls zwei aufeinanderfolgende Akkorde gleiche Töne enthalten, sollten diese in derselben Stimme liegen. Um dies zu erreichen, sind Akkord-Umkehrungen erforderlich (s. Abb. 2).

Abb. 1

4 Singt beide Akkordfortschreitungen aus Abbildung 2 nach und vergleicht auftretende Schwierigkeiten.

5 Beschreibt die beiden Möglichkeiten der Akkordfortschreitung und erklärt an ihnen die Stimmführungsregel.

Abb. 2 a + b

Septakkorde

W. A. Mozart: Eine kleine Nachtmusik

1 Spielt die ersten vier Takte des Stückes „Eine kleine Nachtmusik" auf einem Instrument.

2 a) Neben den Noten des Stückes sind alle Töne, die in den Takten 1 und 2 vorkommen, zu einem Akkord zusammengezogen. Notiert den entsprechenden Akkord der Takte 3 und 4 in eurem Heft.
b) Benennt Grundton, Tongeschlecht und Besonderheiten beider Akkorde.

Dominantseptakkord auf dem Ton g'

Septakkorde auf der Dur-Tonleiter: „leitereigene Septakkorde":

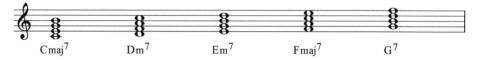

Dreiklänge können auf vielfältige Weise erweitert werden, damit interessante Klänge entstehen. Eine standardmäßige Erweiterung in klassischer wie auch populärer Musik besteht im Hinzufügen einer weiteren, also dritten Terz. Vom Grundton aus ergibt sich somit das Rahmenintervall einer Septime. Natürlich vergrößert sich bei diesen sogenannten Septakkorden auch die Menge möglicher Kombinationen aus großen und kleinen Terzen.

Der wichtigste aller Septakkorde ist der Dur-Dreiklang mit einer zusätzlichen kleinen Terz (Abb. 1). Er wird Dominantseptakkord genannt (▶ **Kadenz, S. 427 f.**). Sein Rahmenintervall ist das einer kleine Septime. In dem Stück „Eine kleine Nachtmusik" ergeben die Melodietöne der Takte 3 und 4 einen Dominantseptakkord.

Septakkord	Beschreibung	Internationale Abkürzung
Cmaj⁷ Fmaj⁷	Dur-Akkorde mit großer Septime	maj 7 (major seven)
Dm⁷ Em⁷	Moll-Akkorde mit kleiner Septime	m7 (minor seven)
G⁷	Dominantseptakkord (Dur-Akkord mit kleiner Septime)	7

Auf der 1. bis 5. Stufe einer Dur-Tonleiter können neben dem Dominantseptakkord zwei weitere sehr populäre Septakkorde gebildet werden: der Moll-Akkord mit kleiner Septime und der Dur-Akkord mit großer Septime.

3 Erklärt eurem Nachbarn anhand eines Beispiels, was Septakkorde sind und wie man sie bildet.

4 In der Einleitung des Songs „Mr. Sandman" bilden die Melodietöne mehrere Septakkorde aus.
a) Singt die notierte Melodie auf der Silbe „bah".
b) Schreibt die Septakkorde, die sich aus den Noten des ersten und dritten Taktes ergeben, in ein Notensystem.
c) ★ Benennt sie mit den internationalen Abkürzungen.
★★ Schichtet den Akkord aus Takt 4 so um, dass drei Terzen übereinander erscheinen und die Art des Septakkordes erkennbar wird. Bezeichnet ihn mit der internationalen Abkürzung.

Mr. Sandman
Pat Ballard

© 1954 Ed. H. Morris & Co Inc/Chappell Moris Ltd. London. Für D/GUS/osteuropäische Länder: Chappell & Co. GmbH & Co. KG, Hamburg

Die Kadenz

1 Bringt den Tonträger einer Musik mit, deren Schluss ihr als gelungen empfindet. Tragt im Anschluss an euer Hörbeispiel ein kurzes, vorbereitetes Statement zur Machart des betreffenden Schlusses vor. (▶ **Werkzeugkasten, S. 115 f.**)

Bereits im Mittelalter haben sich Musikgelehrte darüber Gedanken gemacht, wie sich der Schluss eines Liedes oder Stückes am besten anhören sollte. In der Mehrstimmigkeit des 16. und 17. Jahrhunderts wurden dann bestimmte Akkordfolgen zum Standard für Schlüsse in der Musik. Eine Akkordfolge, welche die westliche Musik bis heute prägt, ist die sogenannte Kadenz, bestehend aus den Akkorden der 1., 4., 5. und wieder 1. Stufe einer Tonart.

2 ★ Singt den Song „Matilda" von Harry Belafonte.
★★ Bestimmt die Tonart des Notenbeispiels.
★★★ Findet in den Melodietönen des Songs bis zur Textstelle „take" die Dreiklänge der 1., 4., 5. und wieder der 1. Stufe der Tonart.

CD 7 / 54

Matilda

Musik und Text: Norman Span

© 1953 by Universal/MCA Music Ltd. Hermann Schneider Musikverlag, Wien. Edition Primus Rolf Budde KG, Berlin

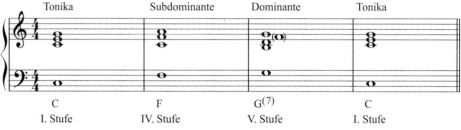

Jean-Philippe Rameau (1683–1764), französischer Komponist und Schöpfer der Funktionstheorie in der Musik

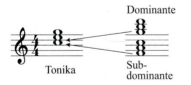

Tonika-Dreiklang und die dazugehörigen Dreiklänge im Abstand einer Quinte aufwärts (Dominante) bzw. abwärts (Subdominante)

Die Begrifflichkeiten für die Akkorde einer Kadenz wurden von dem Komponisten und Musiktheoretiker Jean-Philippe Rameau festgelegt. Rameau beobachtete bei der Musik seiner Zeit, dass es in jeder Tonart drei Akkorde mit besonderer Funktion gab. Er erfand für jeden von ihnen einen Namen:

1. Der Akkord der Grundtonart des Werkes (Tonika). Er steht für den Ruhepunkt, der u. a. ganz am Ende erreicht wird.

2. + 3. Die Akkorde, die von der Tonika eine Quinte nach oben und unten entfernt sind (Dominante bzw. Subdominante). Beide können in die Tonika führen, jedoch baut die Dominante eine erheblich stärkere Spannung auf: durch ihren Leitton (▶ Versetzungszeichen, S. 403 f.) und ggf. durch ihre Dominantseptime (▶ Septakkorde, S. 426 f.). Die Spannung wird mit Erreichen der Tonika aufgelöst. Rameau benannte noch die jeweils eine Terz darunter liegenden drei Parallelfunktionen in Moll (▶ Parallele Tonarten, S. 406 f.) und hatte somit fast alle Stufen der Tonleiter mit Funktionsbegriffen versehen:

Stufe	I	II	III	IV	V	VI	VII
Akkorde der C-Dur-Tonleiter	C-Dur	d-Moll	e-Moll	F-Dur	G-Dur	a-Moll	h-vermindert
Funktionsbezeichnungen	Tonika	Subdominant-Parallele	Dominant-Parallele	Subdominante	Dominante	Tonikaparallele	

My Bonnie Is Over the Ocean

Traditionell aus Schottland

3. Orientiert euch an der oben abgedruckten Kadenz in C-Dur und schreibt die Akkorde von zwei weiteren Kadenzen ...
   - ★ ... als Buchstaben auf.
   - ★★ ... in Dreiklängen (Grundstellung) in ein Notensystem.
   - ★★★ ... entsprechend der C-Dur-Kadenz in zwei Notensystemen, unter Beachtung der Stimmführungsregel (▶ S. 425).

4. Singt das Lied „My Bonnie Is Over the Ocean".
   - ★ Bestimmt die Funktionen, die an die Akkordbuchstaben dieses Liedes geknüpft sind.
   - ★★ Ihr habt erfahren, dass bei dem Dreiklang der Dominante eine Septime als vierter Ton hinzukommen kann. Betrachtet nun die Melodie des Liedes an den Stellen der Subdominanten und benennt das Intervall, das in Subdominanten offenbar problemlos hinzugefügt werden kann.

5. Untersucht die Lieder dieses Buches und findet Beispiele für die Kadenz.

6. Stellt eure Kenntnisse über Kadenzen in einer Reihe von Merksätzen zusammen.

Werkzeugkasten

Quintenzirkel

Der Quintenzirkel präsentiert die traditionelle Ordnung der Tonarten westeuropäisch geprägter Musik. Er dient vor allem als eine Art Rechenschieber zur Bestimmung von Tonarten und ihren Vorzeichen. Außerdem gewährt er einen Überblick über die Beziehungen der Tonarten untereinander. So lässt sich beispielsweise feststellen, dass benachbarte („quintverwandte") Tonarten häufiger gemeinsam vorkommen als voneinander entfernte.

Jeweils im Abstand einer Quinte – oder sieben Halbtönen – sind alle Dur-Tonarten in den äußeren Kreis eingezeichnet, im inneren Kreis die entsprechenden Molltonarten.

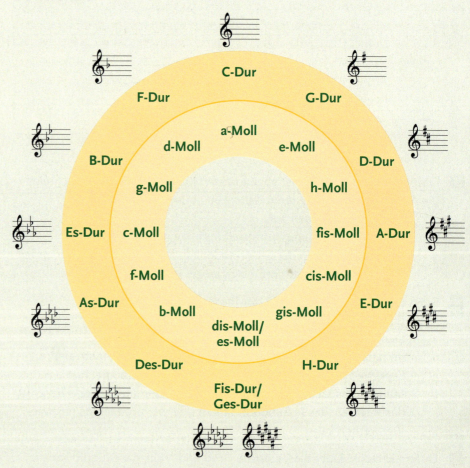

1. **Anwendung:** Benennen von Tonarten anhand der Vorzeichen und umgekehrt
   <u>Ziele:</u> – Wissen, welche Vorzeichen beim Spielen berücksichtigt werden müssen
   – Erste Orientierung für die theoretische Erschließung von Musik

Vorgehen: Die Zuordnung geschieht durch Merksätze (s. Kasten). Mit den Fingern lässt sich die Anzahl der Wörter und damit der Vorzeichen abzählen:

E-Dur → <u>G</u>eh <u>d</u>u <u>a</u>lter <u>E</u>sel → 4 Kreuze
4 Kreuze → <u>G</u>eh <u>d</u>u <u>a</u>lter <u>E</u>sel → E-Dur oder cis-Moll

Bei der Frage, ob die Vorzeichen zu einer Dur- oder Molltonart gehören, richtet man den Blick auf den Schlusston des Stückes oder Liedes. Dieser ist in der Regel mit dem Grundton der Tonart identisch.

Merksprüche

	#	<u>G</u>eh		b
<u>F</u>rische				
	##	<u>d</u>u		b b
<u>B</u>ananen				
	###	<u>a</u>lter		b b b
<u>e</u>ssen				
	####	<u>E</u>sel		b b b b

2. **Anwendung: Benennen von Gruppen verwandter Tonarten**
   Ziele: – Wissen, welche weiteren Tonarten in einem Stück zu erwarten sind, dessen Grundtonart bekannt ist
   – Auswahl von passenden Akkorden für eine Liedbegleitung
   – Einschätzen des spieltechnischen Schwierigkeitsgrades für Akkordinstrumente wie Gitarre oder Klavier in diesem Stück
   – Erkennen der harmonischen Funktionen wie Tonika, Subdominante und Dominante.

Vorgehen: Von einer beliebigen Tonart ausgehend, wird ein Ausschnitt des Quintenzirkels betrachtet: beide direkt benachbarten Tonarten sowie die entsprechenden Dur-/Mollparallelen (s. Abb.). Auf dem äußeren Ring ergibt sich automatisch auch die Festlegung der wichtigsten harmonischen Funktionen.

1 ★ Lernt beide Merksprüche auswendig.
★★ Erfindet selbst persönliche Merksprüche für den Quintenzirkel.

2 a) Bestimmt die Anzahl der Vorzeichen für die Tonarten A-Dur, H-Dur, d-Moll, f-Moll und b-Moll.
b) Bestimmt die Dur-Tonarten bei 4 x # und 2 x b sowie die Moll-Tonarten bei 1 x # und 3 x b.

3 Nennt jeweils die Subdominante sowie die Dominante der Tonarten D-Dur, H-Dur, F-Dur und Des-Dur.

4 Benennt die wichtigsten Tonarten, die in einem Stück der Grundtonart A-Dur zu erwarten sind.

5 Sucht gemeinsam mit eurem Nachbarn drei Lieder aus diesem Buch aus und bestimmt deren Tonarten.

Lieder

1. Ich hab dich wirk-lich lieb, wenn es so et-was gibt.
2. Ich hab dich wirk-lich lieb, auch wenn ich dir nie schrieb.
Ich hab dich wirk-lich lieb in mei-nen Träu-men.
Und dich ver-leum-det hab' in mei-nen Träu-men.

1. Jetzt san die Tåg schon kür-zer word'n, die Blat-tln fålln a von die Bam, und auf-'m Ål-ma-så-tl liegt schon Schnee.

learn-ing to fly but I ain't got wings

weg, so weit, weit weg von mir,

girl! Mo-men-tan ist rich-tig, mo-men-tan ist gut,

Al-les, was du sagst, ist mei-ner Mei-nung nach bloß Quatsch.
Völ-li-ger, völ-li-ger, völ-li-ger, völ-li-ger, Quatsch.

1. Welche Songs sind hier zu einem „neuen" zusammengefügt worden?
2. Singt und spielt diesen „neuen" Song.
3. An welchen Stellen fällt der Übergang schwer? Begründet.
4. Stellt aus Ausschnitten der Lieder aus dem Buch einen eigenen Song zusammen.

Liebe, Freud und Leid zu allen Zeiten

Hier kommt Alex

Musik und Text:
Andreas Meurer und Andreas Frege

1. In einer Welt, in der man nur noch lebt, damit man täglich roboten geht, ist die größte Aufregung, die es noch gibt, das allabendliche Fernsehbild. Jeder Mensch lebt wie ein Uhrwerk, wie ein Computer programmiert. Es gibt keinen, der sich dagegen wehrt, nur ein paar Jugendliche sind frustriert. Wenn am Himmel die Sonne untergeht, beginnt für die Droogs der Tag. In kleinen Banden sammeln sie sich, gehn gemeinsam auf die Jagd.

Refrain:
Hey, hey, hey, hier kommt Alex! Vorhang auf für seine Horrorschau. Hey, hey, hey, hier kommt Alex!

2. Auf dem Kreuzzug gegen die Ordnung und die scheinbar heile Welt
zelebrieren sie die Zerstörung, Gewalt und Brutalität.
Erst wenn sie ihre Opfer leiden sehn, spüren sie Befriedigung.
Es gibt nichts mehr, was sie jetzt aufhält in ihrer gnadenlosen Wut.

2x Refrain
Hey, hey, hey, hier kommt Alex!
Vorhang auf für seine Horrorschau!
Hey, hey, hey, hier kommt Alex!
Vorhang auf für ein kleines bisschen Horrorschau!

© Chrome Music. Chappell & Co. GmbH & Co. KG, Hamburg

Quatsch

Musik: Eichhorn, Henrich und Pigor
Text: Pigor

1. Er-zähl mir doch kei-nen Schwach-sinn. Er-zähl mir doch kei-nen Mist. Er-zähl mir nicht, was für ei-ne tol-le Hech-tin du bist. Er-spar mir den Tratsch, den Knatsch. Er-spar mir den neu-sten Klatsch. Das ist für mich, wenn du mich fragst, mei-ner Mei-nung nach, mei-ner Mei-nung nach, mei-ner Mei-nung nach völ-li-ger Quatsch. Völ-li-ger, völ-li-ger, völ-li-ger, völ-li-ger, Quatsch! Al-les, was du sagst, ist mei-ner Mei-nung nach bloß Quatsch. Völ-li-ger, völ-li-ger, völ-li-ger, völ-li-ger, Quatsch. Es ist Quatsch, wenn du mir die Ohrn voll-quakst, wie du dich er-nährst. Es ist Quatsch, wie du dir die Din-ge, wie du, wie du, wie du dir die Welt er-klärst, Al-les Quatsch, was du da quasselst, du quatschst weit mehr, als ich ver-trag; das geht im-mer-zu den lie-ben lan-gen Tag. Quak Quak Quak. Er-zähl mir nicht, wen o-der was du magst. Er-zähl mir nicht, was du nicht zu fra-gen wagst. Er-zähl mir nicht, was du nor-ma-ler-wei-se nie-mand wei-ter-sagst. Wenn du dich be-

Wieder hier

© Monkey Music Musikverlag GmbH, c/o EMI Songs Musikverlag GmbH, Hamburg

Weit, weit weg

Musik und Text: Hubert von Goisern

Liebe, Freud und Leid zu allen Zeiten **439**

2. Du warst wie der Sommerwind
der einifahrt in meine Haar,
als wia a warmer Regen auf der Haut.
i riach noch deine nassn Haar,
i spür noch deine Händ im G'sicht
und wie du mir ganz tief in d'Augen schaust.

3. Jetzt is bald a Monat her,
dass wir uns noch g'halten hab'n.
und in uns're Arm versunken san.
Manchmal ist's mir, gestern war's,
und manchmal wia a Ewigkeit,
und manchmal hab i Angst, es war a Tram.

© Blanko Musik GmbH/Wintrup Musikverlag Detmold

Mensch

Musik und Text: Herbert Grönemeyer

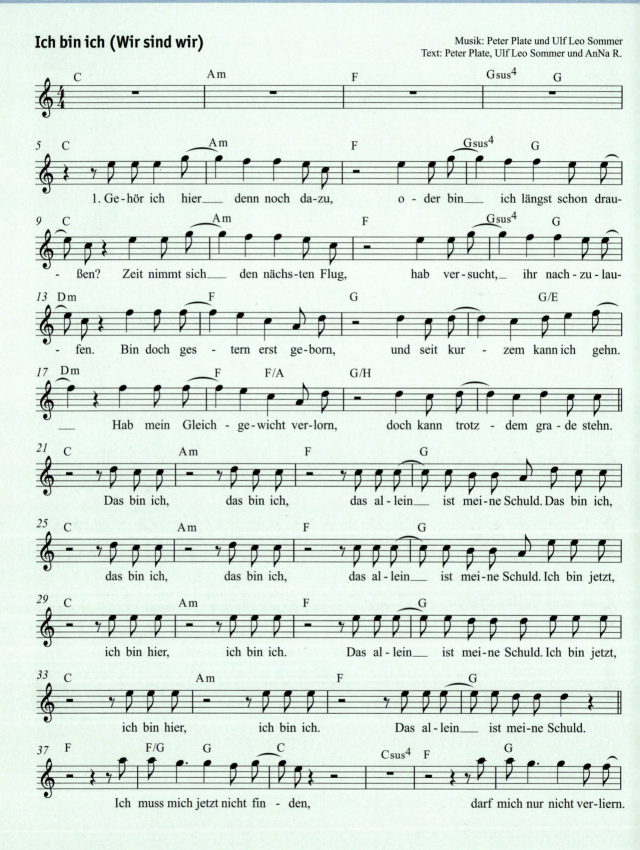

2. In meinem Kopf ist so viel Wut, gestern Nacht konnt ich nicht schlafen.
   Dass du da warst, tat mit gut. Bitte stell jetzt keine Fragen.
   Denn ich würde nur bereun, hätt ich mich an dir verbogen.
   War bestimmt nicht immer treu, doch ich hab dich nie betrogen.

© Partitur Musikverlag, München; Arabella Musikverlag GmbH, Berlin

Ein Freund, ein guter Freund

Musik: Werner Richard Heymann
Text: Robert Gilbert

1. Sonniger Tag! Wonniger Tag! Klopfendes Herz und der Motor ein Schlag! Lachendes Ziel! Lachender Start! Und eine herrliche Fahrt! Rom und Madrid nahmen wir mit. So ging das Leben im Taumel zu dritt! Über das Meer! Über das Land! Haben wir eines erkannt: Ein Freund, ein guter Freund, das ist das Beste, was es gibt auf der Welt. Ein Freund bleibt immer Freund, und wenn die ganze Welt zusammenfällt: Drum sei auch nie betrübt, wenn dein Schatz dich nicht mehr liebt. Ein Freund, ein guter Freund, das ist der größte Schatz, den's gibt.

2. Sonnige Welt! Wonnige Welt!
Hast uns für immer zusammengestellt!
Liebe vergeht! Liebe verweht!
Freundschaft alleine besteht!
Ja, man vergisst, wen man geküsst,
weil auch die Treue längst unmodern ist.
Ja, man verließ manche Madam',
wir aber halten zusamm'.
Ein Freund, ein guter Freund ...

© Ufaton Verlagsgesellschaft mbH, Berlin

Die Moorsoldaten

Musik: Rudi Goguel und Hanns Eisler
Text: Wolfgang Langhoff und Johann Esser

1. Wohin auch das Auge blicket, Moor und Heide nur ringsum. Vogelsang uns nicht erquicket, Eichen stehen kahl und krumm. Wir sind die Moorsoldaten und ziehen mit den Spaten ins Moor.

2. Hier in dieser öden Heide
   ist das Lager aufgebaut,
   wo wir fern von jeder Freude
   hinter Stacheldraht verstaut.

   Refrain

3. Morgens ziehen die Kolonnen
   in das Moor zur Arbeit hin,
   graben bei dem Brand der Sonnen,
   doch zur Heimat steht der Sinn.

   Refrain

4. Auf und nieder geh'n die Posten,
   keiner, keiner kann hindurch,
   Flucht wird nur das Leben kosten,
   vierfach ist umzäunt die Burg.

   Refrain

5. Doch für uns gibt es kein Klagen,
   ewig kann's nicht Winter sein,
   Einmal werden froh wir sagen:
   Heimat, du bist wieder mein!

   Refrain
   Dann ziehn die Moorsoldaten
   nicht mehr mit dem Spaten ins Moor!

© C.F. Peters Musikverlag, Frankfurt/M.

Kein schöner Land

2. Da haben wir so manche Stund
   gesessen da in froher Rund
   und taten singen;
   die Lieder klingen im Eichengrund.

3. Dass wir uns hier in diesem Tal
   noch treffen so vielhundertmal.
   Gott mag es schenken,
   Gott mag es lenken, er hat die Gnad.

4. Nun, Brüder, eine gute Nacht!
   Der Herr im hohen Himmel wacht;
   in seiner Güten
   uns zu behüten, ist er bedacht.

Am Brunnen vor dem Tore (Der Lindenbaum)

Musik: Carl Friedrich Zöllner
Text: Wilhelm Müller

2. Ich musst' auch heute wandern vorbei in tiefer Nacht,
   da hab' ich noch im Dunkeln die Augen zugemacht.
   Und seine Zweige rauschten, als riefen sie mir zu:
   Komm' her zu mir, Geselle, hier find'st du deine Ruh!

3. Die kalten Winde bliesen mir grad' in's Angesicht,
   der Hut flog mir vom Kopfe, ich wendete mich nicht.
   Nun bin ich manche Stunde entfernt von jenem Ort
   und immer hör' ich's rauschen:
   Du findest Ruhe dort, du findest Ruhe dort.

Bürgerlied

Traditionell
Text: Adalbert Harnisch

2. Ob wir können präsidieren,
   oder müssen Akten schmieren
   ohne Rast und ohne Ruh';
   ob wir just Collegia lesen,
   oder aber binden Besen,
   das tut, das tut nichts dazu.

3. Ob wir stolz zu Rosse reiten,
   oder ob zu Fuß wir schreiten
   fürbass unserem Ziele zu;
   ob uns Kreuze vorne schmücken,
   oder Kreuze hinten drücken,
   das tut, das tut nichts dazu.

4. Aber ob wir Neues bauen,
   oder Altes nur verdauen,
   wie das Gras verdaut die Kuh;
   ob wir in der Welt was schaffen,
   oder nur die Welt begaffen,
   das tut, das tut was dazu.

5. Ob wir rüstig und geschäftig,
   wo es gilt zu wirken kräftig,
   immer tapfer greifen zu;
   oder ob wir schläfrig denken:
   „Gott wird's wohl im Schlafe schenken",
   das tut, das tut was dazu!

6. Ob im Kopfe etwas Grütze
   und im Herzen Licht und Hitze,
   dass es brennt in einem Nu;
   oder ob wir hinter Mauern
   stets im Dunkeln träge kauern:
   das tut, das tut was dazu.

7. Drum ihr Bürger, drum ihr Brüder,
   alle eines Bundes Glieder:
   Was auch jeder von uns tu! –
   Alle, die dies Lied gesungen,
   so die Alten wie die Jungen,
   tun wir, tun wir denn dazu!

Dat du min Leevsten büst

Traditionell

2. Kumm du üm Middernacht, kumm du Klock een!
   Vader slöpt, Moder slöpt, ick slaap alleen.

3. Klopp an de Kammerdör, fat an de Klink.
   Vader meent, Moder meent, dat deit de Wind.

4. Kumm denn de Morgenstund, kreiht de ol Hahn.
   Leevster min, Leevster min, denn mösst du gahn.

5. Sachen den Gang henlank, lies mid de Klink!
   Vader meent, Moder meent, dat deit de Wind.

Hochdeutsche Übersetzung (L. Gottschalk):
1. Dass du mein Liebster bist, dass weißt du wohl.
   Komm in der Nacht, komm in der Nacht, sag, wo du wohnst.[1]

2. Komm du um Mitternacht, komm du Schlag eins!
   Vater schläft, Mutter schläft, ich schlafe allein.

3. Klopf an die Zimmertür, fass an die Klinke!
   Vater meint, Mutter meint, das macht der Wind.

4. Kommt dann die Morgenstunde, kräht der alte Hahn.
   Liebster mein, Liebster mein, dann musst du gehen!

5. Sachte den Gang entlang, leise mit der Klinke!
   Vater meint, Mutter meint, das macht der Wind.

Ende der ersten Strophe auch „segg mi wat Leevs!" (sag mir etwas Liebes!).
[1] Hier wohl in dem Sinne: ... wo du herkommst; heest = hausest = Herkunftsbezeichnung als Name.

In einem kühlen Grunde

Musik: Friedrich Glück
Text: Joseph von Eichendorff

2. Sie hat mir Treu versprochen,
   gab mir ein'n Ring dabei,
   sie hat die Treu gebrochen,
   das Ringlein sprang entzwei.

3. Ich möcht als Spielmann reisen,
   weit in die Welt hinaus,
   und singen meine Weisen,
   und gehn von Haus zu Haus.

4. Ich möcht als Reiter fliegen
   wohl in die blut'ge Schlacht,
   um stille Feuer liegen,
   im Feld bei dunkler Nacht.

5. *(langsam)* Hör ich das Mühlrad gehen,
   ich weiß nicht, was ich will;
   ich möcht am liebsten sterben,
   da wär's auf einmal still.

Die Gedanken sind frei

Traditionell

2. Ich denke, was ich will
und was mich beglückt,
doch alles in der Still'
und wie es sich schicket.
Mein Wunsch und Begehren
kann niemand verwehren.
Es bleibet dabei:
Die Gedanken sind frei.

3. Und sperrt man mich ein
im finsteren Kerker,
das alles sind rein
vergebliche Werke;
denn meine Gedanken
zerreißen die Schranken
und Mauern entzwei:
Die Gedanken sind frei.

4. Drum will ich auf immer
den Sorgen entsagen.
Und will mich auch nimmer
mit Grillen mehr plagen.
Man kann ja im Herzen
stets lachen und scherzen
und denken dabei:
Die Gedanken sind frei.

5. Ich liebe den Wein,
mein Mädchen vor allen,
die tut mir allein
am besten gefallen.
Ich sitz nicht alleine
bei einem Glas Weine,
mein Mädchen dabei:
Die Gedanken sind frei.

Liebe, Freud und Leid zu allen Zeiten **451**

Es ist ein Ros' entsprungen

Musik und Text:
Speyerer Gesangbuch, Köln 1599

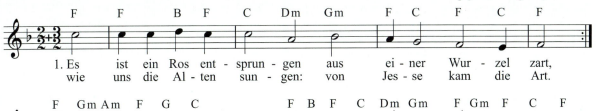

1. Es ist ein Ros entsprungen aus einer Wurzel zart,
wie uns die Alten sungen: von Jesse kam die Art.

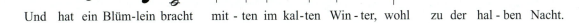

Und hat ein Blümlein bracht mitten im kalten Winter, wohl zu der halben Nacht.

2. Das Röslein, das ich meine, davon Jesaias sagt,
   hat uns gebracht alleine Marie, die reine Magd;
   aus Gottes ew'gem Rat hat sie ein Kind geboren
   wohl zu der halben Nacht.

Stille Nacht, heilige Nacht

Musik: Franz Gruber
Text: Joseph Mohr

1. Stille Nacht! Heilige Nacht! Alles schläft, einsam wacht

nur das traute hochheilige Paar. Holder Knabe im lockigen Haar,

schlaf' in himmlischer Ruh', schlaf' in himmlischer Ruh'!

2. Stille Nacht, heilige Nacht!
   Hirten erst kundgemacht,
   durch der Engel Halleluja
   tönt es laut von fern und nah:
   Christ, der Retter ist da!
   Christ, der Retter ist da!

3. Stille Nacht, heilige Nacht!
   Gottes Sohn, o wie lacht.
   Lieb aus deinem göttlichen Mund,
   da uns schlägt die rettende Stund,
   Christ, in deiner Geburt,
   Christ, in deiner Geburt!

452 Lieder

Live and Love

Girl

Musik und Text:
Paul McCartney und John Lennon

2. When I think of all the times
   I've tried so hard to leave her
   She will turn to me and start to cry;
   And she promises the earth to me
   and I believe her.
   After all this time I don't know why.

3. Was she told when she was young
   that fame would lead to pleasure?
   Did she understand it when they said
   That a man must break his back
   to earn his day of leisure?
   Will she still believe it when he's dead?

© Northern Songs Ltd. Maclen Joint Ltd. Sony/ATV Music Publishing (Germany GmbH), Berlin

La mer

Musik und Text: Charles Trenet

© Edition Marbot GmbH bei PEER Musikverlag GmbH, Hamburg

454 Lieder

Rolling in the Deep

Musik und Text:
Adele Adkins und Paul Epworth

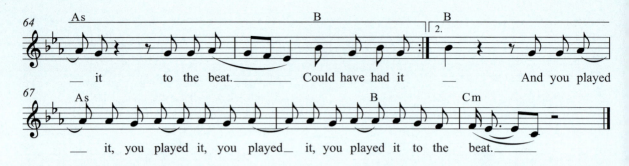

© EMI Music Publishing Ltd.; Universal Music Publishing Ltd.

Learning to Fly

Musik und Text:
Tom Petty und Jeff Lynne

Live and Love **457**

2. Well, the good ol' days may not return
   And the rocks might melt and the sea may burn

   Refrain [wie zuvor]

3. Well, some say life will beat you down
   Break your heart, steal your crown
   So I've started out for God knows where
   I guess I'll know when I get there

Refrain:
I'm learning to fly around the clouds
But what goes up must come down

I'm learning to fly but I ain't got wings
Coming down is the hardest thing

I'm learning to fly around the clouds
But what goes up must come down
...

© EMI April Music Inc.; Gone Gator Music; D/A/CH/Osteuropäische Länder: EMI Songs Musikverlag GmbH, Hamburg

The Wind

Musik und Text: Cat Stevens

© CAT MUSIC LTD; BMG Rights Management GmbH, Berlin

458 Lieder

Wonderwall

Musik und Text: Liam Gallagher

2. Backbeat the word was on the street that the fire in your heart is out.
   I'm shure you've heard it all before but you never really had a doubt.
   I don't believe that anybody feels the way I do about you now.

3. Today was gonna be the day? But they'll never throw it back to you.
By now you should have somehow realised what you're not to do.
I don't believe that anybody feels the way I do about you now.

© Sony Music Publ. N.Y. Creation Songs Ltd. Oasis Music; D/A/CH: Sony/ATV Publishing (Germany GmbH), Berlin

Tears in Heaven

Musik und Text:
Eric Clapton und Will Jennings

2. Would you hold my hand
if I saw you in heaven?
Would you help me stand
if I saw you in heaven?

I'll find my way through night and day,
'cause I know I just can't stay
here in heaven.

Beyond the door, there's peace,
I'm sure.
And I know there'll be no more
tears in heaven.

© Blue Sky Rider Songs/EC-Music; Rondor Musikverlag GmbH, Berlin; Neue Welt Musikverlag GmbH, Hamburg

Viva la Vida

Musik und Text:
Guy Berryman, Chris Martin, Jon Buckland und Will Champion

Live and Love **463**

© Green Daze Music/WB Music Corp.; Neue Welt Musikverlag GmbH, Hamburg

Last Christmas

Musik und Text: George Michael

2. A crowded room, friends with tired eyes
   I'm hiding from you and your soul of ice.
   My God! I thought you were someone to rely on.
   Me? I guess I was a shoulder to cry on
   A face on a lover with fire in his heart
   A man undercover but you tore me apart ...
   Now I've found a real love, you'll never fool me again.

© Wham Music Ltd.; D/A/CH/GUS/Osteuropäische Länder: Chappell & Co. GmbH & Co. KG, Hamburg

Stippvisite beim Nachbarn

Greensleeves

Traditionell aus England, 16. Jh.

2. If you disdent thus[3] to disdain,
   it does the more enrupture me,
   and even so, I still remain
   a lover in captivity.

3. I have been ready at your hand
   to grant whatever you would crave
   I have both waged life and land,
   your love and good will for to have.

4. Alas, my love, that you should own
   a heart of wanton vanity,
   so must I mediate alone
   upon your insincerity.

5. Greensleeves, now fare well, adieu,
   to God I pray to prosper thee[4],
   for I am still your lover true,
   come once again and love me.

---

[1] alas: Äußerung von Bedauern – [2] normalerweise green sleeves; hier wegen der Zusammenschreibung als Name oder vielleicht sogar als Kosename, etwa „Grünärmelchen" – [3] so – [4] you

466 Lieder

Aka tonbo

Musik: Kosaku Yamada
Text: Miki Rofu

© Double y Music; Turtle Greek Music

Down by the Salley Gardens

Traditionell aus Irland
Text: William Butler Yeats

Hiney ma tov

Traditionell aus Israel

Übersetzung (B. Clausen): Siehe, wie fein und lieblich ist's, dass Brüder
einträchtig beieinander wohnen. (Psalm 133,1)

Arirang

Traditionell aus Korea

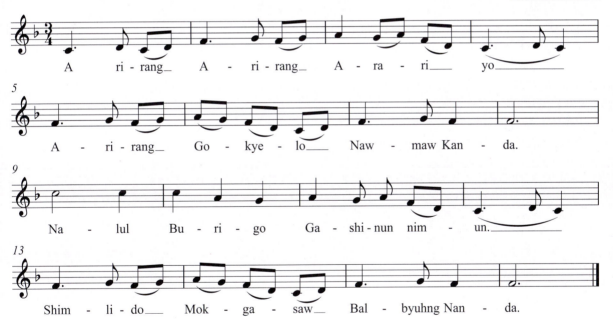

Übersetzung (B. Clausen): Arirang, arirang, arariyo
Ich überquere den Arirang-Pass
Wer mich verlassen hat,
wird nicht weit gehen,
bevor seine Füße weh tun

Elszökött a siska

Traditionell aus Ungarn

1. El - szö - kött a sis - ka disz - nó ki - lenc ma - la cá - val.
U - tán - na - mënt a ka - nász fé - nyës bal - tá - já - val.
Hücs ki, disz - nó, a be - rëk - böl, csak a fü - le lát - szik,
Ka - nász - boj - tár a bo - kor - ban mën - ye - cské - vel ját - szik.

1. Das Schischka[1]-Schwein ist samt seinen neun Ferkeln durchgegangen,
   der Sauhirt geht ihm mit seiner blinkenden Axt nach.
   Das Schwein schnellt – bums! – aus dem Hain, man sieht nur seine Ohren,
   der Hirtenjunge spielt im Busch mit einer jungen Frau.

2. Hei, zwei meiner Hühner sind vom vorigen Jahr, drei sind im dritten Jahre,
   ihr wusstet, dass sie mir gehören, warum habt ihr sie gefüttert?
   Tju-tju, du Blondes, tju-tju, du Braunes, tju-tju, alle drei,
   auch mein Hahn ging nicht verloren, ich habe keinen Schaden!

3. Hei, zwei meiner Schafe sind vom vorigen Jahr, drei sind im dritten Jahre,
   wenn ich sie reintreibe, melk' ich sie und geb' ihnen zu fressen.
   Marsch, du Bimbó, marsch, du Daru, marsch, alle drei,
   auch mein Mann ist jetzt zu Hause, ich habe keinen Schaden!

[1] Schweineart mit herabhängenden Ohren

Waltzing Matilda

Traditionell aus Australien

2. Oh, up came a jumbuck and he drank at the billabong,
   Up jumped the sangman and he grabbed him with glee,
   And he sang as shoved that jumbuck in his tucker bag,
   "You'll come a-waltzing Matilda with me!"

3. Well up came the squatter and he's mounted on his thoroughbred,
   Up came the troopers, one, two, three.
   "Where's that jolly jumbuck you've got in your tucker bag?
   You'll come a-waltzing Matilda with me!"

4. Up jumped the swagman and lept into the billabong,
   "You'll never catch me alive!" said he.
   And his ghost may be heard as you pass by this billabong.
   "You'll com a-waltzing Matilda with me!"

Anytime You Need a Calypso

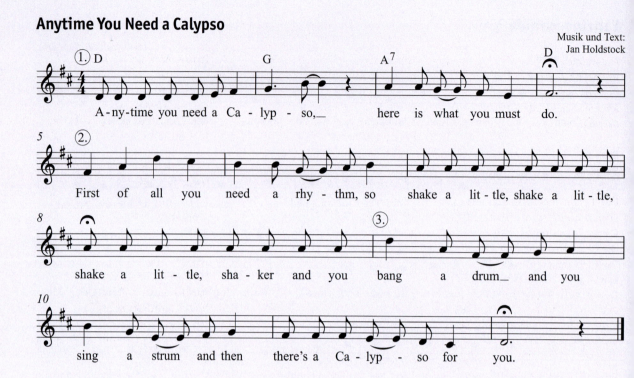

Liederverzeichnis

Aka tonbo   466
Am Brunnen vor dem Tore (Der Lindenbaum)   446
Anytime You Need a Calypso   470
Arirang   467

Boulevard of Broken Dreams   462
Bürgerlied   447

Dat du min Leevsten büst   448
Dein ist mein ganzes Herz   110
Deutsche Nationalhymne   182
Die Gedanken sind frei   450
Die Moorsoldaten   445
Die Vogelhochzeit   301
Don't Worry, Be Happy   27
Down by the Salley Gardens   466
Durch dein Gefängnis, Gottes Sohn ... (Choral)   351

Ein bisschen Frieden   261
Ein Freund, ein guter Freund   444
Elszökött a siska   468
Es ist ein Ros' entsprungen   451

Frère Jacques (Kanon)   392

Girl   452

Greensleves   465
Guter Mond, du gehst so stille   74

Heller Schall (Kanon)   405
Hier kommt Alex   433
Hine ma tov   467
How Blue ist the Blues   320

I Got Rhythm   164
I Hear Myself Today   160
Ich bin ich   442
In einem kühlen Grunde   449
In meines Herzens Grunde ... (Choral)   341

Kein schöner Land   446

La mer   453
Last Christmas   463
Learning to Fly   456

Mensch   439
My Bonnie Is Over the Ocean   429

One Love   251
O-Ton-Fuge   70

Quatsch   435

Rock Around the Clock   40
Rolling in the Deep   454

Sing mal wieder   17
Stille Nacht, heilige Nacht   451
Sunlight   275

Tears in Heaven   459
The Wind   457

Über sieben Brücken   264

Viva la Vida   460

Waltzing Matilda   469
Wanted Dead or Alive   247
We Are the Champions   55
Weit, weit weg   438
What Shall We Do With the Drunken Sailor   408
Wieder hier   437
Wonderwall   458

Yesterday Once More   203

Musikstückeverzeichnis

Die folgenden Musikstücke werden in diesem Buch ausführlicher thematisiert:

Bobby McFerrin: Don't Worry, Be Happy   25 ff.
Kurt Schwitters: Ursonate   30 ff.
Joseph Haydn: Streichquartett Nr. 75   60 f.
Maurice Ravel: Bolero   61
Alexander Mossolow: Iron foundry   86 ff.
Pierre Schaeffer: Etude aux chemins de fer   88 f.
Franz Lehár: Das Land des Lächelns   110 f.
Georges Bizet: Carmen   112 ff., 127 ff.
Ludwig van Beethoven: Fidelio   113 ff.

Wolfgang Amadeus Mozart: Die Entführung aus dem Serail   118 ff.
Jerry Bock u. a.: Anatevka   125 f.
Andrew Lloyd Webber: Das Phantom der Oper   132 ff.
Richard Wagner: Tristan und Isolde   137 ff.
John Williams: Star Wars (Soundtrack)   142 ff.
John Williams: Schindlers Liste (Soundtrack)   143 ff.
Howard Shore: Herr der Ringe (Soundtrack)   149 ff.
Edward Elgar: Pomp and Circumstance, op 39, Military Marches, Nr. 1 in D Major   183 ff.

Fanny Hensel: Oratorium nach Bildern der Bibel   207 ff.
Anestis Logothetis: Agglomeration   292 f.
Mathias Spahlinger: Individuation 1   294
Igor Strawinsky: Das Frühlingsopfer   298 ff.
Igor Strawinsky: Der Feuervogel   298 ff.
Karlheinz Stockhausen: Richtige Dauern   302
John Cage: ASLSP   303 ff.
Arnold Schönberg: Variationen für Orchester, op. 31   306 ff.
Helmut Lachenmann: Guero   312 ff.

Karlheinz Stockhausen: Helikopter Streichquartett 313 f.
Gerhard Stäbler: AugenTanz 315 f.
Scott Joplin: The Entertainer 323 ff.
Palestrina: Missa Papelli 330 ff.
Johann Sebastian Bach: Die Johannes-Passion 347 ff.
Henry Purcell: Trumpet Tune 354 f.
Ludwig van Beethoven: Sinfonie Nr. 5 362 ff.
Franz Schubert: Das Forellenquintett 371 f.
Claude Debussy: Canope 384 f.

Personenregister

Adams, John 92
Adoro 13
Amundson, Roald 382
Anderson, Ian 194

Bach, Johann Sebastian 342 ff., 347 ff.
Ball, Hugo 32 f.
Bausch, Pina 299
Bayton, Mavis 198
Beethoven, Ludwig van 113, 356 f., 362 ff.
Bizet, Georges 112, 127
Bloss, Monika 202
Bock, Jerry 125
Bono Vox 266
Borromeos, Erzbischof von Mailand 328
Bowie, David 194
Boy George 202
Brown, Earle 290
Brown, James 253
Bruhn, Zarah 194
Buckle, Henry Thomas 297
Byrd, William 326

Cage, John 303 ff.
Carpenter, Karen 203 ff.
Cash, Johnny 156
Ciccone, Madonna Louise Veronica 224
Clinton, George 253
Cobain, Kurt 267
Cyrus, Miley 266

da Vinci, Leonardo 326
Debussy, Claude 382, 384 f.
Desprez, Josquin 326
di Petrucci, Ottaviano 326
Dietrich, Marlene 201

Eckermann, Johann Peter 374
Elgar, Edward 183

Entchev, Petar 46
Erasmus von Rotterdam 328
Fabian, Burkhard 160, 162 f., 170 ff.
Fachner, Jörg C. 272
Farrenc, Louise 199 f.
Fladt, Hartmut 64 f.
Franklin, Aretha 253 f.
Franz II. 356
Friedrich, Caspar David 367
Fugger, Jakob 326

Georg III. 356
Gordon, Kim 203 ff.
Grisar, Erich 84
Grohl, Dave 240

Harnick, Sheldon 125
Hauptmann, Gerhart 94 f.
Haydn, Joseph 60 f., 356 f.
Heinrich, Karin 216 f.
Heintje 12
Hendrix, Jimi 244
Hensel, Fanny 207 ff.
Hitchcock, Alfred 141
Hoffmann, Freia 199 f.
Hohloch, Nicole 261
Holländer, Friedrich 239
Holofernes, Judith 195

Ives, Charles 297

James, Jason 195
Joplin, Scott 323 ff.
Junker, Carl Ludwig 197

Kagel, Mauricio 293
Kasper, Peter 39 f.
Kaulitz, Bill 201
Kerkeling, Hape 297
Kerner, Justinus 93
Kley, Heinrich 82 f.
Köster, Olaf 22 ff.
Krämer, Florian 202

la Bruyère, Jean de 297
Lachenmann, Helmut 311 ff., 315, 335
Lady Gaga 194
Lang, K.D. 194
Lang, Robert 70, 397
Lehár, Franz 110
Lena 261
Leopold I. 342
Liszt, Franz 374 f.
Logothetis, Anestis 292 f.
Ludwig XIV. 342
Lumière (Brüder) 140
Luther, Martin 328

Madonna 224
Maffay, Peter 264
Manson, Marilyn 201
Marinetti, Filippo Tommaso 84
Marley, Bob 63, 250 f.
Mattheson, Johann 70
McFerrin, Bobby 25 ff.
Medici, de (Familie) 326, 327
Mehring, Walter 96
Mehta, Zubin 377 f.
Meyer-Landrut, Lena 261
Monteverdi, Claudio 326, 333
Morisot, Berthe 382 f.
Mossolow, Alexander 85 ff.
Mozart, Wolfgang Amadeus 118, 119, 120, 356 f., 360 f.

Napoleon Bonaparte 356
Nena 12
Neumann, Balthasar 342
Nicole 261

Paganini, Niccoló 374 f.
Pagh-Paan, Younghi 297
Palestrina, Giovanni Pierluigi da 326, 330 f.
Peter der Große 342
Praetorius, Michael 235
Presley, Elvis 240, 241, 266

Purcell, Henry   342, 354 f.

Rameau, Pierre   342
Rauhalammi, Valtteri   42 f.
Ravel, Maurice   61
Remarque, Erich Maria   97
Rihm, Wolfgang   297
Ringelnatz, Joachim   24
Rohles, Frank   53 f.
Rösing, Helmut   279 ff.
Rothko, Mark   367
Russolo, Luigi   89

Savonarola, Girolamo   328
Schaeffer, Pierre   88

Schickhaus, Stefan   335 ff.
Schindler, Oscar   143
Schläbitz, Norbert   90 f.
Scholl, Andreas   12
Schönberg, Arnold   297, 307 ff.
Schubart, Friedrich Daniel   370
Schubert, Franz   369, 371
Schumann, Clara   373
Schumann, Robert   373
Schwencke, Tobias   310 ff.
Schwitters, Kurt   30 ff.
Shore, Howard   149
Smith, Bessie   321
Spahlinger, Mathias   293 f.
Stäbler, Gerhard   315 f.

Sting   12
Stockhausen, Karlheinz   302 ff., 313 f.
Strauß, Richard   154
Strawinsky, Igor   155, 298 ff.

Tan Dun   317
Thierbach, Antje   295 ff.
Thomas-Mifune, Werner   399

Wagner, Richard   137 ff., 375 ff.
Webber, Andrew Lloyd   133
Williams, John   142 ff.

Zappa, Frank   297
Zech, Paul   85

Sachregister

A&R-Manager   217, 222
Adjektive   380 f.
Affekt   274
Affektenlehre   348
Ägyptomanie   386
Akkord   421 ff.
Akkord-Umkehrung   423 f.
Akt   111
Album   217
Allemande   80
alternative Rock   249
An Café   202
Analog   47 f.
analoge Musikinstrumente   48
Anatevka   125
Androgyn, Androgynie, Androgynität   201 f.
Antisemitismus   377
äolisch Moll   396
Arie   75, 114, 118, 119 f.
Artikulation   144
ASLSP   303 ff.
Audiologo   157
Aufnahme   286
Auftakt   416 f.
Aufzug   139

Badinerie   345, 346
Bali   232 ff., 396
Ballett   196 ff.
Bearbeitung   280
Beat   242
Beatboxing   255 f.

Beatles, The   201, 243
Bebop   177
Billy Elliot   154 ff., 196 ff.
binäre Spielweise   161
Black and Proud   252 ff.
Blues   320 ff.
Bootleg   281
Bourrée   345
Bundeskriminalamt   22 ff.

Cakewalk   323
Charts   223
Chor   114
Choral   348, 351
Choreografie   102, 299
chromatische Tonleiter   409
Close-up   151
Code, individueller   159
Comes   69
Couplet   78 f.
Courante   80
Cover-Version   280
Crescendo   160
Crossover   176

Da Capo   68
Dada   32 f.
Dadaismus   30 ff.
Dal Segno   68
Dancehall   252
Darstellende Musik   82 ff., 84
Debüt-Album   223
Die Ärzte   188 f.

digital   47 f.
digitale Musikinstrumente   48
Dilettantismus   249
Dirigent   42 ff.
Discofox   102 ff.
Dissonanz   306 ff., 420 f.
Dokumentarfilm   155
Doors, The   271
Downbeat   161
Dreiklang   420 f., 422 f.
Dreiklang, leitereigen   422 f.
Dreiklang, übermäßig   422
Dreiklang, vermindert   422
Drogen   270 ff.
Drum-Computer   51
Drum-Set   167
Dualismus   76
Duett   121
Dur   393 ff.
Durchführung   77
Dux   69
Dynamik   144 f., 381

Effekt   53 f.
E-Gitarre   53 f.
Ensemble   39, 114
Erster Weltkrieg   382
Exotik, Exotismus   236
experimentelle Musik   206
Exposition   69, 77

Fan   265 ff.
Farben   384

Filmmusical 154 ff.
Filmmusik 46, 140 ff.
Finale 114
Fine (Verweiszeichen) 68
Fishwalk 237
Form 57 ff.
Formanten 36
Formbildung, Prinzipien 63 ff.
Fuge 63, 69
Funk 169
funky 253

Gamelan 233
Gender 194 ff.
Geräusch 36 f., 88, 286, 309 ff.
Gesamtwerk 137
Geschwindigkeit 381
Gigue 80
Goldene Zwanziger 237 ff.
grafische Notation 292, 339
Grammofon 219
gregorianischer Choral 328
gregorianischer Gesang 327
Griot 252
Groove 159 ff, 169
Grundschlag 410 f.
Grundschritt 106
Grunge 249
Guero 311 ff.
guqin 229, 230

Habanera 128, 130
Halbtöne 391 f.
Harmonie 144
harmonisch Moll 396
Heavy Metal-Riff 244 f.
Hip-Hop 254 ff.
Hip-Hop-Battle 255 f.
Hippies 244
Hit 217
Homophonie 348
hyongum 230

Identifikation 182 ff.
Idol 265 ff.
Impressionismus 384
Improvisation 173
Independent Label 219
individueller Code 159
Instrument 34 ff.
Instrumentales Theater 293
Instrumente, virtuelle 50 f.

Intervall 417 ff.
Invention 71 f.

Jamaika 250
Jazz 158 ff., 237
Jazz, Vorformen 319 ff.
Jazz-Combo 170
Jazz-Harmonik 163
Jingle 157
Judentum 377 f.

Kabel 287
Kadenz 427 f.
Kanon 67, 392
Karat 264
Karriere 224 ff.
Kecak 232 f.
Kinoorgel 140
Kirche 327 ff.
Kirchentonarten 407 f.
Klang 16, 36, 45, 88
Klangcharakter 45
Klangeindruck 334
Klangfarbe 36, 144, 146, 309 ff.
Kommerz 246
Kommunikation 159, 174
Kommunikation, analog 47
Kommunikation, digital 47
komungo 229, 231
Konsonanz 420 f.
Kontrabass 39
Kontrapunkt 69, 151 f.
Kontrast 73 ff.
Konzept 246
Konzil von Trient 328
Kopf (Verweiszeichen) 68
Korea 229 f.
Korrepetitor 43
Kraftwerk 262
Kritik 188 ff.
Kunstlied 75, 369
Kyrie eleison 327

Label 216
Langspielplatte 220
Latin-Groove 168
Laut 16
Lautstärke 381
Lead-Sheet 170
Leipzig 343 f.
Leitmotiv 149 ff.
Leitmotivtechnik 376

Libretto 118
Liniensystem 338
Livemusik 281

Magersucht 205
Maintitle 154
Major Label 219
Malerei 383
Manipulation 186 ff.
Marketing 216, 222
Maschinenmusik 85 ff.
Mäzen 326
Medici 326, 327
Mehrstimmigkeit 421 ff.
melodisch Moll 396
Mensuralnotation 338
Menuett 345
Metrum 145, 410 f.
Mickeymousing 151
MIDI, Musical Instruments Digital Interface 288
Mikrofon 286
Mnemotechnik 353
Modul 49
Modus, Modi 407 f.
Moll 393 ff.
Mona Lisa 326
Monophonie 289
Mood-Technik 151
Motiv 62 f.
Musical 125 f.
Musikerbiografie 156
Musikfilm 154 ff.
Musikindustrie 215 ff.
Musikinstrumente, analoge 48
Musikinstrumente, digitale 48
Musiklehre 389 ff.
Musikproduktion 282 ff.
Musiktheater 112
Musikvideo 191
Musique concrète 88 f.
Muzak 157

Nationalhymne 182
Neue Musik 290 ff.
Neumenschrift 338
New Orleans Style 177
Nirvana 267
Noise Rock 206
Notation, grafische 292, 339
Notenschlüssel 399 ff.
Notenschreiben 387

Notenschrift   335 ff., 339
Notensystem   397 ff.
Notentext (Orientierung)   340
Notenwert   411 ff.
Notizen   41 f.
Nummernoper   81, 114, 376

Oboe   295 ff.
Off-Screen   151 f.
Oktave   401 f.
On-Screen   151 f.
Oper   112 ff., 333
Operette   111
Oratorium   207 ff., 351
Orchesterpedal   43
Ouvertüre   112, 345

Parameter, musikalische   144 ff.
Paraphrase   151 f.
Partitur   127, 212 f.
Pentatonik   407 f.
Perkussionsinstrumente   167
Phantom der Oper   132 ff.
Plagiat   280
Plattenfirmen   216 ff.
Plattenindustrie   216 ff.
Podiumsdiskussion   268 f.
Polarisierung   151 f.
Polaritätsprofil   45
Polonaise   345
Polyphonie   327, 330
Popsong   74
Populäre Musik   240 ff.
PR-Abteilung   223
Programmmusik   82 ff., 84
Promotion   216, 222
Punk   249

qin   230
Queen   53, 55
Quintenzirkel   430 f.

Ragtime   323
Rammstein   181, 190 ff.
Rap   256 f.
Rave   273
Recht   275 ff.
Referat   115 f.
Refrain   78 f.
Reggae   252
Reihung   80 f.
Reizharmonik   165

Remix   275 ff.
Repertoire   217
Requiem   361
Rezitativ   81, 348 f.
Rhythm Changes   166 ff.
Rhythmus   90 ff., 130 ff., 145, 167, 381, 410 ff.
Rock'n'Roll   241 f.
Rock-Groove   168
Rockmusik   241 ff.
Rock-Riff   244 f.
Rolling Stones   240, 243
Romantik   373 ff.
Rondo   78 f., 345
Rosenstolz   12

Salsa   105 f.
Sampler   52
Sanjo   231
Sarabande   80, 345
Satz   64
Schall   36 f.
Schindlers Liste   143 ff.
Schlager   260 ff.
Schlagzeug-Set   167
Sehnsuchtsmotiv   139
Sender-Empfänger-Modell   174
Septakkord   426
Sequenzer   288
Shimmy   237
Singspiel   118
Sinusschwinungung   38
SMPTE-Timecode   153
Solorepetitor   43
Sonatenhauptsatz   75 f.
Songstruktur   284 f.
Songwriting   282 ff.
Soul Diva   253
Sound   159 ff., 246
Sound System   252
Soundtrack   154
Sprechapparat   15
Sprecher-Erkennung   22 ff.
Stammtöne   390 ff.
Star   265 ff.
Star Wars   142 ff.
Stereophonie   289
Stimmbänder   14
Stimmbruch   20 f.
Stimme   14 ff.
Stimmfach   112
Stimmlage   21 f.

Stimmlippen   14
Stimmumfang   21 f.
Stimmungsorchester   237
Stomp   324
Storyboard   153
Streicher   39, 42
Strophenlied   66
Stummfilm   140 f.
Suite   80 f., 344, 346
Swing   160 ff., 177
Synchronisation   141, 153
Synkope   323
Synthesizer   48, 49
Szene   114
Szenische Interpretation   123 ff.

Taktart   415 ff.
Tanz, Tanzen   101 ff., 103, 273
Tanzfilm   154 ff.
Tanzhaltung   103
Tanzmusik, elektronische   258 ff.
Tanztheater Wuppertal   299
Tarantella   66 f.
Techno   273
Techno-Parade   273
Tempo   145, 381
ternäre Spielweise   161
Terzschichtung   166
Textur   146
Theater   109 ff.
Thema   63, 72, 144 ff., 150
Timbre   45
Timecode   153
Timing   173
Tin Pan Alley   218
Toasting   252
Tokio Hotel   201
Ton   36 f.
Tonart   144, 406
Tonarten, parallele   406
Tonbestimmung   404
Tondauer   144, 413 ff.
Tonfilm   141
Tonhöhe   144, 381
Tonleiter, chromatisch   409
Tonleitern   406
Tonschritte   390 ff.
Tonträger, Tonträgerindustrie   218, 221
Trance   273, 274
Transformation   378 f.
Trautonium   141

Trend 217	Versetzungszeichen 403 f.	Werbesong 157
Tristan und Isolde 137 ff.	Verweiszeichen 68	Werbung 156 ff.
Tristan-Akkord 139	Vibrato 160	Wiederholung 66 ff.
Turba 348, 350	virtuelle Instrumente 48	Wiederholungszeichen 68
Turkey-trot 237	Virtuose 374	Wiederkehr 73 ff.
Turnaround 164	Vocal-Percussion 25	Wien 357 ff.
	Volkslied 73	Wiener Kongress 356
übermäßiger Tonschritt 396	Vorspiel 139	Wurzeln der Popmusik 250 ff.
Underscoring 151	Vortrag (freier) 353 f.	
Unisono 39		Yazz-step 237
Ursonate 31 f., 77	Walking Bass 166 f.	
	Walzer, langsamer 104 f.	
Variation 69 ff., 72	Weltausstellung 382	
Vermengungsprozess 319	Weltkrieg, Erster 382	

Bildquellen

action press/PUBLIC ADDRESS: 202 u. – akg-images: 70, 82, 86, 367 – akg-images/Album: 152 l. – akg-images/Harald Fronzeck: 294 – akg-images/Erich Lessing: 138 o., 428 – Album/AKG: 398 o. – ALIMDI.NET/Werner Dieterich: 58 (2) – ALIMDI.NET/Oliver Gutfleisch: 194 u.r.+m.r. – © AnitaE - Fotolia.com: 343 – © Archiv der Stockhausen-Sitftung für Musik, 51515 Kürten (www.stockhausen.org): 313 – Astrofoto: 228 m., 290 o. – Michael Praetorius, Syntagma Musicum II, De Organopgraphia 1619, Faksimile Nachdruck Bärenreiter Verlag: 235 (beide) – Beethoven-Haus Bonn: 358 u. – © Bildagentur Huber: 226 u.r., 228 u.r. – bildagentur-online: 215 r. – Foto: Bernd Bolitschew: 295 – © Frank Boxler: 34 (3), 55 – bpk/Heinrich Hoffmann: 237 o. – © Helmut Brands - Fotolia.com: 219 u. – © bridgemanart.com: 158 u.r., 164, 177 r., 318 u. – Bundeskriminalamt: 23 – Cinetext Bildarchiv: 46, 143 u., 196 (beide) – Quelle: Codex Sangallensis 359, p. 148: 338 o. – ddp images: 155 – ddp images/AP: 224 u. – © Andy Dean - Fotolia.com: 34 (5) – Deutsches Filmorchester Babelsberg: 141 l. – © drubig-photo - Fotolia.com: 34 (4) – ECM Records: 158 o.l., 175 – © EyeUbiquitous/Ben Molyneux: 41 – Privatfoto Fachner: 272 – Mona Filz/VISUM: 225 l. – © Hartmut Fladt: 65 – Fotostudio Henke: 173, 388 – Getty Images: 228 o.r. – Jose Giribas: 186 – Werner Alois Goldmann, Göttingen: 56 u., 73 – © Foto H.-P.Haack: 377 u. – Annette Hauschild/Ostkreuz: 297 2.v.u. – © Karin Heinrichs: 217 – © Viola F. Holtz - Fotolia.com: 48 o.l. – INTERFOTO/Lebrecht Music Collection: 217 l. – © INTERFOTO/Sammlung Rauch: 338 u. – © iofoto - Fotolia.com: 399 – © Karwasz/teamwork: 183 o. – © Peter Kasper: 35 (7), 39 (beide) – © Kate Rothko-Prizel & Christopher Rothko/VG Bild-Kunst, Bonn 2012: 368 – Keystone: 97 u. – Keystone Pressedienst: 201 u.l. – © Dr. Andreas Kisters: 199 o. – kittypackard.files.wordpress.com: 217 r. – © Michael Kneffel: 228 u.m. – Korean Overseas Information Service, Looking Ahead, Seoul 1982: 230 – © Uwe Kraft Fotografie: 182 r. – Gebhard Krewitt/VISUM: 297 o. – Landesausschuss Bayern „Jugend musiziert" e. V./Foto: Andreas Burger: 372 – © Little Ani: 142 o.l. – Losevsky Pavel/Shutterstock.com: 415 o. – © Martin - Fotolia.com: 149 l. – Andreas Meichsner/VISUM: 214 o.l. – Rudi Meisel/VISUM: 180 o. – © mfotografia - Fotolia.com: 48 m.l. – MIRISCH-7 ARTS/UNITED ARTISTS/Kobal Collection: 156 u. – © mkm3 - Fotolia.com: 311 – Foto: Dominik Mock: 42 – © Mit freundlicher Genehmigung des Musikwissenschaftlichen Verlages Wien: 393 – New Line/Cinetext: 152 r. – Aus: Geschichte des Lebens, Bd. 4. Von der Revolution zum großen Krieg, hg. von Michelle Oerrot, Frankfurt a.M. 1992: 113 l. – ORION/Kobal Collection: 224 o. – © Christoph Papsch: 99 u.l. – picture-alliance: 98 r., 108 u.r., 140 o.l., 197, 201 u.r., 262, 321 o. – picture-alliance/Agencia Estado: 205 – picture-alliance/AKG: 138 (3 Bilder) – picture-alliance/akg-images: 110, 113 r., 116, 118 r., 137, 140 u.r., 201 o.r., 207, 227 o., 237 u., 239, 298, 318 o.r., 333, 338 m., 357, 369 (beide), 374 o., 383 r., 386 – picture-alliance/akg-images/Binder: 244 – picture-alliance/akg-images/Marion Kalter: 88 l., 377 o. – picture-alliance/allover: 91 – picture-alliance/Bildagentur-online: 94 – picture-alliance/Bildagentur-online/TET: 47 u. – picture-alliance/Bildagentur Zolles/picturedesk.com: 109 – picture-alliance/Carsten Hoffmann: 236 – picture-alliance/CTK: 112 (1), 128, 131 o. – picture-alliance/DeFodi: 195 l. – picture-alliance/dpa: 12 (3, 5), 13, 15 u. (2 Bilder), 25, 34 (2), 35 (8), 47 o., 97 o.l., 98 l., 99 u.r., 100 o.l.+o.r.+u.l.+u.r., 108 o.l., 112 (4), 126, 131 m., 132, 136 l., 149 r., 154 o., 158 u.l., 178, 181, 182 l., 190, 194 o.r., 198, 201 o.l., 214 u.r., 215 l., 225 r., 226 o.l., 227 u., 228 o.m.+o.l.+u.l., 240 o.l.+u.r.+m.u., 258 l., 266 (1, 2, 4), 267, 269, 302, 318 o.l., 324, 376 – picture-alliance/dpa/dpaweb: 12 (2), 108 o.r., 133, 233 u., 398 u. – picture-alliance/dpa © dpa-Bildarchiv: 303 – picture-alliance/Eventpress Hoensch: 117 – picture-alliance/Everett Collection: 84 u., 108 u.l., 127 u. – picture-alliance/Globe-ZUMA: 194 o.l., 204 – picture-alliance/Bildagentur Huber: 232 – picture-alliance/imagestate/HIP: 35 (9) – picture-alliance/imagestate/HIP/The British Library: 226 u.l. – picture-alliance/IMAGNO/Austrian Archives: 374 u. – picture-alliance/United Archives/DEA: 112 (6) – picture-alliance/Jazz Archiv: 34 (1), 250 – picture-alliance/Joachim Herrmann: 246 – picture-alliance/JOKER: 89 o. – picture-alliance/k09/ZUMAPRESS.com: 240 u.l., 241 – picture-alliance/KPA: 136 r.,143 o. – picture-alliance/landov: 202 o. – picture-alliance/Lou Avers: 348 – picture-alliance/Mary Evans Picture Library: 97 o.r., 151, 154 u., 156 o., 158 o.r., 177 l., 194 u.l., 258 r., 271 – picture-alliance/Stefan Matzke/sampics: 180 u., 183 u. – picture-alliance/maxppp: 199 u., 200 – picture-alliance/maxppp © Coupannec/Leemage: 293 – picture-alliance/newscom/Picture History: 321 u. – picture-alliance/PhotoAlto: 127 o. – picture-alliance/photononstop: 97 o.l. – picture-alliance/Photoshot: 100 m.l., 266 (3) – picture-alliance/Pressefoto Baumann: 96 – picture-alliance/Rainer Kruse: 88 o.r. – picture-alliance/rtn - radio tele nord: 12 (1, 4) – picture-alliance/Schütze/Rodemann: 85 – picture-alliance/Süddeutsche Zeitung Photo: 101 – picture-alliance/The Advertising Archives: 102, 104 u., 242 – picture-alliance/united archives: 373 – picture-alliance/United Archives/TopFoto: 226 o.r. – picture-alliance/UPI: 142 u. – picture-alliance/ZB: 21, 108 m.l., 112 (3), 112 (3), 121, 131 u., 140 u.l., 141 r., 195 r., 214 u.l., 288 o.l., 304 – Photo by Si-Chan Park: 297 2.v.o. – plainpicture GmbH & Co. KG/D. Plewka: 111 o.r. – Privatsammlung: 383 l. – © Frank Rohles: 53 – Privatfoto Rösing: 279 – Maria Russolo, Cerro di Laveno: 89 u. – Adelheid Rutenburges: 257 (alle) – © Stefan Schickhaus: 335 – Uwe Schinkel: 299 o. – © Tobias Schwenke: 310 – M. Schwingenschlögl: 292 – Gordana Sermek/Shutterstock.com: 415 m. – © Sigloch Edition, aus dem Buch „Erfindungen der Menschheit", www.sigloch-edition.de: 288 u.l. – sinopictures/Fotoe: 317 l. – sinopictures/CNS: 317 r. – SSPL/Science Museum: 219 o. – Stadt Trier/Frank Weiland: 43 – The Art Archive/Biblioteca Nazionale Marciana Venice/Gianni Dagli Orti: 290 u.l. – The Art Archive/Museum der Stadt Wien/Alfredo Dagli Orti: 297 u. – © 1991 The David Geffen Company: 249 l. – ullstein bild: 30 – ullstein bild - Suse Byk: 112 (5) – © ullstein bild - Granger Collection: 113 o.r., 118 l., 323, 354 o. – vario images: 57 o., 66 – Venus Angel/Shutterstock.com: 395 – Verlagsarchiv Schöningh/Michael Ahlers: 50, 88 u., 286 (alle), 287 (beide), 288 m.o.+u., 289 – Verlagsarchiv Schöningh/Bernd Clausen: 231, 233 o. – Verlagsarchiv Schöningh/Johannes Diekhans: 268 – Verlagsarchiv Schöningh/Burkhard F. Fabian: 167 – Verlagsarchiv Schöningh/Robert Lang: 415 u. – Verlagsarchiv Schöningh/Marco Ringel: 359 – Verlagsarchiv Schöningh/Mathias Salomon: 159, 161 – Verlagsarchiv Schöningh/Norbert Schläbitz: 48 u. (2 Bilder), 99 o. – Verlagsarchiv Schöningh/Günter Schlottmann: 16 o. (alle), 76, 123, 220 – Verlagsarchiv Schöningh/Michael Vogdt: 255 – © VG Bild-Kunst, Bonn 2012: 84 o. – © VG Bild-Kunst, Bonn 2012/Studio Ebersold: 57 u., 69 – © 1985 Virgin Records LTD.: 249 r. – © 2010 by Wise Publications, a Division of Music Sales Limited: 397 – Manfred Witt/VISUM: 189 – © www.stift-heiligenkreuz.at: 328 – www.techno.org: 259 – www.zoonar.com/Alfred Schauhuber: 214 o.r. – weitere: Verlagsarchiv Schöningh

Textquellen

S. 24: Ringelnatz, aus: Joachim Ringelnatz: Sämtliche Gedichte, Diogenes Verlag, Zürich [6]2005 – **S. 25:** Bobby McFerrin, aus: http://bobbymcferrin.com/dont-worry-be-bobby/ – **S. 30:** Die Sonate in Urlauten, aus: Friedhelm Lach (Hg.): Kurt Schwitters. Das literarische Werk, Band 1, Deutscher Taschenbuchverlag, München 2005, S. 228 ff. – **S. 30/31:** alle Zitate zu Schwitters aus: Robert Galitz, Kurt Kreiler, Klaus Gabbert (Hg.): Kurt Schwitters. Urwerk, Zweitausendeins, Frankfurt a.M. 2007, S. 23 + 44 ff. – **S. 32:** Dada oder was?, aus: Volker Kühn: Das Kabarett der frühen Jahre, Quadriga, Weinheim/Berlin [2]1989, S. 135 ff. – **S. 32:** Ball, aus: Carl Otto Conrady (Hg.): Der neue Conrady. Das große deutsche Gedichtbuch. Von den Anfängen bis zur Gegenwart, Artemis Verlag, Düsseldorf/Zürich 2000, S. 608 – **S. 36:** Schallerzeugung und Schallausbreitung/Ton, Klang und Geräusch, aus: Duden. Basiswissen Schule. Musik, Peter Wicke, Max Peter Baumann, Hanns Werner Heister und Christoph Hempel, hg. vom Bibliographischen Institut, Mannheim 2011, S. 32 + 34 – **S. 47:** Watzlawick, aus: Paul Watzlawick, Janet H. Beavin, Don D. Jackson: Menschliche Kommunikation, Huber Verlag, Bern [12]2011 – **S. 58:** Leichtentritt, aus: Hugo Leichtentritt: Musikalische Formenlehre, Breitkopf und Härtel, Leipzig 1911 – **S. 70:** Mattheson, aus: Der vollkommene Capellmeister 1739, hg. von Friederike Ramm, Bärenreiter Verlag, Kassel 2008 – **S. 82:** Dommer, aus: Schätze der Arbeit. 25 Jahre Westfälisches Industriemuseum, hg. vom Westfälischen Industriemuseum. Landschaftsverband Westfalen-Lippe, Klartext Verlag, Essen 2004, S. 151 – **S. 84:** Grisar, aus: Markus Krause: Poesie und Maschine. Kösler Verlag, Köln 1988 – **S. 84:** Marinetti, zit. n. Gerhard Senft: Innovationsdynamik und Technology Assessment. In: Peter Berger/Peter Eigner/Andreas Resch (Hg.): Die vielen Gesichter des wirtschaftlichen Wandels. Lit-Verlag, Münster 2011 – **S. 85:** Zech, aus: Kurt Pinthus (Hg.) Menschheitsdämmerung. Ein Dokument des Expressionismus, Rowohlt Verlag, Reinbek bei Hamburg 1999, S. 55 – **S. 87:** Ross, aus: Alex Ross: The rest is noise. Übersetzung von Ingo Herzke, Piper Verlag, München 2009 – **S. 89:** Russolo, beides aus: Futuristisches Manifest aus Luigi Russolo, „Intonarumori", Mailand, 1916, Übersetzung von Justin Winkler und Albert Mayr, Akroama, The Soundscape Newsletter Europe Editions, Basel 1999 – **S. 93:** Kerner, aus:

Markus Krause: Poesie und Maschine. Kösler Verlag, Köln 1988 – **S. 94:** Hauptmann, aus: Bahnwärter Thiel und andere frühe Meistererzählungen. Ungekürzte Ausgabe, Ullstein Verlag, Berlin ^{5}2006 – **S. 96:** Mehring, aus: Walter Mehring: Der Zeitpuls fliegt. Chansons – Gedichte – Prosa. Eine Auswahl. Mit einem Nachwort von Willy Haas, Rowohlt Verlag, Hamburg 1958, S. 16 ff. – **S. 97**: Remarque, aus: Erich Maria Remarque: Stationen am Horizont. Kiepenheuer & Witsch, Köln 2000 – **S. 116:** Auszug aus „Fidelio", aus: Ludwig van Beethoven – Fidelio: Oper in zwei Akten (1814), op. 72; Libretto von Joseph Sonnleithner mit Revisionen von Georg Friedrich Treitschke nach Jean Nicolas Bouillys Libretto Léonore ou l'amour conjugal; Uraufführung dieser Fassung am 23. Mai 1814 im k. k. Hoftheater in Wien [Spielzeit 2010/2011; Programmbuch zur Neuinszenierung]/Bayerische Staatsoper – **S. 120/122:** Auszüge aus „Die Entführung aus dem Serail", aus: Die Entführung aus dem Serail von Wolfgang Amadeus Mozart. Faksimile-Ausgabe zur Geschichte des Librettos: Bretzner (Libretto 1781), Mozart (Autograph 1781), Bearbeitung durch Stephanie d. J./Mozart (Libretto 1782), hg. von Gerhard Croll und Ulrich Müller, Müller-Speiser, Salzburg 1993 – **S. 120:** Mozart-Brief, aus: Wolfgang Amadeus Mozart. „Briefe – Eine Auswahl", Henschelverlag, Berlin 1981, S. 298 f. – **S. 129:** Auszug aus „Carmen", aus: H. Meilhac, L. Halevy: Carmen. Oper in vier Akten. Übersetzung von D. Louis (J. Hopp), Oertel, Berlin 1946 – **S. 178:** Jandl, aus: Ernst Jandl: Gesammelte Werke, hg. von Klaus Siblewski, Luchterhand Verlag, Darmstadt 1985 – **S. 183:** Ströbele, aus: Spiegel Online vom 2.5.2006, als/dpa – **S. 197:** Juncker, zit. n. Freia Hoffmann, Instrument und Körper, Insel Verlag, 1998, S. 28 – **S. 198:** Bayton, aus: Mavis Bayton: Women and the electric guitar, in: Sheila Whiteley (ed.): Sexing the Groove, Routledge, London 1997, S. 43 – **S. 201:** Bloss, aus: Monika Bloss: Geschlecht als musikkulturelle Performance? Androgyne Images von PopmusikerInnen und das Spiel mit der „sexuellen Differenz", in: Stefan Fragner, Jan Hemming, Beate Kutschke (Hg.): Gender Studies & Musik. Geschlechterrollen und ihre Bedeutung für die Musikwissenschaft. Forum Musikwissenschaft Bd. 5. ConBrio-Verlagsgesellschaft, Regensburg 1998, S. 193 – **S. 202:** Boy George, zit. n. Florian Krämer: Androgyne Geschlechterbilder in der Popmusik. Hochschulschrift Universität Oldenburg, 2006 – **S. 210:** Mendelssohn-Briefe, aus: Eva Rieger: Frau, Musik und Männerherrschaft. Zum Ausschluss der Frau aus der deutschen Musikpädagogik, Musikwissenschaft und Musikausübung, 2. Auflage, Kassel 1988, S. 201–203 – **S. 211:** Mendelssohn-Brief, aus: Eva Weissweiler: Ein Portrait in Briefen. Fanny Mendelssohn, Ullstein Verlag, Frankfurt/M 1991, S. 170 – **S. 238:** Gerster, aus: Alice Gerster: Jazz-Band. In: Die Aktion 12, 4/5, Februar 1922, S. 90 – **S. 241:** „Der unfassbare Erfolg ...", aus: Spiegel Nr. 50, 1956 – **S. 253:** Wicke/Ziegenrücker, aus: Peter Wicke, Wieland und Kai-Erik Ziegenrücker: Handbuch der populären Musik. Geschichte – Stile – Praxis – Industrie, erw. Neuausgabe. Schott, Mainz 2007, S. 681 – **S. 263:** Wicke, aus: Peter Wicke: Zwischen Förderung und Reglementierung – Rockmusik im System der DDR-Kulturbürokratie, in: Peter Wicke, Lothar Müller (Hg.): Rockmusik und Politik. Analysen, Interviews und Dokumente, Christoph Links, Berlin 1996, S. 11–27, hier: S. 12 – **S. 274:** Klein, aus: Gabriele Klein: Urban Story Telling. Tanz und Popkultur. In: Techno-Soziologie, Erkundungen einer Jugendkultur, hg. von Ronald Hitzler und Michaela Pfadenhauer, Leske + Budrich, Opladen 2001 – **S. 274:** Breuer, aus: Henning Breuer: Techno-Tekkno-Textasy. Ein Reisezug durch Techno, Breuer, Berlin 1994 – **S. 274:** Assheuer, aus: Thomas Assheuer: Ekstase, Befreiung, Glück. Gespräch mit Maximilian Lenz alias Westbam, in: Zeit-Magazin, Nr. 46, 1997, S. 32–37 – **S. 274:** Fachner, aus: Jörg Fachner: Musik und veränderte Bewusstseinszustände. In: Musikpsychologie. Das neue Handbuch, hg. von Herbert Bruhn, Reiner Kopiez und Andreas C. Lehmann, Rowohlt, Reinbek bei Hamburg ^{2}2008 – **S. 297:** Zappa, aus: Neil Slaven, Electric Don Quijote – Die ultimative Geschichte von Frank Zappa, übersetzt von Marie Mainzer, Bosworth Musikverlag, Berlin 2009 – **S. 297:** Lichtenberg, aus: Georg Christoph Lichtenberg: Schriften und Briefe II, München, Hanser 1971, S. 321 – **S. 297:** de La Bruyère und Buckle, aus: http://de.wikiquote.org/wiki/Das_Neue – **S. 297:** Kerkeling, aus: Kerkeling, Hape: Ich bin dann mal weg. Meine Reise auf dem Jakobsweg. Piper, München 2006, S. 343 – S. 297: Ives, aus: http://www.artsongupdate.org/Articles/CharlesIves.htm – **S. 297:** Pagh-Paan, aus: Von der Einsamkeit der Väter, oder: Vom ortlosen Suchen im Niemandsland. Armin Köhler im Gespräch mit Younghi Pagh-Paan. In: Vom Innen und Außen der Kläng. Die Hörgeschichte der Musik des 20. Jahrhunderts. Die Texte. CD-Rom. SWR Media, Baden-Baden 2004, Schott, Mainz 2004 – **S. 297:** Rihm, aus: Wolfgang Rihm: Vertraue auf die Schwerkräfte. In: Heinrich v. Pierer/Bolko Oetinnger (Hg.): Wie kommt das Neue in die Welt? Rowohlt Verlag, Reinbek bei Hamburg 1999, S. 168 – **S. 297:** Schönberg, aus: Vortrag über op. 31. In: Stil und Gedanke. Aufsätze zur Musik, hg. von Ivan Vojtech, S. 225–271. Arnold Schönberg. Gesammelte Schriften 1, S. Fischer Verlag 1976 – **S. 298:** Cocteau, aus: Kerstin Gebel, Jean Cocteau: Programmheft zu Radio-Sinfonieorchester Stuttgart des SWR, RSO Konzertzyklus Abo 5 Do 24.02./Fr 25.02.11, Herausgeber Südwestrundfunk, S. 8 – **S. 306, 307, 308:** Schönberg, aus: Vortrag über op. 31. In: Stil und Gedanke. Aufsätze zur Musik, hg. von Ivan Vojtech, S. 225–271. Arnold Schönberg. Gesammelte Schriften 1, S. Fischer Verlag 1976 – **S. 312:** Lachenmann, aus: Helmut Lachenmann: Revidiertes Originalmanuskript eines Beitrags für das Münchner Kulturmagazin „Applaus" anlässlich der Verleihung des Siemens-Musikpreises – **S. 314:** Stockhausen, aus: Karlheinz Stockhausen: Helicopter String Quartett. Directet by Frank Scheffer. DVD. Medici Arts/Ideale Audience International 2008 – **S. 315:** Stäbler, aus: Bojan Budisavljevic (Hg.): LandMarks/EarMarks. Gerhard Stäbler und sein Werk, ConBrio-Verlagsgesellschaft, Regensburg 1999 – **S. 328 f.:** alle Zitate aus: Helmut Hucke, Die Messe als Kunstwerk, in: Ehrmann-

ler, Kassel 2002 – **S. 360:** Briefe 1–3 aus: Internationale Stiftung Mozarteum Salzburg (Hg.): Mozart. Briefe und Aufzeichnungen. Gesamtausgabe, gesammelt und erläutert von A. Bauer und Otto Erich Deutsch, Bärenreiter Verlag, Kassel u. a. 1962/1963 – **S. 360:** Brief 4 aus: Sieghard Brandenburg (Hg.): Ludwig van Beethoven. Briefwechsel, Gesamtausgabe, Band 2, Brief Nr. 395, S. 77 f., Henle Verlag, München 1996/1998 – **S. 360:** Brief 5 aus: Ferdinand Ries: Ludwig van Beethovens Biografie, Faksimile 1838, Europäischer Hochschulverlag, Bremen 2010, S. 145 – **S. 360:** Brief 6 aus: Georg August Griesinger: Biografische Nachrichten über Joseph Haydn, Nr. 32, Leipzig 1810 – **S. 369:** von Spaun, aus: Joseph von Spaun: Über Franz Schubert (Nekrolog) 1829 – **S. 370:** Schubart, aus: Christian Friedrich Daniel Schubart: Werke, Aufbau Verlag, Berlin 1988 – **S. 374:** Eckermann, aus: Gespräche mit Goethe in den letzten Jahren seines Lebens Band 2. Eckermann, Johann Peter, Insel Verlag, Frankfurt am Main [10]1981 – **S. 375:** Liszt, aus: Franz Liszt: Gesammelte Schriften. Herausgegeben von Julius Kapp. Leipzig 1910 – **S. 377:** Wagner, aus: Richard Wagner, Das Judenthum in der Musik, in: Gunhild Oberzaucher-Schüller; Marion Linhardt; Thomas Steiert: Meyerbeer – Wagner. Eine Begegnung, Böhlau Verlag, Wien 1998 – **S. 384:** Impressionismus, aus: Bertelsmann Jugendlexikon, Bertelsmann Verlag, Gütersloh 2008, S. 277 – **S. 419:** Zitat 1 aus: Olivier Messiaen, Saint-François d'Assise: Der Heilige Franz von Assisi, Übersetzung von Theodor Frey, in: http://theodor-frey.de/vogelpredigt.htm – **S. 419:** Zitat 2 aus: Stuttgarter Zeitung, 24.2.2002. Quelle: www.spanish-delight.de/img/presse/pdf/gaerten_alhambra.pdf

Sollte trotz aller Bemühungen um korrekte Urheberangaben ein Irrtum unterlaufen sein, bitten wir darum, sich mit dem Verlag in Verbindung zu setzen, damit wir eventuell notwendige Korrekturen vornehmen können.

Die wichtigsten Gitarrenakkorde

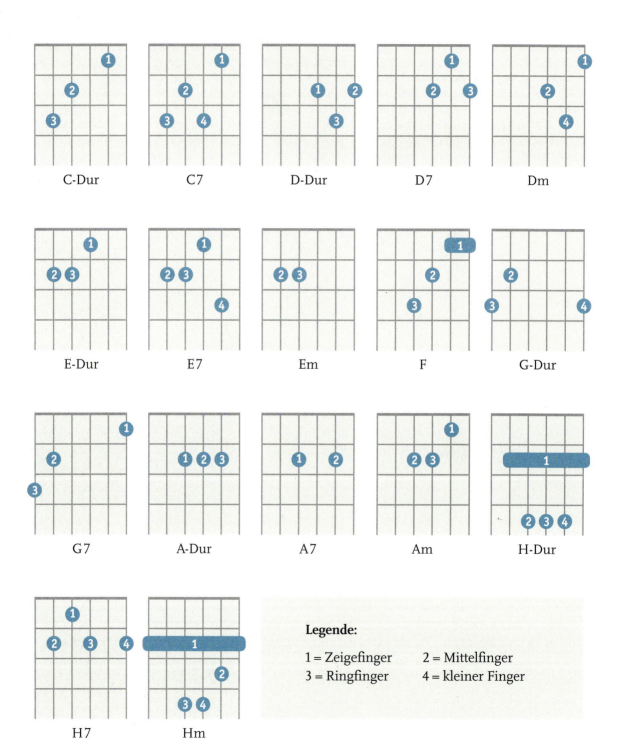

Die wichtigsten Klavierakkorde

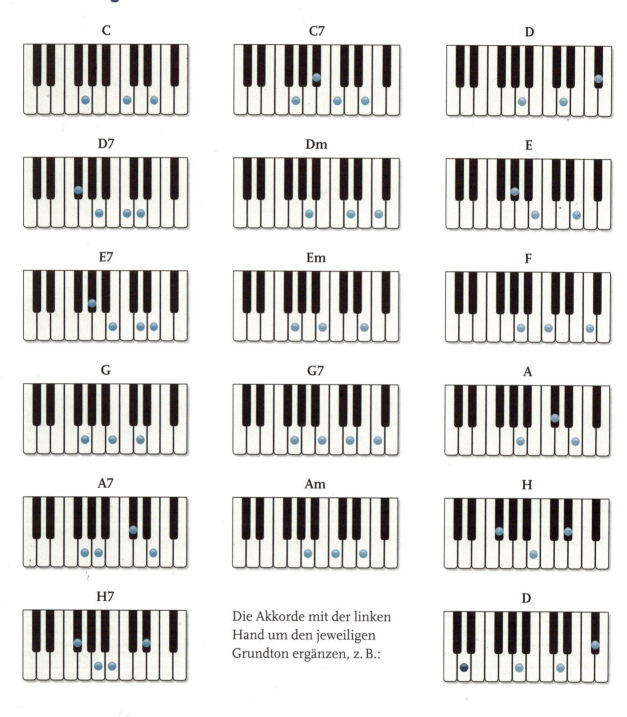

Die Akkorde mit der linken Hand um den jeweiligen Grundton ergänzen, z. B.:

Beispiel Akkordumkehrung C-Dur: